Les verbes
allemands

W0088888

Martine Dalm.

LAROUSSE
DICTIONNAIRES

© Larousse, 2015
21, rue du Montparnasse
75283 Paris Cedex 06, France

www.larousse.fr

ISBN 978-2-03-591618-1

Direction du département Dictionnaires et Encyclopédies
Carine Girac-Marinier

Direction éditoriale
Claude Nimmo

Conception et rédaction
de l'introduction, des tableaux des verbes modèles et du précis grammatical
Martine Dalmas

Suivi éditorial
Marc Chabrier

Rédaction
Cécile Desprairies

Traduction
Marie Ollivier-Caudray

Lecture-vérification
Verena Mair

Gestion des ressources informatiques
Monika Al Mourabit, Aurélie Prissette

Informatique éditoriale
Anna Bardon, Fabrice Jansen

Conception graphique et mise en page
Nord Compo, Villeneuve d'Ascq

Conception graphique de la couverture
Uli Meindl

Fabrication
Marlène Delbeken

Remerciements à
Agnès Gualtieri et Xavier Truchet

Toute représentation ou reproduction, intégrale ou partielle, faite sans le consentement de l'éditeur, ou de ses ayants droit, ou ayants cause, est illicite (article L. 122-4 du Code de la propriété intellectuelle). Cette représentation ou reproduction, par quelque procédé que ce soit, constituerait une contrefaçon sanctionnée par l'article L. 335-2 du Code de la propriété intellectuelle.

Alle Rechte vorbehalten. Jegliche Reproduktion und/oder Verbreitung des vorliegenden Werkes in seiner Integralität oder in Auszügen ist ohne ausdrückliche schriftliche Genehmigung des Verlags verboten.

SOMMAIRE

SOMMAIRE

INTRODUCTION

1. Pourquoi un ouvrage consacré au verbe?

La question est justifiée! *Les verbes allemands:* vous pouvez effectivement vous demander quel est l'intérêt d'un ouvrage entièrement consacré au verbe qui se veut le plus complet possible.

La réponse est double : d'une part, le verbe est le noyau et le pivot de la plupart de nos propos - il en est même quasiment incontournable - d'autre part, nous souhaitons montrer, à travers ce livre, que la conjugaison du verbe allemand présente beaucoup de régularités et que son maniement est relativement simple, car il relève d'un système très rigoureux, fait de règles bien définies.

Il en est de même pour ses emplois: une partie de cet ouvrage est consacrée aux emplois des formes verbales, dont nous avons voulu donner une description simple, raisonnée et accessible à tous.

2. Pour qui cet ouvrage?

C'est bien vous, lecteur, qui vous trouvez au centre de nos préoccupations, et nous voulons avant tout vous faciliter la tâche, quel que soit votre niveau, quels que soient vos objectifs.

Que vous soyez un apprenant débutant ou avancé, collégien ou lycéen souhaitant avoir accès à toutes les formes des verbes que vous voulez utiliser et être guidé dans le choix de ses emplois, ou que vous soyez un apprenant confirmé, étudiant ou adulte désirant vérifier et approfondir vos connaissances en allemand.

Tel est l'enjeu de cet ouvrage: vous expliquer comment classer et conjuguer les verbes allemands, comment choisir les formes et quand les utiliser.

Nous avons opté pour une présentation à la fois complète de tous les verbes, et simple dans son exploitation, permettant ainsi à chacun, à son niveau, d'accéder le plus rapidement possible à l'information recherchée.

3. Le rôle primordial du verbe

L'intérêt porté au verbe, et matérialisé par les 256 pages qui suivent, est lié à son rôle essentiel dans la plupart des énoncés que nous produisons. Ce rôle central explique que le verbe ait souvent été comparé à une lumière que l'on allume dans une pièce obscure; comme elle, il permet de voir immédiatement ce qui se passe: la scène avec l'action et ses acteurs.

Ce rôle prépondérant en fait sa spécificité, sa richesse et le place au centre du système linguistique.

C'est pourquoi le choix d'un verbe est si important: il désigne une action ou un état et conditionne d'emblée la sélection des participants, leur nombre et la fonction de chacun d'eux. Par exemple, des verbes tels que geben (*donner*) ou schenken (*offrir*) font référence à un scénario dans lequel sont impliqués un «donneur», un «receveur» et une chose transmise; de même, des verbes tels que gehen (*aller*) et wohnen (*habiter*) font référence à un scénario dans lequel est impliqué un lieu, le lieu où l'on va dans le premier cas, et le lieu où on séjourne dans le second.

Vu de cette manière, chaque verbe est une sorte de programme dont les données sont des cases remplies par celui qui parle, au moment où il les utilise, selon le message qu'il veut transmettre. Vous comprenez mieux son rôle crucial: tout s'organise autour de lui!

C'est sur cet arrière-plan que nous avons conçu cet ouvrage consacré aux verbes allemands qui va, de ce fait, bien au-delà d'un simple «art de conjuguer». Il s'agit en effet non seulement de donner les formes, mais aussi d'en décrire, d'en expliquer et d'en faciliter l'emploi.

On pourrait caractériser cet ouvrage en disant qu'il est à la fois un dictionnaire et une grammaire, réunissant la fonction des deux. Il reste un ouvrage de consultation axé sur l'usage pratique, tout en étant aussi un outil permettant de se familiariser avec le système de la langue, la manière dont il est structuré et la façon dont il fonctionne.

Notre ouvrage peut ainsi répondre à la fois à un besoin immédiat de recherche ou de vérification d'une forme verbale et à un besoin d'explication sur les structures et les fonctions permettant de mieux comprendre chaque forme.

Cette perspective d'une description raisonnée des formes, intégrant des données concernant leur sens et leur emploi, s'appuie sur la réflexion menée actuellement en linguistique dans le domaine morpho-syntaxique, en sémantique lexicale et en pragmatique, un domaine qui permet de décrire la signification des formes en faisant largement référence à leur(s) emploi(s) dans des énoncés, c'est-à-dire en tenant compte de l'intention communicative des utilisateurs potentiels.

Ces choix théoriques et méthodologiques expliquent la composition de l'ouvrage, notamment les six composantes principales.

Les **tableaux des verbes modèles** permettent, en relation avec l'**index** de tous les verbes, de trouver rapidement la forme correcte, et le **conjugateur** donne accès en un temps record aux formes recherchées.

Le **précis grammatical** a pour but d'expliquer l'emploi des formes et, au-delà, d'éclairer la structure de l'énoncé dont le verbe est le noyau.

Le **dictionnaire des verbes dérivés et des composés**, enfin, donne un aperçu du phénomène de formation des verbes et en indique la rection et le sens.

Le tout est précédé d'un **glossaire** des principaux termes grammaticaux, auquel le lecteur pourra se reporter spontanément ou à partir des renvois au glossaire, présents aussi bien dans les tableaux des verbes que dans le précis grammatical.

Sont fournies dans le glossaire des définitions simples et précises des termes employés dans l'appareil descriptif des formes.

4. Les verbes modèles, les classes de verbes et les tableaux des verbes

L'ouvrage comporte les tableaux de conjugaison de 58 verbes considérés comme verbes modèles, suivis d'un modèle de conjugaison au passif.

L'ensemble des verbes allemands répertoriés dans l'index alphabétique (7 000 au total) est caractérisé syntaxiquement (transitif, intransitif, réfléchi), puis l'auxiliaire du parfait de chaque verbe est indiqué (haben ou sein), ainsi qu'une ou deux traductions en français, enfin, pour chaque verbe figure un renvoi au verbe modèle. L'appartenance à un modèle se fait en fonction des formes du prétérit et du participe 2.

4.1. Qu'est-ce qu'un verbe modèle ?

Les verbes modèles sont de deux types : il s'agit soit de verbes représentatifs de toute une classe de verbes qui se conjuguent d'une manière identique ou similaire, soit de cas isolés, de «modèles uniques».

Lorsque le verbe représente une classe, le choix a été fait en fonction de sa fréquence et de sa représentativité : chacun des verbes modèles est, dans la série qu'il représente, un des plus fréquents d'emploi.

4.2. Les classes de verbes

● Verbes faibles et verbes forts

Une constatation s'impose : la grande majorité des verbes allemands est constituée par des verbes réguliers, c'est-à-dire des verbes qui appartiennent à des **classes** de conjugaison.

Le point de départ est la division en deux grandes catégories de verbes : les verbes faibles, d'une part, et les verbes forts d'autre part.

Les uns comme les autres répondent à des régularités et peuvent donc être considérés comme réguliers.

Tandis que les verbes faibles forment le prétérit par le seul **ajout** d'une marque, les verbes forts **modifient** la voyelle (ou la diphtongue) de leur radical au prétérit. Pour les verbes forts, on peut alors établir différentes classes à partir de l'alternance de leur voyelle du radical au prétérit et au participe 2.

Il existe dans chacune de ces deux grandes catégories de verbes faibles et de verbes forts un certain nombre de verbes irréguliers. On a ainsi une petite classe de verbes faibles irréguliers (par ex. salzen) et un certain nombre de cas isolés de verbes forts irréguliers (par ex. gehen), eux aussi en nombre réduit par rapport à l'ensemble des verbes forts allemands.

● Les différentes classes de verbes forts

Les verbes forts sont regroupés selon la modification de leur voyelle (ou diphtongue) du radical. Les classes sont au nombre de 18, selon la voyelle du radical de l'infinitif. Une liste des différents types d'alternance comportant, chaque fois le verbe modèle correspondant, précède l'ensemble des tableaux (voir p. 78). Nous donnons le signe graphique du radical ; la longueur des voyelles est matérialisée par un point pour une voyelle brève et un tiret pour une voyelle longue (ou une diphtongue). D'autre part, rappelons que le signe graphique ie indique un i long.

4.3. Les tableaux des verbes modèles

Les tableaux des verbes se composent de plusieurs parties : précédant les conjugaisons elles-mêmes est donnée une brève présentation de la classe représentée par le verbe. Celle-ci est suivie d'une sorte de «fiche d'identité» qui fournit, de manière synthétique, les formes de base (radicaux du présent et du passé, subjonctif 2) et, le cas échéant, les formes spécifiques (2e et 3e p. sing. du présent de l'indicatif).

Ainsi pour le verbe modèle schlafen :

Classe des verbes forts en a qui ont le même radical au participe qu'à l'infinitif. La voyelle du radical est toujours longue. Inflexion aux 2e et 3e p. sing. du présent.

■ Radical présent : schlaf ; 2e et 3e p. sing. schläfst, schläft.
■ Radical prétérit : schlief ; présent du subjonctif 2 : schlief.

Le classement et la numérotation des verbes modèles qui sont proposés ici tiennent compte de critères tels que l'emploi ou la fréquence : les auxiliaires figurent au début, ils sont suivis des verbes forts qui sont des cas isolés tout en étant des verbes fréquents. Figurent ensuite les verbes prétérito-présents, puis les verbes faibles et les verbes forts réguliers, enfin le classement se clôt par la conjugaison de quelques verbes faibles irréguliers et des verbes dits «mixtes».

À la suite de tous ces verbes, est donné un tableau d'un verbe au passif, servant de modèle pour la conjugaison au passif de tout verbe pouvant être employé à cette voix.

4.4. Comment utiliser les tableaux ?

Pour un verbe donné, le lecteur cherchera d'abord dans l'index des verbes fourni en fin de l'ouvrage à quel verbe modèle celui-ci correspond. Une fois repéré le modèle, il pourra alors se reporter au verbe indiqué par son numéro pour consulter le tableau correspondant. Tous les tableaux ont la même structure : formes non conjuguées, indicatif, subjonctif 1 et subjonctif 2, impératif.

5. Le précis grammatical

Le précis grammatical qui fait suite aux tableaux des verbes modèles en est le complément nécessaire. En effet, si la spécificité de cet ouvrage est de permettre de vérifier ou d'apprendre telle ou telle forme verbale et s'il doit permettre en priorité de chercher la bonne forme d'un verbe, il peut être utile de vérifier comment celle-ci est employée.

Les faits de langue décrits dans cette partie de l'ouvrage concernent la structure et les conditions d'emploi des formes verbales, leur environnement syntaxique, leur sens.

Cette partie grammaticale est conçue selon trois objectifs: d'une part, décrire les formes et leur emploi de manière à donner une image cohérente du système de la langue, d'autre part, faire ressortir les ressemblances et les différences par rapport au français et enfin, troisième objectif, l'approche contrastive: faire prendre conscience des difficultés, mais aussi des avantages qu'il peut y avoir à rapprocher, quand on le peut, les systèmes de langues différentes.

Le fait d'établir des relations, y compris des relations d'opposition, permet de mieux comprendre et de mieux assimiler les formes.

Les fiches qui constituent le précis concernent d'une part, la morphologie et d'autre part, la syntaxe du verbe, c'est-à-dire sa forme, la manière dont il est employé et les constructions auxquelles il donne lieu.

Sont donc décrites en priorité la nature et les fonctions des différentes marques portées par le verbe, constitutives de ce que l'on appelle la «conjugaison» et les types de verbes.

Les fiches suivantes sont consacrées aux temps, aux modes et à la voix passive, aux constructions demandées par les verbes les plus courants, et aux phénomènes de dérivation et de composition, illustrés dans le «dictionnaire des verbes dérivés et composés» qui fait suite au précis. La dernière partie du précis est consacrée aux formes des énoncés, aux tournures figées et locutions imagées. Les nombreux exemples donnés sont traduits en français, et, chaque fois que cela est nécessaire, un rapprochement entre les langues est fait.

6. Le dictionnaire des verbes dérivés et composés

Le dictionnaire des verbes dérivés et composés permet de se faire une image de la richesse de l'allemand et de sa capacité à puiser dans ses propres ressources pour enrichir son vocabulaire.

Il donne, à partir de verbes choisis, les dérivés (avec préfixes) et composés (avec préverbe) et fournit, pour chacun des emplois répertoriés, la traduction.

L'objectif de ce dictionnaire est double: montrer les possibilités de création à partir de chaque verbe et permettre l'utilisation correcte des formes dérivées et composées à partir des indications précises données.

7. Le conjugateur

Il permet deux modes de recherche des 8 000 verbes: soit − sur le modèle de la recherche se faisant à partir de l'index − en utilisant la nomenclature, c'est-à-dire en cliquant dans l'index alphabétique sur le verbe recherché afin d'en faire apparaître toutes les formes; soit en saisissant directement une forme, quelle qu'elle soit, conjuguée ou non.

Dans les deux cas, la recherche est très rapide et le résultat est pratiquement instantané.

Les verbes allemands est un outil complet, fiable et convivial. Il s'inscrit dans la tradition des ouvrages conçus par Larousse.

Nous sommes certains que vous l'utiliserez avec facilité et confiance, et... avec plaisir.

Martine Dalmas
Agrégée d'allemand
Docteur en linguistique allemande
Professeur des universités (Paris-IV Sorbonne)
Directeur de recherche en linguistique allemande - Centre de Recherche en Linguistique Théorique et Appliquée (Paris-IV Sorbonne)

Voyelles longues

Verbe fort : a ▪ ie ▪ a

Classe des verbes forts en **a**, qui ont tous le même radical au participe et à l'infinitif, et dont la voyelle du radical est toujours longue. Inflexion aux 2ᵉ et 3ᵉ p. sing. du présent.

▪ Radical présent: schl**a**f; 2ᵉ et 3ᵉ p. sing.: du schl**ä**fst, er schl**ä**ft.
▪ Radical prétérit: schl**ie**f; présent du subjonctif 2: schl**ie**fe.

Infinitifs		Participes	
Infinitif 1 (présent)	**Infinitif 2 (parfait)**	**Participe 1**	**Participe 2**
schl**a**fen	geschl**a**fen haben	schl**a**fend	geschl**a**fen

Indicatif

	Présent	Parfait	Futur 1	Futur 2
ich	schlafe	habe geschlafen	werde schlafen	werde geschlafen haben
du	schläfst	hast geschlafen	wirst schlafen	wirst geschlafen haben
er/es/sie	schläft	hat geschlafen	wird schlafen	wird geschlafen haben
wir	schlafen	haben geschlafen	werden schlafen	werden geschlafen haben
ihr	schlaft			werdet geschlafen haben
sie/Sie	schlafen			werden geschlafen haben

Marque de personne

	Prétérit	Plus-...		
ich	schlief	hatte geschlafen		
du	schliefst	hattest ...		
er/es/sie	schlief			
wir	schlief...			
ihr	schlieft			
sie/Sie	schliefen	hatten ges...		

Modification de la voyelle du radical

Subjonctif 1

	Présent	Passé	Futur 1	Futur 2
ich	schlafe	habe geschlafen	werde schlafen	werde geschlafen haben
du	schlafest	habest geschlafen	werdest schlafen	werdest geschlafen haben
er/es/sie	schlafe	habe geschlafen	werde schlafen	werde geschlafen haben
wir	schlafen	haben geschlafen	werden schlafen	werden geschlafen haben
ihr	schlafet		werdet schlafen	werdet geschlafen haben
sie/Sie	schlafen		werden schlafen	werden geschlafen haben

Marque de mode

Subjonctif 2

	Présent	Passé	Futur 1	Futur 2
ich	schliefe	hätte geschlafen	würde schlafen	würde geschlafen haben
du	schliefst	hättest geschlafen	würdest schlafen	würdest geschlafen haben
er/es/sie	schliefe	hätte geschlafen	würde schlafen	würde geschlafen haben
wir	schliefen	hätten geschlafen	würden schlafen	würden geschlafen haben
ihr	schliefet		würdet schlafen	würdet geschlafen haben
sie/Sie	schliefen		würden schlafen	würden geschlafen haben

Marque de temps

Impératif

schlafe/schlaf
schlaft
schlafen wir
schlafen Sie

Les tableaux des verbes

• Présentation

Les tableaux de verbes s'ouvrent sur les formes dite «non conjuguées» (infinitifs et participes), puis sont données les formes de l'indicatif suivies des formes du subjonctif 1 et du subjonctif 2 et de celles de l'impératif.

Pour chacun des deux modes, indicatif et subjonctif, la partie droite du tableau comporte les formes simples, la partie gauche les formes composées (auxiliaire + participe ou auxiliaire + infinitif).

• Marquage

À l'intérieur des tableaux de verbes, les marques spécifiques des formes sont indiquées par l'emploi du caractère gras ou de la couleur.

– Les marques de personne (ainsi que, le cas échéant, la modification du radical du présent) sont indiquées.

– La voyelle du prétérit et du participe 2 des verbes forts est indiquée.

– Enfin, la marque **e** de subjonctif est inscrite.

Glossaire

GLOSSAIRE

■ Fort (verbe)

Verbe qui forme le prétérit en modifiant la voyelle de son *radical*.
Au participe 2, le radical est soit celui de l'infinitif, soit celui du prétérit, soit celui d'une autre forme.
La marque de participe est (ge-) + -en. **(Voir p. 78.)**

lesen — las — gelesen

schreiben — schrieb — geschrieben

helfen — half — geholfen

■ Impersonnel (verbe)

Ce verbe n'est employé qu'avec le pronom es qui tient lieu de sujet.
Les verbes désignant des phénomènes météorologiques sont des verbes impersonnels. **(Voir p. 96.)**

Es regnet.
Il pleut.

■ Inflexion

Modification d'une voyelle du *radical*, marquée graphiquement par la présence d'un tréma. Cette modification permet de passer d'une voyelle arrière à une voyelle avant (a ➜ ä ; o ➜ ö ; u ➜ ü).

fahren ➜ (er) fährt

musste ➜ müsste

mochte ➜ möchte

■ Intransitif (verbe)

Verbe qui n'a pas de complément d'objet à l'accusatif (schlafen, helfen, denken). **(Voir p. 79)**

Ich schlafe immer sehr gut.
Je dors toujours très bien.

Ich denke an dich.
Je pense à toi.

■ Lexicalisation / Lexicalisé

La lexicalisation d'un terme ou d'un groupe de mots signifie son figement et son entrée dans le lexique, c'est-à-dire dans le « stock » commun aux locuteurs d'une langue donnée.

Un terme ou un groupe lexicalisé est figé du point de vue de sa forme et/ou du point de vue de son sens.

wohlwollend (*bienveillant*)
figement du point de vue de la forme

das **Essen** (*le repas*)
figement du point de vue du sens

■ Locution

Groupe de mots formant une unité figée présentant certaines particularités au niveau de la forme (morphologie) et/ou au niveau du sens.

Abschied nehmen (*prendre congé*)

in Ordnung bringen (*mettre en ordre*)

■ Marque

Signe (préfixe, suffixe ou autre) qui permet d'opposer une forme à une autre.
Chaque marque a une signification bien précise.
Pour le groupe nominal, on parle de marque de nombre ou de marque de cas.
Pour le groupe verbal, les marques de temps, de mode et de personne sont portées par le verbe. **(Voir p. 80)**

er schreibt   du lerntest   er käme
marque de personne   marque de temps   marque de mode

■ Mixte (verbe)

Un verbe mixte emprunte ses formes de prétérit et de participe à la fois au système de formation des verbes *forts* et à celui des verbes *faibles*. **(Voir p. 78.)**

nennen — nannte — genannt
marque v. fort   marque v. faible

■ Modalisation

Manière dont le locuteur envisage et présente son énoncé. Degré d'adhésion du locuteur à son énoncé.
Par exemple, le verbe müssen, employé comme verbe de modalisation, exprime un degré de certitude très élevé. **(Voir p. 87.)**

Er muss krank sein.
Il est très certainement malade.

GLOSSAIRE

▪ Modalité

Manière dont le processus décrit par l'énoncé est présenté par rapport au sujet : il est possible, permis, incontournable, dicté, voulu, souhaité.

Par exemple, le verbe müssen, employé comme verbe de modalité, exprime la contrainte et indique que le processus décrit est inévitable. (Voir p. 88.)

Er muss im Bett bleiben.
Il doit rester couché.

▪ Morphologie

Structure interne d'un mot (radical, préfixes, suffixes, marques) et règles qui régissent cette structure.

▪ Particule

Petit mot, généralement non accentué, en position interne, tel que ja ou doch, qui sert au locuteur à renforcer la valeur communicative de son énoncé.

Das ist ja toll!
C'est vraiment super !

▪ Prétérito-Présent

On appelle ainsi certains verbes (verbes de *modalité** et wissen) qui ont au présent (singulier) des formes qui sont d'anciennes formes de prétérit et en ont gardé la *morphologie** : radical différent de celui de l'infinitif et marques de personnes du prétérit (**o**, **st**, **o**). (Voir p. 78.)

können : ich kann, du kannst, er/es/sie kann,

wir können ...

ancien radical de prétérit

▪ Préverbe

Élément, le plus souvent d'origine prépositionnelle, placé devant le verbe et soudé graphiquement à lui à l'infinitif, qui garde la place finale dans l'énoncé lorsque le verbe conjugué se déplace. (Voir p. 98.)

Wo steigen Sie **aus**?
　　　préverbe (verbe aussteigen)
Où descendez-vous ?

▪ Processus

Terme générique qui désigne ce qu'exprime un verbe : une action, un état ou un processus au sens strict.

bauen	stehen	schmelzen
action	état	processus

▪ Pronominal (verbe)

Verbe qui ne s'emploie qu'avec un pronom « réfléchi ». Le pronom fait partie intégrante du verbe, à la différence du verbe réfléchi où le pronom peut être remplacé par un groupe nominal.

sich erholen *(se reposer)*
verbe pronominal

sich schämen *(avoir honte)*
verbe pronominal

sich waschen *(se laver)*
verbe réfléchi

▪ Radical

Une des formes de la racine d'un mot.
Pour les verbes *forts**, on distingue par exemple entre le radical du présent et le radical du prétérit.

wir **schreib**en　　　　wir **schrieb**en
radical du présent　　　radical du prétérit

▪ Radical altéré

Le radical est altéré lorsque sa voyelle est infléchie ou altérée.

tragen → er tr**ä**gt　　　geben → er g**i**bt
　voyelle infléchie　　　　voyelle altérée

▪ Radical modifié

Le radical est modifié lorsque sa consonne finale est modifiée.

ziehen → er zo**g**　　　bringen → er bra**ch**te
　consonne ajoutée　　　　consonne modifiée
　au radical

▪ Rection

La rection est la propriété d'un verbe de s'adjoindre un complément en déterminant sous quelle forme s'établit le lien.

On dira alors que le verbe régit l'accusatif, le datif ou telle ou telle préposition. **(Voir p. 96.)**

jemand**en** anrufen   jemand**em** gratulieren

verbe régissant l'accusatif   verbe régissant le datif

an jemand**en** denken

verbe régissant la préposition an (+ acc.)

▪ Réfléchi (verbe)

Verbe qui a pour complément un pronom réfléchi.

Il désigne ainsi une action qui se fait sur le sujet lui-même : le groupe en fonction de sujet et le groupe en fonction de complément se réfèrent à la même personne ou à la même chose.

sich waschen (*se laver*)   sich anziehen (*s'habiller*)

Das Kind wäscht **sich** allein.

même personne

▪ Structure de base

La structure de base est l'ordre des constituants d'une proposition qui reflète les relations de sens entre ces constituants.

En allemand, elle est caractérisée par la dernière place du verbe, précédé par ses compléments, selon un ordre hiérarchique, orienté de droite à gauche.

mit dem Bus zur Schule fahren

▪ Syntaxe

Relation entre les groupes au sein d'une même phrase.
Étude de ces relations, donc des fonctions des groupes.

▪ Transitif (verbe)

Verbe ayant un complément d'objet à l'accusatif. **(Voir p. 81.)**

(etw.) brauchen (*avoir besoin de qqch*)

jn anrufen (*appeler qqn*)

▪ Verbe support

Verbe qui a perdu une grande partie de son sens et qui ne désigne donc plus un processus particulier, mais qui sert simplement de « support » aux *marques** de temps, mode, nombre et personne.

Le verbe support est accompagné d'un nom qui désigne l'action ou l'état. **(Voir p. 113.)**

in **Bewegung** setzen (*mettre en mouvement*)

action

in **Panik** geraten (*être pris de panique*)

état

Tableaux des verbes modèles

HABEN avoir

Verbe faible irrégulier

Haben peut être employé comme auxiliaire du parfait ou comme verbe à part entière (*posséder*). Il a un radical en partie irrégulier.

- Radical présent: hab; 2e et 3e p. sing. : hast, hat.
- Radical prétérit: hatte; présent du subjonctif 2: hätte.

Infinitifs

Infinitif 1 (présent)	Infinitif 2 (parfait)
haben	gehabt haben

Participes

Participe 1	Participe 2
habend	gehabt

Indicatif

	Présent	Parfait	Futur 1	Futur 2
ich	habe	habe gehabt	werde haben	werde gehabt haben
du	hast	hast gehabt	wirst haben	wirst gehabt haben
er/es/sie	hat	hat gehabt	wird haben	wird gehabt haben
wir	haben	haben gehabt	werden haben	werden gehabt haben
ihr	habt	habt gehabt	werdet haben	werdet gehabt haben
sie/Sie	haben	haben gehabt	werden haben	werden gehabt haben

	Prétérit	Plus-que-parfait
ich	hatte	hatte gehabt
du	hattest	hattest gehabt
er/es/sie	hatte	hatte gehabt
wir	hatten	hatten gehabt
ihr	hattet	hattet gehabt
sie/Sie	hatten	hatten gehabt

Subjonctif 1

	Présent	Passé	Futur 1	Futur 2
ich	habe	habe gehabt	werde haben	werde gehabt haben
du	habest	habest gehabt	werdest haben	werdest gehabt haben
er/es/sie	habe	habe gehabt	werde haben	werde gehabt haben
wir	haben	haben gehabt	werden haben	werden gehabt haben
ihr	habet	habet gehabt	werdet haben	werdet gehabt haben
sie/Sie	haben	haben gehabt	werden haben	werden gehabt haben

Subjonctif 2

	Présent	Passé	Futur 1	Futur 2
ich	hätte	hätte gehabt	würde haben	würde gehabt haben
du	hättest	hättest gehabt	würdest haben	würdest gehabt haben
er/es/sie	hätte	hätte gehabt	würde haben	würde gehabt haben
wir	hätten	hätten gehabt	würden haben	würden gehabt haben
ihr	hättet	hättet gehabt	würdet haben	würdet gehabt haben
sie/Sie	hätten	hätten gehabt	würden haben	würden gehabt haben

Impératif

habe/hab
habt
haben wir
haben Sie

Verbe fort irrégulier

Sein peut être employé comme auxiliaire du parfait ou comme verbe d'état (*être, se trouver*). Sa conjugaison s'appuie sur différents radicaux. Elle est, de ce fait, irrégulière.

■ Formes irrégulières à l'indicatif présent: ich bin, du bist, er ist, wir/sie sind.
■ Radical prétérit: war; présent du subjonctif 2: wäre.

Infinitifs

Infinitif 1 (présent)	Infinitif 2 (parfait)
sein	gewesen sein

Participes

Participe 1	Participe 2
seiend	gewesen

Indicatif

	Présent	Parfait	Futur 1	Futur 2
ich	bin	bin gewesen	werde sein	werde gewesen sein
du	bist	bist gewesen	wirst sein	wirst gewesen sein
er/es/sie	ist	ist gewesen	wird sein	wird gewesen sein
wir	sind	sind gewesen	werden sein	werden gewesen sein
ihr	seid	seid gewesen	werdet sein	werdet gewesen sein
sie/Sie	sind	sind gewesen	werden sein	werden gewesen sein

	Prétérit	Plus-que-parfait
ich	war	war gewesen
du	warst	warst gewesen
er/es/sie	war	war gewesen
wir	waren	waren gewesen
ihr	wart	wart gewesen
sie/Sie	waren	waren gewesen

Subjonctif 1

	Présent	Passé	Futur 1	Futur 2
ich	sei	sei gewesen	werde sein	werde gewesen sein
du	seist /seiest	seist gewesen	werdest sein	werdest gewesen sein
er/es/sie	sei	sei gewesen	werde sein	werde gewesen sein
wir	seien	seien gewesen	werden sein	werden gewesen sein
ihr	seiet/seit	seiet gewesen	werdet sein	werdet gewesen sein
sie/Sie	seien	seien gewesen	werden sein	werden gewesen sein

Subjonctif 2

	Présent	Passé	Futur 1	Futur 2
ich	wäre	wäre gewesen	würde sein	würde gewesen sein
du	wärest/wärst	wärest gewesen	würdest sein	würdest gewesen sein
er/es/sie	wäre	wäre gewesen	würde sein	würde gewesen sein
wir	wären	wären gewesen	würden sein	würden gewesen sein
ihr	wäret/wärt	wäret gewesen	würdet sein	würdet gewesen sein
sie/Sie	wären	wären gewesen	würden sein	würden gewesen sein

Impératif

sei
seid
seien wir
seien Sie

WERDEN devenir

Verbe fort irrégulier

Werden s'emploie comme auxiliaire (du futur ou du passif) ou comme verbe d'état (*devenir*). Il a un radical en partie irrégulier.

- Radical présent werd; 2e et 3e p. sing.: wirst, wird.
- Radical prétérit: wurde; présent du subjonctif 2: würde.

Infinitifs

Infinitif 1 (présent)	Infinitif 2 (parfait)
werden	geworden/worden sein

Participes

Participe 1	Participe 2
werdend	geworden/worden

Indicatif

	Présent	Parfait	Futur 1	Futur 2
ich	werde	bin geworden/worden	werde werden	werde geworden sein
du	wirst	bist geworden/worden	wirst werden	wirst geworden sein
er/es/sie	wird	ist geworden/worden	wird werden	wird geworden sein
wir	werden	sind geworden/worden	werden werden	werden geworden sein
ihr	werdet	seid geworden/worden	werdet werden	werdet geworden sein
sie/Sie	werden	sind geworden/worden	werden werden	werden geworden sein

	Prétérit	Plus-que-parfait
ich	wurde	war geworden/worden
du	wurdest	warst geworden/worden
er/es/sie	wurde	war geworden/worden
wir	wurden	waren geworden/worden
ihr	wurdet	wart geworden/worden
sie/Sie	wurden	waren geworden/worden

Subjonctif 1

	Présent	Passé	Futur 1	Futur 2
ich	werde	sei geworden/worden	werde werden	werde geworden sein
du	werdest	seist geworden/worden	werdest werden	werdest geworden sein
er/es/sie	werde	sei geworden/worden	werde werden	werde geworden sein
wir	werden	seien geworden/worden	werden werden	werden geworden sein
ihr	werdet	seiet geworden/worden	werdet werden	werdet geworden sein
sie/Sie	werden	seien geworden/worden	werden werden	werden geworden sein

Subjonctif 2

	Présent	Passé	Futur 1	Futur 2
ich	würde	wäre geworden	würde werden	würde geworden sein
du	würdest	wärest geworden	würdest werden	würdest geworden sein
er/es/sie	würde	wäre geworden	würde werden	würde geworden sein
wir	würden	wären geworden	würden werden	würden geworden sein
ihr	würdet	wäret geworden	würdet werden	würdet geworden sein
sie/Sie	würden	wären geworden	würden werden	würden geworden sein

Impératif

werde
werdet
werden wir
werden Sie

TUN

Verbe fort irrégulier : <u>u</u> ■ <u>a</u> ■ <u>a</u>

Seul verbe fort irrégulier à présenter l'alternance vocalique <u>u</u>, <u>a</u>, <u>a</u>. Il a un radical altéré au prétérit (tat).

■ Radical présent: t<u>u</u>.
■ Radical prétérit: tat; présent du subjonctif 2: t<u>ä</u>te.

Infinitifs		Participes	
Infinitif 1 (présent)	**Infinitif 2 (parfait)**	**Participe 1**	**Participe 2**
t<u>u</u>n	get<u>a</u>n haben	t<u>u</u>end	get<u>a</u>n

Indicatif

	Présent	**Parfait**	**Futur 1**	**Futur 2**
ich	tue	habe getan	werde tun	werde getan haben
du	tust	hast getan	wirst tun	wirst getan haben
er/es/sie	tut	hat getan	wird tun	wird getan haben
wir	tun	haben getan	werden tun	werden getan haben
ihr	tut	habt getan	werdet tun	werdet getan haben
sie/Sie	tun	haben getan	werden tun	werden getan haben

	Prétérit	**Plus-que-parfait**		
ich	t<u>a</u>t	hatte getan		
du	t<u>a</u>test/t<u>a</u>tst	hattest getan		
er/es/sie	t<u>a</u>t	hatte getan		
wir	t<u>a</u>ten	hatten getan		
ihr	t<u>a</u>tet	hattet getan		
sie/Sie	t<u>a</u>ten	hatten getan		

Subjonctif 1

	Présent	**Passé**	**Futur 1**	**Futur 2**
ich	tue	habe getan	werde tun	werde getan haben
du	tust	habest getan	werdest tun	werdest getan haben
er/es/sie	tue	habe getan	werde tun	werde getan haben
wir	tun	haben getan	werden tun	werden getan haben
ihr	tut	habet getan	werdet tun	werdet getan haben
sie/Sie	tun	haben getan	werden tun	werden getan haben

Subjonctif 2

	Présent	**Passé**	**Futur 1**	**Futur 2**
ich	t<u>ä</u>te	hätte getan	würde tun	würde getan haben
du	t<u>ä</u>test	hättest getan	würdest tun	würdest getan haben
er/es/sie	t<u>ä</u>te	hätte getan	würde tun	würde getan haben
wir	t<u>ä</u>ten	hätten getan	würden tun	würden getan haben
ihr	t<u>ä</u>tet	hättet getan	würdet tun	würdet getan haben
sie/Sie	t<u>ä</u>ten	hätten getan	würden tun	würden getan haben

Impératif

	tue/tu
	tut
	tun wir
	tun Sie

SITZEN

être assis

Verbe fort irrégulier : i ■ a ■ e

Unique verbe à présenter l'alternance vocalique i, a, ę. Seule la voyelle du radical du prétérit est longue. Le radical du prétérit et du participe est altéré (saß, gesessen).

■ Radical présent: sitz; 2e p. sing. sitzt.
■ Radical prétérit: saß; présent du subjonctif 2: säße.

Infinitifs

Infinitif 1 (présent)	Infinitif 2 (parfait)	Participe 1	Participe 2
sitzen	gesessen haben	sitzend	gesessen

Indicatif

	Présent	Parfait	Futur 1	Futur 2
ich	sitze	habe gesessen	werde sitzen	werde gesessen haben
du	sitzt	hast gesessen	wirst sitzen	wirst gesessen haben
er/es/sie	sitzt	hat gesessen	wird sitzen	wird gesessen haben
wir	sitzen	haben gesessen	werden sitzen	werden gesessen haben
ihr	sitzt	habt gesessen	werdet sitzen	werdet gesessen haben
sie/Sie	sitzen	haben gesessen	werden sitzen	werden gesessen haben

	Prétérit	Plus-que-parfait
ich	saß	hatte gesessen
du	saßest	hattest gesessen
er/es/sie	saß	hatte gesessen
wir	saßen	hatten gesessen
ihr	saßt	hattet gesessen
sie/Sie	saßen	hatten gesessen

Subjonctif 1

	Présent	Passé	Futur 1	Futur 2
ich	sitze	habe gesessen	werde sitzen	werde gesessen haben
du	sitzest	habest gesessen	werdest sitzen	werdest gesessen haben
er/es/sie	sitze	habe gesessen	werde sitzen	werde gesessen haben
wir	sitzen	haben gesessen	werden sitzen	werden gesessen haben
ihr	sitzet	habet gesessen	werdet sitzen	werdet gesessen haben
sie/Sie	sitzen	haben gesessen	werden sitzen	werden gesessen haben

Subjonctif 2

	Présent	Passé	Futur 1	Futur 2
ich	säße	hätte gesessen	würde sitzen	würde gesessen haben
du	säßest	hättest gesessen	würdest sitzen	würdest gesessen haben
er/es/sie	säße	hätte gesessen	würde sitzen	würde gesessen haben
wir	säßen	hätten gesessen	würden sitzen	würden gesessen haben
ihr	säßet	hättet gesessen	würdet sitzen	würdet gesessen haben
sie/Sie	säßen	hätten gesessen	würden sitzen	würden gesessen haben

Impératif

sitze/sitz
sitzt
sitzen wir
sitzen Sie

Verbe fort irrégulier : e ■ ạ ■ ạ

Le radical du prétérit est altéré. Le présent du subjonctif 2 se forme sur un ancien radical (stünde).

■ Radical présent: steh.
■ Radical prétérit: stand ; présent du subjonctif 2 : stände/stünde.

Infinitifs

Infinitif 1 (présent)	Infinitif 2 (parfait)
stehen	gestanden haben

Participes

Participe 1	Participe 2
stehend	gestanden

Indicatif

	Présent	Parfait	Futur 1	Futur 2
ich	stehe	habe gestanden	werde stehen	werde gestanden haben
du	stehst	hast gestanden	wirst stehen	wirst gestanden haben
er/es/sie	steht	hat gestanden	wird stehen	wird gestanden haben
wir	stehen	haben gestanden	werden stehen	werden gestanden haben
ihr	steht	habt gestanden	werdet stehen	werdet gestanden haben
sie/Sie	stehen	haben gestanden	werden stehen	werden gestanden haben

	Prétérit	Plus-que-parfait
ich	stand	hatte gestanden
du	standst/ standest	hattest gestanden
er/es/sie	stand	hatte gestanden
wir	standen	hatten gestanden
ihr	standet	hattet gestanden
sie/Sie	standen	hatten gestanden

Subjonctif 1

	Présent	Passé	Futur 1	Futur 2
ich	stehe	habe gestanden	werde stehen	werde gestanden haben
du	stehest	habest gestanden	werdest stehen	werdest gestanden haben
er/es/sie	stehe	habe gestanden	werde stehen	werde gestanden haben
wir	stehen	haben gestanden	werden stehen	werden gestanden haben
ihr	stehet	habet gestanden	werdet stehen	werdet gestanden haben
sie/Sie	stehen	haben gestanden	werden stehen	werden gestanden haben

Subjonctif 2

	Présent	Passé	Futur 1	Futur 2
ich	stände/stünde	hätte gestanden	würde stehen	würde gestanden haben
du	ständest/stündest	hättest gestanden	würdest stehen	würdest gestanden haben
er/es/sie	stände/stünde	hätte gestanden	würde stehen	würde gestanden haben
wir	ständen/stünden	hätten gestanden	würden stehen	würden gestanden haben
ihr	ständet/stündet	hättet gestanden	würdet stehen	würdet gestanden haben
sie/Sie	ständen/stünden	hätten gestanden	würden stehen	würden gestanden haben

Impératif

stehe/steh
steht
stehen wir
stehen Sie

LIEGEN   être couché

Verbe fort irrégulier : **i** ■ **a** ■ **e**

Unique verbe à présenter l'alternance vocalique **i, a, e**. La voyelle du radical est toujours longue.

■ Radical présent : lieg.
■ Radical prétérit : lag; présent du subjonctif 2 : läge.

Infinitifs		Participes	
Infinitif 1 (présent)	**Infinitif 2 (parfait)**	**Participe 1**	**Participe 2**
liegen	gelegen haben	liegend	gelegen

Indicatif

	Présent	**Parfait**	**Futur 1**	**Futur 2**
ich	liege	habe gelegen	werde liegen	werde gelegen haben
du	liegst	hast gelegen	wirst liegen	wirst gelegen haben
er/es/sie	liegt	hat gelegen	wird liegen	wird gelegen haben
wir	liegen	haben gelegen	werden liegen	werden gelegen haben
ihr	liegt	habt gelegen	werdet liegen	werdet gelegen haben
sie/Sie	liegen	haben gelegen	werden liegen	werden gelegen haben

	Prétérit	**Plus-que-parfait**		
ich	lag	hatte gelegen		
du	lagst	hattest gelegen		
er/es/sie	lag	hatte gelegen		
wir	lagen	hatten gelegen		
ihr	lagt	hattet gelegen		
sie/Sie	lagen	hatten gelegen		

Subjonctif 1

	Présent	**Passé**	**Futur 1**	**Futur 2**
ich	liege	habe gelegen	werde liegen	werde gelegen haben
du	liegest	habest gelegen	werdest liegen	werdest gelegen haben
er/es/sie	liege	habe gelegen	werde liegen	werde gelegen haben
wir	liegen	haben gelegen	werden liegen	werden gelegen haben
ihr	lieget	habet gelegen	werdet liegen	werdet gelegen haben
sie/Sie	liegen	haben gelegen	werden liegen	werden gelegen haben

Subjonctif 2

	Présent	**Passé**	**Futur 1**	**Futur 2**
ich	läge	hätte gelegen	würde liegen	würde gelegen haben
du	lägest	hättest gelegen	würdest liegen	würdest gelegen haben
er/es/sie	läge	hätte gelegen	würde liegen	würde gelegen haben
wir	lägen	hätten gelegen	würden liegen	würden gelegen haben
ihr	läget	hättet gelegen	würdet liegen	würdet gelegen haben
sie/Sie	lägen	hätten gelegen	würden liegen	würden gelegen haben

Impératif

liege/lieg
liegt
liegen wir
liegen Sie

demander — **BITTEN**

Unique verbe à présenter l'alternance vocalique i, a, e. La voyelle du radical du présent est brève (s'écrit avec deux t : bitt), celle du prétérit est longue (un seul t : bat). E *euphonique** devant les marques de personne.

- Radical présent bitt ; du bittest/er bittet.
- Radical prétérit : bat ; 2e p. sing. : du batest ; présent du subjonctif 2 : bäte.

Infinitifs / Participes

Infinitif 1 (présent)	Infinitif 2 (parfait)	Participe 1	Participe 2
bitten	gebeten haben	bittend	gebeten

Indicatif

	Présent	Parfait	Futur 1	Futur 2
ich	bitte	habe gebeten	werde bitten	werde gebeten haben
du	bittest	hast gebeten	wirst bitten	wirst gebeten haben
er/es/sie	bittet	hat gebeten	wird bitten	wird gebeten haben
wir	bitten	haben gebeten	werden bitten	werden gebeten haben
ihr	bittet	habt gebeten	werdet bitten	werdet gebeten haben
sie/Sie	bitten	habt gebeten	werden bitten	werden gebeten haben

	Prétérit	Plus-que-parfait
ich	bat	hatte gebeten
du	batest	hattest gebeten
er/es/sie	bat	hatte gebeten
wir	baten	hatten gebeten
ihr	batet	hattet gebeten
sie/Sie	baten	hatten gebeten

Subjonctif 1

	Présent	Passé	Futur 1	Futur 2
ich	bitte	habe gebeten	werde bitten	werde gebeten haben
du	bittest	habest gebeten	werdest bitten	werdest gebeten haben
er/es/sie	bitte	habe gebeten	werde bitten	werde gebeten haben
wir	bitten	haben gebeten	werden bitten	werden gebeten haben
ihr	bittet	habet gebeten	werdet bitten	werdet gebeten haben
sie/Sie	bitten	haben gebeten	werden bitten	werden gebeten haben

Subjonctif 2

	Présent	Passé	Futur 1	Futur 2
ich	bäte	hätte gebeten	würde bitten	würde gebeten haben
du	bätest	hättest gebeten	würdest bitten	würdest gebeten haben
er/es/sie	bäte	hätte gebeten	würde bitten	würde gebeten haben
wir	bäten	hätten gebeten	würden bitten	würden gebeten haben
ihr	bätet	hättet gebeten	würdet bitten	würdet gebeten haben
sie/Sie	bäten	hätten gebeten	würden bitten	würden gebeten haben

Impératif

bitte
bittet
bitten wir
bitten Sie

GEHEN

aller

Unique verbe à présenter l'alternance vocalique e, i, a. Seule la voyelle du radical du présent est longue. Le radical du prétérit est altéré (ng, prononcé [ŋ]).

■ Radical présent: geh.
■ Radical prétérit: ging; présent du subjonctif 2: ginge.

Infinitifs | Participes

Infinitif 1 (présent)	Infinitif 2 (parfait)	Participe 1	Participe 2
gehen	gegangen sein	gehend	gegangen

Indicatif

	Présent	Parfait	Futur 1	Futur 2
ich	gehe	bin gegangen	werde gehen	werde gegangen sein
du	gehst	bist gegangen	wirst gehen	wirst gegangen sein
er/es/sie	geht	ist gegangen	wird gehen	wird gegangen sein
wir	gehen	sind gegangen	werden gehen	werden gegangen sein
ihr	geht	seid gegangen	werdet gehen	werdet gegangen sein
sie/Sie	gehen	sind gegangen	werden gehen	werden gegangen sein

	Prétérit	Plus-que-parfait
ich	ging	war gegangen
du	gingst	warst gegangen
er/es/sie	ging	war gegangen
wir	gingen	waren gegangen
ihr	gingt	wart gegangen
sie/Sie	gingen	waren gegangen

Subjonctif 1

	Présent	Passé	Futur 1	Futur 2
ich	gehe	sei gegangen	werde gehen	werde gegangen sein
du	gehest	seist gegangen	werdest gehen	werdest gegangen sein
er/es/sie	gehe	sei gegangen	werde gehen	werde gegangen sein
wir	gehen	seien gegangen	werden gehen	werden gegangen sein
ihr	gehet	seiet gegangen	werdet gehen	werdet gegangen sein
sie/Sie	gehen	seien gegangen	werden gehen	werden gegangen sein

Subjonctif 2

	Présent	Passé	Futur 1	Futur 2
ich	ginge	wäre gegangen	würde gehen	würde gegangen sein
du	gingest	wärest gegangen	würdest gehen	würdest gegangen sein
er/es/sie	ginge	wäre gegangen	würde gehen	würde gegangen sein
wir	gingen	wären gegangen	würden gehen	würden gegangen sein
ihr	ginget	wäret gegangen	würdet gehen	würdet gegangen sein
sie/Sie	gingen	wären gegangen	würden gehen	würden gegangen sein

Impératif

gehe/geh
geht
gehen wir
gehen Sie

être capable de **KÖNNEN**

Verbe faible irrégulier : ö̧ / a̧ ■ ǫ ■ ǫ

Können fait partie de la série des *prétérito-présents**: le présent a, au singulier, un ancien radical modifié et les marques de personne du prétérit (ich/er kann). Le prétérit est sans inflexion (konnte).

■ Radical présent: (sing.) kann/(plur.) könn.
■ Radical prétérit: konnte; présent du sub-jonctif 2: könnte.

Infinitifs

Infinitif 1 (présent)	Infinitif 2 (parfait)
kö̧nnen	gekǫnnt/kö̧nnen haben

Participes

Participe 1	Participe 2
kö̧nnend	gekǫnnt/kö̧nnen

Indicatif

	Présent	Parfait	Futur 1	Futur 2
ich	kann	habe gekonnt/können	werde können	werde gekonnt haben
du	kannst	hast gekonnt/können	wirst können	wirst gekonnt haben
er/es/sie	kann	hat gekonnt/können	wird können	wird gekonnt haben
wir	können	haben gekonnt/können	werden können	werden gekonnt haben
ihr	könnt	habt gekonnt/können	werdet können	werdet gekonnt haben
sie/Sie	können	haben gekonnt/können	werden können	werden gekonnt haben

	Prétérit	Plus-que-parfait
ich	konnte	hatte gekonnt/können
du	konntest	hattest gekonnt/können
er/es/sie	konnte	hatte gekonnt/können
wir	konnten	hatten gekonnt/können
ihr	konntet	hattet gekonnt/können
sie/Sie	konnten	hatten gekonnt/können

Subjonctif 1

	Présent	Passé	Futur 1	Futur 2
ich	könne	habe gekonnt/können	werde können	werde gekonnt haben
du	könnest	habest gekonnt/können	werdest können	werdest gekonnt haben
er/es/sie	könne	habe gekonnt/können	werde können	werde gekonnt haben
wir	können	haben gekonnt/können	werden können	werden gekonnt haben
ihr	könnet	habet gekonnt/können	werdet können	werdet gekonnt haben
sie/Sie	können	haben gekonnt/können	werden können	werden gekonnt haben

Subjonctif 2

	Présent	Passé	Futur 1	Futur 2
ich	könnte	hätte gekonnt	würde können	würde gekonnt haben
du	könntest	hättest gekonnt	würdest können	würdest gekonnt haben
er/es/sie	könnte	hätte gekonnt	würde können	würde gekonnt haben
wir	könnten	hätten gekonnt	würden können	würden gekonnt haben
ihr	könntet	hättet gekonnt	würdet können	würdet gekonnt haben
sie/Sie	könnten	hätten gekonnt	würden können	würden gekonnt haben

Impératif

MÖGEN

aimer

Verbe faible irrégulier : ö/a ■ o ■ o

Mögen fait partie de la série des *prétérito-présents** : le présent a, au singulier, un ancien radical modifié et les marques de personne du prétérit (ich/er mag). Le prétérit est sans inflexion et modifie la consonne (mochte).

■ Radical présent : (sing.) mag/(pl.) mög.
■ Radical prétérit : mochte ; présent du subjonctif 2 : **möch**te

Infinitifs

Infinitif 1 (présent)	Infinitif 2 (parfait)
mögen	gemocht/mögen haben

Participes

Participe 1	Participe 2
mögend	gemocht/mögen

Indicatif

	Présent	Parfait	Futur 1	Futur 2
ich	mag	habe gemocht/mögen	werde mögen	werde gemocht haben
du	magst	hast gemocht/mögen	wirst mögen	wirst gemocht haben
er/es/sie	mag	hat gemocht/mögen	wird mögen	wird gemocht haben
wir	mögen	haben gemocht/mögen	werden mögen	werden gemocht haben
ihr	mögt	habt gemocht/mögen	werdet mögen	werdet gemocht haben
sie/Sie	mögen	haben gemocht/mögen	werden mögen	werden gemocht haben

	Prétérit	Plus-que-parfait
ich	mochte	hatte gemocht/mögen
du	mochtest	hattest gemocht/mögen
er/es/sie	mochte	hatte gemocht/mögen
wir	mochten	hatten gemocht/mögen
ihr	mochtet	hattet gemocht/mögen
sie/Sie	mochten	hatten gemocht/mögen

Subjonctif 1

	Présent	Passé	Futur 1	Futur 2
ich	möge	habe gemocht/mögen	werde mögen	werde gemocht haben
du	mögest	habest gemocht/mögen	werdest mögen	werdest gemocht haben
er/es/sie	möge	habe gemocht/mögen	werde mögen	werde gemocht haben
wir	mögen	haben gemocht/mögen	werden mögen	werden gemocht haben
ihr	möget	habet gemocht/mögen	werdet mögen	werdet gemocht haben
sie/Sie	mögen	haben gemocht/mögen	werden mögen	werden gemocht haben

Subjonctif 2

	Présent	Passé	Futur 1	Futur 2
ich	möchte	hätte gemocht	würde mögen	würde gemocht haben
du	möchtest	hättest gemocht	würdest mögen	würdest gemocht haben
er/es/sie	möchte	hätte gemocht	würde mögen	würde gemocht haben
wir	möchten	hätten gemocht	würden mögen	würden gemocht haben
ihr	möchtet	hättet gemocht	würdet mögen	würdet gemocht haben
sie/Sie	möchten	hätten gemocht	würden mögen	würden gemocht haben

Impératif

Verbe faible irrégulier : ü / a ▪ u ▪ u

Dürfen fait partie de la série des *prétérito-présents**: le présent a, au singulier, un ancien radical modifié et les marques de personne du prétérit (ich/er darf). Le prétérit est sans inflexion (durfte).

▪ Radical du présent: (sing.) darf/(plur.) dürf.
▪ Radical prétérit: durfte; présent du subjonctif 2: dürfte.

Infinitifs

Infinitif 1 (présent)	Infinitif 2 (parfait)
dürfen	gedurft/dürfen haben

Participes

Participe 1	Participe 2
dürfend	gedurft/dürfen

Indicatif

	Présent	Parfait	Futur 1	Futur 2
ich	darf	habe gedurft/dürfen	werde dürfen	werde gedurft haben
du	darfst	hast gedurft/dürfen	wirst dürfen	wirst gedurft haben
er/es/sie	darf	hat gedurft/dürfen	wird dürfen	wird gedurft haben
wir	dürfen	haben gedurft/dürfen	werden dürfen	werden gedurft haben
ihr	dürft	habt gedurft/dürfen	werdet dürfen	werdet gedurft haben
sie/Sie	dürfen	haben gedurft/dürfen	werden dürfen	werden gedurft haben

	Prétérit	Plus-que-parfait
ich	durfte	hatte gedurft/dürfen
du	durftest	hattest gedurft/dürfen
er/es/sie	durfte	hatte gedurft/dürfen
wir	durften	hatten gedurft/dürfen
ihr	durftet	hattet gedurft/dürfen
sie/Sie	durften	hatten gedurft/dürfen

Subjonctif 1

	Présent	Passé	Futur 1	Futur 2
ich	dürfe	habe gedurft/dürfen	werde dürfen	werde gedurft haben
du	dürfest	habest gedurft/dürfen	werdest dürfen	werdest gedurft haben
er/es/sie	dürfe	habe gedurft/dürfen	werde dürfen	werde gedurft haben
wir	dürfen	haben gedurft/dürfen	werden dürfen	werden gedurft haben
ihr	dürfet	habet gedurft/dürfen	werdet dürfen	werdet gedurft haben
sie/Sie	dürfen	haben gedurft/dürfen	werden dürfen	werden gedurft haben

Subjonctif 2

	Présent	Passé	Futur 1	Futur 2
ich	dürfte	hätte gedurft	würde dürfen	würde gedurft haben
du	dürftest	hättest gedurft	würdest dürfen	würdest gedurft haben
er/es/sie	dürfte	hätte gedurft	würde dürfen	würde gedurft haben
wir	dürften	hätten gedurft	würden dürfen	würden gedurft haben
ihr	dürftet	hättet gedurft	würdet dürfen	würdet gedurft haben
sie/Sie	dürften	hätten gedurft	würden dürfen	würden gedurft haben

Impératif

MÜSSEN être obligé(e) de

Verbe faible irrégulier : ü̱/ṳ ■ ṳ ■ ṳ

Müssen fait partie de la série des *prétérito-présents**: le présent a, au singulier, un ancien radical modifié et les marques de personne du prétérit (ich/er muss). Le prétérit est sans inflexion (musste).

■ Radical présent: (sing.) muss/(plur.) müss.
■ Radical prétérit: musste; présent du subjonctif 2: müsste.

Infinitifs

Infinitif 1 (présent)	Infinitif 2 (parfait)
müssen	gemusst/müssen haben

Participes

Participe 1	Participe 2
müssend	gemusst/müssen

Indicatif

	Présent	Parfait	Futur 1	Futur 2
ich	muss	habe gemusst/müssen	werde müssen	werde gemusst haben
du	musst	hast gemusst/müssen	wirst müssen	wirst gemusst haben
er/es/sie	muss	hat gemusst/müssen	wird müssen	wird gemusst haben
wir	müssen	haben gemusst/müssen	werden müssen	werden gemusst haben
ihr	müsst	habt gemusst/müssen	werdet müssen	werdet gemusst haben
sie/Sie	müssen	haben gemusst/müssen	werden müssen	werden gemusst haben

	Prétérit	Plus-que-parfait
ich	musste	hatte gemusst/müssen
du	musstest	hattest gemusst/müssen
er/es/sie	musste	hatte gemusst/müssen
wir	mussten	hatten gemusst/müssen
ihr	musstet	hattet gemusst/müssen
sie/Sie	mussten	hatten gemusst/müssen

Subjonctif 1

	Présent	Passé	Futur 1	Futur 2
ich	müsse	habe gemusst/müssen	werde müssen	werde gemusst haben
du	müssest	habest gemusst/müssen	werdest müssen	werdest gemusst haben
er/es/sie	müsse	habe gemusst/müssen	werde müssen	werde gemusst haben
wir	müssen	haben gemusst/müssen	werden müssen	werden gemusst haben
ihr	müsset	habet gemusst/müssen	werdet müssen	werdet gemusst haben
sie/Sie	müssen	haben gemusst/müssen	werden müssen	werden gemusst haben

Subjonctif 2

	Présent	Passé	Futur 1	Futur 2
ich	müsste	hätte gemusst	würde müssen	würde gemusst haben
du	müsstest	hättest gemusst	würdest müssen	würdest gemusst haben
er/es/sie	müsste	hätte gemusst	würde müssen	würde gemusst haben
wir	müssten	hätten gemusst	würden müssen	würden gemusst haben
ihr	müsstet	hättet gemusst	würdet müssen	würdet gemusst haben
sie/Sie	müssten	hätten gemusst	würden müssen	würden gemusst haben

Impératif

vouloir   **WOLLEN**

Verbe faible irrégulier : ○ / ○ ■ ○ ■ ○

Wollen fait partie de la série des *prétérito-présents**: le présent a, au singulier, un ancien radical modifié et les marques de personne du prétérit (ich/er will). Le prétérit a la même voyelle que l'infinitif (wollte). Le subjonctif 2 se forme sans inflexion.
- Radical présent: (sing.) will/(plur.) woll.
- Radical prétérit: wollte; présent du subjonctif 2 : wollte.

Infinitifs | Participes

Infinitif 1 (présent)	Infinitif 2 (parfait)	Participe 1	Participe 2
wollen	gewollt/wollen haben	wollend	gewollt/wollen

Indicatif

	Présent	Parfait	Futur 1	Futur 2
ich	will	habe gewollt/wollen	werde wollen	werde gewollt haben
du	willst	hast gewollt/wollen	wirst wollen	wirst gewollt haben
er/es/sie	will	hat gewollt/wollen	wird wollen	wird gewollt haben
wir	wollen	haben gewollt/wollen	werden wollen	werden gewollt haben
ihr	wollt	habt gewollt/wollen	werdet wollen	werdet gewollt haben
sie/Sie	wollen	haben gewollt/wollen	werden wollen	werden gewollt haben

	Prétérit	Plus-que-parfait		
ich	wollte	hatte gewollt/wollen		
du	wolltest	hattest gewollt/wollen		
er/es/sie	wollte	hatte gewollt/wollen		
wir	wollten	hatten gewollt/wollen		
ihr	wolltet	hattet gewollt/wollen		
sie/Sie	wollten	hatten gewollt/wollen		

Subjonctif 1

	Présent	Passé	Futur 1	Futur 2
ich	wolle	habe gewollt/wollen	werde wollen	werde gewollt haben
du	wollest	habest gewollt/wollen	werdest wollen	werdest gewollt haben
er/es/sie	wolle	habe gewollt/wollen	werde wollen	werde gewollt haben
wir	wollen	haben gewollt/wollen	werden wollen	werden gewollt haben
ihr	wollet	habet gewollt/wollen	werdet wollen	werdet gewollt haben
sie/Sie	wollen	haben gewollt/wollen	werden wollen	werden gewollt haben

Subjonctif 2

	Présent	Passé	Futur 1	Futur 2
ich	wollte	hätte gewollt	würde wollen	würde gewollt haben
du	wolltest	hättest gewollt	würdest wollen	würdest gewollt haben
er/es/sie	wollte	hätte gewollt	würde wollen	würde gewollt haben
wir	wollten	hätten gewollt	würden wollen	würden gewollt haben
ihr	wolltet	hättet gewollt	würdet wollen	würdet gewollt haben
sie/Sie	wollten	hätten gewollt	würden wollen	würden gewollt haben

Impératif

SOLLEN

devoir

Verbe faible irrégulier : ○ ■ ○ ■ ○

Sollen fait partie de la série des *prétérito-présents** : le présent a, au singulier, les marques de personne du prétérit (ich/er soll). Le prétérit a la même voyelle que l'infinitif (sollte). Le subjonctif 2 se forme sans inflexion.

- Radical présent : (sing.) soll/(plur.) soll.
- Radical prétérit : sollte ; présent du subjonctif 2 : sollte.

Infinitifs

Infinitif 1 (présent)	Infinitif 2 (parfait)
sollen	gesollt/sollen haben

Participes

Participe 1	Participe 2
sollend	gesollt/sollen

Indicatif

	Présent	Parfait	Futur 1	Futur 2
ich	soll	habe gesollt/sollen	werde sollen	werde gesollt haben
du	sollst	hast gesollt/sollen	wirst sollen	wirst gesollt haben
er/es/sie	soll	hat gesollt/sollen	wird sollen	wird gesollt haben
wir	sollen	haben gesollt/sollen	werden sollen	werden gesollt haben
ihr	sollt	habt gesollt/sollen	werdet sollen	werdet gesollt haben
sie/Sie	sollen	haben gesollt/sollen	werden sollen	werden gesollt haben

	Prétérit	Plus-que-parfait		
ich	sollte	hatte gesollt/sollen		
du	solltest	hattest gesollt/sollen		
er/es/sie	sollte	hatte gesollt/sollen		
wir	sollten	hatten gesollt/sollen		
ihr	solltet	hattet gesollt/sollen		
sie/Sie	sollten	hatten gesollt/sollen		

Subjonctif 1

	Présent	Passé	Futur 1	Futur 2
ich	solle	habe gesollt/sollen	werde sollen	werde gesollt haben
du	sollest	habest gesollt/sollen	werdest sollen	werdest gesollt haben
er/es/sie	solle	habe gesollt/sollen	werde sollen	werde gesollt haben
wir	sollen	haben gesollt/sollen	werden sollen	werden gesollt haben
ihr	sollet	habet gesollt/sollen	werdet sollen	werdet gesollt haben
sie/Sie	sollen	haben gesollt/sollen	werden sollen	werden gesollt haben

Subjonctif 2

	Présent	Passé	Futur 1	Futur 2
ich	sollte	hätte gesollt	würde sollen	würde gesollt haben
du	solltest	hättest gesollt	würdest sollen	würdest gesollt haben
er/es/sie	sollte	hätte gesollt	würde sollen	würde gesollt haben
wir	sollten	hätten gesollt	würden sollen	würden gesollt haben
ihr	solltet	hättet gesollt	würdet sollen	würdet gesollt haben
sie/Sie	sollten	hätten gesollt	würden sollen	würden gesollt haben

Impératif

Verbe faible irrégulier : i / ei ■ u ■ u

Wissen fait partie de la série des *prétérito-présents**: le présent a, au singulier, un ancien radical modifié et les marques de personne du prétérit (ich/er weiß). Le prétérit a un radical en **u** (wusste).

■ Radical présent: (sing.) **weiß**/(plur.) **wiss**.
■ Radical prétérit: wusste; présent du subjonctif 2: **wüss**te.

Infinitifs | Participes

Infinitif 1 (présent)	Infinitif 2 (parfait)	Participe 1	Participe 2
wissen	gewusst haben	wissend	gewusst

Indicatif

	Présent	Parfait	Futur 1	Futur 2
ich	weiß	habe gewusst	werde wissen	werde gewusst haben
du	weißt	hast gewusst	wirst wissen	wirst gewusst haben
er/es/sie	weiß	hat gewusst	wird wissen	wird gewusst haben
wir	wissen	haben gewusst	werden wissen	werden gewusst haben
ihr	wisst	habt gewusst	werdet wissen	werdet gewusst haben
sie/Sie	wissen	haben gewusst	werden wissen	werden gewusst haben

	Prétérit	Plus-que-parfait
ich	wusste	hatte gewusst
du	wusstest	hattest gewusst
er/es/sie	wusste	hatte gewusst
wir	wussten	hatten gewusst
ihr	wusstet	hattet gewusst
sie/Sie	wussten	hatten gewusst

Subjonctif 1

	Présent	Passé	Futur 1	Futur 2
ich	wisse	habe gewusst	werde wissen	werde gewusst haben
du	wissest	habest gewusst	werdest wissen	werdest gewusst haben
er/es/sie	wisse	habe gewusst	werde wissen	werde gewusst haben
wir	wissen	haben gewusst	werden wissen	werden gewusst haben
ihr	wisset	habet gewusst	werdet wissen	werdet gewusst haben
sie/Sie	wissen	haben gewusst	werden wissen	werden gewusst haben

Subjonctif 2

	Présent	Passé	Futur 1	Futur 2
ich	wüsste	hätte gewusst	würde wissen	würde gewusst haben
du	wüsstest	hättest gewusst	würdest wissen	würdest gewusst haben
er/es/sie	wüsste	hätte gewusst	würde wissen	würde gewusst haben
wir	wüssten	hätten gewusst	würden wissen	würden gewusst haben
ihr	wüsstet	hättet gewusst	würdet wissen	würdet gewusst haben
sie/Sie	wüssten	hätten gewusst	würden wissen	würden gewusst haben

Impératif

wisse
wisst
wissen wir
wissen Sie

SPIELEN

jouer

Verbe faible régulier

Spielen représente la classe des verbes faibles simples. Il garde le même radical à tous les temps et modes.

- Radical présent: spiel.
- Radical prétérit: spielte; présent du subjonctif 2: spielte.

Infinitifs		Participes	
Infinitif 1 (présent)	**Infinitif 2 (parfait)**	**Participe 1**	**Participe 2**
spielen	gespielt haben	spielend	gespielt

Indicatif

	Présent	**Parfait**	**Futur 1**	**Futur 2**
ich	spiele	habe gespielt	werde spielen	werde gespielt haben
du	spielst	hast gespielt	wirst spielen	wirst gespielt haben
er/es/sie	spielt	hat gespielt	wird spielen	wird gespielt haben
wir	spielen	haben gespielt	werden spielen	werden gespielt haben
ihr	spielt	habt gespielt	werdet spielen	werdet gespielt haben
sie/Sie	spielen	haben gespielt	werden spielen	werden gespielt haben

	Prétérit	**Plus-que-parfait**		
ich	spielte	hatte gespielt		
du	spieltest	hattest gespielt		
er/es/sie	spielte	hatte gespielt		
wir	spielten	hatten gespielt		
ihr	spieltet	hattet gespielt		
sie/Sie	spielten	hatten gespielt		

Subjonctif 1

	Présent	**Passé**	**Futur 1**	**Futur 2**
ich	spiele	habe gespielt	werde spielen	werde gespielt haben
du	spielest	habest gespielt	werdest spielen	werdest gespielt haben
er/es/sie	spiele	habe gespielt	werde spielen	werde gespielt haben
wir	spielen	haben gespielt	werden spielen	werden gespielt haben
ihr	spielet	habet gespielt	werdet spielen	werdet gespielt haben
sie/Sie	spielen	haben gespielt	werden spielen	werden gespielt haben

Subjonctif 2

	Présent	**Passé**	**Futur 1**	**Futur 2**
ich	spielte	hätte gespielt	würde spielen	würde gespielt haben
du	spieltest	hättest gespielt	würdest spielen	würdest gespielt haben
er/es/sie	spielte	hätte gespielt	würde spielen	würde gespielt haben
wir	spielten	hätten gespielt	würden spielen	würden gespielt haben
ihr	spieltet	hättet gespielt	würdet spielen	würdet gespielt haben
sie/Sie	spielten	hätten gespielt	würden spielen	würden gespielt haben

Impératif

spiele/spiel
spielt
spielen wir
spielen Sie

Verbe faible - radical en t/d

Arbeiten représente la classe des verbes faibles simples dont le radical se termine par d ou t. Il garde le même radical à tous les temps et modes. Au présent: e *euphonique** devant les marques de personne.

- Radical présent: arbeit; 2e et 3e p. sing.: du arbeitest, er arbeitet.
- Radical prétérit: arbeitete; présent du subjonctif 2: arbeitete.

Infinitifs		Participes	
Infinitif 1 (présent)	**Infinitif 2 (parfait)**	**Participe 1**	**Participe 2**
arbeiten	gearbeitet haben	arbeitend	gearbeitet

Indicatif

	Présent	Parfait	Futur 1	Futur 2
ich	arbeite	habe gearbeitet	werde arbeiten	werde gearbeitet haben
du	arbeitest	hast gearbeitet	wirst arbeiten	wirst gearbeitet haben
er/es/sie	arbeitet	hat gearbeitet	wird arbeiten	wird gearbeitet haben
wir	arbeiten	haben gearbeitet	werden arbeiten	werden gearbeitet haben
ihr	arbeitet	habt gearbeitet	werdet arbeiten	werdet gearbeitet haben
sie/Sie	arbeiten	haben gearbeitet	werden arbeiten	werden gearbeitet haben

	Prétérit	Plus-que-parfait
ich	arbeitete	hatte gearbeitet
du	arbeitetest	hattest gearbeitet
er/es/sie	arbeitete	hatte gearbeitet
wir	arbeiteten	hatten gearbeitet
ihr	arbeitetet	hattet gearbeitet
sie/Sie	arbeiteten	hatten gearbeitet

Subjonctif 1

	Présent	Passé	Futur 1	Futur 2
ich	arbeite	habe gearbeitet	werde arbeiten	werde gearbeitet haben
du	arbeitest	habest gearbeitet	werdest arbeiten	werdest gearbeitet haben
er/es/sie	arbeite	habe gearbeitet	werde arbeiten	werde gearbeitet haben
wir	arbeiten	haben gearbeitet	werden arbeiten	werden gearbeitet haben
ihr	arbeitet	habet gearbeitet	werdet arbeiten	werdet gearbeitet haben
sie/Sie	arbeiten	haben gearbeitet	werden arbeiten	werden gearbeitet haben

Subjonctif 2

	Présent	Passé	Futur 1	Futur 2
ich	arbeitete	hätte gearbeitet	würde arbeiten	würde gearbeitet haben
du	arbeitetest	hättest gearbeitet	würdest arbeiten	würdest gearbeitet haben
er/es/sie	arbeitete	hätte gearbeitet	würde arbeiten	würde gearbeitet haben
wir	arbeiteten	hätten gearbeitet	würden arbeiten	würden gearbeitet haben
ihr	arbeitetet	hättet gearbeitet	würdet arbeiten	würdet gearbeitet haben
sie/Sie	arbeiteten	hätten gearbeitet	würden arbeiten	würden gearbeitet haben

Impératif

arbeite
arbeitet
arbeiten wir
arbeiten Sie

LÄCHELN sourire

Verbe faible - suffixe eln/ern

Lächeln représente la classe des verbes faibles simples en **eln** ou **ern**. Il garde le même radical à tous les temps et modes. Chute fréquente du e du suffixe à la 1ʳᵉ personne du présent (lächle).

■ Radical présent: lächel/lächl; 1ʳᵉ p. sing.: ich lächele/lächle.
■ Radical prétérit: lächelte; présent du subjonctif 2: **lächel**te.

Infinitifs		Participes	
Infinitif 1 (présent)	**Infinitif 2 (parfait)**	**Participe 1**	**Participe 2**
läch**eln**	gelächelt haben	läch**elnd**	gelächelt

Indicatif

	Présent	Parfait	Futur 1	Futur 2
ich	lächele/lächle	habe gelächelt	werde lächeln	werde gelächelt haben
du	lächelst	hast gelächelt	wirst lächeln	wirst gelächelt haben
er/es/sie	lächelt	hat gelächelt	wird lächeln	wird gelächelt haben
wir	lächeln	haben gelächelt	werden lächeln	werden gelächelt haben
ihr	lächelt	habt gelächelt	werdet lächeln	werdet gelächelt haben
sie/Sie	lächeln	haben gelächelt	werden lächeln	werden gelächelt haben

	Prétérit	Plus-que-parfait
ich	lächelte	hatte gelächelt
du	lächeltest	hattest gelächelt
er/es/sie	lächelte	hatte gelächelt
wir	lächelten	hatten gelächelt
ihr	lächeltet	hattet gelächelt
sie/Sie	lächelten	hatten gelächelt

Subjonctif 1

	Présent	Passé	Futur 1	Futur 2
ich	lächele/lächle	habe gelächelt	werde lächeln	werde gelächelt haben
du	lächelst/lächlest	habest gelächelt	werdest lächeln	werdest gelächelt haben
er/es/sie	lächele/lächle	habe gelächelt	werde lächeln	werde gelächelt haben
wir	lächeln	haben gelächelt	werden lächeln	werden gelächelt haben
ihr	lächelt/lächlet	habet gelächelt	werdet lächeln	werdet gelächelt haben
sie/Sie	lächeln	haben gelächelt	werden lächeln	werden gelächelt haben

Subjonctif 2

	Présent	Passé	Futur 1	Futur 2
ich	lächelte	hätte gelächelt	würde lächeln	würde gelächelt haben
du	lächeltest	hättest gelächelt	würdest lächeln	würdest gelächelt haben
er/es/sie	lächelte	hätte gelächelt	würde lächeln	würde gelächelt haben
wir	lächelten	hätten gelächelt	würden lächeln	würden gelächelt haben
ihr	lächeltet	hättet gelächelt	würdet lächeln	würdet gelächelt haben
sie/Sie	lächelten	hätten gelächelt	würden lächeln	würden gelächelt haben

Impératif

lächle
lächelt
lächeln wir
lächeln Sie

rendre visite **BESUCHEN** [20]

Verbe faible à préfixe

Verbe faible, dont la première syllabe est un préfixe non accentué.

■ Radical présent: besuch.
■ Radical prétérit: besuchte; présent du subjonctif 2: **besuch**te.

Infinitifs

Infinitif 1 (présent)	Infinitif 2 (parfait)
besuchen	besucht haben

Participes

Participe 1	Participe 2
besuchend	besucht

Indicatif

	Présent	Parfait	Futur 1	Futur 2
ich	besuche	habe besucht	werde besuchen	werde besucht haben
du	besuchst	hast besucht	wirst besuchen	wirst besucht haben
er/es/sie	besucht	hat besucht	wird besuchen	wird besucht haben
wir	besuchen	haben besucht	werden besuchen	werden besucht haben
ihr	besucht	habt besucht	werdet besuchen	werdet besucht haben
sie/Sie	besuchen	haben besucht	werden besuchen	werden besucht haben

	Prétérit	Plus-que-parfait
ich	besuchte	hatte besucht
du	besuchtest	hattest besucht
er/es/sie	besuchte	hatte besucht
wir	besuchten	hatten besucht
ihr	besuchtet	hattet besucht
sie/Sie	besuchten	hatten besucht

Subjonctif 1

	Présent	Passé	Futur 1	Futur 2
ich	besuche	habe besucht	werde besuchen	werde besucht haben
du	besuchest	habest besucht	werdest besuchen	werdest besucht haben
er/es/sie	besuche	habe besucht	werde besuchen	werde besucht haben
wir	besuchen	haben besucht	werden besuchen	werden besucht haben
ihr	besuchet	habet besucht	werdet besuchen	werdet besucht haben
sie/Sie	besuchen	haben besucht	werden besuchen	werden besucht haben

Subjonctif 2

	Présent	Passé	Futur 1	Futur 2
ich	besuchte	hätte besucht	würde besuchen	würde besucht haben
du	besuchtest	hättest besucht	würdest besuchen	würdest besucht haben
er/es/sie	besuchte	hätte besucht	würde besuchen	würde besucht haben
wir	besuchten	hätten besucht	würden besuchen	würden besucht haben
ihr	besuchtet	hättet besucht	würdet besuchen	würdet besucht haben
sie/Sie	besuchten	hätten besucht	würden besuchen	würden besucht haben

Impératif

besuche/besuch
besucht
besuchen wir
besuchen Sie

SICH ERHOLEN se remettre

Verbe faible pronominal

Sich erholen représente la classe des verbes pronominaux. Le pronom qui accompagne le verbe est à l'accusatif et varie en fonction de la personne.

■ Radical présent: erhol; ich erhole mich, du erholst dich...

■ Radical prétérit: erholte; présent du subjonctif 2: erholte.

Infinitifs

Infinitif 1 (présent)	Infinitif 2 (parfait)
sich erholen	sich erholt haben

Participes

Participe 1	Participe 2
erholend	erholt

Indicatif

	Présent	Parfait	Futur 1	Futur 2
ich	erhole mich	habe mich erholt	werde mich erholen	werde mich erholt haben
du	erholst dich	hast dich erholt	wirst dich erholen	wirst dich erholt haben
er/es/sie	erholt sich	hat sich erholt	wird sich erholen	wird sich erholt haben
wir	erholen uns	haben uns erholt	werden uns erholen	werden uns erholt haben
ihr	erholt euch	habt euch erholt	werdet euch erholen	werdet euch erholt haben
sie/Sie	erholen sich	haben sich erholt	werden sich erholen	werden sich erholt haben

	Prétérit	Plus-que-parfait
ich	erholte mich	hatte mich erholt
du	erholtest dich	hattest dich erholt
er/es/sie	erholte sich	hatte sich erholt
wir	erholten uns	hatten uns erholt
ihr	erholtet euch	hattet euch erholt
sie/Sie	erholten sich	hatten sich erholt

Subjonctif 1

	Présent	Passé	Futur 1	Futur 2
ich	erhole mich	habe mich erholt	werde mich erholen	werde mich erholt haben
du	erholest dich	habest dich erholt	werdest dich erholen	werdest dich erholt haben
er/es/sie	erhole sich	habe sich erholt	werde sich erholen	werde sich erholt haben
wir	erholen uns	haben uns erholt	werden uns erholen	werden uns erholt haben
ihr	erholet euch	habet euch erholt	werdet euch erholen	werdet euch erholt haben
sie/Sie	erholen sich	haben sich erholt	werden sich erholen	werden sich erholt haben

Subjonctif 2

	Présent	Passé	Futur 1	Futur 2
ich	erholte mich	hätte mich erholt	würde mich erholen	würde mich erholt haben
du	erholtest dich	hättest dich erholt	würdest dich erholen	würdest dich erholt haben
er/es/sie	erholte sich	hätte sich erholt	würde sich erholen	würde sich erholt haben
wir	erholten uns	hätten uns erholt	würden uns erholen	würden uns erholt haben
ihr	erholtet euch	hättet euch erholt	würdet euch erholen	würdet euch erholt haben
sie/Sie	erholten sich	hätten sich erholt	würden sich erholen	würden sich erholt haben

Impératif

erhole/erhol dich
erholt euch
erholen wir uns
erholen Sie sich

Verbe faible - suffixe **ieren**

Classe des verbes simples en **ieren**, formés sur des radicaux latins ou français, accentués sur le suffixe. Même radical à tous les temps et modes. Le participe se forme par l'ajout de la seule marque **t**.

■ Radical présent: reparier.
■ Radical prétérit: reparierte; présent du subjonctif 2: **reparier**te.

Infinitifs | Participes

Infinitif 1 (présent)	Infinitif 2 (parfait)	Participe 1	Participe 2
reparieren	repariert haben	reparierend	repariert

Indicatif

	Présent	Parfait	Futur 1	Futur 2
ich	repariere	habe repariert	werde reparieren	werde repariert haben
du	reparierst	hast repariert	wirst reparieren	wirst repariert haben
er/es/sie	repariert	hat repariert	wird reparieren	wird repariert haben
wir	reparieren	haben repariert	werden reparieren	werden repariert haben
ihr	repariert	habt repariert	werdet reparieren	werdet repariert haben
sie/Sie	reparieren	haben repariert	werden reparieren	werden repariert haben

	Prétérit	Plus-que-parfait		
ich	reparierte	hatte repariert		
du	repariertest	hattest repariert		
er/es/sie	reparierte	hatte repariert		
wir	reparierten	hatten repariert		
ihr	repariertet	hattet repariert		
sie/Sie	reparierten	hatten repariert		

Subjonctif 1

	Présent	Passé	Futur 1	Futur 2
ich	repariere	habe repariert	werde reparieren	werde repariert haben
du	reparierest	habest repariert	werdest reparieren	werdest repariert haben
er/es/sie	repariere	habe repariert	werde reparieren	werde repariert haben
wir	reparieren	haben repariert	werden reparieren	werden repariert haben
ihr	reparieret	habet repariert	werdet reparieren	werdet repariert haben
sie/Sie	reparieren	haben repariert	werden reparieren	werden repariert haben

Subjonctif 2

	Présent	Passé	Futur 1	Futur 2
ich	reparierte	hätte repariert	würde reparieren	würde repariert haben
du	repariertest	hättest repariert	würdest reparieren	würdest repariert haben
er/es/sie	reparierte	hätte repariert	würde reparieren	würde repariert haben
wir	reparierten	hätten repariert	würden reparieren	würden repariert haben
ihr	repariertet	hättet repariert	würdet reparieren	würdet repariert haben
sie/Sie	reparierten	hätten repariert	würden reparieren	würden repariert haben

Impératif

repariere/reparier
repariert
reparieren wir
reparieren Sie

HELFEN

aider

Verbe fort : e ■ a ■ o

Classe des verbes forts en **e** dont la voyelle du radical est toujours brève. Modification de la voyelle aux 2ᵉ et 3ᵉ p. sing. du présent.

■ Radical présent: helf; 2ᵉ et 3ᵉ p. sing. : du **hilf**st, er **hilf**t.

■ Radical prétérit: half; présent du subjonctif 2: **häl**fe/**hül**fe.

Infinitifs

Infinitif 1 (présent)	Infinitif 2 (parfait)
helfen	geholfen haben

Participes

Participe 1	Participe 2
helfend	geholfen

Indicatif

	Présent	Parfait	Futur 1	Futur 2
ich	helfe	habe geholfen	werde helfen	werde geholfen haben
du	hilfst	hast geholfen	wirst helfen	wirst geholfen haben
er/es/sie	hilft	hat geholfen	wird helfen	wird geholfen haben
wir	helfen	haben geholfen	werden helfen	werden geholfen haben
ihr	helft	habt geholfen	werdet helfen	werdet geholfen haben
sie/Sie	helfen	haben geholfen	werden helfen	werden geholfen haben

	Prétérit	Plus-que-parfait		
ich	half	hatte geholfen		
du	halfst	hattest geholfen		
er/es/sie	half	hatte geholfen		
wir	halfen	hatten geholfen		
ihr	halft	hattet geholfen		
sie/Sie	halfen	hatten geholfen		

Subjonctif 1

	Présent	Passé	Futur 1	Futur 2
ich	helfe	habe geholfen	werde helfen	werde geholfen haben
du	helfest	habest geholfen	werdest helfen	werdest geholfen haben
er/es/sie	helfe	habe geholfen	werde helfen	werde geholfen haben
wir	helfen	haben geholfen	werden helfen	werden geholfen haben
ihr	helfet	habet geholfen	werdet helfen	werdet geholfen haben
sie/Sie	helfen	haben geholfen	werden helfen	werden geholfen haben

Subjonctif 2

	Présent	Passé	Futur 1	Futur 2
ich	hälfe/hülfe	hätte geholfen	würde helfen	würde geholfen haben
du	hälfest/hülfest	hättest geholfen	würdest helfen	würdest geholfen haben
er/es/sie	hälfe/hülfe	hätte geholfen	würde helfen	würde geholfen haben
wir	hälfen/hülfen	hätten geholfen	würden helfen	würden geholfen haben
ihr	hälfet/hülfet	hättet geholfen	würdet helfen	würdet geholfen haben
sie/Sie	hälfen/hülfen	hätten geholfen	würden helfen	würden geholfen haben

Impératif

hilf
helft
helfen wir
helfen Sie

Verbe fort : e ■ a ■ o

Classe des verbes forts en **e** dont seule la voyelle du radical du prétérit est longue (pas de consonne redoublée). Modification de la voyelle aux 2ᵉ et 3ᵉ p. sing. du présent.

■ Radical présent: treff; 2ᵉ et 3ᵉ p. sing. : du **triff**st, er **triff**t.
■ Radical prétérit: traf; présent du subjonctif 2: **träfe**.

Infinitifs		Participes	
Infinitif 1 (présent)	**Infinitif 2 (parfait)**	**Participe 1**	**Participe 2**
treffen	getroffen haben/sein	treffend	getroffen

Indicatif

	Présent	Parfait	Futur 1	Futur 2
ich	treffe	habe/bin getroffen	werde treffen	werde getroffen haben/sein
du	triffst	hast/bist getroffen	wirst treffen	wirst getroffen haben/sein
er/es/sie	trifft	hat/ist getroffen	wird treffen	wird getroffen haben/sein
wir	treffen	haben/sind getroffen	werden treffen	werden getroffen haben/sein
ihr	trefft	habt/seid getroffen	werdet treffen	werdet getroffen haben/sein
sie/Sie	treffen	haben/sind getroffen	werden treffen	werden getroffen haben/sein

	Prétérit	Plus-que-parfait		
ich	traf	hatte/war getroffen		
du	trafst	hattest/warst getroffen		
er/es/sie	traf	hatte/war getroffen		
wir	trafen	hatten/waren getroffen		
ihr	traft	hattet/wart getroffen		
sie/Sie	trafen	hatten/waren getroffen		

Subjonctif 1

	Présent	Passé	Futur 1	Futur 2
ich	treffe	habe/sei getroffen	werde treffen	werde getroffen haben/sein
du	treffest	habest/seist getroffen	werdest treffen	werdest getroffen haben/sein
er/es/sie	treffe	habe/sei getroffen	werde treffen	werde getroffen haben/sein
wir	treffen	haben/seien getroffen	werden treffen	werden getroffen haben/sein
ihr	treffet	habet/seiet getroffen	werdet treffen	werdet getroffen haben/sein
sie/Sie	treffen	haben/seien getroffen	werden treffen	werden getroffen haben/sein

Subjonctif 2

	Présent	Passé	Futur 1	Futur 2
ich	träfe	hätte/wäre getroffen	würde treffen	würde getroffen haben/sein
du	träfest	hättest/wärst getroffen	würdest treffen	würdest getroffen haben/sein
er/es/sie	träfe	hätte/wäre getroffen	würde treffen	würde getroffen haben/sein
wir	träfen	hätten/wären getroffen	würden treffen	würden getroffen haben/sein
ihr	träfet	hätte/wäret getroffen	würdet treffen	würdet getroffen haben/sein
sie/Sie	träfen	hätten/wären getroffen	würden treffen	würden getroffen haben/sein

Impératif

triff
trefft
treffen wir
treffen Sie

STEHLEN voler (dérober)

Verbe fort : e ■ a ■ o

Classe des verbes forts en e dont la voyelle du radical est toujours longue. Modification de la voyelle aux 2ᵉ et 3ᵉ p. sing. du présent.

■ Radical présent: stehl; 2ᵉ et 3ᵉ p. sing. : du stiehlst, er stiehlt.
■ Radical prétérit: stahl; présent du subjonctif 2 : stähle/stöhle.

Infinitifs

	Infinitif 1 (présent)	Infinitif 2 (parfait)
	stehlen	gestohlen haben

Participes

Participe 1	Participe 2
stehlend	gestohlen

Indicatif

	Présent	Parfait	Futur 1	Futur 2
ich	stehle	habe gestohlen	werde stehlen	werde gestohlen haben
du	stiehlst	hast gestohlen	wirst stehlen	wirst gestohlen haben
er/es/sie	stiehlt	hat gestohlen	wird stehlen	wird gestohlen haben
wir	stehlen	haben gestohlen	werden stehlen	werden gestohlen haben
ihr	stehlt	habt gestohlen	werdet stehlen	werdet gestohlen haben
sie/Sie	stehlen	haben gestohlen	werden stehlen	werden gestohlen haben

	Prétérit	Plus-que-parfait
ich	stahl	hatte gestohlen
du	stahlst	hattest gestohlen
er/es/sie	stahl	hatte gestohlen
wir	stahlen	hatten gestohlen
ihr	stahlt	hattet gestohlen
sie/Sie	stahlen	hatten gestohlen

Subjonctif 1

	Présent	Passé	Futur 1	Futur 2
ich	stehle	habe gestohlen	werde stehlen	werde gestohlen haben
du	stehlest	habest gestohlen	werdest stehlen	werdest gestohlen haben
er/es/sie	stehle	habe gestohlen	werde stehlen	werde gestohlen haben
wir	stehlen	haben gestohlen	werden stehlen	werden gestohlen haben
ihr	stehlet	habet gestohlen	werdet stehlen	werdet gestohlen haben
sie/Sie	stehlen	haben gestohlen	werden stehlen	werden gestohlen haben

Subjonctif 2

	Présent	Passé	Futur 1	Futur 2
ich	stähle/stöhle	hätte gestohlen	würde stehlen	würde gestohlen haben
du	stählest/stöhlest	hättest gestohlen	würdest stehlen	würdest gestohlen haben
er/es/sie	stähle/stöhle	hätte gestohlen	würde stehlen	würde gestohlen haben
wir	stählen/stöhlen	hätten gestohlen	würden stehlen	würden gestohlen haben
ihr	stählet/stöhlet	hättet gestohlen	würdet stehlen	würdet gestohlen haben
sie/Sie	stählen/stöhlen	hätten gestohlen	würden stehlen	würden gestohlen haben

Impératif

stiehl
stehlt
stehlen wir
stehlen Sie

Verbe fort : ä ■ a ■ o

Cas isolé, assimilé aux verbes forts en e qui présentent l'alternance a - o. Modification fréquente de la voyelle aux 2e et 3e p. sing. du présent.

■ Radical présent: gebär; 2e et 3e p. sing. : du gebierst, sie gebiert.
■ Radical prétérit: gebar; présent du subjonctif 2: gebäre.

Infinitifs		Participes	
Infinitif 1 (présent)	**Infinitif 2 (parfait)**	**Participe 1**	**Participe 2**
gebären	geboren haben	gebärend	geboren

Indicatif

	Présent	Parfait	Futur 1	Futur 2
ich	gebäre	habe geboren	werde gebären	werde geboren haben
du	gebärst/gebierst	hast geboren	wirst gebären	wirst geboren haben
er/es/sie	gebärt/gebiert	hat geboren	wird gebären	wird geboren haben
wir	gebären	haben geboren	werden gebären	werden geboren haben
ihr	gebärt	habt geboren	werdet gebären	werdet geboren haben
sie/Sie	gebären	haben geboren	werden gebären	werden geboren haben

	Prétérit	Plus-que-parfait
ich	gebar	hatte geboren
du	gebarst	hattet geboren
er/es/sie	gebar	hatte geboren
wir	gebaren	hatten geboren
ihr	gebart	hattet geboren
sie/Sie	gebaren	hatten geboren

Subjonctif 1

	Présent	Passé	Futur 1	Futur 2
ich	gebäre	habe geboren	werde gebären	werde geboren haben
du	gebärest	habest geboren	werdest gebären	werdest geboren haben
er/es/sie	gebäre	habe geboren	werde gebären	werde geboren haben
wir	gebären	haben geboren	werden gebären	werden geboren haben
ihr	gebäret	habet geboren	werdet gebären	werdet geboren haben
sie/Sie	gebären	haben geboren	werden gebären	werden geboren haben

Subjonctif 2

	Présent	Passé	Futur 1	Futur 2
ich	gebäre	hätte geboren	würde gebären	würde geboren haben
du	gebärest	hättest geboren	würdest gebären	würdest geboren haben
er/es/sie	gebäre	hätte geboren	würde gebären	würde geboren haben
wir	gebären	hätten geboren	würden gebären	würden geboren haben
ihr	gebäret	hättet geboren	würdet gebären	würdet geboren haben
sie/Sie	gebären	hätten geboren	würden gebären	würden geboren haben

Impératif

gebäre/gebär/gebier
gebärt
gebären wir
gebären Sie

NEHMEN prendre

Verbe fort : e ▪ a ▪ o

Cas isolé, les voyelles du radical de l'infinitif et du prétérit sont longues. Voyelle modifiée et brève aux 2e et 3e p. sing. du présent (consonne redoublée).

▪ Radical présent : nehm ; 2e et 3e p. sing. : du **nimm**st, er **nimm**t.
▪ Radical prétérit : nahm ; présent du subjonctif 2 : **nähm**e.

Infinitifs		Participes	
Infinitif 1 (présent)	**Infinitif 2 (parfait)**	**Participe 1**	**Participe 2**
nehmen	genommen haben	nehmend	genommen

Indicatif

	Présent	Parfait	Futur 1	Futur 2
ich	nehme	habe genommen	werde nehmen	werde genommen haben
du	nimmst	hast genommen	wirst nehmen	wirst genommen haben
er/es/sie	nimmt	hat genommen	wird nehmen	wird genommen haben
wir	nehmen	haben genommen	werden nehmen	werden genommen haben
ihr	nehmt	habt genommen	werdet nehmen	werdet genommen haben
sie/Sie	nehmen	haben genommen	werden nehmen	werden genommen haben

	Prétérit	Plus-que-parfait		
ich	nahm	hatte genommen		
du	nahmst	hattest genommen		
er/es/sie	nahm	hatte genommen		
wir	nahmen	hatten genommen		
ihr	nahmt	hattet genommen		
sie/Sie	nahmen	hatten genommen		

Subjonctif 1

	Présent	Passé	Futur 1	Futur 2
ich	nehme	habe genommen	werde nehmen	werde genommen haben
du	nehmest	habest genommen	werdest nehmen	werdest genommen haben
er/es/sie	nehme	habe genommen	werde nehmen	werde genommen haben
wir	nehmen	haben genommen	werden nehmen	werden genommen haben
ihr	nehmet	habet genommen	werdet nehmen	werdet genommen haben
sie/Sie	nehmen	haben genommen	werden nehmen	werden genommen haben

Subjonctif 2

	Présent	Passé	Futur 1	Futur 2
ich	nähme	hätte genommen	würde nehmen	würde genommen haben
du	nähmest	hättest genommen	würdest nehmen	würdest genommen haben
er/es/sie	nähme	hätte genommen	würde nehmen	würde genommen haben
wir	nähmen	hätten genommen	würden nehmen	würden genommen haben
ihr	nähmet	hättet genommen	würdet nehmen	würdet genommen haben
sie/Sie	nähmen	hätten genommen	würden nehmen	würden genommen haben

Impératif

nimm
nehmt
nehmen wir
nehmen Sie

manger **ESSEN**

Verbe fort : ẹ ▪ a̱ ▪ ẹ

Classe des verbes en e qui ont le même radical au participe qu'à l'infinitif. La voyelle du radical n'est longue qu'au prétérit (s'écrit aß). Inflexion aux 2e et 3e p. sing. du présent.

▪ Radical présent: ess; 2e et 3e p. sing. : du **isst**, er **isst**.
▪ Radical prétérit: aß; présent du subjonctif 2 : **äße**.

Infinitifs

Infinitif 1 (présent)	Infinitif 2 (parfait)
ẹssen	gegẹssen haben

Participes

Participe 1	Participe 2
ẹssend	gegẹssen

Indicatif

	Présent	Parfait	Futur 1	Futur 2
ich	esse	habe gegessen	werde essen	werde gegessen haben
du	isst	hast gegessen	wirst essen	wirst gegessen haben
er/es/sie	isst	hat gegessen	wird essen	wird gegessen haben
wir	essen	haben gegessen	werden essen	werden gegessen haben
ihr	esst	habt gegessen	werdet essen	werdet gegessen haben
sie/Sie	essen	haben gegessen	werden essen	werden gegessen haben

	Prétérit	Plus-que-parfait
ich	aß	hatte gegessen
du	aßest	hattest gegessen
er/es/sie	aß	hatte gegessen
wir	aßen	hatten gegessen
ihr	aßt	hattet gegessen
sie/Sie	aßen	hatten gegessen

Subjonctif 1

	Présent	Passé	Futur 1	Futur 2
ich	esse	habe gegessen	werde essen	werde gegessen haben
du	essest	habest gegessen	werdest essen	werdest gegessen haben
er/es/sie	esse	habe gegessen	werde essen	werde gegessen haben
wir	essen	haben gegessen	werden essen	werden gegessen haben
ihr	esset	habet gegessen	werdet essen	werdet gegessen haben
sie/Sie	essen	haben gegessen	werden essen	werden gegessen haben

Subjonctif 2

	Présent	Passé	Futur 1	Futur 2
ich	äße	hätte gegessen	würde essen	würde gegessen haben
du	äßest	hättest gegessen	würdest essen	würdest gegessen haben
er/es/sie	äße	hätte gegessen	würde essen	würde gegessen haben
wir	äßen	hätten gegessen	würden essen	würden gegessen haben
ihr	äßet	hättet gegessen	würdet essen	würdet gegessen haben
sie/Sie	äßen	hätten gegessen	würden essen	würden gegessen haben

Impératif

iss
esst
essen wir
essen Sie

28

S E H E N   voir

Verbe fort : e ▪ a ▪ e

Classe des verbes en e qui ont le même radical au participe qu'à l'infinitif. La voyelle du radical est toujours longue. Inflexion aux 2ᵉ et 3ᵉ p. sing. du présent.

▪ Radical présent: seh; 2ᵉ et 3ᵉ p. sing. siehst, sieht.

▪ Radical prétérit: sah; présent du subjonctif 2: sähe.

Infinitifs		Participes	
Infinitif 1 (présent)	**Infinitif 2 (parfait)**	**Participe 1**	**Participe 2**
sehen	gesehen haben	sehend	gesehen

Indicatif

	Présent	**Parfait**	**Futur 1**	**Futur 2**
ich	sehe	habe gesehen	werde sehen	werde gesehen haben
du	siehst	hast gesehen	wirst sehen	wirst gesehen haben
er/es/sie	sieht	hat gesehen	wird sehen	wird gesehen haben
wir	sehen	haben gesehen	werden sehen	werden gesehen haben
ihr	seht	habt gesehen	werdet sehen	werdet gesehen haben
sie/Sie	sehen	haben gesehen	werden sehen	werden gesehen haben
	Prétérit	**Plus-que-parfait**		
ich	sah	hatte gesehen		
du	sahst	hattest gesehen		
er/es/sie	sah	hatte gesehen		
wir	sahen	hatten gesehen		
ihr	saht	hattet gesehen		
sie/Sie	sahen	hatten gesehen		

Subjonctif 1

	Présent	**Passé**	**Futur 1**	**Futur 2**
ich	sehe	habe gesehen	werde sehen	werde gesehen haben
du	sehest	habest gesehen	werdest sehen	werdest gesehen haben
er/es/sie	sehe	habe gesehen	werde sehen	werde gesehen haben
wir	sehen	haben gesehen	werden sehen	werden gesehen haben
ihr	sehet	habet gesehen	werdet sehen	werdet gesehen haben
sie/Sie	sehen	haben gesehen	werden sehen	werden gesehen haben

Subjonctif 2

	Présent	**Passé**	**Futur 1**	**Futur 2**
ich	sähe	hätte gesehen	würde sehen	würde gesehen haben
du	sähest	hättest gesehen	würdest sehen	würdest gesehen haben
er/es/sie	sähe	hätte gesehen	würde sehen	würde gesehen haben
wir	sähen	hätten gesehen	würden sehen	würden gesehen haben
ihr	sähet	hättet gesehen	würdet sehen	würdet gesehen haben
sie/Sie	sähen	hätten gesehen	würden sehen	würden gesehen haben

Impératif

siehe/sieh
seht
sehen wir
sehen Sie

Verbe fort : o̱ a̱ o̱

Cas assimilé à la classe des verbes qui ont le même radical au participe qu'à l'infinitif. Le radical du prétérit est un a long.

- Radical présent: komm.
- Radical prétérit: kam; présent du subjonctif 2: käme.

Infinitifs

Infinitif 1 (présent)	Infinitif 2 (parfait)
kommen	gekommen sein

Participes

Participe 1	Participe 2
kommend	gekommen

Indicatif

	Présent	Parfait	Futur 1	Futur 2
ich	komme	bin gekommen	werde kommen	werde gekommen sein
du	kommst	bist gekommen	wirst kommen	wirst gekommen sein
er/es/sie	kommt	ist gekommen	wird kommen	wird gekommen sein
wir	kommen	sind gekommen	werden kommen	werden gekommen sein
ihr	kommt	seid gekommen	werdet kommen	werdet gekommen sein
sie/Sie	kommen	sind gekommen	werden kommen	werden gekommen sein

	Prétérit	Plus-que-parfait
ich	kam	war gekommen
du	kamst	warst gekommen
er/es/sie	kam	war gekommen
wir	kamen	waren gekommen
ihr	kamt	wart gekommen
sie/Sie	kamen	waren gekommen

Subjonctif 1

	Présent	Passé	Futur 1	Futur 2
ich	komme	sei gekommen	werde kommen	werde gekommen sein
du	kommest	seist gekommen	werdest kommen	werdest gekommen sein
er/es/sie	komme	sei gekommen	werde kommen	werde gekommen sein
wir	kommen	seien gekommen	werden kommen	werden gekommen sein
ihr	kommet	seiet gekommen	werdet kommen	werdet gekommen sein
sie/Sie	kommen	seien gekommen	werden kommen	werden gekommen sein

Subjonctif 2

	Présent	Passé	Futur 1	Futur 2
ich	käme	wäre gekommen	würde kommen	würde gekommen sein
du	kämest	wärst gekommen	würdest kommen	würdest gekommen sein
er/es/sie	käme	wäre gekommen	würde kommen	würde gekommen sein
wir	kämen	wären gekommen	würden kommen	würden gekommen sein
ihr	kämet	wäret gekommen	würdet kommen	würdet gekommen sein
sie/Sie	kämen	wären gekommen	würden kommen	würden gekommen sein

Impératif

komme/komm
kommt
kommen wir
kommen Sie

SCHMELZEN fondre

Verbe fort : e ■ o ■ o

Classe des verbes forts en **e** dont la voyelle du radical est toujours brève. Inflexion aux 2e et 3e p. sing. du présent.

■ Radical présent: schmelz; 2e et 3e p. sing. : du **schmilzt, er schmilzt**.

■ Radical prétérit: schmolz; présent du subjonctif 2: **schmölze**.

Infinitifs		Participes	
Infinitif 1 (présent)	**Infinitif 2 (parfait)**	**Participe 1**	**Participe 2**
schmelzen	geschmolzen haben/sein	schmelzend	geschmolzen

Indicatif

	Présent	Parfait	Futur 1	Futur 2
ich	schmelze	habe/bin geschmolzen	werde schmelzen	werde geschmolzen haben/sein
du	schmilzt	hast/bist geschmolzen	wirst schmelzen	wirst geschmolzen haben/sein
er/es/sie	schmilzt	hat/ist geschmolzen	wird schmelzen	wird geschmolzen haben/sein
wir	schmelzen	haben/sind geschmolzen	werden schmelzen	werden geschmolzen haben/sein
ihr	schmelzt	habt/seid geschmolzen	werdet schmelzen	werdet geschmolzen haben/sein
sie/Sie	schmelzen	haben/sind geschmolzen	werden schmelzen	werden geschmolzen haben/sein

	Prétérit	Plus-que-parfait
ich	schmolz	hatte/war geschmolzen
du	schmolzest	hattest/warst geschmolzen
er/es/sie	schmolz	hatte/war geschmolzen
wir	schmolzen	hatten/waren geschmolzen
ihr	schmolzt	hattet/wart geschmolzen
sie/Sie	schmolzen	hatten/waren geschmolzen

Subjonctif 1

	Présent	Passé	Futur 1	Futur 2
ich	schmelze	habe/sei geschmolzen	werde schmelzen	werde geschmolzen haben/sein
du	schmelzest	habest/seist geschmolzen	werdest schmelzen	werdest geschmolzen haben/sein
er/es/sie	schmelze	habe/sei geschmolzen	werde schmelzen	werde geschmolzen haben/sein
wir	schmelzen	haben/seien geschmolzen	werden schmelzen	werden geschmolzen haben/sein
ihr	schmelzet	habet/seiet geschmolzen	werdet schmelzen	werdet geschmolzen haben/sein
sie/Sie	schmelzen	haben/seien geschmolzen	werden schmelzen	werden geschmolzen haben/sein

Subjonctif 2

	Présent	Passé	Futur 1	Futur 2
ich	schmölze	hätte/wäre geschmolzen	würde schmelzen	würde geschmolzen haben/sein
du	schmölzest	hättest/wärest geschmolzen	würdest schmelzen	würdest geschmolzen haben/sein
er/es/sie	schmölze	hätte/wäre geschmolzen	würde schmelzen	würde geschmolzen haben/sein
wir	schmölzen	hätten/wären geschmolzen	würden schmelzen	würden geschmolzen haben/sein
ihr	schmölzet	hättet/wäret geschmolzen	würdet schmelzen	würdet geschmolzen haben/sein
sie/Sie	schmölzen	hätten/wären geschmolzen	würden schmelzen	würden geschmolzen haben/sein

Impératif

schmilz
schmelzt
schmelzen wir
schmelzen Sie

SAUFEN

Verbe fort : au ∎ o ∎ o

Cas assimilé à la classe des verbes avec un o bref au prétérit et au participe (consonne redoublée). Inflexion de la diphtongue aux 2ᵉ et 3ᵉ p. sing. du présent.

∎ Radical présent: sauf; 2ᵉ et 3ᵉ p. sing. : du säufst, er säuft.
∎ Radical prétérit: soff; présent du subjonctif 2: söffe.

Infinitifs

Infinitif 1 (présent)	Infinitif 2 (parfait)
saufen	gesoffen haben

Participes

Participe 1	Participe 2
saufend	gesoffen

Indicatif

	Présent	Parfait	Futur 1	Futur 2
ich	saufe	habe gesoffen	werde saufen	werde gesoffen haben
du	säufst	hast gesoffen	wirst saufen	wirst gesoffen haben
er/es/sie	säuft	hat gesoffen	wird saufen	wird gesoffen haben
wir	saufen	haben gesoffen	werden saufen	werden gesoffen haben
ihr	sauft	habt gesoffen	werdet saufen	werdet gesoffen haben
sie/Sie	saufen	haben gesoffen	werden saufen	werden gesoffen haben

	Prétérit	Plus-que-parfait
ich	soff	hatte gesoffen
du	soffst	hattest gesoffen
er/es/sie	soff	hatte gesoffen
wir	soffen	hatten gesoffen
ihr	sofft	hattet gesoffen
sie/Sie	soffen	hatten gesoffen

Subjonctif 1

	Présent	Passé	Futur 1	Futur 2
ich	saufe	habe gesoffen	werde saufen	werde gesoffen haben
du	saufest	habest gesoffen	werdest saufen	werdest gesoffen haben
er/es/sie	saufe	habe gesoffen	werde saufen	werde gesoffen haben
wir	saufen	haben gesoffen	werden saufen	werden gesoffen haben
ihr	saufet	habet gesoffen	werdet saufen	werdet gesoffen haben
sie/Sie	saufen	haben gesoffen	werden saufen	werden gesoffen haben

Subjonctif 2

	Présent	Passé	Futur 1	Futur 2
ich	söffe	hätte gesoffen	würde saufen	würde gesoffen haben
du	söffest	hättest gesoffen	würdest saufen	würdest gesoffen haben
er/es/sie	söffe	hätte gesoffen	würde saufen	würde gesoffen haben
wir	söffen	hätten gesoffen	würden saufen	würden gesoffen haben
ihr	söffet	hättet gesoffen	würdet saufen	würdet gesoffen haben
sie/Sie	söffen	hätten gesoffen	würden saufen	würden gesoffen haben

Impératif

saufe/sauf
sauft
saufen wir
saufen Sie

HEBEN soulever

Verbe fort : e ■ o ■ o

Classe des verbes en e qui ont le même radical au prétérit et au participe. La voyelle du radical est toujours longue. Pas d'inflexion aux 2e et 3e p. sing. du présent.

■ Radical présent : heb.
■ Radical prétérit : hob ; présent du subjonctif 2 : höbe.

Infinitifs

Infinitif 1 (présent)	Infinitif 2 (parfait)
heben	gehoben haben

Participes

Participe 1	Participe 2
hebend	gehoben

Indicatif

	Présent	Parfait	Futur 1	Futur 2
ich	hebe	habe gehoben	werde heben	werde gehoben haben
du	hebst	hast gehoben	wirst heben	wirst gehoben haben
er/es/sie	hebt	hat gehoben	wird heben	wird gehoben haben
wir	heben	haben gehoben	werden heben	werden gehoben haben
ihr	hebt	habt gehoben	werdet heben	werdet gehoben haben
sie/Sie	heben	haben gehoben	werden heben	werden gehoben haben

	Prétérit	Plus-que-parfait
ich	hob	hatte gehoben
du	hobest/hobst	hattest gehoben
er/es/sie	hob	hatte gehoben
wir	hoben	hatten gehoben
ihr	hobt	hattet gehoben
sie/Sie	hoben	hatten gehoben

Subjonctif 1

	Présent	Passé	Futur 1	Futur 2
ich	hebe	habe gehoben	werde heben	werde gehoben haben
du	hebest	habest gehoben	werdest heben	werdest gehoben haben
er/es/sie	hebe	habe gehoben	werde heben	werde gehoben haben
wir	heben	haben gehoben	werden heben	werden gehoben haben
ihr	hebet	habet gehoben	werdet heben	werdet gehoben haben
sie/Sie	heben	haben gehoben	werden heben	werden gehoben haben

Subjonctif 2

	Présent	Passé	Futur 1	Futur 2
ich	höbe	hätte gehoben	würde heben	würde gehoben haben
du	höbest	hättest gehoben	würdest heben	würdest gehoben haben
er/es/sie	höbe	hätte gehoben	würde heben	würde gehoben haben
wir	höben	hätten gehoben	würden heben	würden gehoben haben
ihr	höbet	hättet gehoben	würdet heben	würdet gehoben haben
sie/Sie	höben	hätten gehoben	würden heben	würden gehoben haben

Impératif

hebe/heb
hebt
heben wir
heben Sie

mentir LÜGEN 34

Verbe fort : ü ■ o ■ o

Cas assimilé à la classe des verbes avec un o long au prétérit et au participe. La voyelle du radical est toujours longue.

- Radical présent : lüg.
- Radical prétérit : log ; présent du subjonctif 2 : löge.

Infinitifs

Infinitif 1 (présent)	Infinitif 2 (parfait)
lügen	gelogen haben

Participes

Participe 1	Participe 2
lügend	gelogen

Indicatif

	Présent	Parfait	Futur 1	Futur 2
ich	lüge	habe gelogen	werde lügen	werde gelogen haben
du	lügst	hast gelogen	wirst lügen	wirst gelogen haben
er/es/sie	lügt	hat gelogen	wird lügen	wird gelogen haben
wir	lügen	haben gelogen	werden lügen	werden gelogen haben
ihr	lügt	habt gelogen	werdet lügen	werdet gelogen haben
sie/Sie	lügen	haben gelogen	werden lügen	werden gelogen haben

	Prétérit	Plus-que-parfait
ich	log	hatte gelogen
du	logst	hattest gelogen
er/es/sie	log	hatte gelogen
wir	logen	hatten gelogen
ihr	logt	hattet gelogen
sie/Sie	logen	hatten gelogen

Subjonctif 1

	Présent	Passé	Futur 1	Futur 2
ich	lüge	habe gelogen	werde lügen	werde gelogen haben
du	lügest	habest gelogen	werdest lügen	werdest gelogen haben
er/es/sie	lüge	habe gelogen	werde lügen	werde gelogen haben
wir	lügen	haben gelogen	werden lügen	werden gelogen haben
ihr	lüget	habet gelogen	werdet lügen	werdet gelogen haben
sie/Sie	lügen	haben gelogen	werden lügen	werden gelogen haben

Subjonctif 2

	Présent	Passé	Futur 1	Futur 2
ich	löge	hätte gelogen	würde lügen	würde gelogen haben
du	lögest	hättest gelogen	würdest lügen	würdest gelogen haben
er/es/sie	löge	hätte gelogen	würde lügen	würde gelogen haben
wir	lögen	hätten gelogen	würden lügen	würden gelogen haben
ihr	löget	hättet gelogen	würdet lügen	würdet gelogen haben
sie/Sie	lögen	hätten gelogen	würden lügen	würden gelogen haben

Impératif

lüge/lüg
lügt
lügen wir
lügen Sie

SCHNEIDEN *couper*

Verbe fort : ei ▪ i ▪ i

Classe des verbes forts en **ei** dont le prétérit et le participe ont une voyelle du radical brève et une consonne redoublée.

▪ Radical présent: schneid.
▪ Radical prétérit: schnitt; présent du subjonctif 2: **schnitt**e.

Infinitifs		Participes	
Infinitif 1 (présent)	**Infinitif 2 (parfait)**	**Participe 1**	**Participe 2**
schneiden	geschnitten haben	schneidend	geschnitten

Indicatif

	Présent	Parfait	Futur 1	Futur 2
ich	schneide	habe geschnitten	werde schneiden	werde geschnitten haben
du	schneidest	hast geschnitten	wirst schneiden	wirst geschnitten haben
er/es/sie	schneidet	hat geschnitten	wird schneiden	wird geschnitten haben
wir	schneiden	haben geschnitten	werden schneiden	werden geschnitten haben
ihr	schneidet	habt geschnitten	werdet schneiden	werdet geschnitten haben
sie/Sie	schneiden	haben geschnitten	werden schneiden	werden geschnitten haben

	Prétérit	Plus-que-parfait
ich	schnitt	hatte geschnitten
du	schnittest/schnittst	hattest geschnitten
er/es/sie	schnitt	hatte geschnitten
wir	schnitten	hatten geschnitten
ihr	schnittet	hattet geschnitten
sie/Sie	schnitten	hatten geschnitten

Subjonctif 1

	Présent	Passé	Futur 1	Futur 2
ich	schneide	habe geschnitten	werde schneiden	werde geschnitten haben
du	schneidest	habest geschnitten	werdest schneiden	werdest geschnitten haben
er/es/sie	schneide	habe geschnitten	werde schneiden	werde geschnitten haben
wir	schneiden	haben geschnitten	werden schneiden	werden geschnitten haben
ihr	schneidet	habet geschnitten	werdet schneiden	werdet geschnitten haben
sie/Sie	schneiden	haben geschnitten	werden schneiden	werden geschnitten haben

Subjonctif 2

	Présent	Passé	Futur 1	Futur 2
ich	schnitte	hätte geschnitten	würde schneiden	würde geschnitten haben
du	schnittest	hättest geschnitten	würdest schneiden	würdest geschnitten haben
er/es/sie	schnitte	hätte geschnitten	würde schneiden	würde geschnitten haben
wir	schnitten	hätten geschnitten	würden schneiden	würden geschnitten haben
ihr	schnittet	hättet geschnitten	würdet schneiden	würdet geschnitten haben
sie/Sie	schnitten	hätten geschnitten	würden schneiden	würden geschnitten haben

Impératif

schneide/schneid
schneidet
schneiden wir
schneiden Sie

SCHREIBEN

Verbe fort : ei ■ ie ■ ie

Classe des verbes forts en **ei** dont le prétérit et le participe ont une voyelle de radical longue.

■ Radical du présent: **schreib**.
■ Radical du prétérit: **schrieb**; présent du subjonctif 2: **schriebe**.

Infinitifs | Participes

Infinitif 1 (présent)	Infinitif 2 (parfait)	Participe 1	Participe 2
schreiben	geschrieben haben	schreibend	geschrieben

Indicatif

	Présent	Parfait	Futur 1	Futur 2
ich	schreibe	habe geschrieben	werde schreiben	werde geschrieben haben
du	schreibst	hast geschrieben	wirst schreiben	wirst geschrieben haben
er/es/sie	schreibt	hat geschrieben	wird schreiben	wird geschrieben haben
wir	schreiben	haben geschrieben	werden schreiben	werden geschrieben haben
ihr	schreibt	habt geschrieben	werdet schreiben	werdet geschrieben haben
sie/Sie	schreiben	haben geschrieben	werden schreiben	werden geschrieben haben

	Prétérit	Plus-que-parfait		
ich	schrieb	hatte geschrieben		
du	schriebst	hattest geschrieben		
er/es/sie	schrieb	hatte geschrieben		
wir	schrieben	hatten geschrieben		
ihr	schriebt	hattet geschrieben		
sie/Sie	schrieben	hatten geschrieben		

Subjonctif 1

	Présent	Passé	Futur 1	Futur 2
ich	schreibe	habe geschrieben	werde schreiben	werde geschrieben haben
du	schreibest	habest geschrieben	werdest schreiben	werdest geschrieben haben
er/es/sie	schreibe	habe geschrieben	werde schreiben	werde geschrieben haben
wir	schreiben	haben geschrieben	werden schreiben	werden geschrieben haben
ihr	schreibet	habet geschrieben	werdet schreiben	werdet geschrieben haben
sie/Sie	schreiben	haben geschrieben	werden schreiben	werden geschrieben haben

Subjonctif 2

	Présent	Passé	Futur 1	Futur 2
ich	schriebe	hätte geschrieben	würde schreiben	würde geschrieben haben
du	schriebest	hättest geschrieben	würdest schreiben	würdest geschrieben haben
er/es/sie	schriebe	hätte geschrieben	würde schreiben	würde geschrieben haben
wir	schrieben	hätten geschrieben	würden schreiben	würden geschrieben haben
ihr	schriebet	hättet geschrieben	würdet schreiben	würdet geschrieben haben
sie/Sie	schrieben	hätten geschrieben	würden schreiben	würden geschrieben haben

Impératif

schreibe/schreib
schreibt
schreiben wir
schreiben Sie

GIEßEN

verser

Verbe fort : ie ▪ o ▪ o

Classe des verbes forts en ie dont la voyelle du prétérit et du participe est brève (consonne redoublée).

- Radical présent: gieß.
- Radical prétérit: goss; présent du subjonctif 2: gösse.

Infinitifs		Participes	
Infinitif 1 (présent)	**Infinitif 2 (parfait)**	**Participe 1**	**Participe 2**
gießen	gegossen haben	gießend	gegossen

Indicatif

	Présent	Parfait	Futur 1	Futur 2
ich	gieße	habe gegossen	werde gießen	werde gegossen haben
du	gießt	hast gegossen	wirst gießen	wirst gegossen haben
er/es/sie	gießt	hat gegossen	wird gießen	wird gegossen haben
wir	gießen	haben gegossen	werden gießen	werden gegossen haben
ihr	gießt	habt gegossen	werdet gießen	werdet gegossen haben
sie/Sie	gießen	haben gegossen	werden gießen	werden gegossen haben

	Prétérit	Plus-que-parfait
ich	goss	hatte gegossen
du	gossest	hattest gegossen
er/es/sie	goss	hatte gegossen
wir	gossen	hatten gegossen
ihr	gosst	hattet gegossen
sie/Sie	gossen	hatten gegossen

Subjonctif 1

	Présent	Passé	Futur 1	Futur 2
ich	gieße	habe gegossen	werde gießen	werde gegossen haben
du	gießest	habest gegossen	werdest gießen	werdest gegossen haben
er/es/sie	gieße	habe gegossen	werde gießen	werde gegossen haben
wir	gießen	haben gegossen	werden gießen	werden gegossen haben
ihr	gießet	habet gegossen	werdet gießen	werdet gegossen haben
sie/Sie	gießen	haben gegossen	werden gießen	werden gegossen haben

Subjonctif 2

	Présent	Passé	Futur 1	Futur 2
ich	gösse	hätte gegossen	würde gießen	würde gegossen haben
du	gössest	hättest gegossen	würdest gießen	würdest gegossen haben
er/es/sie	gösse	hätte gegossen	würde gießen	würde gegossen haben
wir	gössen	hätten gegossen	würden gießen	würden gegossen haben
ihr	gösset	hättet gegossen	würdet gießen	würdet gegossen haben
sie/Sie	gössen	hätten gegossen	würden gießen	würden gegossen haben

Impératif

gieße/gieß
gießt
gießen wir
gießen Sie

Verbe fort : i̲e̲ ■ o̲ ■ o̲

Classe des verbes forts en ie dont la voyelle du radical est toujours longue.

■ Radical présent: biet ; 2ᵉ et 3ᵉ p. sing. : du bietest, er bietet.

■ Radical prétérit: bot; présent du subjonctif 2: böte.

Infinitifs

Infinitif 1 (présent)	Infinitif 2 (parfait)
bieten	geboten haben

Participes

Participe 1	Participe 2
bietend	geboten

Indicatif

	Présent	Parfait	Futur 1	Futur 2
ich	biete	habe geboten	werde bieten	werde geboten haben
du	bietest	hast geboten	wirst bieten	wirst geboten haben
er/es/sie	bietet	hat geboten	wird bieten	wird geboten haben
wir	bieten	haben geboten	werden bieten	werden geboten haben
ihr	bietet	habt geboten	werdet bieten	werdet geboten haben
sie/Sie	bieten	haben geboten	werden bieten	werden geboten haben

	Prétérit	Plus-que-parfait
ich	bot	hatte geboten
du	botest	hattest geboten
er/es/sie	bot	hatte geboten
wir	boten	hatten geboten
ihr	botet	hattet geboten
sie/Sie	boten	hatten geboten

Subjonctif 1

	Présent	Passé	Futur 1	Futur 2
ich	biete	habe geboten	werde bieten	werde geboten haben
du	bietest	habest geboten	werdest bieten	werdest geboten haben
er/es/sie	biete	habe geboten	werde bieten	werde geboten haben
wir	bieten	haben geboten	werden bieten	werden geboten haben
ihr	bietet	habet geboten	werdet bieten	werdet geboten haben
sie/Sie	bieten	haben geboten	werden bieten	werden geboten haben

Subjonctif 2

	Présent	Passé	Futur 1	Futur 2
ich	böte	hätte geboten	würde bieten	würde geboten haben
du	bötest	hättest geboten	würdest bieten	würdest geboten haben
er/es/sie	böte	hätte geboten	würde bieten	würde geboten haben
wir	böten	hätten geboten	würden bieten	würden geboten haben
ihr	bötet	hättet geboten	würdet bieten	würdet geboten haben
sie/Sie	böten	hätten geboten	würden bieten	würden geboten haben

Impératif

biete/biet
bietet
bieten wir
bieten Sie

FINDEN

trouver

Verbe fort : i ■ a ■ u

Les verbes de cette classe ont un radical en **ind**, **ing** ou **ink**. La voyelle du radical est toujours brève. **E** euphonique aux 2e et 3e p. sing.

■ Radical présent: **find**; 2e et 3e p. sing. : du **find**est, er **find**et.

■ Radical prétérit: **fand**; présent du subjonctif 2: **fänd**e.

Infinitifs		Participes	
Infinitif 1 (présent)	**Infinitif 2 (parfait)**	**Participe 1**	**Participe 2**
finden	gefunden haben	findend	gefunden

Indicatif

	Présent	**Parfait**	**Futur 1**	**Futur 2**
ich	finde	habe gefunden	werde finden	werde gefunden haben
du	findest	hast gefunden	wirst finden	wirst gefunden haben
er/es/sie	findet	hat gefunden	wird finden	wird gefunden haben
wir	finden	haben gefunden	werden finden	werden gefunden haben
ihr	findet	habt gefunden	werdet finden	werdet gefunden haben
sie/Sie	finden	haben gefunden	werden finden	werden gefunden haben

	Prétérit	**Plus-que-parfait**		
ich	fand	hatte gefunden		
du	fandest	hattest gefunden		
er/es/sie	fand	hatte gefunden		
wir	fanden	hatten gefunden		
ihr	fandet	hattet gefunden		
sie/Sie	fanden	hatten gefunden		

Subjonctif 1

	Présent	**Passé**	**Futur 1**	**Futur 2**
ich	finde	habe gefunden	werde finden	werde gefunden haben
du	findest	habest gefunden	werdest finden	werdest gefunden haben
er/es/sie	finde	habe gefunden	werde finden	werde gefunden haben
wir	finden	haben gefunden	werden finden	werden gefunden haben
ihr	findet	habet gefunden	werdet finden	werdet gefunden haben
sie/Sie	finden	haben gefunden	werden finden	werden gefunden haben

Subjonctif 2

	Présent	**Passé**	**Futur 1**	**Futur 2**
ich	fände	hätte gefunden	würde finden	würde gefunden haben
du	fändest	hättest gefunden	würdest finden	würdest gefunden haben
er/es/sie	fände	hätte gefunden	würde finden	würde gefunden haben
wir	fänden	hätten gefunden	würden finden	würden gefunden haben
ihr	fändet	hättet gefunden	würdet finden	würdet gefunden haben
sie/Sie	fänden	hätten gefunden	würden finden	würden gefunden haben

Impératif

finde/find
findet
finden wir
finden Sie

Verbe fort : **i** ■ **a** ■ **o**

Les verbes de cette classe ont un radical en **inn** ou **imm**. La voyelle du radical est toujours brève.

■ Radical présent: beginn.
■ Radical prétérit: begann; présent du subjonctif 2: **begänne/begönne**.

Infinitifs		Participes	
Infinitif 1 (présent)	**Infinitif 2 (parfait)**	**Participe 1**	**Participe 2**
beginnen	begonnen haben	beginnend	begonnen

Indicatif

	Présent	**Parfait**	**Futur 1**	**Futur 2**
ich	beginne	habe begonnen	werde beginnen	werde begonnen haben
du	beginnst	hast begonnen	wirst beginnen	wirst begonnen haben
er/es/sie	beginnt	hat begonnen	wird beginnen	wird begonnen haben
wir	beginnen	haben begonnen	werden beginnen	werden begonnen haben
ihr	beginnt	habt begonnen	werdet beginnen	werdet begonnen haben
sie/Sie	beginnen	haben begonnen	werden beginnen	werden begonnen haben

	Prétérit	**Plus-que-parfait**		
ich	begann	hatte begonnen		
du	begannst	hattest begonnen		
er/es/sie	begann	hatte begonnen		
wir	begannen	hatten begonnen		
ihr	begannt	hattet begonnen		
sie/Sie	begannen	hatten begonnen		

Subjonctif 1

	Présent	**Passé**	**Futur 1**	**Futur 2**
ich	beginne	habe begonnen	werde beginnen	werde begonnen haben
du	beginnest	habest begonnen	werdest beginnen	werdest begonnen haben
er/es/sie	beginne	habe begonnen	werde beginnen	werde begonnen haben
wir	beginnen	haben begonnen	werden beginnen	werden begonnen haben
ihr	beginnet	habet begonnen	werdet beginnen	werdet begonnen haben
sie/Sie	beginnen	haben begonnen	werden beginnen	werden begonnen haben

Subjonctif 2

	Présent	**Passé**	**Futur 1**	**Futur 2**
ich	begänne/begönne	hätte begonnen	würde beginnen	würde begonnen haben
du	begännest/begönnest	hättest begonnen	würdest beginnen	würdest begonnen haben
er/es/sie	begänne/begönne	hätte begonnen	würde beginnen	würde begonnen haben
wir	begännen/begönnen	hätten begonnen	würden beginnen	würden begonnen haben
ihr	begännet/begönnet	hättet begonnen	würdet beginnen	würdet begonnen haben
sie/Sie	begännen/begönnen	hätten begonnen	würden beginnen	würden begonnen haben

Impératif

beginne/beginn
beginnt
beginnen wir
beginnen Sie

LASSEN

laisser

Verbe fort : a ■ ie ■ a

Classe des verbes forts en a, qui ont tous le même radical au participe et à l'infinitif, et dont seule la voyelle du radical du prétérit est longue. Inflexion aux 2e et 3e p. sing. du présent.

■ Radical présent: lass; 2e et 3e p. sing. : du lässt, er lässt.

■ Radical prétérit: ließ; présent du subjonctif 2: ließe.

Infinitifs

Infinitif 1 (présent)	Infinitif 2 (parfait)
lassen	gelassen/lassen haben

Participes

Participe 1	Participe 2
lassend	gelassen/lassen

Indicatif

	Présent	Parfait	Futur 1	Futur 2
ich	lasse	habe gelassen/lassen	werde lassen	werde gelassen haben
du	lässt	hast gelassen/lassen	wirst lassen	wirst gelassen haben
er/es/sie	lässt	hat gelassen/lassen	wird lassen	wird gelassen haben
wir	lassen	haben gelassen/lassen	werden lassen	werden gelassen haben
ihr	lasst	habt gelassen/lassen	werdet lassen	werdet gelassen haben
sie/Sie	lassen	haben gelassen/lassen	werden lassen	werden gelassen haben

	Prétérit	Plus-que-parfait
ich	ließ	hatte gelassen/lassen
du	ließest	hattest gelassen/lassen
er/es/sie	ließ	hatte gelassen/lassen
wir	ließen	hatten gelassen/lassen
ihr	ließt	hattet gelassen/lassen
sie/Sie	ließen	hatten gelassen/lassen

Subjonctif 1

	Présent	Passé	Futur 1	Futur 2
ich	lasse	habe gelassen/lassen	werde lassen	werde gelassen haben
du	lassest	habest gelassen/lassen	werdest lassen	werdest gelassen haben
er/es/sie	lasse	habe gelassen/lassen	werde lassen	werde gelassen haben
wir	lassen	haben gelassen/lassen	werden lassen	werden gelassen haben
ihr	lasset	habet gelassen/lassen	werdet lassen	werdet gelassen haben
sie/Sie	lassen	haben gelassen/lassen	werden lassen	werden gelassen haben

Subjonctif 2

	Présent	Passé	Futur 1	Futur 2
ich	ließe	hätte gelassen	würde lassen	würde gelassen haben
du	ließest	hättest gelassen	würdest lassen	würdest gelassen haben
er/es/sie	ließe	hätte gelassen	würde lassen	würde gelassen haben
wir	ließen	hätten gelassen	würden lassen	würden gelassen haben
ihr	ließet	hättet gelassen	würdet lassen	würdet gelassen haben
sie/Sie	ließen	hätten gelassen	würden lassen	würden gelassen haben

Impératif

lasse/lass
lasst
lassen wir
lassen Sie

Verbe fort : a ■ ie ■ a

Classe des verbes forts en a, qui ont tous le même radical au participe et à l'infinitif, et dont la voyelle du radical est toujours longue. Inflexion aux 2ᵉ et 3ᵉ p. sing. du présent.

■ Radical présent: schlaf; 2ᵉ et 3ᵉ p. sing.: du schläfst, er schläft.
■ Radical prétérit: schlief; présent du subjonctif 2: schliefe.

Infinitifs

Infinitif 1 (présent)	Infinitif 2 (parfait)	Participe 1	Participe 2
schlafen	geschlafen haben	schlafend	geschlafen

Indicatif

	Présent	Parfait	Futur 1	Futur 2
ich	schlafe	habe geschlafen	werde schlafen	werde geschlafen haben
du	schläfst	hast geschlafen	wirst schlafen	wirst geschlafen haben
er/es/sie	schläft	hat geschlafen	wird schlafen	wird geschlafen haben
wir	schlafen	haben geschlafen	werden schlafen	werden geschlafen haben
ihr	schlaft	habt geschlafen	werdet schlafen	werdet geschlafen haben
sie/Sie	schlafen	haben geschlafen	werden schlafen	werden geschlafen haben

	Prétérit	Plus-que-parfait		
ich	schlief	hatte geschlafen		
du	schliefst	hattest geschlafen		
er/es/sie	schlief	hatte geschlafen		
wir	schliefen	hatten geschlafen		
ihr	schlieft	hattet geschlafen		
sie/Sie	schliefen	hatten geschlafen		

Subjonctif 1

	Présent	Passé	Futur 1	Futur 2
ich	schlafe	habe geschlafen	werde schlafen	werde geschlafen haben
du	schlafest	habest geschlafen	werdest schlafen	werdest geschlafen haben
er/es/sie	schlafe	habe geschlafen	werde schlafen	werde geschlafen haben
wir	schlafen	haben geschlafen	werden schlafen	werden geschlafen haben
ihr	schlafet	habet geschlafen	werdet schlafen	werdet geschlafen haben
sie/Sie	schlafen	haben geschlafen	werden schlafen	werden geschlafen haben

Subjonctif 2

	Présent	Passé	Futur 1	Futur 2
ich	schliefe	hätte geschlafen	würde schlafen	würde geschlafen haben
du	schliefest	hättest geschlafen	würdest schlafen	würdest geschlafen haben
er/es/sie	schliefe	hätte geschlafen	würde schlafen	würde geschlafen haben
wir	schliefen	hätten geschlafen	würden schlafen	würden geschlafen haben
ihr	schliefet	hättet geschlafen	würdet schlafen	würdet geschlafen haben
sie/Sie	schliefen	hätten geschlafen	würden schlafen	würden geschlafen haben

Impératif

schlafe/schlaf
schlaft
schlafen wir
schlafen Sie

FANGEN attraper

Verbe fort : a ■ i ■ a

Classe des verbes forts en a, qui ont tous le même radical au participe et à l'infinitif, et dont la voyelle du radical est toujours brève. Inflexion aux 2e et 3e p. sing. du présent.

■ Radical présent: fang; 2e et 3e p. sing. : du **fäng**st, er **fäng**t.
■ Radical prétérit: fing; présent du subjonctif 2: **fing**e.

Infinitifs		Participes	
Infinitif 1 (présent)	**Infinitif 2 (parfait)**	**Participe 1**	**Participe 2**
fangen	gefangen haben	fangend	gefangen

Indicatif

	Présent	Parfait	Futur 1	Futur 2
ich	fange	habe gefangen	werde fangen	werde gefangen haben
du	fängst	hast gefangen	wirst fangen	wirst gefangen haben
er/es/sie	fängt	hat gefangen	wird fangen	wird gefangen haben
wir	fangen	haben gefangen	werden fangen	werden gefangen haben
ihr	fangt	habt gefangen	werdet fangen	werdet gefangen haben
sie/Sie	fangen	haben gefangen	werden fangen	werden gefangen haben

	Prétérit	Plus-que-parfait
ich	fing	hatte gefangen
du	fingst	hattest gefangen
er/es/sie	fing	hatte gefangen
wir	fingen	hatten gefangen
ihr	fingt	hattet gefangen
sie/Sie	fingen	hatten gefangen

Subjonctif 1

	Présent	Passé	Futur 1	Futur 2
ich	fange	habe gefangen	werde fangen	werde gefangen haben
du	fangest	habest gefangen	werdest fangen	werdest gefangen haben
er/es/sie	fange	habe gefangen	werde fangen	werde gefangen haben
wir	fangen	haben gefangen	werden fangen	werden gefangen haben
ihr	fanget	habet gefangen	werdet fangen	werdet gefangen haben
sie/Sie	fangen	haben gefangen	werden fangen	werden gefangen haben

Subjonctif 2

	Présent	Passé	Futur 1	Futur 2
ich	finge	hätte gefangen	würde fangen	würde gefangen haben
du	fingest	hättest gefangen	würdest fangen	würdest gefangen haben
er/es/sie	finge	hätte gefangen	würde fangen	würde gefangen haben
wir	fingen	hätten gefangen	würden fangen	würden gefangen haben
ihr	finget	hättet gefangen	würdet fangen	würdet gefangen haben
sie/Sie	fingen	hätten gefangen	würden fangen	würden gefangen haben

Impératif

fange/fang
fangt
fangen wir
fangen Sie

appeler # RUFEN **44**

Verbe fort : u ▪ ie ▪ u

Verbe fort assimilé à la classe du verbe schlafen (même voyelle du radical au participe et à l'infinitif et voyelle **ie** au prétérit).

▪ Radical présent: ruf.
▪ Radical prétérit: rief; présent du subjonctif 2: riefe.

Infinitifs		Participes	
Infinitif 1 (présent)	**Infinitif 2 (parfait)**	**Participe 1**	**Participe 2**
rufen	gerufen haben	rufend	gerufen

Indicatif

	Présent	**Parfait**	**Futur 1**	**Futur 2**
ich	rufe	habe gerufen	werde rufen	werde gerufen haben
du	rufst	hast gerufen	wirst rufen	wirst gerufen haben
er/es/sie	ruft	hat gerufen	wird rufen	wird gerufen haben
wir	rufen	haben gerufen	werden rufen	werden gerufen haben
ihr	ruft	habt gerufen	werdet rufen	werdet gerufen haben
sie/Sie	rufen	haben gerufen	werden rufen	werden gerufen haben

	Prétérit	**Plus-que-parfait**		
ich	rief	hatte gerufen		
du	riefest/riefst	hattest gerufen		
er/es/sie	rief	hatte gerufen		
wir	riefen	hatten gerufen		
ihr	rieft	hattet gerufen		
sie/Sie	riefen	hatten gerufen		

Subjonctif 1

	Présent	**Passé**	**Futur 1**	**Futur 2**
ich	rufe	habe gerufen	werde rufen	werde gerufen haben
du	rufest	habest gerufen	werdest rufen	werdest gerufen haben
er/es/sie	rufe	habe gerufen	werde rufen	werde gerufen haben
wir	rufen	haben gerufen	werden rufen	werden gerufen haben
ihr	rufet	habet gerufen	werdet rufen	werdet gerufen haben
sie/Sie	rufen	haben gerufen	werden rufen	werden gerufen haben

Subjonctif 2

	Présent	**Passé**	**Futur 1**	**Futur 2**
ich	riefe	hätte gerufen	würde rufen	würde gerufen haben
du	riefest	hättest gerufen	würdest rufen	würdest gerufen haben
er/es/sie	riefe	hätte gerufen	würde rufen	würde gerufen haben
wir	riefen	hätten gerufen	würden rufen	würden gerufen haben
ihr	riefet	hättet gerufen	würdet rufen	würdet gerufen haben
sie/Sie	riefen	hätten gerufen	würden rufen	würden gerufen haben

Impératif

rufe/ruf
ruft
rufen wir
rufen Sie

HEIẞEN s'appeler

Verbe fort assimilé à la classe du verbe schlafen (même voyelle du radical au participe et à l'infinitif et voyelle ie au prétérit).

▪ Radical présent : heiß.
▪ Radical prétérit : hieß ; présent du subjonctif 2 : hieße.

Infinitifs

Infinitif 1 (présent)	Infinitif 2 (parfait)
heißen	geheißen haben

Participes

Participe 1	Participe 2
heißend	geheißen

Indicatif

	Présent	Parfait	Futur 1	Futur 2
ich	heiße	habe geheißen	werde heißen	werde geheißen haben
du	heißt	hast geheißen	wirst heißen	wirst geheißen haben
er/es/sie	heißt	hat geheißen	wird heißen	wird geheißen haben
wir	heißen	haben geheißen	werden heißen	werden geheißen haben
ihr	heißt	habt geheißen	werdet heißen	werdet geheißen haben
sie/Sie	heißen	haben geheißen	werden heißen	werden geheißen haben

	Prétérit	Plus-que-parfait
ich	hieß	hatte geheißen
du	hießest	hattest geheißen
er/es/sie	hieß	hatte geheißen
wir	hießen	hatten geheißen
ihr	hießt	hattet geheißen
sie/Sie	hießen	hatten geheißen

Subjonctif 1

	Présent	Passé	Futur 1	Futur 2
ich	heiße	habe geheißen	werde heißen	werde geheißen haben
du	heißest	habest geheißen	werdest heißen	werdest geheißen haben
er/es/sie	heiße	habe geheißen	werde heißen	werde geheißen haben
wir	heißen	haben geheißen	werden heißen	werden geheißen haben
ihr	heißet	habet geheißen	werdet heißen	werdet geheißen haben
sie/Sie	heißen	haben geheißen	werden heißen	werden geheißen haben

Subjonctif 2

	Présent	Passé	Futur 1	Futur 2
ich	hieße	hätte geheißen	würde heißen	würde geheißen haben
du	hießest	hättest geheißen	würdest heißen	würdest geheißen haben
er/es/sie	hieße	hätte geheißen	würde heißen	würde geheißen haben
wir	hießen	hätten geheißen	würden heißen	würden geheißen haben
ihr	hießet	hättet geheißen	würdet heißen	würdet geheißen haben
sie/Sie	hießen	hätten geheißen	würden heißen	würden geheißen haben

Impératif

heiße/heiß
heißt
heißen wir
heißen Sie

Verbe fort : au ■ ie ■ au

Verbe fort assimilé à la classe du verbe schlafen (même voyelle du radical au participe et à l'infinitif et voyelle ie au prétérit). Inflexion de la diphtongue aux 2ᵉ et 3ᵉ p. sing.

■ Radical présent: lauf; 2ᵉ et 3ᵉ p. sing. : läufst, läuft.
■ Radical prétérit: lief; présent du subjonctif 2: liefe.

N.B. On utilise l'auxiliaire haben lorsque le verbe est employé comme verbe transitif.

Infinitifs		Participes	
Infinitif 1 (présent)	**Infinitif 2 (parfait)**	**Participe 1**	**Participe 2**
laufen	gelaufen sein/haben	laufend	gelaufen

Indicatif

	Présent	Parfait	Futur 1	Futur 2
ich	laufe	bin/habe gelaufen	werde laufen	werde gelaufen sein/haben
du	läufst	bist/hast gelaufen	wirst laufen	wirst gelaufen sein/haben
er/es/sie	läuft	ist/hat gelaufen	wird laufen	wird gelaufen sein/haben
wir	laufen	sind/haben gelaufen	werden laufen	werden gelaufen sein/haben
ihr	lauft	seid/habt gelaufen	werdet laufen	werdet gelaufen sein/haben
sie/Sie	laufen	sind/haben gelaufen	werden laufen	werden gelaufen sein/haben

	Prétérit	Plus-que-parfait		
ich	lief	war/hatte gelaufen		
du	liefst	warst/hattest gelaufen		
er/es/sie	lief	war/hatte gelaufen		
wir	liefen	waren/hatten gelaufen		
ihr	lieft	wart/hattet gelaufen		
sie/Sie	liefen	waren/hatten gelaufen		

Subjonctif 1

	Présent	Passé	Futur 1	Futur 2
ich	laufe	sei/habe gelaufen	werde laufen	werde gelaufen sein/haben
du	laufest	seist/habest gelaufen	werdest laufen	werdest gelaufen sein/haben
er/es/sie	laufe	sei/habe gelaufen	werde laufen	werde gelaufen sein/haben
wir	laufen	seien/haben gelaufen	werden laufen	werden gelaufen sein/haben
ihr	laufet	seiet/habet gelaufen	werdet laufen	werdet gelaufen sein/haben
sie/Sie	laufen	seien/haben gelaufen	werden laufen	werden gelaufen sein/haben

Subjonctif 2

	Présent	Passé	Futur 1	Futur 2
ich	liefe	wäre/hätte gelaufen	würde laufen	würde gelaufen sein/haben
du	liefest	wärest/hättest gelaufen	würdest laufen	würdest gelaufen sein/haben
er/es/sie	liefe	wäre/hätte gelaufen	würde laufen	würde gelaufen sein/haben
wir	liefen	wären/hätten gelaufen	würden laufen	würden gelaufen sein/haben
ihr	liefet	wäret/hättet gelaufen	würdet laufen	würdet gelaufen sein/haben
sie/Sie	liefen	wären/hätten gelaufen	würden laufen	würden gelaufen sein/haben

Impératif

laufe/lauf
lauft
laufen wir
laufen Sie

WACHSEN

grandir

Verbe fort : ạ ■ ụ ■ ạ

Classe des verbes forts en **a** qui ont tous la même voyelle du radical au participe et à l'infinitif, et dont la voyelle du radical est toujours brève. Inflexion aux 2e et 3e p. sing. du présent.

■ Radical présent: wachs; 2e et 3e p. sing. : du **wächst**, er **wächst**.

■ Radical prétérit: wuchs; présent du subjonctif 2 : **wüchse**.

Infinitifs		Participes	
Infinitif 1 (présent)	**Infinitif 2 (parfait)**	**Participe 1**	**Participe 2**
wachsen	gewachsen sein	wachsend	gewachsen

Indicatif

	Présent	**Parfait**	**Futur 1**	**Futur 2**
ich	wachse	bin gewachsen	werde wachsen	werde gewachsen sein
du	wächst	bist gewachsen	wirst wachsen	wirst gewachsen sein
er/es/sie	wächst	ist gewachsen	wird wachsen	wird gewachsen sein
wir	wachsen	sind gewachsen	werden wachsen	werden gewachsen sein
ihr	wachst	seid gewachsen	werdet wachsen	werdet gewachsen sein
sie/Sie	wachsen	sind gewachsen	werden wachsen	werden gewachsen sein

	Prétérit	**Plus-que-parfait**		
ich	wuchs	war gewachsen		
du	wuchst	warst gewachsen		
er/es/sie	wuchs	war gewachsen		
wir	wuchsen	waren gewachsen		
ihr	wuchst	wart gewachsen		
sie/Sie	wuchsen	waren gewachsen		

Subjonctif 1

	Présent	**Passé**	**Futur 1**	**Futur 2**
ich	wachse	sei gewachsen	werde wachsen	werde gewachsen sein
du	wachsest	seist gewachsen	werdest wachsen	werdest gewachsen sein
er/es/sie	wachse	sei gewachsen	werde wachsen	werde gewachsen sein
wir	wachsen	seien gewachsen	werden wachsen	werden gewachsen sein
ihr	wachset	seiet gewachsen	werdet wachsen	werdet gewachsen sein
sie/Sie	wachsen	seien gewachsen	werden wachsen	werden gewachsen sein

Subjonctif 2

	Présent	**Passé**	**Futur 1**	**Futur 2**
ich	wüchse	wäre gewachsen	würde wachsen	würde gewachsen sein
du	wüchsest	wärest gewachsen	würdest wachsen	würdest gewachsen sein
er/es/sie	wüchse	wäre gewachsen	würde wachsen	würde gewachsen sein
wir	wüchsen	wären gewachsen	würden wachsen	würden gewachsen sein
ihr	wüchset	wäret gewachsen	würdet wachsen	würdet gewachsen sein
sie/Sie	wüchsen	wären gewachsen	würden wachsen	würden gewachsen sein

Impératif

wachse/wachs
wachst
wachsen wir
wachsen Sie

conduire, aller **FAHREN**

Classe des verbes forts en a qui ont tous la même voyelle du radical au participe et à l'infinitif, et dont la voyelle du radical est toujours longue. Inflexion aux 2ᵉ et 3ᵉ p. sing. du présent.

■ Radical présent: fahr; 2ᵉ et 3ᵉ p. sing. : du fährst, er fährt.
■ Radical prétérit: fuhr; présent du subjonctif 2: führe.

N.B. On utilise l'auxiliaire haben lorsque le verbe est employé comme verbe transitif.

Infinitifs

Infinitif 1 (présent)	Infinitif 2 (parfait)
fahren	gefahren sein/haben

Participes

Participe 1	Participe 2
fahrend	gefahren

Indicatif

	Présent	Parfait	Futur 1	Futur 2
ich	fahre	bin/habe gefahren	werde fahren	werde gefahren sein/haben
du	fährst	bist/hast gefahren	wirst fahren	wirst gefahren sein/haben
er/es/sie	fährt	ist/hat gefahren	wird fahren	wird gefahren sein/haben
wir	fahren	sind/haben gefahren	werden fahren	werden gefahren sein/haben
ihr	fahrt	seid/habt gefahren	werdet fahren	werdet gefahren sein/haben
sie/Sie	fahren	sind/haben gefahren	werden fahren	werden gefahren sein/haben

	Prétérit	Plus-que-parfait
ich	fuhr	war/hatte gefahren
du	fuhrst	warst/hattest gefahren
er/es/sie	fuhr	war/hatte gefahren
wir	fuhren	waren/hatten gefahren
ihr	fuhrt	wart/hattet gefahren
sie/Sie	fuhren	waren/hatten gefahren

Subjonctif 1

	Présent	Passé	Futur 1	Futur 2
ich	fahre	sei/habe gefahren	werde fahren	werde gefahren sein/haben
du	fahrest	seist/habest gefahren	werdest fahren	werdest gefahren sein/haben
er/es/sie	fahre	sei/habe gefahren	werde fahren	werde gefahren sein/haben
wir	fahren	seien/haben gefahren	werden fahren	werden gefahren sein/haben
ihr	fahret	seiet/habet gefahren	werdet fahren	werdet gefahren sein/haben
sie/Sie	fahren	seien/haben gefahren	werden fahren	werden gefahren sein/haben

Subjonctif 2

	Présent	Passé	Futur 1	Futur 2
ich	führe	wäre/hätte gefahren	würde fahren	würde gefahren sein/haben
du	führest	wärest/hättest gefahren	würdest fahren	würdest gefahren sein/haben
er/es/sie	führe	wäre/hätte gefahren	würde fahren	würde gefahren sein/haben
wir	führen	wären/hätten gefahren	würden fahren	würden gefahren sein/haben
ihr	führet	wäret/hättet gefahren	würdet fahren	würdet gefahren sein/haben
sie/Sie	führen	wären/hätten gefahren	würden fahren	würden gefahren sein/haben

Impératif

fahre/fahr
fahrt
fahren wir
fahren Sie

BRINGEN apporter

Classe des verbes mixtes irréguliers qui forment le prétérit et le participe comme les verbes faibles, mais avec modification de la voyelle et altération du radical.

▪ Radical présent: bring.
▪ Radical prétérit: brachte; présent du subjonctif 2: **bräch**te.

Infinitifs | Participes

Infinitif 1 (présent)	Infinitif 2 (parfait)	Participe 1	Participe 2
bringen	gebracht haben	bringend	gebracht

Indicatif

	Présent	Parfait	Futur 1	Futur 2
ich	bringe	habe gebracht	werde bringen	werde gebracht haben
du	bringst	hast gebracht	wirst bringen	wirst gebracht haben
er/es/sie	bringt	hat gebracht	wird bringen	wird gebracht haben
wir	bringen	haben gebracht	werden bringen	werden gebracht haben
ihr	bringt	habt gebracht	werdet bringen	werdet gebracht haben
sie/Sie	bringen	haben gebracht	werden bringen	werden gebracht haben

	Prétérit	Plus-que-parfait
ich	brachte	hatte gebracht
du	brachtest	hattest gebracht
er/es/sie	brachte	hatte gebracht
wir	brachten	hatten gebracht
ihr	brachtet	hattet gebracht
sie/Sie	brachten	hatten gebracht

Subjonctif 1

	Présent	Passé	Futur 1	Futur 2
ich	bringe	habe gebracht	werde bringen	werde gebracht haben
du	bringest	habest gebracht	werdest bringen	werdest gebracht haben
er/es/sie	bringe	habe gebracht	werde bringen	werde gebracht haben
wir	bringen	haben gebracht	werden bringen	werden gebracht haben
ihr	bringet	habet gebracht	werdet bringen	werdet gebracht haben
sie/Sie	bringen	haben gebracht	werden bringen	werden gebracht haben

Subjonctif 2

	Présent	Passé	Futur 1	Futur 2
ich	brächte	hätte gebracht	würde bringen	würde gebracht haben
du	brächtest	hättest gebracht	würdest bringen	würdest gebracht haben
er/es/sie	brächte	hätte gebracht	würde bringen	würde gebracht haben
wir	brächten	hätten gebracht	würden bringen	würden gebracht haben
ihr	brächtet	hättet gebracht	würdet bringen	würdet gebracht haben
sie/Sie	brächten	hätten gebracht	würden bringen	würden gebracht haben

Impératif

bring/bringe
bringt
bringen wir
bringen Sie

Verbe mixte régulier : ẹ ▪ ạ ▪ ạ

Classe des verbes mixtes réguliers en **enn/end** qui forment le prétérit et le participe comme les verbes faibles, mais avec modification de la voyelle et altération du radical. Au présent du subjonctif 2, la voyelle est celle de l'infinitif : e.

▪ Radical présent : nenn.
▪ Radical prétérit : nannte ; présent du subjonctif 2 : nennte.

Infinitifs / Participes

Infinitif 1 (présent)	Infinitif 2 (parfait)	Participe 1	Participe 2
nẹnnen	genạnnt haben	nẹnnend	genạnnt

Indicatif

	Présent	Parfait	Futur 1	Futur 2
ich	nenne	habe genannt	werde nennen	werde genannt haben
du	nennst	hast genannt	wirst nennen	wirst genannt haben
er/es/sie	nennt	hat genannt	wird nennen	wird genannt haben
wir	nennen	haben genannt	werden nennen	werden genannt haben
ihr	nennt	habt genannt	werdet nennen	werdet genannt haben
sie/Sie	nennen	haben genannt	werden nennen	werden genannt haben

	Prétérit	Plus-que-parfait
ich	nannte	hatte genannt
du	nanntest	hattest genannt
er/es/sie	nannte	hatte genannt
wir	nannten	hatten genannt
ihr	nanntet	hattet genannt
sie/Sie	nannten	hatten genannt

Subjonctif 1

	Présent	Passé	Futur 1	Futur 2
ich	nenne	habe genannt	werde nennen	werde genannt haben
du	nennest	habest genannt	werdest nennen	werdest genannt haben
er/es/sie	nenne	habe genannt	werde nennen	werde genannt haben
wir	nennen	haben genannt	werden nennen	werden genannt haben
ihr	nennet	habet genannt	werdet nennen	werdet genannt haben
sie/Sie	nennen	haben genannt	werden nennen	werden genannt haben

Subjonctif 2

	Présent	Passé	Futur 1	Futur 2
ich	nennte	hätte genannt	würde nennen	würde genannt haben
du	nenntest	hättest genannt	würdest nennen	würdest genannt haben
er/es/sie	nennte	hätte genannt	würde nennen	würde genannt haben
wir	nennten	hätten genannt	würden nennen	würden genannt haben
ihr	nenntet	hättet genannt	würdet nennen	würdet genannt haben
sie/Sie	nennten	hätten genannt	würden nennen	würden genannt haben

Impératif

nenne/nenn
nennt
nennen wir
nennen Sie

SALZEN

saler

Verbe faible irrégulier

Salzen représente la classe des verbes faibles irréguliers avec un participe fort en -en. Il garde le même radical à tous les temps et modes.

- Radical présent: salz; 2ᵉ p. sing. : du salz(es)t.
- Radical prétérit: salzte; présent du subjonctif 2 : salzte.

Infinitifs

Infinitif 1 (présent)	Infinitif 2 (parfait)
salzen	gesalzen haben

Participes

Participe 1	Participe 2
salzend	gesalzen

Indicatif

	Présent	Parfait	Futur 1	Futur 2
ich	salze	habe gesalzen	werde salzen	werde gesalzen haben
du	salzest/salzt	hast gesalzen	wirst salzen	wirst gesalzen haben
er/es/sie	salzt	hat gesalzen	wird salzen	wird gesalzen haben
wir	salzen	haben gesalzen	werden salzen	werden gesalzen haben
ihr	salzt	habt gesalzen	werdet salzen	werdet gesalzen haben
sie/Sie	salzen	haben gesalzen	werden salzen	werden gesalzen haben

	Prétérit	Plus-que-parfait
ich	salzte	hatte gesalzen
du	salztest	hattest gesalzen
er/es/sie	salzte	hatte gesalzen
wir	salzten	hatten gesalzen
ihr	salztet	hattet gesalzen
sie/Sie	salzten	hatten gesalzen

Subjonctif 1

	Présent	Passé	Futur 1	Futur 2
ich	salze	habe gesalzen	werde salzen	werde gesalzen haben
du	salzest	habest gesalzen	werdest salzen	werdest gesalzen haben
er/es/sie	salze	habe gesalzen	werde salzen	werde gesalzen haben
wir	salzen	haben gesalzen	werden salzen	werden gesalzen haben
ihr	salzet	habet gesalzen	werdet salzen	werdet gesalzen haben
sie/Sie	salzen	haben gesalzen	werden salzen	werden gesalzen haben

Subjonctif 2

	Présent	Passé	Futur 1	Futur 2
ich	salzte	hätte gesalzen	würde salzen	würde gesalzen haben
du	salztest	hättest gesalzen	würdest salzen	würdest gesalzen haben
er/es/sie	salzte	hätte gesalzen	würde salzen	würde gesalzen haben
wir	salzten	hätten gesalzen	würden salzen	würden gesalzen haben
ihr	salztet	hättet gesalzen	würdet salzen	würdet gesalzen haben
sie/Sie	salzten	hätten gesalzen	würden salzen	würden gesalzen haben

Impératif

salze/salz
salzt
salzen wir
salzen Sie

maltraiter SCHINDEN

Verbe fort : i ■ u ■ u

Cas isolé, le seul verbe en i à avoir un radical du prétérit et du participe en **u**. Insertion d'un e euphonique devant les marques de personne s**t** et **t**. Il coexiste une forme faible de prétérit, plus fréquente.

■ Radical présent: schind; 2ᵉ et 3ᵉ p. sing.: du **schind**est, er **schind**et.
■ Radical prétérit: schindete/schund; présent du subjonctif 2: **schind**ete/**schünd**e.

Infinitifs

Infinitif 1 (présent)	Infinitif 2 (parfait)
schinden	geschunden haben

Participes

Participe 1	Participe 2
schindend	geschunden

Indicatif

	Présent	Parfait	Futur 1	Futur 2
ich	schinde	habe geschunden	werde schinden	werde geschunden haben
du	schindest	hast geschunden	wirst schinden	wirst geschunden haben
er/es/sie	schindet	hat geschunden	wird schinden	wird geschunden haben
wir	schinden	haben geschunden	werden schinden	werden geschunden haben
ihr	schindet	habt geschunden	werdet schinden	werdet geschunden haben
sie/Sie	schinden	haben geschunden	werden schinden	werden geschunden haben

	Prétérit	Plus-que-parfait
ich	schindete/schund	hatte geschunden
du	schindetest/schundest/schundst	hattest geschunden
er/es/sie	schindete/schund	hatte geschunden
wir	schindeten/schunden	hatten geschunden
ihr	schindetet/schundet	hattet geschunden
sie/Sie	schindeten/schunden	hatten geschunden

Subjonctif 1

	Présent	Passé	Futur 1	Futur 2
ich	schinde	habe geschunden	werde schinden	werde geschunden haben
du	schindest	habest geschunden	werdest schinden	werdest geschunden haben
er/es/sie	schinde	habe geschunden	werde schinden	werde geschunden haben
wir	schinden	haben geschunden	werden schinden	werden geschunden haben
ihr	schindet	habet geschunden	werdet schinden	werdet geschunden haben
sie/Sie	schinden	haben geschunden	werden schinden	werden geschunden haben

Subjonctif 2

	Présent	Passé	Futur 1	Futur 2
ich	schindete/schünde	hätte geschunden	würde schinden	würde geschunden haben
du	schindetest/schündest	hättest geschunden	würdest schinden	würdest geschunden haben
er/es/sie	schindete/schünde	hätte geschunden	würde schinden	würde geschunden haben
wir	schindeten/schünden	hätten geschunden	würden schinden	würden geschunden haben
ihr	schindetet/schündet	hättet geschunden	würdet schinden	würdet geschunden haben
sie/Sie	schindeten/schünden	hätten geschunden	würden schinden	würden geschunden haben

Impératif

schinde/schind
schindet
schinden wir
schinden Sie

SCHWÖREN

jurer

Verbe fort : Ö ■ O ■ O

Cas assimilé au modèle heben, voyelle du radical du prétérit et du participe **o**. Un ancien radical du prétérit en **u** subsiste.

■ Radical présent: schwör.
■ Radical prétérit: schwor/schwur; présent du subjonctif 2: **schwü**re/**schwö**re.

Infinitifs

Infinitif 1 (présent)	Infinitif 2 (parfait)
schwören	geschworen haben

Participes

Participe 1	Participe 2
schwörend	geschworen

Indicatif

	Présent	Parfait	Futur 1	Futur 2
ich	schwöre	habe geschworen	werde schwören	werde geschworen haben
du	schwörst	hast geschworen	wirst schwören	wirst geschworen haben
er/es/sie	schwört	hat geschworen	wird schwören	wird geschworen haben
wir	schwören	haben geschworen	werden schwören	werden geschworen haben
ihr	schwört	habt geschworen	werdet schwören	werdet geschworen haben
sie/Sie	schwören	haben geschworen	werden schwören	werden geschworen haben

	Prétérit	Plus-que-parfait
ich	schwor/schwur	hatte geschworen
du	schworest/schwurest/schwurst	hattest geschworen
er/es/sie	schwor/schwur	hatte geschworen
wir	schworen/schwuren	hatten geschworen
ihr	schwort/schwurt	hattet geschworen
sie/Sie	schworen/schwuren	hatten geschworen

Subjonctif 1

	Présent	Passé	Futur 1	Futur 2
ich	schwöre	habe geschworen	werde schwören	werde geschworen haben
du	schwörest	habest geschworen	werdest schwören	werdest geschworen haben
er/es/sie	schwöre	habe geschworen	werde schwören	werde geschworen haben
wir	schwören	haben geschworen	werden schwören	werden geschworen haben
ihr	schwöret	habet geschworen	werdet schwören	werdet geschworen haben
sie/Sie	schwören	haben geschworen	werden schwören	werden geschworen haben

Subjonctif 2

	Présent	Passé	Futur 1	Futur 2
ich	schwüre	hätte geschworen	würde schwören	würde geschworen haben
du	schwürest	hättest geschworen	würdest schwören	würdest geschworen haben
er/es/sie	schwüre	hätte geschworen	würde schwören	würde geschworen haben
wir	schwüren	hätten geschworen	würden schwören	würden geschworen haben
ihr	schwüret	hättet geschworen	würdet schwören	würdet geschworen haben
sie/Sie	schwüren	hätten geschworen	würden schwören	würden geschworen haben

Impératif

schwöre/schwör
schwört
schwören wir
schwören Sie

luire # GLIMMEN

Verbe fort : i ▪ o ▪ o

Cas isolé, voyelle du radical toujours brève. Il existe une forme faible du prétérit et du participe, moins usitée.

▪ Radical présent: glimm.
▪ Radical prétérit: glomm/glimmte; présent du subjonctif 2: **glömm**e/**glimm**te.

Infinitifs

Infinitif 1 (présent)	Infinitif 2 (parfait)
glimmen	geglimmt/geglommen haben

Participes

Participe 1	Participe 2
glimmend	geglimmt/geglommen

Indicatif

	Présent	Parfait	Futur 1	Futur 2
ich	glimme	habe geglimmt/geglommen	werde glimmen	werde geglimmt/geglommen haben
du	glimmst	hast geglimmt/geglommen	wirst glimmen	wirst geglimmt/geglommen haben
er/es/sie	glimmt	hat geglimmt/geglommen	wird glimmen	wird geglimmt/geglommen haben
wir	glimmen	haben geglimmt/geglommen	werden glimmen	werden geglimmt/geglommen haben
ihr	glimmt	habt geglimmt/geglommen	werdet glimmen	werdet geglimmt/geglommen haben
sie/Sie	glimmen	haben geglimmt/geglommen	werden glimmen	werden geglimmt/geglommen haben

	Prétérit	Plus-que-parfait
ich	glimmte/glomm	hatte geglimmt/geglommen
du	glimmtest/glommst	hattest geglimmt/geglommen
er/es/sie	glimmte/glomm	hatte geglimmt/geglommen
wir	glimmten/glommen	hatten geglimmt/geglommen
ihr	glimmtet/glommt	hattet geglimmt/geglommen
sie/Sie	glimmten/glommen	hatten geglimmt/geglommen

Subjonctif 1

	Présent	Passé	Futur 1	Futur 2
ich	glimme	habe geglimmt/geglommen	werde glimmen	werde geglimmt/geglommen haben
du	glimmest	habest geglimmt/geglommen	werdest glimmen	werdest geglimmt/geglommen haben
er/es/sie	glimme	habe geglimmt/geglommen	werde glimmen	werde geglimmt/geglommen haben
wir	glimmen	haben geglimmt/geglommen	werden glimmen	werden geglimmt/geglommen haben
ihr	glimmet	habet geglimmt/geglommen	werdet glimmen	werdet geglimmt/geglommen haben
sie/Sie	glimmen	haben geglimmt/geglommen	werden glimmen	werden geglimmt/geglommen haben

Subjonctif 2

	Présent	Passé	Futur 1	Futur 2
ich	glömme	hätte geglimmt/geglommen	würde glimmen	würde geglimmt/geglommen haben
du	glömmest	hättest geglimmt/geglommen	würdest glimmen	würdest geglimmt/geglommen haben
er/es/sie	glömme	hätte geglimmt/geglommen	würde glimmen	würde geglimmt/geglommen haben
wir	glömmen	hätten geglimmt/geglommen	würden glimmen	würden geglimmt/geglommen haben
ihr	glömmet	hättet geglimmt/geglommen	würdet glimmen	würdet geglimmt/geglommen haben
sie/Sie	glömmen	hätten geglimmt/geglommen	würden glimmen	würden geglimmt/geglommen haben

Impératif

glimme/glimm
glimmt
glimmen wir
glimmen Sie

SAUGEN aspirer

Verbe fort : au ■ o ■ o

Cas assimilable au verbe heben, voyelle du radical longue au prétérit et au participe. Il existe une forme faible du prétérit et du participe, autant usitée.

■ Radical présent : saug.
■ Radical prétérit : sog/saugte ; présent du subjonctif 2 : söge/saugte.

Infinitifs

Infinitif 1 (présent)	Infinitif 2 (parfait)
saugen	gesaugt/gesogen haben

Participes

Participe 1	Participe 2
saugend	gesaugt/gesogen

Indicatif

	Présent	Parfait	Futur 1	Futur 2
ich	sauge	habe gesaugt/gesogen	werde saugen	werde gesaugt/gesogen haben
du	saugst	hast gesaugt/gesogen	wirst saugen	wirst gesaugt/gesogen haben
er/es/sie	saugt	hat gesaugt/gesogen	wird saugen	wird gesaugt/gesogen haben
wir	saugen	haben gesaugt/gesogen	werden saugen	werden gesaugt/gesogen haben
ihr	saugt	habt gesaugt/gesogen	werdet saugen	werdet gesaugt/gesogen haben
sie/Sie	saugen	haben gesaugt/gesogen	werden saugen	werden gesaugt/gesogen haben

	Prétérit	Plus-que-parfait
ich	saugte/sog	hatte gesaugt/gesogen
du	saugtest/sogst	hattest gesaugt/gesogen
er/es/sie	saugte/sog	hatte gesaugt/gesogen
wir	saugten/sogen	hatten gesaugt/gesogen
ihr	saugtet/sogt	hattet gesaugt/gesogen
sie/Sie	saugten/sogen	hatten gesaugt/gesogen

Subjonctif 1

	Présent	Passé	Futur 1	Futur 2
ich	sauge	habe gesaugt/gesogen	werde saugen	werde gesaugt/gesogen haben
du	saugest	habest gesaugt/gesogen	werdest saugen	werdest gesaugt/gesogen haben
er/es/sie	sauge	habe gesaugt/gesogen	werde saugen	werde gesaugt/gesogen haben
wir	saugen	haben gesaugt/gesogen	werden saugen	werden gesaugt/gesogen haben
ihr	sauget	habet gesaugt/gesogen	werdet saugen	werdet gesaugt/gesogen haben
sie/Sie	saugen	haben gesaugt/gesogen	werden saugen	werden gesaugt/gesogen haben

Subjonctif 2

	Présent	Passé	Futur 1	Futur 2
ich	söge	hätte gesaugt/gesogen	würde saugen	würde gesaugt/gesogen haben
du	sögest	hättest gesaugt/gesogen	würdest saugen	würdest gesaugt/gesogen haben
er/es/sie	söge	hätte gesaugt/gesogen	würde saugen	würde gesaugt/gesogen haben
wir	sögen	hätten gesaugt/gesogen	würden saugen	würden gesaugt/gesogen haben
ihr	söget	hättet gesaugt/gesogen	würdet saugen	würdet gesaugt/gesogen haben
sie/Sie	sögen	hätten gesaugt/gesogen	würden saugen	würden gesaugt/gesogen haben

Impératif

sauge/saug
saugt
saugen wir
saugen Sie

Verbe fort : a ■ o ■ o

Cas assimilable au verbe schmelzen, voyelle du radical toujours brève. Il existe une forme faible du prétérit et du participe, plus fréquente.

■ Radical présent: schall.
■ Radical prétérit: scholl/schallte ; présent du subjonctif 2: schölle/schallte.

Infinitifs

Infinitif 1 (présent)	Infinitif 2 (parfait)
schallen	geschallt/geschollen haben

Participes

Participe 1	Participe 2
schallend	geschallt/geschollen

Indicatif

	Présent	Parfait	Futur 1	Futur 2
ich	schalle	habe geschallt/geschollen	werde schallen	werde geschallt/geschollen haben
du	schallst	hast geschallt/geschollen	wirst schallen	wirst geschallt/geschollen haben
er/es/sie	schallt	hat geschallt/geschollen	wird schallen	wird geschallt/geschollen haben
wir	schallen	haben geschallt/geschollen	werden schallen	werden geschallt/geschollen haben
ihr	schallt	habt geschallt/geschollen	werdet schallen	werdet geschallt/geschollen haben
sie/Sie	schallen	haben geschallt/geschollen	werden schallen	werden geschallt/geschollen haben

	Prétérit		Plus-que-parfait	
ich	schallte/scholl		hatte geschallt/geschollen	
du	schalltest/schollst		hattest geschallt/geschollen	
er/es/sie	schallte/scholl		hatte geschallt/geschollen	
wir	schallten/schollen		hatten geschallt/geschollen	
ihr	schalltet/schollt		hattet geschallt/geschollen	
sie/Sie	schallten/schollen		hatten geschallt/geschollen	

Subjonctif 1

	Présent	Passé	Futur 1	Futur 2
ich	schalle	habe geschallt/geschollen	werde schallen	werde geschallt/geschollen haben
du	schallest	habest geschallt/geschollen	werdest schallen	werdest geschallt/geschollen haben
er/es/sie	schalle	habe geschallt/geschollen	werde schallen	werde geschallt/geschollen haben
wir	schallen	haben geschallt/geschollen	werden schallen	werden geschallt/geschollen haben
ihr	schallet	habet geschallt/geschollen	werdet schallen	werdet geschallt/geschollen haben
sie/Sie	schallen	haben geschallt/geschollen	werden schallen	werden geschallt/geschollen haben

Subjonctif 2

	Présent	Passé	Futur 1	Futur 2
ich	schallte/schölle	hätte geschallt/geschollen	würde schallen	würde geschallt/geschollen haben
du	schalltest/schöllest	hättest geschallt/geschollen	würdest schallen	würdest geschallt/geschollen haben
er/es/sie	schallte/schölle	hätte geschallt/geschollen	würde schallen	würde geschallt/geschollen haben
wir	schallten/schöllen	hätten geschallt/geschollen	würden schallen	würden geschallt/geschollen haben
ihr	schalltet/schöllet	hättet geschallt/geschollen	würdet schallen	würdet geschallt/geschollen haben
sie/Sie	schallten/schöllen	hätten geschallt/geschollen	würden schallen	würden geschallt/geschollen haben

Impératif

schalle/schall
schallet
schallen wir
schallen Sie

AUFHÖREN

cesser

Verbe à préverbe séparable

Représente la classe des verbes forts ou faibles, composés à l'aide d'un préverbe séparable. La marque de participe 2 ge et le marqueur zu d'infinitif s'intercalent entre le préverbe et le verbe.

■ Radical présent: hör; 1re et 2e p. sing. : ich höre auf, du hörst auf.
■ Radical prétérit: hörte; présent du subjonctif 2: hörte.

Infinitifs

Infinitif 1 (présent)	Infinitif 2 (parfait)
aufhören	aufgehört haben

Participes

Participe 1	Participe 2
aufhörend	aufgehört

Indicatif

	Présent	Parfait	Futur 1	Futur 2
ich	höre auf	habe aufgehört	werde aufhören	werde aufgehört haben
du	hörst auf	hast aufgehört	wirst aufhören	wirst aufgehört haben
er/es/sie	hört auf	hat aufgehört	wird aufhören	wird aufgehört haben
wir	hören auf	haben aufgehört	werden aufhören	werden aufgehört haben
ihr	hört auf	habt aufgehört	werdet aufhören	werdet aufgehört haben
sie/Sie	hören auf	haben aufgehört	werden aufhören	werden aufgehört haben

	Prétérit	Plus-que-parfait
ich	hörte auf	hatte aufgehört
du	hörtest auf	hattest aufgehört
er/es/sie	hörte auf	hatte aufgehört
wir	hörten auf	hatten aufgehört
ihr	hörtet auf	hattet aufgehört
sie/Sie	hörten auf	hatten aufgehört

Subjonctif 1

	Présent	Passé	Futur 1	Futur 2
ich	höre auf	habe aufgehört	werde aufhören	werde aufgehört haben
du	hörest auf	habest aufgehört	werdest aufhören	werdest aufgehört haben
er/es/sie	höre auf	habe aufgehört	werde aufhören	werde aufgehört haben
wir	hören auf	haben aufgehört	werden aufhören	werden aufgehört haben
ihr	höret auf	habet aufgehört	werdet aufhören	werdet aufgehört haben
sie/Sie	hören auf	haben aufgehört	werden aufhören	werden aufgehört haben

Subjonctif 2

	Présent	Passé	Futur 1	Futur 2
ich	hörte auf	hätte aufgehört	würde aufhören	würde aufgehört haben
du	hörtest auf	hättest aufgehört	würdest aufhören	würdest aufgehört haben
er/es/sie	hörte auf	hätte aufgehört	würde aufhören	würde aufgehört haben
wir	hörten auf	hätten aufgehört	würden aufhören	würden aufgehört haben
ihr	hörtet auf	hättet aufgehört	würdet aufhören	würdet aufgehört haben
sie/Sie	hörten auf	hätten aufgehört	würden aufhören	würden aufgehört haben

Impératif

höre/hör auf
hört auf
hören wir auf
hören Sie auf

Verbe au passif

Le passif se forme avec l'auxiliaire werden. Le verbe est au participe 2, c'est l'auxiliaire qui est conjugué. La forme du participe 2 de l'auxiliaire est worden. Les formes du futur 2 sont peu usitées.

■ Radical présent : gebeten werd ; 2e et 3e p. sing.: du **wir**st gebeten, er **wird** gebeten.
■ Radical prétérit: gebeten wurde; présent du subjonctif 2: gebeten **würde**.

Infinitifs

Infinitif 1 (présent)	Infinitif 2 (parfait)
gebeten werden	gebeten worden sein

Participes

Participe 1	Participe 2
- - -	gebeten worden

Indicatif

	Présent	Parfait	Futur 1	Futur 2
ich	werde **gebeten**	bin **gebeten** worden	werde **gebeten** werden	werde **gebeten** worden sein
du	wirst gebeten	bist **gebeten** worden	wirst **gebeten** werden	wirst **gebeten** worden sein
er/es/sie	wird **gebeten**	ist **gebeten** worden	wird **gebeten** werden	wird **gebeten** worden sein
wir	werden **gebeten**	sind **gebeten** worden	werden **gebeten** werden	werden **gebeten** worden sein
ihr	werd**et** gebeten	seid **gebeten** worden	werdet **gebeten** werden	werdet **gebeten** worden sein
sie/Sie	werden **gebeten**	sind **gebeten** worden	werden **gebeten** werden	werden **gebeten** worden sein

	Prétérit	Plus-que-parfait
ich	wurde **gebeten**	war **gebeten** worden
du	wurde**st** gebeten	warst **gebeten** worden
er/es/sie	wurde **gebeten**	war **gebeten** worden
wir	wurde**n** gebeten	waren **gebeten** worden
ihr	wurde**t** gebeten	wart **gebeten** worden
sie/Sie	wurde**n** gebeten	waren **gebeten** worden

Subjonctif 1

	Présent	Passé	Futur 1	Futur 2
ich	werde **gebeten**	sei **gebeten** worden	werde **gebeten** werden	werde **gebeten** worden sein
du	werde**st** gebeten	seist **gebeten** worden	werdest **gebeten** werden	werdest **gebeten** worden sein
er/es/sie	werde **gebeten**	sei **gebeten** worden	werde **gebeten** werden	werde **gebeten** worden sein
wir	werde**n** gebeten	seien **gebeten** worden	werden **gebeten** werden	werden **gebeten** worden sein
ihr	werde**t** gebeten	seiet **gebeten** worden	werdet **gebeten** werden	werdet **gebeten** worden sein
sie/Sie	werde**n** gebeten	seien **gebeten** worden	werden **gebeten** werden	werden **gebeten** worden sein

Subjonctif 2

	Présent	Passé	Futur 1	Futur 2
ich	würde **gebeten**	wäre **gebeten** worden	würde **gebeten** werden	würde **gebeten** worden sein
du	würde**st** gebeten	wärst **gebeten** worden	würdest **gebeten** werden	würdest **gebeten** worden sein
er/es/sie	würde **gebeten**	wäre **gebeten** worden	würde **gebeten** werden	würde **gebeten** worden sein
wir	würde**n** gebeten	wären **gebeten** worden	würden **gebeten** werden	würden **gebeten** worden sein
ihr	würde**t** gebeten	wäret **gebeten** worden	würdet **gebeten** werden	würdet **gebeten** worden sein
sie/Sie	würde**n** gebeten	wären **gebeten** worden	würden **gebeten** werden	würden **gebeten** worden sein

Impératif

Précis
grammatical

LES CLASSES DE CONJUGAISON

Les indications données ici correspondent à celles qui figurent dans les tableaux de conjugaison.

• Les trois grandes classes

■ Les verbes « *forts** »

Ce sont ceux qui modifient toujours leur voyelle du radical au prétérit et souvent au participe 2.

– Verbes forts réguliers. Seule leur voyelle du radical change au prétérit : **finden**, **fand**.

– Verbes forts irréguliers. Leur radical est altéré au prétérit : **gehen**, **ging**.

■ Les verbes « *faibles** »

Ces verbes ne modifient jamais leur voyelle du radical et forment leur prétérit par l'ajout de la marque te.

– Verbes faibles réguliers : **arbeiten**, **arbeitete**.

– Verbes faibles irréguliers. Leur participe est en en : **salzen**, **gesalzen**.

■ Les verbes « *mixtes** »

Ils modifient leur voyelle du radical et prennent la marque te.

– Verbes mixtes réguliers : **nennen**, **nannte**.

– Verbes mixtes irréguliers. Leur radical est altéré au prétérit : **bringen**, **brachte**.

– « *Prétérito-présents** ». Ils ont en outre au présent singulier un ancien radical et des marques de personne de prétérit : **können**, **kann**, **konnte**.

• Le classement des verbes forts

Les verbes forts sont classés selon l'alternance vocalique de leur radical.

Verbes en e			*Verbes en* ei		*Verbes en* ie	
ẹ - ạ - ọ helfen	ẹ - a - ẹ essen	ẹ - ọ - ọ schmelzen	ei - ie - ie schreiben	ei - ị - ị reißen	ie - ọ - ọ gießen	ie - o - o bieten
ẹ - a - ọ treffen	e - a - e sehen	e - o - o heben				
e - a - o stehlen						

Verbes en i		*Verbes en* a	
ị – ạ – ụ finden	ị – ạ – ọ beginnen	ạ – ie – ạ lassen	ạ – ị – ạ fangen
		a – ie – a schlafen	a – u – a fahren
		ạ – ụ – ạ wachsen	

LES TYPES DE VERBES

Les verbes peuvent être classés selon leur forme, leur *syntaxe**, ou selon leur emploi.

1 Formation

• Forme

On peut distinguer :
- les verbes simples : **laufen**
- les verbes composés : **mitlaufen** (Voir p. 99.)
- les verbes dérivés : **verlaufen** (Voir p. 97.)

• Syntaxe

On distingue :
- les verbes *transitifs** (objet à l'accusatif) : **einladen**, **treffen**, **nehmen**, **stellen**...
- les verbes *intransitifs** : **wohnen**, **arbeiten**, **schlafen**, **stehen**...
- les verbes qui ont un objet au datif ou au génitif : **helfen**, **danken**, **folgen** (+ dat.), **bedürfen** (+ gén.)...
- les verbes qui ont un objet prépositionnel : [**sich**] (**an etw/jn**) **erinnern**, (**auf etw/jn**) **warten**, **sich** (**für etw/jn**) **interessieren**

2 Emploi

• Les auxiliaires

Ils servent à former un temps ou une voix :
- **haben** et **sein** servent à former le parfait et le plus-que-parfait. (Voir p. 82.)
- **werden** sert à former le futur et le passif. (werden + infinitif - **voir p. 83**) (werden + participe 2 - **voir p. 90**)

• Les semi-auxiliaires

Ils indiquent la façon dont est vu le déroulement du processus :
- **versprechen** (*promettre de*) indique que le processus est imminent et qu'il est positif.

Das Wetter versprach schön zu werden.
Le temps promettait de se mettre au beau.

- **drohen** (*menacer de*) indique que le processus est imminent et qu'il est négatif.

Die Brücke drohte einzustürzen.
Le pont menaçait de s'effondrer.

- **scheinen** (*sembler*) indique que le processus est vu à travers une apparence.

Sie schien es nicht zu glauben.
Elle ne semblait pas le croire.

- **pflegen** (*avoir l'habitude de*) indique un processus qui se répète régulièrement.

Sie pflegte nachmittags eine Stunde zu schlafen.
Elle avait l'habitude de dormir une heure l'après-midi.

Ces verbes sont accompagnés d'un (groupe) infinitif toujours précédé de **zu**. (Voir p. 94.)

• Les verbes de modalité

Ils indiquent comment se présente le processus pour le sujet. (Voir p. 88.)
- **können** indique que l'on en a la possibilité ou la capacité.
- **dürfen** indique que l'on y est autorisé et que l'on ne court pas de risque.
- **müssen** indique que l'on ne peut l'éviter.
- **sollen** indique que l'on est sollicité par un tiers.
- **mögen** (**möchte**) indique qu'on le souhaite.
- **wollen** indique qu'on le veut et que l'on est prêt à le faire.

Ces verbes sont accompagnés d'un (groupe) infinitif sans **zu**. (Voir p. 95.)

• Les verbes supports

Ils se trouvent dans des locutions, dans lesquelles ils ont un sens très affaibli : (Voir p. 113.)
- **treffen** (eine Entscheidung treffen, eine Maßnahme treffen)
- **machen** (sich auf den Weg machen)
- **stellen** (etw in Frage stellen)
- **nehmen** (Abschied nehmen)

• Les verbes de sens « plein »

Ce sont des verbes à part entière qui désignent des actions, des processus ou des états.

LA CONJUGAISON

Le verbe a deux types de formes : des formes personnelles, conjuguées et des formes impersonnelles, non conjuguées (infinitifs et participes).
La conjugaison prend en compte le mode, le temps, la personne et le nombre.

1 Formation

Le verbe est composé d'une part d'un *radical**, d'autre part d'une ou plusieurs *marques** grammaticales.

• Le radical

Le radical est l'élément de base du verbe : il porte le sens du verbe. Comme en français, il peut être identique ou similaire à un nom.

sitzen – **der Sitz**
siéger – le siège

fliegen - **der Flug**
voler – le vol

arbeiten – **die Arbeit**
travailler – le travail

Les verbes forts ont deux radicaux différents : un radical du présent et un radical du passé/prétérit.
fahren

Radical du présent	Radical du passé
fahr	fuhr

Le radical du présent est parfois modifié aux 2e et 3e p. de l'indicatif : c'est le cas de la plupart des verbes en e et des verbes en a.

geben	fahren
du gibst, er gibt	**du fährst, er fährt**

Le radical du prétérit est modifié au subjonctif 2 pour tous les verbes forts dont la voyelle peut être infléchie (a, o, u).

kommen	bieten	schlagen
sie kämen	**sie böten**	**sie schlügen**

Les verbes faibles gardent toujours le même radical : **sie spielten**.

• Les marques de personne

Comme en français, on distingue six personnes (trois au singulier, trois au pluriel), mais à la différence du français, la forme de politesse est la 3e p. plur. (le pronom s'écrit alors avec une majuscule).

Sind Sie müde?
Êtes-vous fatigué ?

Les marques de personne viennent s'ajouter au radical.

ich frage	**du fragst**
je demande	*tu demandes*
wir fragen	**ihr fragt**
nous demandons	*vous demandez*

L'allemand dispose de deux séries de marques de personne, valables pour tous les verbes et auxiliaires.
– Série 1 (seulement au présent) : e, st, t, en, t, en
– Série 2 (au prétérit et aux deux subjonctifs) : ø, st, ø, n, t, n

Remarque

Lorsque le radical se termine par un d ou un t, pour des raisons de prononciation, on intercale un e *euphonique** avant la marque de personne : du antwortest.
Certains verbes ne s'emploient qu'à la 3e personne.

regnen (sujet es)   **schmecken**   **geschehen**

• Les marques de temps

L'allemand n'a que deux temps simples : le présent et le prétérit.

Les **verbes forts*** ont toujours deux radicaux différents ; c'est donc le changement de voyelle du radical qui marque le prétérit.

sie schlaf**en**   **sie** schlief**en**

Les **verbes faibles*** n'ont qu'un radical et forment le prétérit en ajoutant la marque te.

sie träum**en**   **sie** träum**ten**

Les **verbes mixtes*** ont à la fois un changement de voyelle et l'ajout de la marque te au prétérit.

sie kenn**en**   **sie** kann**ten**

• Les marques de mode

L'indicatif n'a pas de marque spécifique, mais les deux subjonctifs sont obligatoirement marqués par un e que l'on ajoute au radical.

Subjonctif 1	Subjonctif 2
du komm**est**, **du** hab**est**	**du** käm**est**, **du** hätt**est**

2 Emploi

■ Lorsque le verbe est mis en relation avec un sujet, il se conjugue. Il modifie sa forme selon la personne à laquelle il se rapporte (le sujet) et il prend, outre la marque de personne et de nombre, des marques de temps et de mode.

Personne	**du komm**st
Prétérit	**du ka**m**st**
Subjonctif 1	**er komm**e
Subjonctif 2	**sie kä**m**e**

■ Le verbe conjugué peut avoir une forme simple ou une forme composée (pour exprimer certains temps ou la voix passive). Les formes composées associent soit un auxiliaire et l'infinitif, soit un auxiliaire et le participe. C'est l'auxiliaire qui est conjugué.

Wir haben viel gearbeitet.
Nous avons beaucoup travaillé.

Wir sind zu Hause geblieben.
Nous sommes restés à la maison.

Du wirst staunen!
Tu vas être étonné !

Der Fahrer wurde nicht verletzt.
Le conducteur n'a pas été blessé.

L'INDICATIF

L'indicatif est le mode du réel, du moins de ce que le locuteur présente comme étant réel. C'est le mode le plus utilisé.
Il comporte six temps : deux temps simples (le présent et le prétérit) et quatre temps composés (le parfait, le plus-que-parfait et le futur 1 et 2).

1 Formation

• Le présent et le prétérit

Ils s'opposent :
- pour les verbes forts, par la modification, au prétérit, de la voyelle du radical.
- pour les verbes faibles, par l'ajout, au prétérit, de la *marque** -te au radical.
- pour les verbes mixtes, par la modification de la voyelle du radical et l'ajout de la marque -te.

D'autre part, les marques de personne sont celles de la série 1 pour le présent (<u>e</u>, <u>st</u>, <u>t</u>, <u>en</u>, <u>t</u>, <u>en</u>) et celles de la série 2 pour le prétérit (<u>ø</u>, <u>st</u>, <u>ø</u>, <u>n</u>, <u>t</u>, <u>n</u>). **(Voir p. 80.)**

• Le parfait et le plus-que-parfait

- Ils sont formés avec un auxiliaire (haben ou sein) et le participe 2 du verbe concerné. Au parfait, l'auxiliaire est conjugué au présent ; au plus-que-parfait, il est conjugué au prétérit.
- Le choix de l'auxiliaire haben ou sein se fait en fonction de la *rection** et du sens du verbe.

– Si le verbe est *transitif** ou *pronominal**, on emploie l'auxiliaire haben.

Sie hat Klaviermusik gehört und hat sich entspannt.
Elle a écouté du piano et s'est détendue.

– Si le verbe est *intransitif**, on emploie :

  – sein s'il indique un changement de lieu ou d'état ;

Er ist ins Bett gegangen und ist sofort eingeschlafen.
Il est allé se coucher et s'est endormi tout de suite.

  – haben dans les autres cas.

Er hat acht Stunden geschlafen.
Il a dormi huit heures.

• Le futur

Il se forme avec l'auxiliaire **werden** et l'infinitif du verbe concerné.
- Le futur 1 se forme avec l'infinitif présent (forme simple).

Sie werden bestimmt morgen anreisen.
Ils arriveront certainement demain.

- Le futur 2 se forme avec l'infinitif passé (forme composée).

Sie werden schon ein Zimmer reserviert haben.
Ils auront déjà réservé une chambre.

2 Emploi

• Le présent

Il s'emploie pour exprimer :
- Un fait vrai pour toutes les époques, une vérité communément admise (présent à valeur générale).

Die Erde ist rund.
La Terre est ronde.

Wer will, der kann.
Quand on veut, on peut.

- Un fait vrai au moment où on parle (présent immédiat).

Ich habe Kopfschmerzen.
J'ai mal à la tête.

Unser Land braucht neue Ideen!
Notre pays a besoin de nouvelles idées !

- Un fait vrai à un moment situé dans le passé (présent historique).

1944 emigriert sie nach Amerika.
En 1944, elle émigre aux États-Unis.

■ Et, très souvent, un fait situé dans le futur.

Nächstes Jahr fahren wir nach Hamburg.
L'an prochain, nous irons à Hambourg.

• Le prétérit

Il s'emploie pour exprimer :
■ Un fait situé dans le passé et présenté dans son déroulement.

Vor zwei Jahren wohnten wir auf dem Land.
Il y a deux ans, nous habitions à la campagne.

■ Un événement survenu dans le passé.

1989 fiel die Berliner Mauer.
En 1989, ce fut la chute du mur de Berlin.

Le prétérit correspond soit à l'imparfait, soit au passé simple en français.

Am 1. Mai besuchte sie uns zum ersten Mal.
Elle nous rendit visite pour la première fois le 1er Mai.

Sie besuchte uns jedes Wochenende.
Elle nous rendait visite tous les week-ends.

• Le parfait et le plus-que-parfait

Ils s'emploient pour exprimer :
■ Un fait qui est présenté comme terminé.

– par rapport à un repère présent

Ich habe gerade gefrühstückt.
Je viens juste de prendre mon petit déjeuner.

– par rapport à un repère passé

Als das Telefon um 7 klingelte, war ich gerade aufgestanden.
Quand le téléphone sonna à 7 heures, je venais juste de me lever.

– par rapport à un repère futur

Morgen Abend habe ich diesen Roman zu Ende gelesen.
Demain soir, j'aurai fini de lire ce roman.

■ Une série de faits énumérés dans une perspective de bilan.

Nun haben wir aufgeräumt, gepackt, einige Karten geschrieben...
Maintenant nous avons rangé, fait les bagages, écrit quelques cartes...

Le parfait est souvent employé à la place du prétérit.

Als das Telefon geklingelt hat, habe ich noch geschlafen.
Quand le téléphone a sonné, je dormais encore.

• Le futur

Il s'emploie pour exprimer :
■ Un fait situé dans le futur.

In einigen Jahren werden diese Leute ihre Dörfer verlassen.
Dans quelques années, ces gens quitteront leurs villages.

■ Un fait dont le locuteur est sûr.

Mein Vater? Er wird um die Zeit noch im Büro sein.
Mon père ? À l'heure qu'il est, il est certainement encore au bureau.

■ Une promesse.

Wir werden euch immer unterstützen.
Nous vous soutiendrons toujours.

Le futur 2 présente un événement comme étant terminé par rapport à un repère futur.

Morgen früh werden wir alles weggeräumt haben.
Demain matin, nous aurons tout débarrassé.

LE SUBJONCTIF 1

Le subjonctif 1 est le mode du virtuel.
Il est utilisé principalement dans le discours rapporté et dans l'expression de l'ordre.
Les formes les plus utilisées sont les formes de la 3e personne.

1 Formation

Le subjonctif 1 se forme sur le radical du présent avec l'ajout de la marque e. Il a trois temps : le présent, le passé et le futur.

• Le présent

Il se forme sur le radical du présent (non modifié) avec la marque e et les marques de personne de la série 2.

er gehe	du lesest	sie seien	ihr spielet

• Le passé

C'est une forme composée de l'auxiliaire sein ou haben (avec la marque du subjonctif 1) et du participe 2.

er sei gegangen	du habest gelesen	sie seien gewesen	ihr habet gespielt

• Le futur

C'est une forme composée de l'auxiliaire werden (avec la marque du subjonctif 1) et de l'infinitif.

er werde gehen	du werdest lesen	sie werden sein	ihr werdet spielen

2 Emploi

Les emplois du subjonctif 1 sont assez limités.

• Le discours rapporté

Le subjonctif 1 est le mode du discours rapporté. Son emploi indique que le locuteur prend ses distances vis-à-vis de l'information qu'il transmet. Ce mode est néanmoins fortement concurrencé par le subjonctif 2 et l'indicatif.

■ On emploie le présent lorsque le fait rapporté est actuel (voire ultérieur) par rapport au moment où on le rapporte.

Das Kind hat gesagt, es gehe in den Kindergarten.
L'enfant a dit qu'il allait au jardin d'enfants.

■ On emploie le passé lorsque le fait rapporté est antérieur au moment où on le rapporte.

Mein Freund hat mir gesagt, er sei gestern krank gewesen.
Mon ami m'a dit qu'il avait été malade hier.

■ On emploie le futur lorsque le fait rapporté est ultérieur au moment où on le rapporte.

Der Lehrer hat gesagt, er werde im Frühjahr eine Reise organisieren.
Le professeur a dit qu'il organiserait un voyage au printemps.

• L'expression de l'ordre et du souhait

En tant que mode du virtuel, le subjonctif 1 s'emploie :
■ Dans la formulation d'hypothèses mathématiques.

AB sei eine Gerade.
Soit une droite AB.

■ Dans la formulation d'instructions : recettes, etc.

Man nehme 200 Gramm Mehl, drei Eier...
Prendre 200 g. de farine, trois œufs...

■ Pour exprimer un souhait.

Es werde Licht.
Que la lumière soit.

■ Dans des formules figées. (Voir p. 114.)

Gott sei Dank!
Dieu merci !

Wie dem auch sei.
Quoi qu'il en soit.

LE SUBJONCTIF 2

Le subjonctif 2 est le mode de l'irréel.
Il est utilisé principalement dans l'expression de l'hypothèse et de la condition, mais il a aussi tendance à supplanter le subjonctif 1 dans le discours rapporté.

1 Formation

Le subjonctif 2 est formé sur le *radical** du prétérit avec l'ajout de la *marque** e et l'*inflexion** de la voyelle du radical (ä, ö, ü). Il a trois temps : le présent, le passé et le futur.

• Le présent

Il n'a de forme spécifique que pour les *verbes forts**. Il se forme, pour ces verbes, sur le radical du prétérit (voyelle infléchie) avec la marque e et les marques de personne de la série 2.

er ginge	du läsest	sie wären	ihr spieltet

Pour les *verbes faibles**, il est identique au prétérit.

• Le passé

C'est une forme composée de l'auxiliaire sein ou haben (avec la marque de subjonctif 2) et du participe 2.

er wäre gegangen	du hättest gelesen	sie wären gewesen	ihr hättet gespielt

• Le futur

C'est une forme composée de l'auxiliaire werden (avec la marque de subjonctif 2) et de l'infinitif.

er würde gehen	du würdest lesen	sie würden sein	ihr würdet spielen

2 Emploi

Dans tous ses emplois, le subjonctif 2 marque une distance par rapport aux faits décrits, soit parce qu'ils ne sont pas réels, soit parce qu'ils ne sont que des souhaits ou que le locuteur ne veut pas les assumer.

• L'hypothèse

Le subjonctif 2 est le mode du non réel. Il se prête donc bien à l'expression de faits irréels, d'hypothèses et peut donner lieu à l'expression de la condition.

Wenn ich Ferien hätte, würde ich ausschlafen.
Si j'étais en vacances, je ferais la grasse matinée.

• L'expression du souhait et du regret

Ich würde so gern ins Kino gehen!
J'aimerais tant aller au cinéma !

Wenn ich es doch früher gewusst hätte!
Si seulement je l'avais su plus tôt !

• La marque de politesse

Hätten Sie Lust, mit uns ins Theater zu gehen?
Auriez-vous envie d'aller au théâtre avec nous ?

• Le discours rapporté

Le subjonctif 2 s'emploie lorsque la forme de subjonctif 1 est identique à l'indicatif (1re p. sing. et plur.) ou que le locuteur veut nettement marquer sa distance par rapport aux propos rapportés.

Max hat gesagt, seine Eltern hätten keine Zeit.
Max a dit que ses parents n'avaient pas le temps.

La forme en würde + infinitif tend à remplacer celle du présent.

Max hat gesagt, seine Eltern würden auch am Sonntag arbeiten.
Max a dit que ses parents travaillaient aussi le dimanche.

L'IMPÉRATIF

L'impératif est une forme personnelle.
Il a une fonction communicative forte : c'est une forme d'adresse qui permet d'exprimer l'ordre, la prière ou, de manière plus atténuée, le conseil, la suggestion.
Accompagné d'une négation, il exprime l'interdiction.

1 Formation

L'impératif n'a de formes propres qu'à la 2e p. sing. et plur. Il est complété à la 1re p. plur. et à la forme de politesse par le subjonctif 1.
Il se forme sur le radical du présent et les marques suivantes :

2e p. sing. : (e)	Sing. **Fahr**(e)!
2e p. plur. : t	Plur. **Fahr**t!
1re p. plur. : en	**Fahr**en wir!
Forme politesse : en	**Fahr**en Sie!

Il présente les caractéristiques suivantes :
■ Les verbes forts en -e qui modifient la voyelle du radical au présent, la modifient aussi à l'impératif sing. et ne prennent pas la marque de personne e au sing.

l**ie**s	**hilf**	g**i**b	n**i**mm
lis	aide	donne	prends

■ La marque de personne e du sing. est le plus souvent facultative et elle est plus fréquente à l'écrit qu'à l'oral. Cependant, elle est obligatoire :

– pour les verbes en ern/eln :
lächle souris

– pour les verbes dont le radical se termine par un d ou un t :
arbeite travaille

– pour les verbes en igen :
entschuldige excuse

■ À la 2e p. plur., le e *euphonique** n'est présent que pour les verbes dont le radical se termine par un d ou un t :
arbeitet travaillez

■ Les verbes sein et tun ont des formes irrégulières.

Sei brav!   **Seid brav!**
Sois sage !   *Soyez sages !*

Tun wir das!   **Tun Sie das!**
Faisons-le !   *Faites-le !*

■ Le pronom n'est obligatoire qu'à la 1re p. plur. et à la forme de politesse. Dans les autres cas, il n'est employé que pour des raisons d'insistance.

Geh du mal hin!
Vas-y, toi !

2 Emploi

Comme en français, l'impératif s'emploie pour amener son interlocuteur à adopter l'attitude décrite dans l'énoncé.

• L'expression de l'ordre

L'ordre peut être plus ou moins direct et plus ou moins poli.

Mach bitte das Licht aus!
Éteins la lumière, s'il te plaît !

L'ordre de ne pas faire quelque chose correspond à l'interdiction.

Fahr nicht so schnell!
Ne va pas si vite !

Accompagné de la *particule** accentuée ja, l'interdiction devient menace.

Komm ja nicht so spät nach Hause!
Ne t'avise pas de rentrer trop tard !

• L'expression du conseil

Accompagné de *particules** comme doch ou mal, l'ordre est affaibli en conseil ou simple suggestion.

Probieren Sie mal ein neues Rezept!
Essayez un peu une nouvelle recette !

Fahren Sie doch mal am Wochenende ans Meer!
Profitez du week-end pour aller à la mer !

LES VERBES DE MODALISATION

> Les verbes de *modalisation** servent à exprimer le jugement de celui qui parle : le locuteur indique par ces verbes qu'il est plus ou moins sûr de ce qu'il dit ou bien qu'il renvoie à une source d'information extérieure.

1 Formation

Ce sont les verbes de *modalité** (voir p. 88) qui servent à exprimer la modalisation, mais à certaines formes seulement. Ils ne sont utilisés qu'à des temps simples.

Müssen et können peuvent être employés à l'indicatif ou au subjonctif 2 présent.

muss	kann
müsste	könnte

Dürfen ne peut être employé qu'au subjonctif 2 présent.

dürfte

Wollen et sollen ne peuvent être employés qu'à l'indicatif.

will	soll

(Voir p. 87.)

2 Emploi

On peut regrouper les verbes de modalisation en deux classes : ceux qui expriment un degré de certitude et ceux qui renvoient à une source d'information extérieure.

• Le degré de certitude

Classement allant du degré le plus fort au degré le plus faible.

muss	Er muss zu Hause sein.	*Il est forcément chez lui.*
müsste	Er müsste jetzt zu Hause sein.	*Il est sûrement chez lui à présent.*
dürfte	Er dürfte bald ankommen.	*Il devrait bientôt arriver.*
kann	Er kann krank sein.	*Il se peut qu'il soit malade.*
könnte	Er könnte auch in Urlaub sein.	*Il se pourrait aussi qu'il soit en vacances.*

On considère souvent werden comme un verbe de modalisation. En effet, par son emploi, le locuteur s'engage sur l'avenir.

Besuchen Sie unseren Park! Sie werden staunen!
Venez visiter notre parc ! Vous serez étonnés !

Parfois, le locuteur s'engage même sur une situation présente, mais que l'on peut vérifier seulement plus tard.

Tja, er wird schon wieder im Jugendklub sein...
Oui, il sera encore au club des jeunes... (il est certainement encore au club des jeunes).

Certains de ces énoncés peuvent donc être interprétés comme une promesse.

Mach dir keine Sorgen: Wir werden dir helfen.
Ne t'en fais pas : nous t'aiderons.

• Renvoi à une source extérieure

soll	Dieser Fußballer soll in der nächsten Saison bei uns spielen.	*Il paraît que ce footballeur va jouer chez nous la saison prochaine.*
will	Er will aus einer berühmten Familie stammen.	*Il prétend être issu d'une famille célèbre.*

Remarques

– Dans le cas de wollen, c'est le sujet grammatical qui est la source de l'information, alors que dans le cas de sollen, la source reste indéterminée.

– Lorsque le fait décrit est passé, c'est le verbe à l'infinitif qui est au passé.

Er kann sich geirrt haben.
Il a pu se tromper./Il se peut qu'il se soit trompé.

LES VERBES DE MODALITÉ

On parle de « *modalité** » pour désigner la manière dont un processus se présente pour le sujet grammatical : il est possible, il est nécessaire ou il est voulu.
Les six verbes de modalité relèvent des trois domaines du pouvoir, du devoir et du vouloir.

⬛ Formation

(Voir aussi p. 78.)

Les verbes de modalité sont des *prétérito-présents** : cela signifie qu'ils ont au présent, au singulier, un ancien *radical** de prétérit (voyelle modifiée, sauf pour sollen) et des *marques** de personne de prétérit (ø, st, ø).

können	ich/er kann
dürfen	ich/er darf
mögen	ich/er mag
müssen	ich/er muss
wollen	ich/er will
sollen	ich/er soll

■ Leur prétérit et leur participe 2 se forment sur un radical sans inflexion.

können	konnte	gekonnt
dürfen	durfte	gedurft
mögen	mochte	gemocht
müssen	musste	gemusst

■ Lorsqu'ils sont complétés par un infinitif, leur forme de participe est identique à l'infinitif.

Ich habe sofort antworten können.
J'ai pu répondre immédiatement.

Er hat arbeiten müssen.
Il a été obligé de travailler.

On appelle cette forme « *double infinitif** ». Le double infinitif est prioritaire pour occuper la dernière place dans la proposition. Dans la subordonnée, l'auxiliaire le précède donc immédiatement.

[...], weil er schon mit zwölf Jahren hat arbeiten müssen.
[...], parce qu'il a été obligé de travailler dès l'âge de douze ans.

⬛ Emploi

Les verbes de modalité relèvent de trois domaines : le pouvoir (können et dürfen), le devoir (müssen et sollen) et le vouloir (mögen et wollen).

Dans chaque domaine, chacun des deux verbes a un sens et des emplois bien précis :

• können

Können exprime la compétence physique ou intellectuelle (*savoir*).

Kannst du Ski laufen?
Sais-tu faire du ski ?

Ou bien la possibilité matérielle.

Kannst du mich später anrufen?
Peux-tu m'appeler plus tard ?

• dürfen

Dürfen exprime l'autorisation, la permission, liée à l'absence de risque (*pouvoir* ou *avoir le droit de*).

Darf ich eine Frage stellen?
Me permettez-vous de poser une question ?

Accompagné d'une négation, dürfen exprime l'interdiction, liée à la présence d'un risque (en français *il ne faut pas que*).

Ich darf keinen Kaffee trinken, sonst kann ich nicht schlafen.
Il ne faut pas que je boive de café, sinon je ne pourrai pas dormir.

LES VERBES DE MODALITÉ

• mögen

Mögen exprime ce qu'on aime (faire), ou – sous la forme möchte – ce qu'on souhaiterait faire.

Viele Kinder mögen keine Suppe.
Beaucoup d'enfants n'aiment pas la soupe.

Möchten Sie vielleicht etwas trinken?
Aimeriez-vous boire quelque chose ?

• müssen

Müssen exprime la contrainte, le côté inévitable d'un processsus.

Ich muss jeden Tag früh aufstehen.
Il faut que je me lève tôt tous les jours.

Da muss ich aber lachen!
Là, je ne peux pas m'empêcher de rire !

• wollen

Wollen exprime la volonté, l'intention d'agir, et peut exprimer le futur proche.

Er wollte mitkommen.
Il voulait venir avec nous.

Wir wollen jetzt anfangen.
Nous allons commencer.

• sollen

Sollen renvoie à une instance extérieure qui dicte ou souhaite un comportement ou une action.

Soll ich einkaufen gehen?
Tu veux que j'aille faire les courses ?

Du sollst nicht töten.
Tu ne tueras point.

Remarques

Müssen exprime l'obligation. À la forme négative, il exprime donc le caractère non obligatoire, c'est-à-dire facultatif d'une action (= ne pas être obligé de).

Am Sonntag müssen wir nicht früh aufstehen.
Le dimanche, nous ne sommes pas obligés de nous lever tôt.

Le français n'est pas symétrique : *il faut/je dois* exprime l'obligation (= ich muss), alors que *il ne faut pas/je ne dois pas* exprime l'interdiction (= ich darf nicht).

Tous ces verbes, à certaines formes, peuvent aussi être employés en tant que verbes de *modalisation**, qui expriment la position de celui qui parle. **(Voir p. 87.)**

LE PASSIF

Le passif est une forme verbale composée qui permet de centrer l'attention sur l'action ou sur la personne ou la chose qui la subit.

1 Formation

■ Le passif se forme à l'aide d'un auxiliaire spécifique (werden) et du participe 2 du verbe concerné.

kontrollieren → kontrolliert werden	contrôler → être contrôlé
vorschlagen → vorgeschlagen werden	proposer → être proposé

– L'auxiliaire se conjugue à tous les temps et modes.

wird vorgeschlagen
est proposé

wurde vorgeschlagen
fut proposé

ist vorgeschlagen worden
a été proposé

würde vorgeschlagen
serait proposé

– La forme de participe 2 de l'auxiliaire werden est la forme réduite worden.

■ L'infinitif passif se combine avec un verbe de **modalité***.

Die Ware kann bis morgen umgetauscht werden.
La marchandise peut être échangée d'ici demain.

Das Gerät muss noch kontrolliert worden.
L'appareil doit encore être contrôlé.

■ Le passif se forme avec tous les verbes qui désignent une action ou une activité, qu'ils soient **transitifs*** ou **intransitifs***. Lorsque le verbe n'est pas transitif, le verbe au passif n'a pas de sujet.

erwarten → erwartet werden

Die Passagiere werden am Schalter 8 erwartet.
Les passagers sont attendus au guichet 8.

denken → gedacht werden

An Kinder wird zu wenig gedacht.
On pense trop peu aux enfants.

arbeiten → gearbeitet werden

Heute wird nicht gearbeitet.
Aujourd'hui, on ne travaille pas.

2 Emploi

■ La construction werden + participe 2 a une valeur processuelle. Elle sert à décrire une action ou une activité.

Unser Wagen wird gerade repariert.
Notre voiture est en réparation.

Die Motoren werden regelmäßig kontrolliert.
Les moteurs sont soumis à un contrôle régulier.

■ Ainsi, l'allemand marque bien la différence entre la description d'une action et celle d'un état. La description d'un état se fait avec le verbe sein.

Gestern war das Museum geschlossen.
Hier, le musée était fermé.

Remarque

Dans les deux cas, le français a recours à la structure *être* + participe passé. C'est le temps et/ou le contexte (par ex. les indications de temps ou de manière) qui permettent d'interpréter l'énoncé comme décrivant une action (passif) ou un état :

Alle Tische waren reserviert.
Toutes les tables étaient réservées.
État

Die Karten können telefonisch reserviert werden.
Les billets peuvent être réservés par téléphone.
Processus

LE PASSIF

• Le passif sans sujet

La construction passive sans sujet permet de centrer la perspective sur l'action elle-même. Le passif sans sujet se trouve avec les verbes qui ne sont pas transitifs. Il est toujours au singulier.
Le français n'a pas d'équivalent direct et a recours dans ces cas à la construction en *on*.

Heutzutage wird sehr viel telefoniert.
De nos jours, on téléphone beaucoup.

Von solchen Problemen ist nie gesprochen worden.
On n'a jamais parlé de ce genre de problèmes.

Jetzt wird gearbeitet!
Maintenant, on travaille (il faut travailler) !

> ### Remarque
> Un tel énoncé prend souvent la valeur d'un ordre.

• Le passif avec sujet

Le sujet de la construction passive désigne le patient. Cette construction permet de centrer la perspective sur le patient. Le français utilise ici aussi souvent la construction en *on*.

Kann ich bitte um 6 geweckt werden?
Peut-on me réveiller à 6 heures ?

Zuerst werden die Eier geschlagen, dann wird etwas Zucker dazu gegeben.
D'abord on bat les œufs, puis on ajoute un peu de sucre.

> ### Remarque
> Un énoncé au passif commence souvent par **es**, qui sert à occuper la 1re place et n'est pas le sujet.

Es wird immer weniger gelesen und immer mehr telefoniert.
On lit de moins en moins, on téléphone de plus en plus.

Es wurden viele Menschen verletzt.
De nombreuses personnes ont été blessées.

• La mention de l'agent

■ La construction passive permet de ne pas mentionner l'agent (la personne qui agit). On emploie donc facilement le passif chaque fois que l'agent n'est pas connu.

Dieser Wein muss kühl getrunken werden.
Ce vin doit être bu frais.

■ Ou bien, au contraire, lorsqu'il est suffisamment évident et identifiable.

Die Übungen werden morgen korrigiert.
Les exercices seront corrigés demain.

■ Dans certains cas toutefois, il peut être important de le mentionner.

Er wurde vom besten Chirurgen seines Landes operiert.
Il a été opéré par le meilleur chirurgien de son pays.

LE PARTICIPE 1

L'allemand dispose de deux participes : le participe 1 et le participe 2. Ce sont des formes non conjuguées.
Le participe 1 décrit un processus dans son déroulement.

1 Formation

Le participe 1 se forme à partir de l'infinitif avec la *marque** d. Il peut se former à partir de tout verbe, à l'exception des verbes *impersonnels**.

lachen	→	**lachend** (*riant*)
wachsen	→	**wachsend** (*croissant*)
exportieren	→	**exportierend** (*exportateur*)
sich nähern	→	**sich nähernd** (*s'approchant*)

Certains participes s'associent à leur complément et forment une nouvelle unité, *lexicalisée**.
wohlwollend (*bienveillant*)
schwerwiegend (*important*)
Fleisch fressend (*carnivore*)

2 Emploi

Le participe 1, qui indique que le processus est en cours, s'emploie le plus souvent comme épithète, mais il peut être apposé ou attribut.
Il est souvent accompagné d'au moins un complément.

• Le participe 1 épithète

Il précède le nom auquel il se rapporte et prend une marque de cas, nombre et genre. Il correspond souvent à une relative en français.

auf der Straße spielende Kinder
des enfants qui jouent / jouaient dans la rue

Précédé de zu, il indique que l'action doit ou peut être faite.

die auszufüllenden Formulare
les formulaires à remplir

• Le participe 1 attribut

Il se rapporte au nom par l'intermédiaire d'un verbe d'état ou autre.

Der Junge lief weinend zu seiner Mutter.
Le garçon courut en pleurant vers sa mère.

• Le participe 1 apposé

Il est souvent placé au début de la phrase ou en incise.

Vor Kälte zitternd, saßen sie vor der Tür und bettelten.
Tremblants de froid, ils étaient assis devant la porte et mendiaient.

> ### Formes lexicalisées
>
> – Plusieurs participes 1 sont devenus de véritables adjectifs et ont pris un sens différent du verbe de départ.
> reizend (*charmant*),
> bedeutend (*important*),
> spannend (*passionnant*)
>
> – D'autres sont devenus des adverbes.
> anschließend (*ensuite*),
> laufend (*en permanence*)

LE PARTICIPE 2

L'allemand dispose de deux participes : le participe 1 et le participe 2. Ce sont des formes non conjuguées.
Le participe 2 décrit un processus achevé.

1 Formation

Le participe 2 se forme :
■ Pour les *verbes faibles**, à partir du radical de l'infinitif et avec la marque double (ge-) + -t.
spielen ge**spielt**

■ Pour les *verbes forts**, à partir d'un radical propre et avec la marque double (ge-) + -en.
helfen ge**holfen**

La marque ge- ne s'emploie pas lorsque le verbe n'est pas accentué sur la première syllabe (verbes dérivés et verbes d'origine étrangère).
be**schreib**en → be**schrieben**
organi**sier**en → organi**siert**

Tout verbe a un participe 2. On retrouve ce participe dans la formation du parfait et du plus-que-parfait.

lachen	→	gelacht (*ri*)
wachsen	→	gewachsen (*grandi*)
exportieren	→	exportiert (*exporté*)
sich verlieben	→	verliebt (*amoureux*)

2 Emploi

Le participe 2, qui exprime la phase achevée d'un processus, s'emploie dans la formation du parfait et du plus-que-parfait. Il peut aussi s'employer comme épithète, attribut, ou être apposé. Il est alors souvent accompagné d'au moins un complément.

• Le participe 2 épithète

Seuls les participes 2 des verbes *transitifs** et ceux des verbes *intransitifs** qui expriment un changement de lieu ou d'état peuvent être employés comme épithètes.
Le participe épithète précède le nom auquel il se rapporte et prend une marque de cas, nombre et genre. Il correspond souvent à une relative en français.

die gestern telefonisch bestellten Bücher
les livres commandés hier par téléphone

die schon angekommenen Gäste
les invités qui sont déjà arrivés

• Le participe 2 attribut

Il se rapporte au nom (sujet ou objet) par l'intermédiaire d'un verbe d'état ou autre.

Der Lkw-Fahrer war angetrunken.
Le chauffeur du camion était en état d'ébriété.

Der alte Mann ging gebückt über die Straße.
Le vieil homme traversa la rue, courbé.

• Le participe 2 apposé

Il est souvent placé au début de la phrase ou en incise.

Von der Nachricht überrascht, fingen sie zu tanzen an.
Surpris par la nouvelle, ils se mirent à danser.

Formes lexicalisées

– Certains participes 2 sont devenus de véritables adjectifs et ont pris un sens différent du verbe de départ.
bekannt (*connu*), ausgezeichnet (*excellent*), verrückt (*fou*)
– D'autres n'ont pas de verbe équivalent.
einverstanden (*d'accord*), bewusst (*conscient*)
– D'autres sont employés comme des noms.
der Abgeordnete (*le député*), Tiefgefrorenes (*des produits surgelés*)
– D'autres enfin sont devenus des adverbes.
bestimmt (*certainement*), wiederholt (*à plusieurs reprises*)

L'INFINITIF

L'infinitif est une forme non conjuguée, invariable.
Il a à la fois une fonction verbale et des fonctions nominales.
On distingue l'infinitif 1 (processus en cours) de l'infinitif 2 (processus achevé).

1 Formation

Tout verbe a un infinitif, c'est la forme la plus neutre. L'infinitif 1 est formé sur le radical du verbe auquel on ajoute – pour tous les verbes – la marque (e)n.

lachen (*rire*), **kommen** (*venir*), **tun** (*faire*), **sich nähern** (*s'approcher*)

L'infinitif 2, qui exprime la phase achevée d'un processus, a une forme composée du participe 2 du verbe concerné et de l'auxiliaire à l'infinitif.

gelacht haben (*avoir ri*), **gekommen sein** (*être venu*)

L'infinitif peut être au passif. C'est l'auxiliaire werden qui est alors à l'infinitif.

gewaschen werden (*être lavé*)

Certains infinitifs se sont *lexicalisés** : ils ne désignent plus un processus et sont devenus de véritables noms.

das Leben (*la vie*), **das Essen** (*le repas*), **das Rennen** (*la course*)

2 Emploi

L'infinitif peut être employé de manière autonome ou bien avoir une fonction (sujet ou complément) à l'intérieur d'un énoncé.

Il n'a jamais de sujet exprimé, mais il est souvent accompagné d'au moins un complément. Il est alors toujours précédé de son (ses) complément(s).

• L'infinitif en tant qu'énoncé

L'infinitif peut avoir une valeur d'ordre ou d'instruction.

Ziehen
Tirez

Bitte hinten aussteigen!
Descendre par l'arrière, s.v.p. !

Vor Gebrauch schütteln!
Agiter avant emploi !

Il peut également avoir une valeur interrogative.

Was tun?
Que faire ?

Wozu so viel arbeiten?
À quoi bon tant travailler ?

• L'infinitif sujet

Il peut être en tête de phrase.

Ausschlafen tut gut.
Faire la grasse matinée fait du bien.

Il peut alors être repris par das.

Einmal in der Woche ausschlafen, das tut gut.
Faire la grasse matinée une fois par semaine, cela fait du bien.

Lorsqu'il a plus de deux compléments, ou lorsqu'il n'est pas en tête, il est précédé de zu.

Es ist schön, mehrere Fremdsprachen zu sprechen.
C'est bien de parler plusieurs langues étrangères.

• L'infinitif complément

Il peut être complément de verbe, d'adjectif ou de nom, ou complément circonstanciel.
Il peut être en tête de phrase.

Ausschlafen finde ich immer schön.

Ausschlafen, das finde ich immer schön.
Je trouve toujours ça très bien, de faire la grasse matinée.

Lorsqu'il a plus de deux compléments, ou lorsqu'il n'est pas en tête, il est précédé de zu.

Vergiss nicht, den Fernseher auszumachen!
N'oublie pas d'éteindre le téléviseur !

L'INFINITIF

Er war stolz, in der ersten Reihe sitzen zu dürfen.
Il était fier de pouvoir être au premier rang.

Précédé de la préposition um, il exprime le but.

Sie ging jeden Tag in die Bibliothek, um Zeitung zu lesen.
Elle allait tous les jours à la bibliothèque pour lire le journal.

Précédé de la préposition ohne ou anstatt, il désigne un comportement non réalisé.

Er ging weg, ohne sich zu verabschieden.
Il s'en alla sans dire au revoir.

Anstatt seine Hausaufgaben zu machen, liest er Comics.
Au lieu de faire ses devoirs, il lit des BD.

• L'infinitif associé à certains verbes

Avec certains verbes, l'infinitif n'est jamais précédé de zu.
■ Avec les verbes de *modalité** ou de *modalisation**.
(Voir pp. 88, 87.)

Kannst du eislaufen?
Sais-tu faire du patin sur glace ?

Es könnte morgen schneien.
Il pourrait neiger demain.

■ Avec le verbe lassen.

Morgen lasse ich mir die Haare schneiden.
Demain, je me fais couper les cheveux.

■ Ou avec le verbe sich lassen.

In dieser Bibliothek lässt es sich gut arbeiten.
Dans cette bibliothèque, on travaille bien.

■ Avec le verbe gehen.

einkaufen gehen (*aller faire les courses*), spazieren gehen (*aller se promener*), schlafen gehen (*aller dormir*)

Attention !

Aux locutions françaises *aller chercher* et *aller voir* correspondent des formes simples en allemand.

jn/etw holen - jn/etw abholen
aller chercher qqn/qqch

jn besuchen - sich etw anschauen
aller voir qqn/qqch

Avec les verbes sein et haben ou la locution es gibt/es bleibt, l'infinitif précédé de zu exprime l'obligation ou la possibilité.

Dieses Buch ist leicht zu verstehen.
Ce livre est facile à comprendre.

Heute habe ich nichts zu tun!
Aujourd'hui, je n'ai rien à faire !

Es gibt/bleibt hier noch genug zu tun.
Il y a/Il reste encore assez à faire ici.

Le verbe est le noyau de l'énoncé : c'est lui qui conditionne la présence et la forme du sujet et des compléments.
La relation entre le verbe et le(s) complément(s) qu'il demande est appelée « *rection** ».
Les verbes peuvent être regroupés en fonction du nombre et du type de complément(s) qu'ils régissent.

1 Formes

Mis à part le sujet au nominatif, presque toujours obligatoire, les compléments du verbe peuvent prendre les formes suivantes.

■ Compléments sans préposition

– À l'accusatif

– Au datif

– Au génitif

■ Compléments prépositionnels

– Choix de la préposition imposé par le verbe

– Choix de la préposition libre

■ Autres formes

– Adjectif

– Formes adverbiales

2 Emploi

Les verbes peuvent être classés selon le type de complément(s) et leur nombre.

• Les verbes avec sujet formel

Il s'agit de verbes exprimant des phénomènes météorologiques ou atmosphériques. Ils correspondent à des verbes impersonnels en français.
Es regnet.
Il pleut.
Es blitzt.
Il y a des éclairs.

• Les verbes sans sujet

Il y a peu de verbes en allemand qui n'ont pas de sujet au nominatif. Ils ont un complément à l'accusatif (ou au datif) qui désigne la personne. Ce sont des verbes qui expriment un état physi-

que ou psychique désagréable. Ils sont de moins en moins employés aujourd'hui.
■ Verbes régissant l'accusatif.

Mich friert.
J'ai froid.

■ Verbes régissant le datif.

Mir schwindelt.
J'ai le vertige.

• Les verbes avec un sujet et sans complément

Il s'agit de verbes *intransitifs**.

■ Verbes d'état ou exprimant une activité.

Der Flieder blüht.
Les lilas sont en fleurs.

■ Verbes de changement d'état.

Das Baby ist aufgewacht.
Le bébé s'est réveillé.

On classe ici aussi les verbes *pronominaux**.

Ich habe mich erkältet.
J'ai pris froid.

• Les verbes avec un sujet et un complément

Le complément sans préposition

■ Verbes qui régissent l'accusatif (verbes *transitifs**). Ils ne correspondent pas toujours à un verbe transitif en français.

  – **jn ansprechen** (*s'adresser à qqn*), **jn auslachen** (*se moquer de qqn*),

  – **jn/etw brauchen** (*avoir besoin de qqn/ qqch*), **etw benutzen** (*se servir de qqch*)

■ Verbes qui régissent le datif. Ils correspondent pour la plupart à un verbe transitif en français.

– **jm danken** (*remercier qqn*), **jm helfen** (*aider qqn*), **jm gratulieren** (*féliciter qqn*), **jm folgen** (*suivre qqn*), **jm glauben** (*croire qqn*)

■ Verbes qui régissent le génitif (rares).

– **sich einer Sache bewusst sein** (*être conscient de qqch*)

Le complément prépositionnel

■ Préposition régie : contrairement au français qui utilise surtout les deux prépositions *à* et *de*, l'allemand utilise un grand nombre de prépositions. Les plus fréquentes sont :

an (+ acc.)
denken (*penser à*), **sich erinnern** (*se souvenir de*), **schreiben** (*écrire à*), **liefern** (*livrer à*), **sich wenden** (*s'adresser à*)

auf (+ acc.)
hoffen (*espérer*), **sich freuen** (*se réjouir à l'idée de*), **sich vorbereiten** (*se préparer à*), **warten** (*attendre*)

mit (+ dat.)
sich beschäftigen (*s'occuper de*), **sich befassen** (*s'occuper de*)

über (+ acc.)
sich wundern (*s'étonner de*), **sich freuen** (*être content de*), **schreiben** (*écrire sur*), **sprechen** (*parler de*)

um (+ acc.)
sich kümmern (*se soucier de*), **kämpfen** (*se battre pour*)

von (+ dat.)
abhängen (*dépendre de*), **sprechen** (*parler de*), **erzählen** (*raconter*)

vor (+ dat.)
sich fürchten (*avoir peur de*), **schreien** (*crier de*), **weinen** (*pleurer de*)

■ Préposition non régie : il s'agit de verbes qui expriment un changement de lieu ou une existence dans un lieu.

gehen (*aller*) :

in die Schule gehen
aller à l'école

an die Tafel gehen
aller au tableau

auf die Terrasse gehen
aller sur la terrasse

• Les verbes avec un sujet et deux compléments

Il s'agit principalement de trois types de verbes.
■ Verbes qui régissent deux accusatifs.

kosten (*coûter*), **lehren** (*enseigner*)

Die Klassenfahrt kostet die Eltern nur 30 Euro.
Le voyage scolaire ne coûte que 30 euros aux parents.

■ Verbes qui régissent l'accusatif et le datif (changement de possesseur).

geben (*donner*), **schenken** (*offrir*)...

Ich habe meiner Freundin eine CD geschenkt.
J'ai offert un CD à mon amie.

■ Verbes qui régissent l'accusatif et un complément prépositionnel (changement de lieu).

führen (*mener*)

Der Weg führte uns zu einer Hütte.
Le chemin nous mena à une cabane.

schieben (*glisser*)

Schieben Sie Ihre Tasche unter den Sitz!
Glissez votre sac sous le siège !

legen (*poser à plat*), **hängen** (*accrocher*), **setzen** (*asseoir*), **stellen** (*mettre debout*), **stecken** (*mettre à l'intérieur de*) (Voir p. 104.)

Stellen Sie bitte den Koffer in die Ecke!
Veuillez mettre la valise dans le coin !

L'allemand permet d'élargir le «stock» de ses verbes en associant à un verbe simple (ou plus rarement à un radical nominal ou adjectival) un élément d'origine prépositionnelle, adverbiale, adjectivale ou nominale, appelé *préverbe**.
Ce préverbe est accentué et séparable.
Il joue un rôle important pour déterminer le sens du verbe.

1 Formation

• L'origine des préverbes

La plupart des préverbes sont issus de prépositions : an, auf, aus, bei, mit, nach, vor, wider, zu.
Quelques-uns sont issus d'adjectifs : fest, frei, los, hoch, weiter.
Ou bien d'adverbes : fort, voraus, vorbei, weg, hin, her, zurück.
Ou encore de noms : irre, preis, teil.

• La structure préverbe + verbe

Le préverbe s'associe au verbe en le précédant dans la *structure de base**. Ainsi, dans toute entrée de dictionnaire, on trouve :
aufmachen (*ouvrir*), **freilassen** (*libérer*), **zurückkommen** (*revenir*)

Il en va de même quand il s'agit d'un radical nominal ou adjectival :
auftischen (*mettre sur la table*), **ankreuzen** (*cocher*), **anleinen** (*mettre en laisse*)

aufheitern (*égayer*), **auffrischen** (*rafraîchir*), **einschüchtern** (*intimider*)

Le préverbe reste soudé graphiquement au verbe lorsque celui-ci est en dernière position dans un énoncé (forme non conjuguée ou subordonnée). Lorsque le verbe se déplace **(voir p. 106)**, le préverbe reste seul à la dernière place : c'est pourquoi on l'appelle « séparable ».
Kannst du bitte das Fenster aufmachen?
Peux-tu ouvrir la fenêtre, s'il te plaît ?

Mach bitte das Fenster auf!
Ouvre la fenêtre, s'il te plaît !

Au participe 2, la marque ge s'intercale entre le préverbe et le verbe.

Ich habe das Fenster schon aufgemacht.
J'ai déjà ouvert la fenêtre.

Il en va de même pour le marqueur d'infinitif zu.

Ich habe vergessen, das Fenster aufzumachen.
J'ai oublié d'ouvrir la fenêtre.

2 Emploi

Chaque préverbe a, en fonction de son origine, un ou plusieurs sens bien précis qu'on retrouve dans les verbes composés.
Voici les préverbes les plus productifs, avec quelques exemples.

• Les préverbes d'origine prépositionnelle

ab|-
Il exprime un mouvement vers le bas, une diminution ou le détachement.
absteigen (*descendre [hôtel]*), **abfließen** (*s'écouler*), **abnehmen** (*diminuer, maigrir*), **abfahren** (*partir [train]*), **abschneiden** (*couper*)

an|-
Il exprime l'entrée en contact ou le début.
anrufen (*appeler au téléphone*), **anlächeln** (*sourire à qqn*)
anfangen (*commencer*), **anmachen** (*allumer*)

auf|-
Il exprime un mouvement vers le haut, une ouverture ou la fin.
aufsteigen (*s'élever*), **aufstehen** (*se lever*)
aufmachen (*ouvrir*), **aufwachen** (*se réveiller*)
aufgeben (*abandonner*), **aufessen** (*finir [plat]*)

aus|-
Il exprime la sortie, un mouvement vers l'extérieur ou la fin.

ausgehen (*sortir*), **ausfahren** (*sortir en mer*)
ausstellen (*exposer*), **ausdehnen** (*étendre*)
aussterben (*disparaître*), **ausblasen** (*souffler*)

ein|-
Il exprime l'entrée, un mouvement vers l'intérieur.
eintreten (*entrer*), **einfahren** (*entrer en gare*)
eingehen (*rétrécir*), **einstürzen** (*s'effondrer*)

mit|-
Il exprime la participation, l'accompagnement.
mitmachen (*participer*)
mitfahren, **mitgehen**, **mitlaufen** (*accompagner*)

zu|-
Il exprime l'augmentation ou la fermeture.
zunehmen (*augmenter, grossir*),
zumachen (*fermer*), **zudrehen** (*fermer [en tournant]*)

• Les préverbes d'origine adverbiale

her|-
Il exprime un rapprochement vers un point.

hereinkommen (*entrer*)
herauskommen (*sortir*)

hin|-
Il exprime un éloignement vers un point.
hineingehen (*entrer*)
hinausgehen (*sortir*)

weg|-
Il exprime l'éloignement.
wegmachen, **wegschaffen** (*enlever*)
weggehen, **wegfahren** (*partir*)

zurück|-
Il exprime le retour.
zurückfahren, **zurückkommen** (*revenir*)
zurückbringen (*rapporter*)

• Les préverbes d'origine adjectivale

weiter|-
Il exprime la continuation.
weitergehen (*continuer*)

• Systèmes d'oppositions

On a, pour certains verbes de base, des composés qui entrent dans un mini-système d'oppositions.

schlafen	einschlafen	*s'endormir*	ausschlafen	*dormir tout son saoul*
fahren	einfahren	*entrer [port, gare]*	ausfahren	*sortir [en mer]*
nehmen	zunehmen	*augmenter*	abnehmen	*diminuer*
machen	anmachen	*allumer*	ausmachen	*éteindre*

LES VERBES À PRÉFIXE INSÉPARABLE

> Les verbes à préfixe inséparable sont dérivés à partir de verbes, mais aussi à partir de noms ou d'adjectifs.
> Le préfixe est inséparable et inaccentué.

1 Formation

Les véritables préfixes verbaux sont en nombre très limité : be, emp, ent, er, miss, ver, zer.
Certains autres existent aussi en tant que préverbes séparables **(voir p. 98.)** : durch, über, um, unter, wider.

■ Comme leur nom l'indique, ils sont placés devant le verbe, dont ils constituent la première syllabe. Ils sont fixes, ne se séparent jamais du verbe.

Er besucht seinen Bruder.
Il rend visite à son frère.

■ Ils peuvent s'associer à un verbe, un nom, un adjectif ou un mot invariable.

ver<u>mieten</u> (*donner en location*), ent<u>kern</u>en (*dénoyauter*), ver<u>kleiner</u>n (*réduire*), be<u>ja</u>hen (*approuver*)

■ Contrairement aux préverbes séparables, les préfixes ne sont plus vraiment productifs : il est difficile de créer de nouveaux dérivés.

■ Ces préfixes ne sont en principe pas accentués, mais ils restent accentuables :

– Dans un contexte contrastif

be- und **ent**laden (*charger et décharger*), kaufen und **ver**kaufen (*acheter et vendre*)

– Lorsqu'ils viennent s'adjoindre un verbe qui commence déjà par une syllabe non accentuée

verstanden (*compris*), **miss**verstanden (*mal compris*)

■ Ces préfixes ne sont pas accentués et le verbe ne prend pas la marque ge au participe 2. **(Voir p. 93.)**

bestellt (*commandé*), empfohlen (*recommandé*), zerstört (*détruit*)

2 Emploi

■ À chacun de ces préfixes correspondent des emplois spécifiques. On constate que la majorité des verbes à préfixe sont transitifs. Le préfixe le plus représenté est be.

• Le préfixe be-

Il sert à former des verbes transitifs.
Le complément à l'accusatif est obligatoire et désigne la chose ou la personne affectée par l'action.
La dérivation se fait à partir :
■ De verbes intransitifs.

eine Etage bewohnen (*occuper*),

eine Straße befahren (*fréquenter*),

jn beklagen (*plaindre*),

ein Problem besprechen (*discuter*)

■ De noms ou d'adjectifs.

ein Auto bereifen (*équiper de pneus*),

Schuhe neu besohlen (*ressemeler*),

sich bereichern (*s'enrichir*),

jn befreien (*libérer*)

• Le préfixe ent-

Il sert à former des verbes transitifs et des verbes intransitifs.
Il exprime l'éloignement ou la sortie.
La dérivation se fait :
■ Principalement à partir de verbes (les dérivés de verbes régissent souvent le datif).

eine Passage entnehmen (*extraire*),

entstehen (*apparaître*),

jn entlassen (*licencier*),

ein Buch entleihen (*emprunter*)

■ Plus rarement à partir d'adjectifs ou de noms.

etw entfernen (*éloigner*),

jn entschuldigen (*excuser*),

Obst entkernen (*dénoyauter*)

• Le préfixe er-

Il sert à former des verbes transitifs et des verbes intransitifs.
Il exprime l'entrée en possession ou l'entrée dans un état.
La dérivation se fait principalement à partir :
■ De verbes.

etw erkämpfen (*se battre pour obtenir qqch*),

js Hilfe erbitten (*demander l'aide de qqn*),

erfrieren (*geler*)

■ D'adjectifs.

erbleichen (*pâlir*),

sich erkälten (*prendre froid*)

• Le préfixe miss-

Il donne lieu à très peu de dérivés.
Il sert à former des verbes transitifs et des verbes intransitifs.
Il exprime le caractère déviant (et négatif) d'un processus.
La dérivation se fait principalement à partir de verbes.

jn misshandeln (*maltraiter*),

etw missverstehen (*mal comprendre*),

misslingen/missglücken (*échouer*)

• Le préfixe ver-

Il sert à former des verbes **transitifs*** et des verbes **intransitifs***.
Il exprime la transmission d'une chose, l'erreur **(voir p. 100)** ou la transformation. La dérivation se fait principalement à partir :
■ De verbes.

etw verkaufen (*vendre*),

etw vermieten (*donner en location*),

etw vererben (*donner en héritage*),

sich verlaufen (*se perdre en marchant*),

sich verrechnen (*se tromper en calculant*)

■ De noms ou d'adjectifs.

ein Gedicht vertonen (*mettre en musique*),

eine Stadt verkabeln (*câbler*),

verarmen (*s'appauvrir*),

verfaulen (*pourrir*),

etw verlängern (*allonger*)

• Le préfixe zer-

Il sert à former des verbes **transitifs*** et des verbes **intransitifs***.
Il exprime la transformation totale, pouvant aller jusqu'à la disparition.
La dérivation se fait principalement à partir de verbes.

etw zerreißen (*déchirer*), etw zerstören (*détruire*), etw zerdrücken (*écraser*),

etw/jn zerstreuen (*répandre/distraire*), zerfallen (*tomber en ruines*)

LES VERBES À PRÉVERBE « MIXTE »

Cinq prépositions (durch, über, um, unter et wider) fonctionnent à la fois en tant que préverbes accentués et séparables et en tant que préfixes non accentués et inséparables.
Leur emploi en tant que préverbe ou préfixe s'explique par le type de formation et la *rection** du verbe.

1 Formation

• L'origine des préverbes-préfixes

Ils sont tous issus de prépositions : durch, über, um, unter et wider.

• La structure préverbe-préfixe + verbe

Le préverbe, comme le préfixe, s'associe au verbe en le précédant dans la *structure de base**. Ainsi, on trouve dans toute entrée de dictionnaire :

umtauschen (*échanger*), **unter**tauchen (*disparaître*), **durch**lesen (*lire entièrement*)

über**rasch**en (*surprendre*), unter**schreib**en (*signer*), über**trag**en (*retransmettre*)

Mais selon la place du verbe, le préverbe et le préfixe se comportent différemment.

Le préverbe

Le préverbe reste soudé graphiquement au verbe lorsque celui-ci est en dernière position dans un énoncé (forme non conjuguée ou subordonnée). En revanche, lorsque le verbe se déplace **(voir p. 106)**, le préverbe reste seul à la dernière place : c'est pourquoi on l'appelle « séparable ».

Können wir die Ware noch **um**tauschen?
Pouvons-nous encore échanger la marchandise ?

Dieser Zug fährt bis Dresden **durch**.
Ce train est direct jusqu'à Dresde.

Au participe 2, la marque ge s'intercale entre le préverbe et le verbe.

Hast du das Buch schon **durch**gelesen?
Est-ce que tu as déjà lu ce livre ?

Il en va de même pour le marqueur d'infinitif zu.

Ich habe wieder vergessen, meine Uhr auf Sommerzeit **um**zustellen.

J'ai de nouveau oublié de régler ma montre à l'heure d'été.

Le préfixe

Le préfixe ne se sépare jamais du verbe.

Warum wider**sprichst** du mir ständig?
Pourquoi me contredis-tu sans cesse ?

Il peut s'adjoindre un verbe, un nom ou un adjectif.

um<u>geb</u>**en** (*entourer*), **unter**<u>such</u>**en** (*analyser*), **über**<u>dach</u>**en** (*recouvrir d'un toit*), **über**<u>rasch</u>**en** (*surprendre*)

Le préfixe n'est en principe pas accentué, mais il reste accentuable.

■ Dans un contexte contrastif :
<u>über</u>- **und nicht** <u>unter</u>**schätzen** (*sur- et non pas sous-estimer*)

■ Ou lorsqu'il vient se joindre à un verbe qui commence déjà par une syllabe non accentuée :
be<u>wert</u>**en** (*évaluer*), **über**<u>bewert</u>**en** (*surévaluer*)

Ce préfixe n'est pas accentué et le verbe ne prend donc pas la marque ge au participe 2 : **(Voir p. 93.)**

untersucht (*analysé*), **wider**sprochen (*contredit*), **über**rascht (*surpris*)

2 Emploi

Chacun des emplois en tant que préverbe ou en tant que préfixe peut s'expliquer par l'un des critères suivants.

• Les emplois en tant que préverbe

■ Il s'agit d'un groupe prépositionnel elliptique (seule la préposition subsiste).

durch|-
Das Dach ist nicht dicht. Es regnet **durch**. (= durch das Dach)
Le toit n'est pas étanche. Il pleut dans la maison.

über|-

Sie warf sich schnell einen Schal über und ging hinaus. (= über die Schultern)
Elle jeta un châle sur ses épaules et sortit.

um|-

Er bindet sich eine Krawatte um. (= um den Hals)
Il met une cravate.

unter|-

Der Wasserhahn tropfte: ich habe einen Eimer untergestellt. (= unter den Hahn)
Le robinet gouttait : j'ai mis un seau dessous.

■ Il s'agit d'une valeur adverbiale.

durch|-

Ich habe das Buch an einem Abend durchgelesen. (= zu Ende)
J'ai lu tout le livre en une soirée.

über|-

Das Feuer griff sehr schnell über. (= hinüber)
Le feu se propagea très vite.

um|-

Ein Gerücht geht um. (= herum)
Un bruit circule.

unter|-

Die Sonne geht im Westen unter. (= nach unten)
Le Soleil se couche à l'Ouest.

wider|-

Das Echo hallte aus den Bergen wider. (= zurück)
L'écho résonnait dans les montagnes.

• Les emplois en tant que préfixe

■ Le verbe est formé à partir d'un nom ou d'un adjectif.

durch-

Beide Strümpfe sind völlig durchlöchert. (← Loch)
Les deux chaussettes sont complètement trouées.

über-

Die Nachricht hat uns alle überrascht. (← rasch)
Cette nouvelle nous a tous surpris.

um-

Er umarmte sie noch einmal. (← Arm)
Il la serra dans ses bras encore une fois.

unter-

Die These war mit guten Argumenten untermauert. (← Mauer)
La thèse s'appuyait sur de bons arguments.

■ Le verbe a une rection différente de celle du verbe de base.

durch-

Sie hat schreckliche Augenblicke durchlebt. (≠ leben, *intr.*)
Elle a vécu des moments terribles.

über-

Sie hat einen Igel überfahren. (≠ fahren, *intr.*)
Elle a écrasé un hérisson.

um-

Die Erde umkreist die Sonne. (≠ kreisen, *intr.*)
La Terre tourne autour du Soleil.

unter-

Der Arzt untersucht den Patienten. (≠ etw suchen)
Le médecin examine le patient.

wider-

Da muss ich Ihnen leider widersprechen. (≠ sprechen, *intr.*)
Là, je suis malheureusement obligé de vous contredire.

Un petit groupe de verbes fonctionne par paires d'opposition : legen/liegen, stellen/stehen, setzen/sitzen. L'un exprime un déplacement, l'autre la position qui en résulte.
Ils s'opposent sur le plan *morphologique** et *syntaxique**.

1 Formes

Les verbes suivants s'opposent de différentes manières.

legen	poser à plat	liegen	être posé à plat
setzen	asseoir	sitzen	être assis
stellen	poser debout	stehen	être debout

• Morphologie

Au niveau de leur forme :
■ Leurs *radicaux** au présent sont différents.

leg**en**	lieg**en**
stell**en**	steh**en**
setz**en**	sitz**en**

■ L'un est faible, l'autre est fort.

Verbes de mouvement	Verbes de position
legen, leg**te**, geleg**t**	liegen, lag, geleg**en**
stellen, stell**te**, gestell**t**	stehen, stand, gestanden,
setzen, setz**te**, gesetz**t**	sitzen, saß, gesessen

• Syntaxe

Les verbes faibles sont *transitifs** (ils ont un complément à l'accusatif), les verbes forts sont *intransitifs**.
Les deux types de verbes ont aussi un complément de lieu, le plus souvent obligatoire.

Verbes de mouvement	Verbes de position
Legen Sie das Buch auf den Tisch ! *Posez le livre sur la table !*	Der Kranke liegt im Bett. *Le malade est couché.*
Stellen Sie Ihren Koffer in die Ecke ! *Mettez votre valise dans le coin !*	Sie stand an der Bushaltestelle. *Elle était à l'arrêt du bus.*
Setzen Sie sich doch auf das Sofa ! *Asseyez-vous sur le canapé !*	Er sitzt ständig vor dem Fernseher! *Il est sans cesse devant la télé !*

La relation exprimée par le verbe de mouvement est directive, celle exprimée par le verbe de position est locative.
Dans le premier cas, la préposition mixte est suivie de l'accusatif, dans le deuxième cas, elle est suivie du datif.

2 Emploi

On peut distinguer trois types d'emploi pour ces verbes.

• L'emploi spatial

Les verbes indiquent un déplacement ou une position dans l'espace. Ils correspondent souvent à des verbes moins précis en français (verbes de mouvement : *mettre, poser* ; verbes de position : *être, se trouver*).

legen et liegen	Position horizontale
stellen et stehen	Position verticale
setzen et sitzen	Position assise
hängen et hängen	Position suspendue

Wo liegt der Bahnhof?
Où se trouve la gare ?

Stell dein Fahrrad bitte in den Keller!
Mets ton vélo à la cave, s'il te plaît !

Sitzt du gern vorne im Kino?
Tu aimes être devant au cinéma ?

Dein Mantel hängt noch im Schrank.
Ton manteau est encore dans l'armoire.

• L'emploi abstrait

Les verbes prennent des sens divers, figurés ou plus abstraits.

Ich habe ein bisschen Geld beiseite gelegt.
J'ai mis un peu d'argent de côté.

Der Wind hat sich gelegt.
Le vent s'est calmé.

Wo liegt der Unterschied?
Où est la différence ?

Steht die Nachricht schon in der Zeitung?
La nouvelle est-elle déjà dans le journal ?

Dieser Hut steht dir sehr gut.
Ce chapeau te va très bien.

Remarque

Pour certains composés, deux emplois coexistent :

sitzen bleiben peut signifier *rester assis* ou *redoubler*

stehen bleiben peut signifier *rester debout* ou *s'arrêter*

sitzen lassen peut signifier *laisser assis* ou *abandonner (qqn)*

liegen lassen peut signifier *laisser (reposer)* ou *oublier (qqch)*

• L'emploi en tant que verbes supports

Employés en tant que **verbes supports***, les verbes forment une locution avec leur complément. **(Voir p. 113.)**

zur Verfügung stellen
mettre à la disposition
zur Verfügung stehen
être à la disposition
in Frage stellen
mettre en question
außer Zweifel stehen
ne faire aucun doute
sich mit jm in Verbindung setzen
se mettre en relation avec qqn

Les différents types d'énoncés se caractérisent par la place du verbe conjugué.
À chaque forme d'énoncé correspondent une fonction principale et des fonctions dérivées.

1 Formation

Chaque énoncé verbal repose sur une **structure de base***, dans laquelle le verbe se trouve à droite de tous les éléments qui le déterminent.
Cette structure **régressive*** s'oppose à la structure progressive du français.

Wegen des schlechten Wetters mit dem Bus nach Hause fahren.
Rentrer à la maison en bus à cause du mauvais temps

■ Dans un énoncé *déclaratif*, le verbe conjugué se trouve en 2e position (*V2*) dans la phrase.

Heute fahren *V2* wir wegen des schlechten Wetters mit dem Bus nach Hause.
Aujourd'hui, nous rentrons à la maison en bus à cause du mauvais temps.

■ Dans un énoncé *interrogatif*, le verbe se trouve :

– En 1re position (*V1*) lorsqu'il s'agit d'une interrogation globale.

Wollen *V1* wir heute wegen des schlechten Wetters mit dem Bus nach Hause fahren?
Est-ce que nous rentrons à la maison en bus à cause du mauvais temps aujourd'hui ?

– En 2e position (*V2*) lorsqu'il précédé d'un mot interrogatif en w- (wer, was, wie, wo, etc.).

Wer will *V2* heute wegen des schlechten Wetters mit dem Bus nach Hause fahren?
Qui veut rentrer à la maison en bus à cause du mauvais temps aujourd'hui ?

■ Dans un énoncé *injonctif* le verbe conjugué se trouve en 1re position dans la phrase.

Fahr *V1* doch heute mit dem Bus nach Hause!
Rentre aujourd'hui à la maison en bus !

■ Dans un énoncé *exclamatif*, les positions indiquées dans les trois types précédents sont possibles :

Das Wetter ist *V2* aber heute so schlecht!
Il fait si mauvais aujourd'hui !

Ist *V1* das Wetter aber heute schlecht!
Ce qu'il fait mauvais aujourd'hui !

Wie schlecht ist *V2* das Wetter heute!
Quelle horreur, ce temps aujourd'hui !

2 Emploi

■ En allemand comme en français, chaque type d'énoncé a une fonction spécifique, mais peut aussi prendre des valeurs dérivées, selon les conditions dans lesquelles il est produit.

■ L'énoncé **déclaratif** est employé pour affirmer des vérités générales, des états de choses particuliers ou des points de vue personnels.

Morgenstund' hat Gold im Mund.
La journée appartient à ceux qui se lèvent tôt.

• Ou bien, indirectement, pour donner un ordre ou poser une question. Ainsi, pour demander de se mettre au travail.

Jetzt wird aber gearbeitet!
Maintenant, on travaille !

• Ou encore pour demander l'heure.

Ich weiß gar nicht, wie spät es ist.
Je ne sais pas l'heure qu'il est.

■ L'énoncé **interrogatif** est employé pour demander une information.

Hast du schon Hunger?
Est-ce que tu as déjà faim ?

• Ou, indirectement, pour affirmer quelque chose (question rhétorique).

Ist es nicht schade?
N'est-ce pas dommage ?

■ L'énoncé **injonctif** est employé pour donner un ordre ou un simple conseil.

Bleibt gesund, esst Obst!
Pour rester en bonne santé, mangez des fruits !

LES SUBORDONNÉES COMPLÉTIVES

> Les propositions subordonnées introduites par dass, ob ou un mot interrrogatif en w- (was, warum, wo...) et certaines subordonnées introduites par wie fonctionnent en tant que sujet, attribut ou complément de certains verbes.
> On les appelle les subordonnées *complétives**.

1 Formation

Les subordonnées complétives introduites par dass, ob, un mot interrrogatif en w- ou par wie se caractérisent, comme toute proposition introduite par un mot subordonnant, par la place du verbe conjugué en position finale.
Les autres éléments précèdent le verbe dans un ordre qui correspond à l'*ordre de base**. (Voir p. 106.)

im Sommer jeden Sonntag mit seinen Freunden an den Strand gehen

[Ich weiß,] dass er im Sommer jeden Sonntag mit seinen Freunden an den Strand **geht**.
[Je sais] qu'en été, il va tous les dimanches à la plage avec ses amis.

La subordonnée en dass est concurrencée par une autre forme de proposition dépendante, sans mot subordonnant, avec le verbe en 2e position.

[Er sagt,] er **geht** im Sommer jeden Sonntag mit seinen Freunden an den Strand.
[Il dit qu']en été, il va tous les dimanches à la plage avec ses amis.

2 Emploi

Ces propositions ont la même fonction qu'un groupe nominal ou un pronom : elles peuvent être sujet ou complément d'objet.

• La complétive introduite par ob ou un mot en w-

On emploie ob ou un mot en w- après un verbe ou une locution qui exprime une ignorance, un doute ou une interrogation, c'est-à-dire un savoir « en suspens ».

Ich frage mich, ob ich zu dieser Fete gehen soll.
Je me demande si je dois aller à cette fête.

• La complétive en dass

On emploie dass après un verbe ou une locution qui exprime un savoir, un dire, un jugement, un sentiment ou une volonté.

Es ist wirklich toll, dass du es geschafft hast.
C'est vraiment super que tu y sois arrivé.

• La complétive en wie

On emploie wie après un verbe de perception comme hören (*entendre*), sehen (*voir*), spüren (*sentir*), merken (*remarquer*), etc. lorsque l'on veut insister sur le déroulement d'un processus. Cette construction correspond souvent à une infinitive en français.

Ich sah, wie er über die Straße ging und einem Taxi winkte.
Je l'ai vu traverser la rue et faire signe à un taxi.

Les propositions subordonnées *circonstancielles** sont introduites par différentes conjonctions exprimant des notions de temps, de cause, de finalité, de manière, de conséquence ou de concession.
Elles s'emploient pour désigner les circonstances d'un processus ou pour argumenter.

■ Formation

• Les conjonctions

Les subordonnées circonstancielles sont introduites par différentes conjonctions de subordination, qui désignent chacune une circonstance.

Temps	als, wenn	quand
	während	pendant que
	sobald	dès que
	solange	tant que
	bis	jusqu'à ce que
	seit	depuis que
	bevor	avant que
	nachdem	après que
Condition	wenn	si
	falls	au cas où
Cause	weil	parce que
	da	puisque
	dadurch, dass	du fait que
	zumal	d'autant que
Finalité	damit	pour que
Manière	indem	en (+ p. présent)
	ohne dass	sans que
	anstatt dass	au lieu que
Conséquence	sodass	de sorte que
	so..., dass	si... que
Concession	obwohl, obgleich	bien que
	auch wenn	même si
	was... auch	quoi que
	wie auch	quelle que soit la manière dont
Délimitation	sofern, soweit	dans la mesure où

• La structure

■ Les subordonnées circonstancielles se caractérisent, comme toute proposition introduite par un mot subordonnant, par la place du verbe conjugué en position finale. Les autres éléments précèdent le verbe dans un ordre qui correspond à l'*ordre de base**. (Voir p. 106.)

im Sommer jeden Sonntag mit seinen Freunden an den Strand gehen

[...], weil er im Sommer jeden Sonntag mit seinen Freunden an den Strand **geht**.
[...] parce qu'en été il va tous les dimanches à la plage avec ses amis.

■ La subordonnée en wenn qui exprime la condition est en concurrence avec une structure où le verbe est en 1ʳᵉ position.

Kommt ihr morgen, dann machen wir eine Radtour.
Si vous venez demain, nous ferons une randonnée à bicyclette.

■ Emploi

La plupart de ces subordonnées ont la même fonction qu'un groupe prépositionnel ou un adverbe.

Ruf mich bitte an, wenn du ankommst. → bei deiner Ankunft
Appelle-moi s'il te plaît quand tu arrives. → à ton arrivée

Chaque conjonction relève d'un domaine précis. Les plus fréquentes sont les suivantes.

LES SUBORDONNÉES CIRCONSTANCIELLES

• Les subordonnées temporelles

Elles désignent un moment précis (als), un moment imprécis (wenn), une durée (solange, bis), etc.

Als sie noch klein war, lebte sie in Vietnam.
Quand elle était encore enfant, elle vivait au Viêt Nam.

Wenn Gewitter war, hatte das Kind immer Angst.
Quand il y avait de l'orage, l'enfant avait toujours peur.

• Les subordonnées conditionnelles

Elles désignent une condition qui peut être envisagée comme réelle (indicatif) ou irréelle (subjonctif 2, présent ou passé).

Wenn es nicht so windig wäre, würden wir Federball spielen.
S'il y avait moins de vent, nous jouerions au badminton.

Falls du ihn siehst, kannst du ihn einladen.
Si jamais tu le vois, tu peux l'inviter.

• Les subordonnées causales

La subordonnée en weil sert à informer de la cause, à fournir l'explication d'un fait, alors que la subordonnée en da s'emploie lorsque la cause est supposée connue.

Ich komme so spät, weil ich den Bus verpasst habe.
Je suis en retard parce que j'ai raté le bus.

Da mir keiner helfen wollte, habe ich alles selbst gemacht.
Puisque personne ne voulait m'aider, j'ai tout fait moi-même.

• Les subordonnées consécutives

On emploie sodass ou so… dass pour indiquer la conséquence d'un fait.

Er war so aufgeregt, dass er nicht schreiben konnte.
Il était si énervé qu'il n'arrivait pas à écrire.

• Les subordonnées de manière

On emploie indem pour indiquer le moyen choisi pour parvenir à un but visé.

Man kann den Kontrast ändern, indem man auf diese Taste drückt.
On peut modifier le contraste en appuyant sur cette touche.

• Les subordonnées concessives

On emploie obwohl et auch wenn pour marquer une relation concessive.

Obwohl sie die kleinste ist, ist sie die schnellste.
Bien qu'elle soit la plus petite, elle est la plus rapide.

Auch wenn du keine Zeit hast, musst du mir helfen.
Même si tu n'as pas le temps, il faut que tu m'aides.

• Les subordonnées argumentatives

La subordonnée en zumal sert à fournir après coup un argument en faveur d'une affirmation qui précède.

Ich habe nicht reagiert, zumal ich die Leute nicht kannte.
Je n'ai pas réagi, d'autant que je ne connaissais pas les gens.

LES ÉQUIVALENTS DU GÉRONDIF FRANÇAIS

La tournure française « en + participe présent » sert à exprimer les circonstances d'une action. La relation peut être temporelle, causale, instrumentale, etc. mais elle reste implicite.
En allemand, cette relation est explicitée par le choix d'une forme spécifique.

1 Formation

La structure « *en* + participe présent » est invariable. La préposition *en* exprime au départ la simultanéité, mais la relation peut s'interpréter de diverses manières, en fonction du contexte. C'est pourquoi, à une même tournure française, correspondent plusieurs formes en allemand.

■ Une proposition coordonnée

Il m'a raconté cette histoire en pensant que je le croirais.
Er hat mir diese Geschichte erzählt und dachte dabei, ich würde es ihm glauben.

■ Une proposition subordonnée

En arrivant chez moi, j'ai pensé à toi !
Als ich nach Hause kam, habe ich an dich gedacht!

■ Un groupe prépositionnel

Elle s'est cassé une jambe en faisant du ski.
Sie hat sich beim Skilaufen ein Bein gebrochen.

■ Un verbe à préverbe

Ils descendent toujours l'escalier en courant.
Sie rennen immer die Treppe hinunter.

■ Un participe 1

L'enfant est rentré à la maison en pleurant.
Das Kind kam weinend nach Hause.

2 Emploi

Chaque emploi du gérondif en français doit être interprété avant d'être transposé en allemand. La nature sémantique de la relation déterminera la ou les formes à choisir en allemand.

• La relation temporelle

Il peut s'agir d'un événement-date.

En achetant ce livre, je ne savais pas que je ferais connaissance de l'auteur.
Als ich dieses Buch kaufte, wusste ich nicht, dass ich den Autor kennen lernen würde.

En lisant ces romans, je pense toujours à ma grand-mère.
Wenn ich diese Romane lese, denke ich immer an meine Großmutter.

Ou encore d'une action se déroulant simultanément.

Il me raconta cette histoire en réparant son vélo.
Er erzählte mir diese Geschichte, während er sein Fahrrad reparierte.

Lorsque la structure ne comporte pas de compléments, on peut employer un infinitif substantivé précédé de beim.

Il chante toujours en prenant sa douche.
Er singt immer beim Duschen.

• La relation conditionnelle

Le gérondif désigne une action simplement envisagée dont la réalisation conditionne celle du processus désigné par le verbe principal de l'énoncé.

En marchant un peu plus vite, tu auras ton bus.
Wenn du etwas schneller läufst, bekommst du noch deinen Bus.

• La relation concessive

Le gérondif peut désigner un processus qui a priori n'est pas impliqué par ce qui est dit dans le reste de l'énoncé. Dans ce cas, on a souvent en français l'expression *tout en*.

Il travaillait tout en sachant que cela n'avait pas de sens.
Er arbeitete, und dabei wusste er, dass es keinen Sinn hatte.

• La relation instrumentale

Le gérondif désigne le moyen choisi pour arriver à un but. C'est le plus souvent la conjonction *indem* qui est utilisée.

Elle chercha à le flatter en lui disant qu'il était le plus beau.
Sie versuchte ihm zu schmeicheln, indem sie ihm sagte, er sei der Schönste.

Le groupe prépositionnel en *mit* permet aussi d'exprimer le moyen.

Il présenta ses excuses en offrant un bouquet de fleurs.
Er entschuldigte sich mit einem Blumenstrauß.

• La relation causale

Lorsque le gérondif désigne la cause, on peut utiliser une subordonnée avec *dadurch, dass* ou un groupe prépositionnel avec *durch*.

En participant à la manif, il a déclenché une polémique.
Dadurch, dass er an der Demo teilgenommen hat, hat er eine Polemik ausgelöst.

Durch seine Teilnahme an der Demo hat er eine Polemik ausgelöst.

• L'expression de la manière

Lorsque le gérondif désigne une attitude physique d'une personne en train de parler, on emploie souvent un participe 1.

en souriant	en pleurant	en bégayant	en tremblant
lächelnd	weinend	stotternd	zitternd

Il dit en souriant : « Aujourd'hui, c'est mon jour de congé ! »
Er sagte lächelnd: „Heute ist mein Ruhetag!"

L'ASPECT

Le français dispose de plusieurs périphrases verbales ou semi-auxiliaires qui permettent d'indiquer que le processus décrit est sur le point de commencer, qu'il est en cours, qu'il est juste terminé, etc.
L'allemand associe souvent des adverbes aux formes verbales pour exprimer ces différentes manières de considérer un processus, ou un « aspect* ».

1 Formation

Les moyens utilisés en allemand et en français pour exprimer les différents stades de la réalisation d'un processus ne sont pas toujours les mêmes.

• Les formes françaises

Les périphrases françaises sont des formes relativement *figées** qui ne s'emploient, pour la plupart, qu'à des temps simples.

> *Il vient d'arriver.*
> *Il est en train de dormir.*
> *Il venait d'arriver.*
> *Il était en train de dormir.*
> **Il est venu d'arriver.*
> **Il a été sur le point de dormir.*

Elles sont suivies de l'infinitif.
Elles permettent de désigner le processus à cinq stades de sa réalisation.

- le stade immédiatement antérieur à sa réalisation : *aller, être sur le point de*
- le processus en train de commencer : *commencer à, se mettre à*
- le processus en cours de réalisation : *être en train de*
- le processus en train de se terminer : *finir de, cesser de*
- le stade immédiatement postérieur à sa réalisation : *venir de*

Il faut ajouter à ces formes le verbe *faillir*, qui indique que le processus ne s'est pas réalisé, mais a été sur le point de l'être.

• Les équivalents allemands

Les équivalents allemands sont divers. Dans plusieurs cas, c'est la présence d'un adverbe qui permet d'exprimer l'aspect : gleich, gerade, eben, zu Ende.

Mais l'allemand dispose aussi de périphrases : beginnen, etwas zu tun (*commencer à*), aufhören, etwas zu tun (*cesser de*).

2 Emploi

À chaque stade de la réalisation du processus correspondent des formes spécifiques.

• Le stade immédiatement antérieur

Wir wollen gleich essen.
On va se mettre à table.

Ich sage es dir gleich.
Je vais te le dire.

• Le commencement

Es begann zu schneien.
Il se mit à neiger.

Das Kind fing zu schreien an.
L'enfant se mit à crier.

• Le déroulement

Ich lese gerade einen Roman von Peter Härtling.
Je suis en train de lire un roman de Peter Härtling.

Er ist dabei, sein Fahrrad zu reparieren.
Il est en train de réparer son vélo.

• La fin

Ich möchte noch die E-Mail zu Ende schreiben.
Je voudrais encore finir d'écrire ce mail.

Wann wird es aufhören zu regnen?
Quand va-t-il cesser de pleuvoir ?

• Le stade immédiatement postérieur

Ich habe eben/gerade einen Kuchen gebacken.
Je viens de faire un gâteau.

LES VERBES SUPPORTS

Les verbes supports sont des verbes qui s'emploient dans des locutions où ils ont perdu une grande partie de leur sens de départ.
Le nom qui les accompagne constitue le noyau porteur de sens.

1 Formation

Les verbes supports sont tous des verbes qui fonctionnent aussi en tant que verbes à part entière avec un sens bien précis. L'affaiblissement sémantique dans la locution apparaît nettement lorsqu'on met côte à côte les deux types d'emplois. Ainsi dans l'énoncé :

Il prit son chapeau, la porte et la décision de ne plus revenir.

on constate que le verbe *prendre* fonctionne différemment en association avec les groupes nominaux *la porte* et *la décision*. C'est précisément ce qui fait sourire !
Parmi les verbes supports allemands les plus fréquents, on peut citer :

bringen	**finden**	**geben**	**geraten**
kommen	**nehmen**	**setzen**	**stellen**.

Les locutions peuvent être :
– transitives

seine Papiere in Ordnung bringen
mettre ses papiers en ordre

– ou intransitives.

in Wut geraten
se mettre en colère

Le verbe support est accompagné :
– soit d'un groupe prépositionnel

etw in Ordnung bringen
mettre qqch en ordre

etw in Betrieb setzen
mettre qqch en marche

zur Verfügung stehen
être à la disposition

– soit d'un nom

Rücksicht nehmen
prendre en considération

Anerkennung finden
être reconnu

Hilfe leisten
venir en aide

Kontakt aufnehmen
prendre contact

De nombreuses locutions ont pour équivalent un verbe.

auf etw Rücksicht nehmen → etw berücksichtigen
jn in Verwunderung setzen → jn verwundern
etw zum Ausdruck bringen → etw ausdrücken

2 Emploi

Les locutions à verbe support sont surtout employées dans des textes spécialisés (administratifs, scientifiques, économiques, etc.).
Elles sont également utilisées en langage courant, notamment pour exprimer des oppositions, par exemple pour tenir compte de la distinction entre le fait d'être dans un état, d'entrer dans un état ou de mettre qqch ou qqn dans un certain état.

in Bewegung sein
être en mouvement

in Bewegung kommen
se mettre en mouvement

etw in Bewegung setzen
mettre qqch en mouvement

Angst haben
avoir peur

Angst bekommen
(se mettre à) avoir peur

jn in Angst versetzen
faire peur à qqn

ÉNONCÉS FIGÉS ET LOCUTIONS FIGURÉES

Les énoncés figés et les locutions figurées sont des « prêt-à-dire », pratiques car préfabriqués. Ils sont très utilisés dans la conversation courante, pour leur fonction communicative, leur côté imagé, mais aussi parce qu'ils ont souvent une valeur générale.

1 Formes

• Les énoncés figés

Il s'agit d'énoncés complets, plus ou moins figés au niveau de la forme et qui sont employés comme tels. Ils ne peuvent, dans la majorité des cas, pas être modifiés. Ils constituent des unités lexicales et on les apprend « en bloc », comme s'il s'agissait d'un mot.

On distingue deux types :

■ Les énoncés à fonction communicative, généralement très brefs.

Grüß dich!
Salut !

Mach's gut!
Bonne chance !

Entschuldigen Sie!
Excusez-moi !

Sag mal, ...
Dis donc, ...

■ Les énoncés à valeur générale, notamment les citations, les proverbes ou les slogans, qui ont souvent des formes binaires, des assonances et un rythme particulier, ce qui favorise leur mémorisation.

Erlaubt ist, was gefällt. (Goethe)
Fais ce qu'il te plaît.

Gleich und gleich gesellt sich gern.
Qui se ressemble, s'assemble.

Wer will, der kann.
Quand on veut, on peut.

• Les locutions figurées

Il s'agit de locutions verbales idiomatiques qui sont en général entièrement figées et utilisées telles quelles. Elles sont imagées et renvoient souvent à l'expérience quotidienne. C'est pourquoi on retrouve en partie les mêmes images dans différentes langues.

jm grünes Licht geben
donner le feu vert à qqn.

ein Haar in der Suppe finden
trouver un cheveu dans la soupe.

jn unter seine Fittiche nehmen
prendre qqn sous son aile.

2 Emploi

• Les slogans et les proverbes

Le slogan, comme le proverbe, est la mise en forme compacte d'une idée.
Le slogan a pour but de faire agir, que ce soit dans le domaine électoral...

Gemeinsam sind wir stark.
L'union fait la force.

Wer morgen sicher leben will, muss heute für Reformen kämpfen.
Qui veut vivre en sécurité demain, doit se battre aujourd'hui pour des réformes.

Farbe bekennen. Die Grünen.
Annoncer la couleur. Les Verts.

...ou dans le domaine publicitaire.

Gut rasiert – gut gelaunt.
Bien rasé – bien luné.

Der Mensch ist, was er isst.
L'homme est ce qu'il mange.

Le proverbe a souvent une valeur morale. Il est utilisé pour rappeler des vérités générales et des comportements communément admis et inciter à les mettre en pratique. On a ainsi pu dire que les proverbes étaient le reflet de la « sagesse des peuples ». Cela explique pourquoi on les retrouve en partie dans plusieurs langues, avec des images similaires ou différentes, mais un sens identique.

Wer zuletzt lacht, lacht am besten.
Rira bien qui rira le dernier.

Der Apfel fällt nicht weit vom Stamm.
Les chiens ne font pas des chats.

Morgenstunde hat Gold im Munde.
La journée appartient à ceux qui se lèvent tôt.

• Les locutions figurées

Les locutions figurées ont un sens qui s'éloigne du sens littéral, à des degrés divers. Les images utilisées sont diverses. Citons, à titre d'exemple, le domaine des émotions.
Les images employées sont souvent empruntées au domaine du corps humain, notamment pour exprimer la peur.

Mir blieb das Herz stehen.
Mon cœur s'est arrêté.

Ihm standen die Haare zu Berge.
Ses cheveux se dressèrent sur sa tête.

Er hat Blut und Wasser geschwitzt.
Il a sué sang et eau.

Er hatte weiche Knie.
Il sentait ses genoux fléchir.

La colère est souvent exprimée à travers l'image d'un liquide qui déborde.

vor Wut kochen/schäumen
bouillir/écumer de rage

• Le symbolisme des chiffres

Aussi bien dans les locutions figées que dans les proverbes, les chiffres jouent un rôle important dans toutes les langues. On retrouve certains emplois similaires en allemand et en français.

Aller guten Dinge sind drei.
Jamais deux sans trois.

Im siebten Himmel sein.
Être au septième ciel.

Dictionnaire

des

verbes dérivés et composés

ABRÉVIATIONS UTILISÉES DANS CE DICTIONNAIRE

aux	verbe auxiliaire
adj	adjectif
D	datif
fam	familier
fig	figuré
interj	interjection
jd	jemand/quelqu'un
jm	jemandem/à quelqu'un
jn	jemanden/quelqu'un
péj	péjoratif
qqch	quelque chose
qqn	quelqu'un
sout	soutenu
tfam	très familier
vi	verbe intransitif
vp	verbe pronominal
vt	verbe transitif
|	marque la séparabilité entre le préverbe et le verbe (**mit**|arbeiten, **zurück**|kommen)
er, be, etc.	indique que le préfixe et le verbe ne sont pas séparables (*erfa̲hren, bege̲hen*)

■ **a̱rbeiten**

[18] ⊙ vi **1.** travailler • an etw *(D)* arbeiten **travailler à** ou **sur qqch** • an sich *(D)* arbeiten **accomplir un travail sur soi-même 2.** fonctionner, marcher ⊙ vt • was arbeitet er? **qu'est-ce qu'il fait ?**

◆ **sich arbeiten** ⊙ vp • sich müde arbeiten **travailler jusqu'à épuisement** • sich nach oben arbeiten **faire carrière**

■ *préfixe + verbe*

── **bea̱rbeiten**

vt **1.** travailler *(du bois, du métal)* **2.** réviser *(un texte)* **3.** *(mus)* arranger **4.** *(pour un film, le théâtre)* • etw für etw bearbeiten **adapter qqch à qqch 5.** être chargé(e) de *(une demande, une affaire)*

── **era̱rbeiten**

vt **1.** acquérir *(un bien par son travail)* **2.** élaborer *(une théorie)*

── **übera̱rbeiten**

◆ sich überarbeiten vp **se surmener**

── **vera̱rbeiten**

vt **1.** travailler • etw zu etw verarbeiten **transformer qqch en qqch 2.** digérer

■ *préverbe + verbe*

── **a̱b|arbeiten**

vt **s'acquitter de** *(en travaillant)*
◆ sich abarbeiten vp **se tuer à la tâche**

── **a̱uf|arbeiten**

vt • einen Rückstand aufarbeiten **rattraper un retard**

── **a̱us|arbeiten**

vt **1.** élaborer **2.** rédiger

■ **arbeiten**

■ *préverbe + verbe*

── **du̱rch|arbeiten**

⊙vt **étudier à fond** ⊙vi **travailler sans interruption**
◆ sich durcharbeiten ⊙ vp **venir à bout de**

── **ei̱n|arbeiten**

vt **1.** briefer **2.** incorporer
◆ sich einarbeiten vp **s'accoutumer**

── **hi̱n|arbeiten**

vi • auf etw *(A)* hinarbeiten **travailler en vue de qqch**

── **ho̱ch|arbeiten**

◆ sich hocharbeiten vp **s'élever par le travail**

── **mi̱t|arbeiten**

vi **1.** coopérer • an etw *(D)* ou bei etw mitarbeiten **coopérer à qqch 2.** participer

── **vo̱r|arbeiten**

vi **prendre de l'avance** *(dans son travail)*
◆ sich vorarbeiten vp **progresser**

── **wei̱ter|arbeiten**

vi **continuer à travailler**

── **zusa̱mmen|arbeiten**

vi **collaborer**

DICTIONNAIRE

▪ bi̲eten

[33] *(prétérit* bo̲t, *parfait* hat gebo̲ten) vt **1.** • (jm) etw bieten **offrir qqch à (qqn)** ; **proposer qqch (à qqn) 2. présenter** *(une difficulté, un avantage)* **3.** • sich etw nicht bieten lassen **ne pas tolérer qqch**

♦ **sich bieten** *vp (opportunité, vue, panorama)*
• sich jm bieten **s'offrir à qqn**

▪ préfixe + verbe

— gebi̲eten

⊙*vt* **1.**• jm gebieten, etw zu tun **intimer à qqn l'ordre de faire qqch 2.**• geboten sein **être de rigueur** ⊙*vi* • über etw (A) gebieten **commander qqch**

— überbi̲eten

vt **surenchérir** • jn um 50 Euro überbieten **offrir 50 euros de plus que qqn** • er hat den Rekord um zehn cm überboten **il a battu le record de dix cm**

♦ **sich überbieten** *vp* **se surpasser**

— unterbi̲eten

vt **1.**• ein Angebot unterbieten **faire une offre inférieure** • nicht zu unterbieten sein **être imbattable 2. battre**

— verbi̲eten

vt • (jm) etw verbieten **interdire qqch (à qqn)**

▪ préverbe + verbe

— a̲n|bieten

vt **offrir**
sich anbieten *vp* **1.** se proposer **2.** convenir **3.** être indiqué(e)

— au̲f|bieten

vt **1.** user de **2.** mobiliser

▪ bi̲tten

[08] *(prétérit* ba̲t, *parfait* hat gebe̲ten) ⊙ *vt* **prier** • jn um etw bitten **demander qqch à qqn** ⊙ *vi* • um etw bitten **demander qqch**

▪ préverbe + verbe

— he̲r|bitten

vt • jn herbitten **prier qqn de venir**

■ bringen

[49] *(prétérit* bra**ch**te, *parfait* hat gebra**ch**t)
vt **1.** • (jm etw) bringen **apporter (qqch à qqn)**
2. emmener • jn nach Hause bringen **ramener qqn**
à la maison 3. amener rapporter • etw mit sich
bringen **entraîner qqch** • er bringt mich zur Raserei **il**
me rend fou (folle) 4. • es zu etw bringen **attein-**
dre à qqch ; réussir à devenir qqch • es weit brin-
gen **aller loin 5.** *fam* • Leistung OU Einsatz bringen
faire des efforts • das bringt nichts *fam* **ça ne sert**
à rien • etw hinter sich *(A)* bringen **se débarrasser**
de qqch • es nicht über sich *(A)* bringen, etw zu tun **ne**
pas pouvoir se résoudre à faire qqch • jn um etw
bringen **faire perdre qqch à qqn**

■ *préfixe + verbe*

— **er**bringen

    vt **1. apporter 2. rapporter 3. fournir**

— **über**bringen

    vt • jm etw überbringen **transmettre qqch à**
    qqn

— **ver**bringen

    [42] *vt* **passer**

■ *préverbe + verbe*

— **ab**|bringen

    vt • jn von etw abbringen **détourner qqn de**
    qqch

— **an**|bringen

    vt **fixer**

— **auf**|bringen

    vt **1. trouver** • die Kraft/den Mut aufbringen,
    etw zu tun **trouver la force/le courage de**
    faire qqch • Geld aufbringen **réunir des**
    fonds 2. lancer *(une rumeur, une mode)* **3.** • jn
    gegen jn/etw aufbringen **monter qqn contre**
    qqn/qqch

■ bringen

■ *préverbe + verbe*

— **bei**|bringen

    vt **1.** • jm etw beibringen **apprendre** ou **ensei-**
    gner qqch à qqn 2. • jm etw schonend beibrin-
    gen **annoncer qqch à qqn avec**
    ménagement

— **ein**|bringen

    vt **1. rentrer** *(la récolte)* **2. rapporter**
    (de l'argent)

— **heraus**|bringen

    vt **sortir** • etw aus jm herausbringen *fam* & *fig*
    tirer qqch de qqn

— **her**|bringen

    vt **apporter**

— **hervor**|bringen

    vt **1. proférer 2. produire**

— **mit**|bringen

    vt **1. apporter 2. rapporter 3. amener**
    4. présenter

— **unter**|bringen

    vt **1. faire rentrer 2. loger**

— **vor**|bringen

    vt **1. exprimer** • etw gegen etw vorbringen
    objecter qqch à qqch • etw gegen jn vorbrin-
    gen **exprimer qqch contre qqn 2.** *fam*
    apporter

— **wieder**|bringen

    vt **rapporter**

— **zurück**|bringen

    vt **1. rapporter 2. ramener**

— **zusammen**|bringen

    vt **1. rassembler 2.** *fam* **se rappeler 3. faire**
    se rencontrer

■ dürfen

[12] *(présent* d**a**rf, *prétérit* d**u**rfte*) ⊙ v aux (parfait* hat d**u**rfen*)* **1. avoir le droit de •** im Urlaub darf man faul sein **pendant les vacances on a droit à la paresse •** ich darf kein Bier trinken **la bière m'est interdite 2. pouvoir 3. devoir 4. •** das dürfte eine Hyazinthe sein **ça doit être une jacinthe** ⊙ *vi (parfait* hat ged**u**rft*)* **avoir le droit** ⊙ *vt (parfait* hat ged**u**rft*) fam •* darf ich ein Eis essen? **je peux manger une glace ? •** das darfst du nicht **tu n'as pas le droit**

■ *préfixe + verbe*

bed**ü**rfen

vi js/einer Sache bedürfen **avoir besoin de qqn/qqch**

■ **e**ssen

[28] *(présent* **i**sst , *prétérit* **a**ß, *parfait* hat geg**e**ssen*) vt & vi* **manger •** essen gehen **aller (manger) au restaurant**

■ *préverbe + verbe*

auf|essen

vt **finir** *(de manger)*

■ fahren

[41] *(présent* fährt, *prétérit* fuhr*)* ⊙ *vi (parfait* ist gefahren*)* **1.** conduire **2.** aller • durch etw fahren traverser qqch • über Berlin fahren passer par Berlin • mit dem Wagen/Zug fahren aller en voiture/train • mit jm/etw gut fahren *fam* & *fig* être content de qqn/qqch **3.** rouler • wir sind die ganze Nacht gefahren on a roulé toute la nuit • 200 km/h fahren faire du 200 à l'heure **4.** circuler • alle zehn Minuten fahren passer toutes les dix minutes **5.** • über etw *(A)* fahren passer (la main) sur qqch ⊙ *vt* **1.** *(parfait* hat gefahren*)* conduire **2.** *(parfait* ist gefahren*)* parcourir *(une distance)* **3.** prendre *(une route)* **4.** *(parfait* ist gefahren*)* • Schlitten/Ski/Rad fahren faire de la luge/du ski/du vélo

■ préfixe + verbe

— **befahren**

(parfait hat befahren*) vt* emprunter *(une route)*

— **erfahren**

(parfait hat erfahren*) vt* **1.** apprendre • etw von jm/etw OU durch jn/etw erfahren apprendre qqch par qqn/qqch **2.** éprouver **3.** connaître

— **überfahren**

(parfait hat überfahren*) vt* écraser, renverser

— **umfahren**

(parfait hat umfahren*) vt* **1.** contourner • etw weiträumig umfahren contourner largement qqch **2.** entourer

— **verfahren**

(parfait ist verfahren*) vi* procéder • mit jm verfahren agir envers qqn

♦ **sich verfahren** *vp* se tromper de route

■ fahren

■ préverbe + verbe

— **ab|fahren**

⊙ *vi (parfait* ist abgefahren*)* partir • wieder abfahren repartir • auf jn/etw abfahren *fam* & *fig* craquer pour qqn/qqch ⊙ *vt (parfait* hat abgefahren*)* **1.** emmener *(une personne)* **2.** parcourir *(une rue, une ville)* **3.** user *(des pneus, des skis)* **4.** profiter à fond de *(un billet)*

— **an|fahren**

⊙ *vt (parfait* hat angefahren*)* **1.** renverser **2.** se diriger vers **3.** *fig* réprimander ⊙ *vi (parfait* ist angefahren*)* démarrer

— **auf|fahren**

(parfait ist aufgefahren*)* ⊙ *vi* **1.** *(véhicule)* • dicht auffahren s'approcher de très près • auf jn/etw auffahren heurter qqn/qqch par derrière **2.** *(personne)* sursauter ⊙ *vt (artillerie)* mettre en batterie

— **aus|fahren**

⊙ *vt (parfait* hat ausgefahren*)* **1.** promener *(en voiture)* **2.** sortir *(une antenne)* **3.** livrer *(des marchandises)* **4.** pousser *(à fond) (un véhicule)* ⊙ *vi (parfait* ist ausgefahren*)* **1.** se promener *(en voiture)* **2.** sortir

— **durch|fahren**

(parfait ist durchgefahren*) vi* **1.** *fam* • durch etw durchfahren traverser qqch *(une ville, une région)* ; passer sous qqch *(un tunnel, un souterrain)* **2.** rouler sans s'arrêter

— **ein|fahren**

⊙ *vi (parfait* ist eingefahren*)* entrer *(en gare)* ⊙ *vt (parfait* hat eingefahren*)* **1.** rentrer *(la récolte, le train d'atterrissage)* **2.** enfoncer *(un capot, une aile, un pare-chocs)* **3.** roder *(une voiture)*

— **fort|fahren**

⊙ *vi* **1.** *(parfait* ist fortgefahren*)* partir **2.** *(parfait* hat/ist fortgefahren*)* continuer • fortfahren, etw zu tun continuer à faire qqch ⊙ *vt (parfait* hat fortgefahren*)* emmener

▪ fahren

▪ préverbe + verbe

herum|fahren

⊙*vi (parfait* ist herumgefahren) **1.**• um etw herumfahren **contourner qqch 2.***fam* **se balader** ⊙*vt (parfait* hat herumgefahren) **balader**

herunter|fahren

(parfait hat herunter-gefahren) *vt* **1. diminuer** *(la vitesse, la production)* **2. arrêter** *(un programme, un ordinateur)*

hin|fahren

⊙*vi (parfait* ist hingefahren) **aller** *(en véhicule)* ⊙*vt (parfait* hat hingefahren) **emmener** *(en véhicule)*

hinterher|fahren

(parfait ist hinterhergefahren) *vi* • jm∕einer Sache hinterherfahren **suivre qqn/qqch** *(en véhicule)*

hoch|fahren

⊙*vi (parfait* ist hochgefahren) **1.***fam* **monter 2. se lever en sursaut 3. s'emporter** ⊙*vt (parfait* hat hochgefahren) *fam* **monter**

los|fahren

(parfait ist losgefahren) *vi* **partir**

mit|fahren

(parfait ist mitgefahren) *vi* • (mit ou bei jm) mitfahren **aller avec qqn** *(à bord du même véhicule)*

schwarz|fahren

(parfait ist schwarzgefahren) *vi* **voyager sans billet**

um|fahren

(parfait hat umgefahren) *vt* **renverser**

▪ fahren

▪ préverbe + verbe

vor|fahren

⊙*vi (parfait* ist vorgefahren) **1.***(conducteur)* **avancer** • vor dem Haus vorfahren **s'arrêter devant la maison 2.***fam* **partir** *(avant qqn)* ⊙*vt (parfait* hat vorgefahren) **faire avancer**

weg|fahren

⊙*vi (parfait* ist weggefahren) **partir** *(en véhicule)* ⊙*vt (parfait* hat weggefahren) **emmener** *(en véhicule)*

zu|fahren

(parfait ist zugefahren) *vi* • auf jn∕etw zufahren **se diriger vers qqn/qqch** *(en véhicule)*

zurück|fahren

⊙*vi (parfait* ist zurückgefahren) **1. rentrer** *(en véhicule)* **2. reculer** *(en véhicule)* ⊙*vt (parfait* hat zurückgefahren) **ramener** *(en véhicule)*

zusammen|fahren

(parfait ist zusammengefahren) *vi* **1. entrer en collision 2. sursauter**

■ fangen

[38] *(présent* fängt, *prétérit* fing, *parfait* hat gefangen*)* vt **1. attraper** *(des papillons, un ballon)* **2. prendre** *(un poisson)*

◆ **sich fangen** *vp* **1.** *(animal)* **se faire prendre (au piège) 2.** *(personne)* **se reprendre**

■ préfixe + verbe

— **empfangen**

vt **1. recevoir 2. capter**

■ préverbe + verbe

— **ab|fangen**

vt **1. intercepter 2. repousser** *(une attaque)*

— **an|fangen**

⊙vi **1. commencer** • mit etw anfangen **commencer qqch** • wieder (mit etw) anfangen *fam* **recommencer (à faire qqch) 2.** • mit etw nichts anfangen können **ne pouvoir rien faire de qqch ; ne rien comprendre à qqch** ⊙vt **commencer**

— **auf|fangen**

vt **1. attraper** *(une balle)* **2. capter** *(un signal)* **3. amortir** *(un coup, une chute)* **4. recueillir** *(un liquide, des réfugiés)*

— **ein|fangen**

vt **1. capturer 2.** *fam* • sich (D) etw einfangen **choper qqch** *(une maladie)* **; prendre qqch** *(une raclée)*

■ finden

[34] *(prétérit* fand, *parfait* hat gefunden*)* vt & vi **trouver**

◆ **sich finden** *vp* **se retrouver** • das OU es wird sich schon (alles) finden *fig* **on verra bien**

■ préfixe + verbe

— **befinden**

vt • etw für gut OU richtig befinden *sout* **trouver qqch valable**

◆ **sich befinden** *vp* **se trouver**

— **empfinden**

vt **1. ressentir 2. éprouver**

— **erfinden**

vt **inventer**

■ préverbe + verbe

— **ab|finden**

vt • jn mit etw abfinden **indemniser qqn de qqch**

◆ **sich abfinden** *vp* • sich mit etw abfinden **finir par accepter qqch**

— **heraus|finden**

⊙vt **parvenir à trouver** ⊙vi • (aus etw) herausfinden **trouver la sortie (de qqch)**

— **statt|finden**

vi **avoir lieu**

— **vor|finden**

vt **découvrir, trouver**

— **zurecht|finden**

◆ **sich zurechtfinden** *vp* **se retrouver, trouver son chemin**

gehen

[09] *(prétérit* ging, *parfait* ist gegangen) ⊙ *vi* **1. aller** • zum Film gehen **aller travailler dans le cinéma** • ins Exil gehen **s'exiler** • sie geht mir bis zur Schulter **elle m'arrive à l'épaule** • es geht nichts über... *(A) fig* **il n'y a rien de mieux que** • mit jm gehen *fam* & *fig* **sortir avec qqn** • zu weit gehen *fig* **aller trop loin** • durch etw gehen **passer par qqch** • in etw *(A)* gehen **tenir dans qqch 2. marcher 3. s'en aller, partir 4. passer** • die Kugel ging daneben **la balle passa à côté 5.** *fam* • es geht ça **peut aller 6.** • es geht jm gut/schlecht **qqn va bien/mal** • wie geht es dir/Ihnen? **comment vas-tu/allez-vous ?** • wie gehts? *fam* **comment ça va ? 7.** • um etw gehen **s'agir de qqch 8. se passer** • etw geht vor sich **il se passe qqch 9.** • an etw *(A)* gehen **toucher à qqch** ⊙ *vt* **faire**

♦ sich gehen lassen ⊙ *vp* **se laisser aller**

▪ préfixe + verbe

— begehen

(parfait hat begangen) *vt* **1. commettre** *(un crime)* **2. emprunter** *(un chemin)*

— entgehen

vi • jm/etw entgehen **échapper à qqn/qqch**

— hintergehen

(parfait hat hintergangen) *vt* **tromper**

— übergehen

(parfait hat übergangen) *vt* • jn bei etw übergehen **oublier qqn lors de qqch**

— umgehen

(parfait hat umgangen) *vt* **éviter**

— vergehen

vi **passer** • jm ist etw vergangen **qqch est passé(e) à qqn** • vor etw *(D)* vergehen *fig* **mourir de qqch**

— zergehen

vi **fondre**

gehen

▪ préverbe + verbe

— ab|gehen

vi **1. s'en aller 2. se détacher 3.** • von etw abgehen **quitter qqch 4. partir 5.** • von der Summe gehen noch 20 % ab **il faut retirer encore 20 % de la somme**

— an|gehen

⊙ *vi* *(parfait* ist angegangen) **1. s'allumer 2.** • gegen jn/etw angehen **lutter contre qqn/qqch, s'opposer à qqn/qqch** ⊙ *vt* *(parfait* hat angegangen) **concerner** • jn etwas angehen **regarder qqn**

— auf|gehen

vi **1.** *(astre)* **se lever 2.** *(nœud, couture)* **se défaire 3.** *(fleur, porte, parapluie)* **s'ouvrir 4.** *(addition)* **tomber juste 5.** *(pâte, semence)* **lever** • in etw *(D)* aufgehen **disparaître dans ou en qqch** • in etw *(D)* aufgehen **s'investir totalement dans qqch**

— aus|gehen

vi **1. sortir 2. s'éteindre 3. se terminer 4.** • von jm ausgehen **émaner de qqn 5.** • von etw ausgehen **partir de qqch 6.** • jm gehen die Haare/Zähne aus **qqn perd ses cheveux/dents 7.** • jm gehen die Vorräte/Ideen aus **qqn est à court de provisions/d'idées**

— daneben|gehen

vi **1. manquer son but 2.** *fam* **échouer**

— drauf|gehen

vi fam **1. passer l'arme à gauche 2. y passer**

— durch|gehen

⊙ *vi* **1. aller plus loin 2. traverser 3. passer** • durch etw durchgehen **passer par qqch ; passer sous qqch 4. être direct(e) 5.** • durchgehen (lassen) **(laisser) passer** • (jm) etw durchgehen lassen **passer qqch (à qqn)** • die Nerven gehen mit ihm durch **il craque** ⊙ *vt* **examiner**

■ gehen

■ préverbe + verbe

ein|gehen

⊙vi 1.(un paquet, un envoi, une livraison) **arriver** 2.(vêtement) **rétrécir** 3.(animal, plante) **dépérir** 4.(entreprise) **fermer** 5.• auf jn/etw ein|gehen **prêter attention à qqn/qqch** • auf etw (A) eingehen **accepter qqch** (une offre) ⊙vt 1.**contracter** (une alliance, un mariage) 2.**prendre** (un risque, un engagement)

entgegen|gehen

(parfait ist entgegengegangen) vi • jm/etw entgegengehen **aller au devant de qqn/qqch**

entlang|gehen

(parfait ist entlanggegangen) vi 1.• etw OU an etw (D) entlanggehen **longer qqch** 2.**suivre**

entzwei|gehen

(parfait ist entzweigegangen) vi **se casser (en morceaux)**

fort|gehen

(parfait ist fortgegangen) vi **partir, s'en aller**

heraus|gehen

vi **sortir** • aus sich herausgehen fig **prendre de l'assurance**

herum|gehen

vi 1.fam **flâner** (dans un parc, un musée) 2.**aller de l'un à l'autre** 3.• um etw herumgehen **faire le tour de qqch** (d'une maison, d'un bâtiment) 4.(rumeur) **se répandre** 5.fam (temps) • schnell herumgehen **passer vite**

hervor|gehen

vi • aus etw hervorgehen **procéder de qqch** ; **sortir de qqch** ; **ressortir de qqch**

hinab|gehen

vt & vi sout **descendre**

hinauf|gehen

⊙vi 1.**monter** • es geht hinauf **ça monte** 2.fam **grimper** ⊙vt 1.**monter** 2.**gravir**

■ gehen

■ préverbe + verbe

hinaus|gehen

vi 1.**sortir** 2.• in etw (A) OU zu etw OU nach etw hinausgehen **donner sur qqch** • durch diese Tür geht es in den Garten hinaus **cette porte donne sur le jardin** 3.• über etw (A) hinausgehen **aller au-delà de qqch**

hinein|gehen

vi **rentrer** • in den Tank gehen 50 Liter hinein **le réservoir peut contenir 50 litres**

hin|gehen

vi • zu jm hingehen **aller chez qqn**

hinterher|gehen

vi • jm hinterhergehen **suivre qqn** (à pied)

hinweg|gehen

vi • über etw (A) hinweggehen **ne pas tenir compte de qqch**

hoch|gehen

vi 1.fam (bombe) **sauter** • jn hochgehen lassen **donner qqn** (dénoncer) ; **arrêter qqn** 2.fam **monter sur ses grands chevaux**

kaputt|gehen

vi fam 1.**se casser** 2.**mourir**

klar|gehen

vi fam • das geht klar **ça roule**

los|gehen

vi 1.(personne) **partir** 2.(manifestation) **commencer** • auf jn losgehen **se jeter sur qqn** • auf ein Ziel losgehen **aller droit au but**

mit|gehen

vi 1.• (mit jm) mitgehen **accompagner qqn** 2.**suivre avec enthousiasme** 3.• etw mitgehen lassen **chaparder qqch**

■gehen

■préverbe + verbe

nach|gehen

vi 1.• jm nachgehen **suivre qqn** *(à pied)* 2.• etw *(D)* nachgehen **se pencher sur qqch** *(une question, un cas, une affaire)* 3.*(montre, horloge)* **retarder**

rund|gehen

vi fam • es geht rund **ça carbure ; il y a de l'ambiance**

sicher|gehen

vi • sichergehen, dass **s'assurer que**

über|gehen

vi 1.• zu etw übergehen **passer à qqch** • dazu übergehen, etw zu tun **en venir à faire qqch** 2.• an jn übergehen **être transmis(e) à qqn**

um|gehen

vi 1.**se répandre** 2.**circuler** 3.• mit jm/etw umgehen **traiter qqn/qqch** • mit einem Computer umgehen können **savoir se servir d'un ordinateur**

unter|gehen

vi 1.*(soleil, lune)* **se coucher** 2.*(bateau)* **sombrer** 3.*(civilisation)* **s'éteindre**

voran|gehen

vi 1.**avancer** 2.**marcher en tête** • geh du voran! **pars devant !** 3.• jm/etw vorangehen **précéder qqn/qqch**

voraus|gehen

vi 1.**partir** *(avant qqn)* 2.• etw geht etw *(D)* voraus **qqch précède qqch**

vorbei|gehen

vi **passer** • an jm/etw vorbeigehen **passer devant qqn/qqch** • bei jm vorbeigehen **passer voir qqn**

■gehen

■préverbe + verbe

vor|gehen

vi 1.**partir** *(avant qqn)* 2.**s'avancer** 3.*(événement)* **se passer** 4.*(personne)* **procéder** • gegen jn/etw vorgehen **agir contre qqn/qqch** 5.*(montre, horloge, réveil)* **avancer**

vorüber|gehen

vi 1.**passer** • an jm/etw vorübergehen **passer devant qqn/qqch** 2.**cesser**

weg|gehen

vi 1.**partir, s'en aller** 2.*fam* **disparaître**

weiter|gehen

vi **continuer**

zu|gehen

vi 1.• auf jn/etw zugehen **se diriger vers qqn/qqch** 2.*fam* **(se) fermer**

zurück|gehen

vi 1.**rentrer** *(à pied)* 2.• zwei Schritte zurückgehen **reculer de deux pas** 3.*(abcès, ecchymose)* **se résorber** 4.*(fièvre, chiffre d'affaires, températures)* **baisser** 5.• auf jn/etw zurückgehen *(ville, civilisation, coutume)* **remonter à qqn/qqch** 6.• etw zurückgehen lassen **renvoyer qqch** *(un plat dans un restaurant)*

■ gießen

[37] *(prétérit* goss, *parfait* hat gegossen)
⊙ *vt* **1. verser** • etw in etw (A) gießen **verser qqch dans qqch** *(dans un verre, dans une préparation)* **2.** • etw (über OU auf etw (A)) gießen **renverser qqch (sur qqch) 3. arroser** *(des fleurs, des plantes)* **4. couler** *(du métal)* ⊙ *vi* • es gießt **il pleut des cordes**

■ *préfixe + verbe*

begießen

(prétérit begoss, *parfait* hat begossen) *vt* **arroser**

ergießen

(prétérit ergoss, *parfait* hat ergossen)
♦ sich ergießen *vp* **1. se déverser 2. se jeter**

übergießen

(prétérit übergoß, *parfait* hat übergossen) *vt* • jn/etw mit etw übergießen **arroser qqn/qqch de qqch**

vergießen

(prétérit vergoss, *parfait* hat vergossen) *vt* **1. renverser 2. verser**

■ *préverbe + verbe*

ab|gießen

vt **1.** *(Flüssigkeit)* **enlever le trop-plein 2.** *(Kartoffeln, Nudeln)* **égoutter 3.** *(Statue, Plastik)* **couler**

auf|gießen

vt **verser de l'eau chaude sur** • Kaffee aufgießen **faire du café** • Tee aufgießen **faire infuser du thé**

aus|gießen

vt **vider**

ein|gießen

vt (irrég) **verser** • jm etw eingießen **servir qqch à qqn**

■ gießen

■ *préverbe + verbe*

nach|gießen

vt **reverser**

zu|gießen

vt **ajouter**

haben

[01] *(présent* h**a**t, *prétérit* h**a**tte, *parfait* hat geh**a**bt)
⊙ *v aux* **avoir** • ich habe mich gewaschen **je me suis
lavé(e)** ⊙ *vt* **1. avoir** • Dienst haben **être de service**
• frei haben **être en congé** • das kann ich nicht haben
je ne supporte pas ça • jn bei sich haben **avoir qqn
avec soi** • etw bei sich haben **avoir qqch sur soi**
2. faire • es hat zehn Grad **il fait dix degrés 3.** *(indi-
cation de temps)* • wir haben zehn Uhr **il est dix heu-
res** • wir haben bald Winter **c'est bientôt l'hiver**
• welchen Tag haben wir? **quel jour sommes-nous ?**
• sie nicht mehr alle haben *fam* **avoir un grain**
• etw hinter sich *(D)* haben **en avoir fini avec qqch**
• das hat nichts auf sich **cela ne veut rien dire** • es
eilig haben **être pressé(e)** • es schwer haben **avoir
du mal** • es schön haben **avoir la belle vie** • etw
gegen jn haben **avoir qqch contre qqn** • haben Sie
etw dagegen, wenn ich rauche? **est-ce que cela vous
dérange si je fume ?**

♦ sich haben ⊙ *vp fam* **faire des chichis**

■ *préfixe + verbe*

— h**a**ndhaben

vt **manier, manipuler**

— w**a**hrhaben

vt • etw nicht wahrhaben wollen **ne pas vou-
loir admettre qqch**

■ *préverbe + verbe*

— **a**n|haben

vt **1. porter** *(des habits)* **2.** *(événement, intempé-
rie)* • jm/etw nichts anhaben können **n'avoir
aucune prise sur qqn/qqch**

— **auf**|haben

⊙ *vt* **1.** • etw aufhaben **avoir qqch à faire
2. porter** ⊙ *vi* **être ouvert(e)**

— **bereit**|haben

vt **avoir à portée de main**

— **dab**e**i**|haben

vt **1. avoir sur soi 2. avoir avec soi**

haben

■ *préverbe + verbe*

— h**e**r|haben

vt fam **tirer** • wo hast du das her? **d'où est-ce
que tu sors ça ?**

— **teil**|haben

vi • an etw *(D)* teilhaben **participer à qqch**

— **über**|haben

vt fam • jn/etw überhaben **(en) avoir assez
de qqn/qqch**

— **vor**a**us**|haben

vt • jm etw voraushaben **bénéficier de l'avan-
tage de qqch sur qqn**

— **vor**|haben

vt • etw vorhaben **avoir qqch de prévu**
• vorhaben, etw zu tun **avoir l'intention de
faire qqch**

— **zu**|haben

vi **être fermé(e)**

heben

[29] *(prétérit* ho̱b, *parfait* hat geho̱ben*)* vt **1.** lever *(la tête)* **2.** soulever *(des poids, un sac, un enfant)* • jn/etw auf etw (A) heben **poser qqn/qqch sur qqch 3.** relever *(le niveau)* **4.** augmenter *(le chiffre d'affaires)* **5.** améliorer *(le confort)* **6.** renflouer *(un bateau)* **7.** déterrer *(un trésor)*

♦ sich heben *vp* **1.** *(rideau, barrière, brouillard)* **se lever 2.** *(cage thoraxique)* **se soulever 3.** *(niveau, commerce) (bénéfice)* **être en hausse, augmenter 4.** *(état d'esprit, ambiance)* **s'améliorer**

préfixe + verbe

beheben
vt **remédier à, réparer**

erheben
vt **1.** lever **2.** élever **3.** percevoir **4.** • Anklage erheben **porter une accusation** • auf etw *(A)* Anspruch erheben **prétendre à qqch** • Einspruch erheben **protester ; soulever une objection**

♦ sich erheben *vp* **1.** se lever **2.** s'élever, décoller **3.** • sich über jn/etw erheben **s'élever au-dessus de qqn/qqch**

préverbe + verbe

a̱b|heben
⊙ vt **1.** retirer *(de l'argent)* **2.** décrocher *(le téléphone)* **3.** couper *(aux cartes)* ⊙ vi **décoller**

♦ sich abheben ⊙ *vp* • sich von jm/etw ou gegen jn/etw abheben **trancher sur qqn/qqch**

a̱n|heben
vt **1.** soulever **2.** relever

au̱f|heben
vt **1.** ramasser **2.** lever **3.** soulever **4.** garder **5.** abolir **6.** • einander ou sich aufheben **s'égaliser, s'équilibrer**

au̱s|heben
vt **1.** creuser **2.** démanteler

heben

préverbe + verbe

hervo̱r|heben
vt **1.** faire ressortir **2.** souligner

ho̱ch|heben
vt • jn/etw hochheben **soulever qqn/qqch**

■ heißen

[45] *(prétérit* hieß, *parfait* hat geheißen) vi **1.** *(devant un nom ou un prénom)* **s'appeler** • wie heißt du mit Vornamen/Nachnamen? **quel est ton prénom/nom de famille ? 2. vouloir dire** • wie heißt das auf Englisch? **comment cela se dit en anglais ?** • das heißt... **c'est-à-dire ... ; du moins 3.** *(titre, slogan)* **être**

■ *préverbe + verbe*

gut|heißen

vt **approuver**

■ helfen

[21] *(présent* hilft, *prétérit* half, *parfait* hat geholfen) vi **1. aider** • jm bei etw helfen **aider qqn dans qqch** • jm helfen, etw zu tun **aider qqn à faire qqch** • sich *(D)* zu helfen wissen **se débrouiller 2.** • (jm) helfen **servir** ou **être utile (à qqn)**

■ *préfixe + verbe*

behelfen

♦ sich behelfen *vp* • sich mit etw behelfen **se contenter de qqch**

■ *préverbe + verbe*

aus|helfen

vi **aider**

nach|helfen

vi **1.** *fam* • bei jm nachhelfen **pousser qqn** *(stimuler)* **2.** • jm nachhelfen **aider qqn**

■ kommen

[27] *(prétérit* kam, *parfait* ist gekommen)
vi 1. venir • jn/etw kommen lassen faire venir qqn/
qqch 2. arriver • ungelegen kommen tomber mal
3. rentrer 4. aller • an etw *(A)* kommen arriver à
qqch • zu etw kommen acquérir qqch ; arriver à
qqch *(au point suivant)* ; trouver le temps de faire
qqch 5. • aus Paris kommen venir de Paris • wie ist
es zu dem Unfall gekommen? comment l'accident
s'est-il produit ? • etw kommen sehen voir venir
qqch 6. • dann kommt ein Weg/Vortrag il y aura
ensuite un chemin/exposé 7. provenir
• das kommt davon! c'est bien fait pour toi ou lui
etc ! 8. passer *(au cinéma, à la télé)* 9. apparaître
10. avoir sa place 11. • auf etw *(A)* kommen trou-
ver qqch ; en venir à qqch • mir kommt ein
Gedanke il me vient une idée 12. • in die Schule/
ins Krankenhaus kommen entrer à l'école/à l'hôpital
• ins Gefängnis kommen être mis(e) en prison
13. • aus der Schule/dem Krankenhaus kommen sortir
de l'école/de l'hôpital 14. venir • jm frech kom-
men *fam* être insolent(e) envers qqn 15. • ins
Schleudern/Stolpern kommen déraper, trébucher
• hinter etw *(A)* kommen découvrir qqch • zu kurz
kommen être lésé(e) • zu sich kommen revenir à soi

■ préfixe + verbe

bekommen

⊙*vt (prétérit* bekam, *parfait* hat bekommen)
1. recevoir • etw geschenkt bekommen rece-
voir qqch en cadeau • etw geliehen bekom-
men se faire prêter qqch • etw zu essen/
trinken bekommen avoir qqch à manger/
boire • etw zu spüren bekommen ressentir
qqch • jd bekommt von jm etw zu sehen qqn
fait voir qqch à qqn • einen Zahn gezogen
bekommen se faire arracher une dent
2. faire l'objet de *(critiques, compliments)*
3. trouver *(une marchandise)* • dieses Modell
bekommst du nur hier! tu ne trouveras ce
modèle qu'ici ! • was bekommen Sie? que
désirez-vous ? • was bekommen Sie dafür?
je vous dois combien ? 4. obtenir *(un congé,
du soutien)* 5. commencer à avoir *(peur, faim,
des rides)* 6. attraper *(une maladie)* 7. attendre
(un enfant, de la visite) 8. attraper *(le bus, le train)*
9. *(enlever)* • etw aus etw bekommen faire par-
tir qqch de qqch ⊙*vi (prétérit* bekam, *parfait*
ist bekommen) • etw bekommt jm gut/schlecht
qqn supporte bien/mal qqch

■ kommen

■ préfixe + verbe

entkommen

vi s'échapper • jm entkommen échapper à
qqn

verkommen

vi 1. se délabrer 2. se gâter 3. • verkommen
lassen négliger

■ préverbe + verbe

ab|kommen

(parfait ist abgekommen) *vi* • von etw abkom-
men s'écarter de qqch ; s'éloigner de qqch

an|kommen

(parfait ist angekommen) *vi* 1. arriver • mit etw
ankommen venir avec qqch 2. avoir la cote
• bei jm ankommen avoir la cote auprès de
qqn ; bien passer auprès de qqn 3. • gegen
jn/etw nicht ankommen ne pas pouvoir
s'imposer face à qqn/qqch 4. • es kommt
auf jn/etw an cela dépend de qqn/qqch
• jm kommt es auf jn/etw an qqn/qqch
importe à qqn 5. • es kommt darauf an cela
dépend 6. • es auf etw *(A)* ankommen lassen ris-
quer qqch

auf|kommen

(parfait ist aufgekommen) *vi* 1. apparaître,
naître *(fig)* 2. *(tempête)* se lever 3. • für etw
aufkommen prendre qqch en charge ;
répondre de qqch

aus|kommen

(parfait ist ausgekommen) *vi* 1. se débrouiller
• mit etw auskommen avoir qqch en quantité
suffisante 2. • mit jm (gut/schlecht/nicht) aus-
kommen (bien/mal/ne pas) s'entendre
avec qqn

■ kommen

■ préverbe + verbe

bei|kommen

(parfait ist be_igekommen*) vi •* jm/etw ist nicht beizukommen **ne pas pouvoir venir à bout de qqn/qqch**

davon|kommen

(parfait ist davo_ngekommen*) vi* **s'en tirer**

dazu|kommen

(parfait ist dazu_gekommen*) vi •* zu jm dazukommen **se joindre à qqn •** kommen noch viele dazu? il en manque encore beaucoup ? • kommt noch was dazu? **et avec ça ?**

dazwischen|kommen

(parfait ist dazwi_schengekommen*) vi* 1. • mit dem Finger dazwischenkommen **se prendre le doigt dedans** 2. • ihr kommt etw dazwischen **elle a un empêchement**

dran|kommen

(parfait ist dra_ngekommen*) vi fam* **passer**

durch|kommen

(parfait ist du_rchgekommen*) vi* 1. *(eau)* **passer** • durch etw durchkommen **traverser qqch ; s'infiltrer par qqch** 2. **obtenir la communication** *(téléphonique)* 3. *(naufragés, rescapés)* **survivre** 4. *fam* **s'en tirer** *(lors d'un examen, d'une épreuve)*

entgegen|kommen

(parfait ist entgegengekommen*) vi* 1. • jm entgegenkommen **aller à la rencontre de qqn ; se diriger vers qqn** 2. • js Erwartungen entgegenkommen **satisfaire les attentes de qqn**

fort|kommen

(parfait ist fo_rtgekommen*) vi* 1. **s'en aller** 2. • jm kommt etw fort **qqn égare qqch**

gleich|kommen

(parfait ist gle_ichgekommen*) vi •* jm an etw *(D)* gleichkommen **égaler qqn en qqch**

■ kommen

■ préverbe + verbe

heim|kommen

(parfait ist he_imgekommen*) vi* **rentrer chez soi** ou **à la maison**

her|kommen

(parfait ist he_rgekommen*) vi* 1. **venir** 2. **provenir**

heraus|kommen

(parfait ist herausgekommen*) vi* 1. • (aus etw) herauskommen **sortir (de qqch)** 2. *fam •* etw kommt heraus **on arrive à qqch •** das kommt auf dasselbe heraus *fam* **ça revient au même** 3. *(livre)* **paraître** 4. *(marchandise)* **sortir** 5. • es ist jetzt herausgekommen, dass **on sait maintenant que** 6. • aus etw herauskommen **se sortir de qqch**

herauf|kommen

(parfait ist hera_ufgekommen*) vt & vi* **monter**

heran|kommen

(parfait ist hera_ngekommen*) vi* 1. **s'approcher** • an jn herankommen *fig* **égaler qqn** 2. • an etw *(A)* herankommen **accéder à qqch**

herein|kommen

(parfait ist here_ingekommen*) vi* **entrer**

herum|kommen

(parfait ist heru_mgekommen*) vi fam* 1. **bourlinguer** 2. • um etw herumkommen **passer autour de qqch** 3. • um etw herumkommen/ nicht herumkommen **(ne pas) pouvoir éviter qqch**

hin|kommen

(parfait ist hi_ngekommen*) vi* 1. **arriver** 2. *fam* **se ranger** 3. *fam* **passer** 4. *fam •* kommen wir mit der Milch hin? **est-ce qu'il y aura assez de lait ?**

hinweg|kommen

(parfait ist hinwe_ggekommen*) vi •* über etw *(A)* hinwegkommen **surmonter qqch**

■ kommen

■ préverbe + verbe

hinzu|kommen

(parfait ist hinzugekommen*) vi* 1. • zu jm/etw hinzukommen se joindre à qqn/qqch 2. venir s'ajouter

hoch|kommen

(parfait ist hochgekommen*) vi fam* 1. monter 2. se relever 3. • jm kommt es/etw hoch cela/qqch donne la nausée à qqn

klar|kommen

(parfait ist klargekommen*) vi* • mit jm (nicht) klarkommen (ne pas) s'entendre avec qqn • mit etw (nicht) klarkommen (ne pas) s'en sortir avec qqch

los|kommen

(parfait ist losgekommen*) vi* partir • von jm loskommen se débarrasser de qqn • von etw loskommen se libérer de qqch • von jm/etw nicht loskommen ne pas parvenir à se détacher de qqn/qqch

mit|kommen

(parfait ist mitgekommen*) vi* 1. • (mit jm) mitkommen accompagner qqn • kommst du mit? tu viens ? 2. arriver 3. *fam* arriver à suivre • da komme ich nicht (mehr) mit! *fam* je n'y comprends (plus) rien !

nach|kommen

(parfait ist nachgekommen*) vi* 1. venir plus tard 2. *sout* • einer Sache (D) nachkommen répondre à qqch

um|kommen

(parfait ist umgekommen*) vi* 1. périr 2. *fam* mourir

■ kommen

■ préverbe + verbe

vor|kommen

(parfait ist vorgekommen*) vi* 1. • (jm) vorkommen arriver (à qqn) 2. se rencontrer 3. • jm verdächtig/komisch vorkommen sembler suspect/bizarre à qqn • sich überflüssig vorkommen avoir l'impression d'être de trop • es kommt jm vor, als ob qqn a l'impression que 4. avancer

vorbei|kommen

(parfait ist vorbeigekommen*) vi* passer • an etw (D) vorbeikommen passer devant qqch • bei jm vorbeikommen passer voir qqn

weg|kommen

(parfait ist weggekommen*) vi fam* 1. pouvoir s'en aller 2. disparaître 3. • gut/schlecht bei etw wegkommen être bien/mal loti(e) avec qqch

zu|kommen

(parfait ist zugekommen*) vi* 1. • auf jn/etw zukommen s'avancer vers qqn/qqch • ich lasse es auf mich zukommen! on verra bien ! 2. • jm zukommen revenir à qqn

zurecht|kommen

vi se débrouiller • mit etw zurechtkommen se débrouiller avec qqch

zurück|kommen

(parfait ist zurückgekommen*) vi* 1. revenir • von der Arbeit zurückkommen rentrer du travail • nach Hause zurückkommen rentrer (chez soi) 2. • auf jn/etw zurückkommen revenir à qqn/qqch

zusammen|kommen

vi 1. se réunir 2. s'accumuler

zuvor|kommen

vi • jm zuvorkommen devancer qqn • einer Sache (D) zuvorkommen prévenir qqch

■ können

[10] *(présent* **kann***, prétérit* **konnte)** ⊙ *v aux (parfait*
hat können*)* **1. savoir 2. pouvoir** • es kann sein, dass
il se peut que *(+subjonctif)* • das kann nicht sein **c'est**
impossible ⊙ *vt (parfait* hat gekonnt*)* **savoir**
• Deutsch können **savoir l'allemand** ⊙ *vi (parfait*
hat gekonnt*) fam* **pouvoir** • kann ich nach Hause?
je peux rentrer ? • nicht mehr können *fam* **ne plus**
en pouvoir • für etw nichts können *fam* **ne rien y**
pouvoir

■ *préverbe + verbe*

— **ab|können**

    vt tfam • etw nicht abkönnen **ne pas pouvoir**
supporter qqch

— **dafür|können**

    vt • nichts dafürkönnen *fam* **n'y être pour**
rien

■ lächeln

[19] *vi* **sourire** • über jn∕etw lächeln **sourire de**
qqn/qqch

■ *préfixe + verbe*

— **belächeln**

    vt péj **sourire de**

■ *préverbe + verbe*

— **an|lächeln**

    vt **sourire à**

— **zu|lächeln**

    vi • jm zulächeln **sourire à qqn**

laden

[48] *(présent* lädt, *prétérit* lud *, parfait* hat geladen*)* ⊙ *vt* 1. charger 2. • etw aus ou von etw laden décharger qqch de qqch ⊙ *vi* charger

préfixe + verbe

beladen

vt • etw (mit etw) beladen charger qqch (de qqch)

entladen

vt décharger *(un camion, une remorque)*
♦ sich entladen *vp* 1. *(orage, dispute)* éclater 2. *(électr)* se décharger

überladen

vt surcharger

préverbe + verbe

ab||laden

vt 1. décharger 2. *fam* déballer

auf||laden

vt 1. • etw auf etw *(A)* aufladen charger qqch sur qqch 2. • jm etw aufladen charger qqn de qqch 3. recharger

aus||laden

vt 1. décharger 2. décommander

ein||laden

vt 1. inviter • jn (zu etw) einladen inviter qqn (à qqch) 2. charger *(une cargaison)*

herunter||laden

vt télécharger

lassen

[36] ⊙ *v aux (présent* lässt, *prétérit* ließ*)* 1. *(exprime l'intervention d'une tierce personne)* faire • (jn/jm) etw machen ou tun lassen faire faire qqch (à/par qqn) ; die Direktorin lässt die Schüler kommen la directrice convoque les élèves • sich *(D)* die Haare machen lassen se faire coiffer • sie hat das Aupairmädchen den Hof fegen lassen elle a fait balayer la cour à la fille au pair • Bücher übers Internet kommen lassen commander des livres par internet 2. *(exprime l'autorisation ou la tolérance)* laisser • jn machen ou tun lassen laisser faire qqn/qqch ; nach zwei Stunden auf der Autobahn lässt er sie fahren il la laisse conduire au bout de deux heures d'autoroute • jn/etw allein arbeiten lassen laisser qqn/qqch travailler seul(e) • das lasse ich nicht mit mir machen je ne me laisserai pas faire ⊙ *vt (parfait* hat gelassen*)* 1. *(ne pas déranger qqn)* laisser • jn in Ruhe lassen laisser qqn tranquille 2. *(cesser de faire qqch)* arrêter • lass das Jammern arrête de te plaindre 3. *(avec un accusatif directionnel) (exprime une action)* faire • Wasser in die Badewanne *(A)* lassen faire couler un bain • frische Luft ins Zimmer *(A)* lassen faire entrer de l'air frais dans la pièce 4. *(correspond à un impératif impliquant le locuteur)* • lasst uns gehen allons-y ⊙ *vi (parfait* hat gelassen*)* • lass mal! laisse donc !
♦ sich lassen ⊙ *vp* 1. *(exprime l'intervention payée d'une tierce personne)* • sich massieren lassen se faire masser 2. *(exprime l'intervention d'une tierce personne)* • sich überraschen lassen se laisser surprendre 3. *(exprime la faisabilité)* • das lässt sich machen c'est faisable

préfixe + verbe

entlassen

vt 1. laisser sortir relâcher libérer 2. licencier

erlassen

vt 1. publier 2. promulguer 3. délivrer 4. • jm etw erlassen dispenser qqn de qqch

hinterlassen

vt 1. • (jm) etw hinterlassen léguer qqch (à qqn) 2. laisser

■ lassen

■ préfixe + verbe

— überlassen

vt 1. • jm etw überlassen **laisser qqch à qqn** 2. • jm etw überlassen **laisser le soin à qqn de faire qqch** 3. • jn sich selbst überlassen **abandonner qqn à son sort**

— unterlassen

vt **s'abstenir de**

— verlassen

vt **quitter**
◆ sich verlassen *vp* • sich auf jn/etw verlassen **compter sur qqn/qqch**

— zerlassen

vt **faire fondre**

■ préverbe + verbe

— ab‖lassen

⊙ *vt* • etw ablassen **laisser (s') échapper qqch**
⊙ *vi* • von jm ablassen **laisser qqn tranquille** • von etw ablassen **renoncer à qqch**

— an‖lassen

vt 1. • etw anlassen **laisser qqch allumé(e)** 2. **démarrer** 3. **garder** *(un vêtement)*

— auf‖lassen

vt 1. **laisser ouvert(e)** 2. **garder**

— aus‖lassen

vt 1. **sauter** 2. **laisser passer** 3. • seine Wut/ seinen Ärger an jm auslassen **passer sa colère/ sa mauvaise humeur sur qqn**
◆ sich auslassen *vp* **s'expliquer** • sich über jn/etw auslassen **dire tout ce qu'on a à dire sur qqn/qqch**

— durch‖lassen

vt **laisser passer**

■ lassen

■ préverbe + verbe

— ein‖lassen

vt 1. **faire** ou **laisser entrer** *(une personne)* 2. **faire couler** *(l'eau)*
◆ sich einlassen *vp* • sich auf etw *(A)* einlassen **se laisser entraîner dans qqch** • sich mit jm einlassen **fréquenter qqn**

— frei‖lassen

vt 1. **libérer** 2. **lâcher** *(un animal)*

— herab‖lassen

vt sout **faire descendre**
◆ sich herablassen *vp* • sich herablassen, etw zu tun **daigner faire qqch**

— herein‖lassen

vt **faire entrer**

— herunter‖lassen

vt 1. **baisser** 2. **faire descendre** • etw an etw *(D)* herunterlassen **faire descendre qqch à l'aide de qqch**

— locker‖lassen

vi fam • nicht lockerlassen **ne pas en démordre**

— los‖lassen

vt 1. **lâcher** 2. **laisser échapper** 3. • der Gedanke lässt mich nicht mehr los **cette idée ne me lâche plus**

— nach‖lassen

⊙ *vi* 1. **se calmer** 2. **diminuer** 3. **baisser** 4. **faiblir** ⊙ *vt* **faire une réduction de**

— nieder‖lassen

◆ sich niederlassen *vp* **s'établir**

— vor‖lassen

vt fam • jn vorlassen **laisser qqn passer devant**

■ lassen

■ *préverbe + verbe*

— weg‖lassen

vt 1. laisser partir 2. *fam* laisser tomber

— zu‖lassen

vt 1. permettre 2. autoriser 3. immatriculer
• jn zu einer Prüfung zulassen **admettre qqn à un examen** 4. laisser fermé(e)

— zurück‖lassen

vt laisser *(derrière soi)*

■ laufen

[46] ⊙ *vi (présent* läuft, *prétérit* lief, *parfait* ist gelaufen) 1. **courir** 2. **aller** • jn laufen lassen **laisser partir qqn** • das Kind kann schon laufen **l'enfant sait déjà marcher** • dauernd zum Arzt/zu den Nachbarn laufen **aller sans arrêt chez le médecin/chez les voisins** 3. **marcher** 4. **tourner** • das Gerät/die Prüfung/der Film läuft gut **l'appareil/l'examen/le film marche bien** • die Zeit läuft! **c'est parti !** • auf js Namen laufen **être au nom de qqn** 5. **couler** 6. *(beurre)* **fondre** • jm läuft die Nase **qqn a le nez qui coule** • jm läuft es kalt über den Rücken **qqn en a froid dans le dos** 7. • (zwei Monate) laufen **couvrir (deux mois)** • bis zum 31.12 laufen **aller jusqu'au 31/12** 8. **continuer** 9. • im Kino laufen **passer au cinéma** • der Film läuft schon **le film a déjà commencé** 10. • auf Grund laufen **s'échouer** • etw ist gelaufen *fam* **qqch est fini(e)** ⊙ *vt* 1. *(présent* läuft, *prétérit* lief, *parfait* hat/ist gelaufen) **courir** • Ski/Schlittschuh laufen **faire du ski/du patin à glace** 2. *(présent* läuft, *prétérit* lief, *parfait* ist gelaufen) **aller** • fünf Kilometer laufen **faire cinq kilomètres**

♦ sich laufen ⊙ *vp* • sich warm laufen **s'échauffer**

■ *préfixe + verbe*

— belaufen

(parfait hat belaufen)
♦ sich belaufen *vp* • sich auf etw *(A)* belaufen **s'élever à qqch**

— überlaufen

(parfait hat überlaufen) *vt* • es überläuft jn **cela fait froid dans le dos à qqn**

— unterlaufen

vt • jm unterläuft ein Fehler **qqn fait une faute**

— verlaufen

vi 1. **passer** 2. **se dérouler** 3. **couler**
♦ sich verlaufen *vp* 1. **se perdre** 2. **se disperser**

■ laufen

■ *préverbe + verbe*

an‖laufen

⊙*vi (parfait* ist a̱ngelaufen*)* 1. **débuter** 2. *(film)* **sortir** 3. *(moteur, machine)* **démarrer** 4. *(métal)* **ternir** 5. • rot anlaufen **rougir** • blau anlaufen **bleuir** 6. • angelaufen kommen **accourir** ⊙*vt (parfait* hat a̱ngelaufen*)* **mettre le cap sur**

auf‖laufen

vi • auf etw *(A)* auflaufen **s'échouer sur qqch**

aus‖laufen

vi 1. *(récipient)* **se vider** 2. *(liquide)* **couler** 3. *(bateau)* **prendre la mer** 4. *(modèle)* **ne plus être fabriqué(e)** 5. *(contrat)* **arriver à son terme**

davo̱n‖laufen

vi **se sauver** • jm davonlaufen **quitter qqn** *(un partenaire)* ; **semer qqn** *(un poursuivant)*

ei̱n‖laufen

⊙*vi (parfait* ist ei̱ngelaufen*)* 1. *(Sport)* **arriver** 2. *(eau)* **couler** 3. *(train)* **entrer en gare**, *(bateau)* **entrer dans le port** 4. *(habits)* **rétrécir** ⊙*vt (parfait* hat ei̱ngelaufen*) (chaussures)* **faire (à son pied)**

◆ sich einlaufen ⊙ *vp* **s'échauffer**

hinaus‖laufen

vi 1. **sortir en courant** 2. • auf etw *(A)* hinauslaufen **aboutir à qqch** • das läuft auf dasselbe hinaus **cela revient au même**

na̱ch‖laufen

vi • jm/einer Sache nachlaufen **suivre qqn/qqch** ; *fam* **courir après qqn/qqch**

ü̱ber‖laufen

vi 1. **déborder** 2. **passer dans le camp adverse** • zu jm/etw überlaufen **passer à qqn/qqch**

we̱g‖laufen

vi **se sauver** • vor ou von jm/etw weglaufen **fuir devant qqn/qqch**

■ laufen

■ *préverbe + verbe*

zu̱‖laufen

vi 1. • auf jn/etw zulaufen **courir vers qqn/qqch** 2. • jm zulaufen **se réfugier chez qqn** 3. **se terminer** • spitz zulaufen **se terminer en pointe**

liegen

[07] *vi (prétérit* l**a**g, *parfait* hat gel**e**gen*)* **1.** *(désigne la position de repos allongé)* **être couché(e)** • das Kind liegt im Bett **l'enfant est au lit 2.** *(désigne la situation)* • die Matraze liegt auf dem Boden **le matelas est posé par terre** • Bonn liegt am Rhein **Bonn est situé sur le Rhin 3.** *(désigne la présence de qqch)* • es liegt viel Schnee **il y a beaucoup de neige** • Arbeit für den nächsten Tag liegen lassen **laisser du travail pour le lendemain 4.** • weit zurück liegen **remonter loin 5.** *(sport)* **être placé(e)** • an der Spitze/auf dem dritten Platz liegen **être en tête/à la troisième place 6.** *(exprime un don particulier)* • Klavierspielen liegt ihr **elle est douée pour le piano pour qqch 7.** *(indique la responsabilité de qqn)* • der Wassermangel liegt am Klimawechsel **la pénurie d'eau est liée au dérèglement climatique** • es liegt an ihm, ob der Praktikant eingestellt wird **l'engagement du stagiaire dépend de lui 8.** *(exprime l'importance attachée à qqch)* • ihm liegt wenig an alten Freunden **il n'attache pas beaucoup d'importance à ses anciens amis** • den Anwohnern liegt viel an einer sicheren Straße **la sécurité de la rue importe beaucoup aux riverains**

■ *préfixe + verbe*

unterl**ie**gen

vi **1.** *(parfait* hat unterl**e**gen*)* **être soumis(e) à 2.** *(parfait* ist unterl**e**gen*)* **ne pas avoir le dessus**

■ *préverbe + verbe*

a̱n|liegen

vi **1.** • eng anliegen **être moulant(e) 2.** *fam* • was liegt an? **qu'est-ce qu'il y a à faire ? 3.** • Gas und Kabel liegt an **il y a le gaz et l'électricité**

aus|liegen

vi **être exposé(e)**

gegenü̱ber|liegen

vi **être situé(e) en face**

♦ sich gegenüberliegen *vp* **être face à face, se faire face**

liegen

■ *préverbe + verbe*

heru̱m|liegen

vi **traîner** • um etw herumliegen **se trouver autour de qqch**

vor|liegen

vi **être disponible** • gegen jn vorliegen **être établi(e) contre qqn**

zurück|liegen

vi **1.** • zwei Jahre zurückliegen **remonter à deux ans 2.** **être mené(e)**

■ lügen

[34] *(prétérit* l**o**g, *parfait* hat gel**o**gen) vi* **mentir**

■ *préfixe + verbe*

└ **bel**ü**gen**

vt **mentir à**

◆ **sich bel**ü**gen** *vp* • sich selbst belügen **se leurrer**

■ *préverbe + verbe*

└ **an‖l**ü**gen**

vt **mentir à**

■ m**a**chen

[17] ⊙ *vt* **1. faire** • jm etw machen **faire qqch à qqn** • etw aus etw machen **faire qqch avec qqch** • das macht drei Euro **ça fait trois euros** • jn zu jm/ etw machen **faire de qqn qqn/qqch** • etw aus jm/ etw machen **faire qqch de qqn/qqch** • aus einer Hütte einen Palast machen **faire d'une cabane un palais** • etw macht jm/einer Sache etw **qqch fait qqch à qqn/qqch** • das macht nichts **cela ne fait rien** • jn machen lassen **laisser faire qqn** • sich (D) etw machen lassen **se faire faire qqch** • wo macht ihr Urlaub? **où passez-vous vos vacances ? 2. faire** *(mal, peur)* **3. donner** *(faim, soif)* **4.** *fam* **réparer** • etw machen lassen **faire réparer qqch** *(une dent)* **5. passer** *(un examen, un diplôme)* **6. obtenir** *(un point, un prix)* **7. suivre** *(un cours, un apprentissage)* **8. rendre** • jn glücklich/traurig/bekannt machen **rendre qqn heureux(euse)/triste/célèbre** • jn wütend machen **mettre qqn en colère** • das macht die Hitze/das Rauchen **c'est la chaleur/le tabac 9.** *(jn)* schlank/ dick/alt/jung machen **amincir/grossir/vieillir/rajeunir (qqn)** • da ist nichts zu machen **il n'y a rien à faire** • das macht (ja) nichts **ça ne fait rien** • es nicht mehr lange machen **ne plus durer longtemps** • etw nicht mit sich machen lassen **ne pas accepter qqch** • für etw wie gemacht sein **être fait pour qqch** • für jn nichts machen können **ne rien pouvoir faire pour qqn** • etwas aus sich machen **faire quelque chose de soi** • sich (D) nichts aus etw machen **ne pas être amateur de qqch** • sowas macht man nicht! **ça ne se fait pas !** • machs gut! **bonne chance !** ⊙ *vi* **1. faire** • machen, dass **faire que 2.** *(dans un calcul)* **faire** • zwei mal drei macht sechs **deux fois trois font six 3.** *fam* • auf etw *(A)* machen **faire qqch** • auf dumm/elegant machen **faire l'imbécile/l'élégant(e)** • na, mach schon! *fam* **grouille-toi un peu !**

◆ **sich machen** ⊙ *vp* **1.** *fam (personne, physique)* **s'arranger** ; *(affaire, dossier)* **avancer** **2.** • sich an etw *(A)* machen **se mettre à qqch** *(à ses devoirs, à un travail)* • sich an eine Arbeit machen **s'atteler à un travail 3.** *(prendre le rôle de qqn)* • sich zu etw machen **se faire qqch** *(l'avocat de qqn, le porte-parole d'un groupe)* **4.** • sich beliebt/verständlich machen **se faire aimer/comprendre** • sich wichtig machen **faire l'important 5.** • sich zu etw gut machen **bien aller avec qqch**

■ machen

■ *préverbe + verbe*

ab|machen

vt 1. retirer, enlever 2. • etw abmachen convenir de qqch

an|machen

vt 1. allumer 2. assaisonner

auf|machen

⊙*vt* 1. ouvrir 2. • etw modern aufmachen présenter qqch de façon moderne ⊙*vi* ouvrir • jm aufmachen ouvrir (la porte) à qqn
♦ sich aufmachen ⊙ *vp* partir, se mettre en route

aus|machen

vt 1. *fam* éteindre 2. fixer • ausmachen, etw zu tun décider de faire qqch • etw mit jm ausmachen convenir de qqch avec qqn 3. ennuyer • das macht (jm) nichts aus ça ne fait rien (à qqn) 4. représenter 5. • viel/wenig ausmachen changer beaucoup/peu de choses 6. faire

blau|machen

vi 1. *fam* se faire porter malade 2. *fam* sécher *(un cours)*

durch|machen

⊙*vt* 1. *fam* • die Nacht durchmachen passer une nuit blanche 2. traverser • viel durchmachen passer par des épreuves ⊙*vi fam* passer une nuit blanche

ein|machen

vt • etw einmachen faire des conserves de qqch

fest|machen

vt 1. fixer 2. attacher

frei|machen

⊙*vt* affranchir ⊙*vi fam* avoir congé
♦ sich freimachen ⊙ *vp fam* se libérer

■ machen

■ *préverbe + verbe*

heran|machen

♦ sich heranmachen *vp* • sich an etw (A) heranmachen se mettre à qqch

her|machen

vi fam • viel hermachen faire de l'effet • wenig hermachen ne pas payer de mine
♦ sich hermachen *vp fam* • sich über etw (A) hermachen se jeter sur qqch

herunter|machen

vt • jn/etw heruntermachen *fam* descendre qqn/qqch

kehrt|machen

vi faire demi-tour

los|machen

vt détacher
♦ sich losmachen *vp fam* se libérer

mit|machen

⊙*vt* 1. participer à 2. suivre 3. • für jn etw mitmachen faire qqch pour qqn 4. supporter • etw nicht mehr (länger) mitmachen ne plus pouvoir supporter qqch • jd hat schon viel mitgemacht qqn en a déjà vu de toutes les couleurs ⊙*vi* participer • bei etw (nicht) mitmachen (ne pas) participer à qqch

nach|machen

vt fam 1. imiter • jm etw nachmachen imiter qqn en qqch 2. refaire

schlapp|machen

vi fam déclarer forfait

vor|machen

vt 1. *fam* • jm etw vormachen montrer qqch à qqn 2. • jm etwas vormachen raconter des histoires à qqn

weg|machen

vt fam faire partir

■ machen

■ *préverbe + verbe*

— **weis**|machen

vt fam • jm etw weismachen **faire croire** qqch à qqn

— **weiter**|machen

vi **continuer**

— **wett**|machen

vt fam **compenser**

— **zu**|machen

vt & vi fam **fermer**

— **zurecht**|machen

vt fam **préparer**
♦ **sich zurechtmachen** *vp* **se pomponner**

■ mögen

[11] *(présent* mag, *prétérit* mochte, *parfait* hat gemocht) ⊙ *vt* **1. aimer** • etw mögen **aimer qqch** • jn mögen **bien aimer qqn** • jn/etw (nicht) mögen **(ne pas) aimer qqn/qqch** • jn/etw lieber mögen **préférer qqn/qqch 2. vouloir** • ich möchte etw **je voudrais qqch** • was möchten Sie? **que désirez-vous ?** ⊙ *vi* **vouloir** • ich mag nicht mehr **je n'ai plus envie** ⊙ *v aux (parfait* hat mögen) **1. vouloir 2.** • mag sein **c'est possible** • wo mag er wohl sein? **où peut-il bien être ?** • was auch kommen mag **quoi qu'il arrive**

■ müssen

[13] *(présent* **muss,** *prétérit* **musste,** *parfait* **hat gemusst)** ⊙ *v aux (parfait* **hat müssen)** **devoir**
• etw nicht tun müssen **ne pas être obligé(e) de faire qqch** • **muss das sein? est-ce indispensable ?**
• etw tun müssen **devoir faire qqch** • **man müsste... il faudrait...** ⊙ *vi* • an einen Ort müssen **devoir aller quelque part** • mal müssen *fam* & *fig* **avoir envie d'aller aux toilettes**

■ préverbe + verbe

weg|müssen

vi fam **devoir partir**

zurück|müssen

vi • nach Hause zurückmüssen **devoir rentrer** • zur Arbeit zurückmüssen **devoir retourner au travail**

■ nehmen

[24] *(présent* **nimmt,** *prétérit* **nahm,** *parfait* **hat genommen)** *vt* **1. prendre** • sich *(D)* etw nehmen **prendre qqch** • jm etw nehmen **prendre qqch à qqn, enlever qqch à qqn** • etw an sich *(A)* nehmen **mettre qqch en sûreté** • etw auf sich *(A)* nehmen **prendre qqch sur soi** • etw zu sich nehmen **prendre qqch** • jn zu sich nehmen **prendre qqn chez soi** • sich *(D)* einen Rechtsanwalt/eine Hausangestellte nehmen **prendre un avocat/une employée (de maison)** • jn/etw ernst ou wichtig nehmen **prendre qqn/qqch au sérieux 2.** *fam* • (für etw) drei Euro nehmen **demander trois euros (pour qqch)** • es (mit etw) genau/nicht so genau nehmen **considérer qqch comme important/pas très important** • wie mans nimmt **c'est selon**

◆ **sich nehmen** *vp* • sich ernst ou wichtig nehmen **se prendre au sérieux** • sich in Acht nehmen **faire attention**

■ préfixe + verbe

benehmen

◆ **sich benehmen** *vp* **se comporter** • sich gut/schlecht benehmen **bien/mal se conduire**

übernehmen

vt **1. prendre la direction de** • etw von jm übernehmen **reprendre qqch de qqn 2. se charger de 3.** • jn in ein festes Arbeitsverhältnis übernehmen **transformer l'engagement temporaire de qqn en engagement ferme 4.** • etw von jm/etw übernehmen **emprunter qqch à qqn/qqch**

◆ **sich übernehmen** *vp* **se surmener, présumer de ses forces**

unternehmen

vt **entreprendre**

vernehmen

vt **1. interroger 2. entendre**

▪ nehmen

▪ *préverbe + verbe*

ab|nehmen

⊙*vt* 1. enlever 2. décrocher 3. • jm etw abnehmen enlever qqch à qqn, retirer qqch à qqn 4. • jm etw abnehmen **décharger qqn de qqch** 5. *fam* • das nehme ich dir nicht ab **tu ne me feras pas avaler ça** 6. faire passer *(un examen)* 7. prélever *(du sang)* 8. perdre *(du poids)* ⊙*vi* 1. maigrir 2. diminuer 3. *(lune)* **décroître**

an|nehmen

vt 1. recevoir 2. adopter *(un enfant, une motion)* 3. accepter *(une proposition, une offre)* 4. prendre *(une habitude)* 5. supposer

auf|nehmen

vt 1. ramasser 2. admettre, accueillir • jn in etw *(D)* aufnehmen **accueillir qqn dans qqch** • jn bei sich *(D)* aufnehmen **accueillir** ou **héberger qqn chez soi** • etw in etw *(D)* aufnehmen **intégrer qqch à qqch** 3. assimiler 4. absorber 5. entamer • Kontakt aufnehmen **prendre contact** 6. • es mit jm/etw aufnehmen können **pouvoir rivaliser avec qqn/qqch** 7. photographier 8. enregistrer

durch|nehmen

vt étudier

ein|nehmen

vt 1. prendre *(une ville, une citadelle)* • jn für sich einnehmen **conquérir qqn** 2. gagner *(de l'argent)*

entgegen|nehmen

vt recevoir

fest|nehmen

vt arrêter

frei|nehmen

vt • sich *(D)* einen Tag freinehmen **prendre sa journée**

▪ nehmen

▪ *préverbe + verbe*

heraus|nehmen

vt 1. • etw (aus etw) herausnehmen **sortir qqch (de qqch)** 2. • sich *(D)* etw herausnehmen **se permettre qqch**

her|nehmen

vt tirer

hin|nehmen

vt • etw hinnehmen **accepter qqch bon gré mal gré**

mal|nehmen

vt • etw mit etw malnehmen **multiplier qqch par qqch**

mit|nehmen

vt 1. emmener *(une personne)*, emporter *(un objet)* • sich *(D)* etw mitnehmen **emporter qqch** • wieder mitnehmen **remporter** 2. *(maladie)* affecter *(physiquement)* 3. épuiser *(psychologiquement)*

teil|nehmen

vi • an etw *(D)* teilnehmen **participer à qqch**

vor|nehmen

vt 1. procéder à 2. • sich *(D)* etw vornehmen *fam* s'attaquer à qqch 3. • sich *(D)* vornehmen, etw zu tun **former le projet de faire qqch**

vorweg|nehmen

vt anticiper

wahr|nehmen

vt 1. percevoir 2. profiter de

weg|nehmen

vt enlever • jm etw wegnehmen **prendre qqch à qqn**

zu|nehmen

⊙*vi* 1. augmenter 2. • (an Gewicht) zunehmen **prendre du poids** ⊙*vt* ajouter

nehmen

préverbe + verbe

zurück|nehmen

vt 1. reprendre 2. • etw zurücknehmen revenir sur qqch

zusammen|nehmen

vt rassembler

◆ sich zusammennehmen *vp* se dominer

nennen

[43] *(prétérit* nannte, *parfait* hat genannt)
vt 1. appeler 2. nommer

◆ sich nennen *vp* 1. s'appeler
2. se nommer

préfixe + verbe

benennen

vt • jn/etw nach jm/etw benennen donner le nom de qqn/qqch à qqn/qqch

ernennen

vt • jn (zu etw) ernennen nommer qqn (qqch)

reden

[18] ⊙ *vi* **parler** • mit jm reden **parler avec qqn** • über jn/etw reden **parler de qqn/qqch** • du hast gut reden *fig* **c'est facile à dire** ⊙ *vt* **dire**

■ préfixe + verbe

— **be**reden

vt **discuter de**

— **über**reden

vt **convaincre** • jn zu etw überreden **convaincre qqn de faire qqch**

■ préverbe + verbe

— **an|**reden

vt **aborder** • jn mit Vornamen anreden **appeler qqn par son prénom**

— **aus|**reden

⊙ *vi* **finir (de parler)** ⊙ *vt* • jm etw ausreden **détourner qqn de qqch**

— **ein|**reden

vi • auf jn einreden **baratiner qqn** • jm etw einreden **faire croire qqch à qqn**

— **heraus|**reden

♦ **sich herausreden** *vp* • sich damit herausreden, dass *fam* **se tirer d'affaire en disant que**

— **rein|**reden

vi fam **1. couper la parole 2. intervenir** • sich von niemandem reinreden lassen **n'en faire qu'à sa tête**

— **vorbei|**reden

vi • aneinander vorbeireden **mener un dialogue de sourds**

— **zer|**reden

vt **faire le tour de, épuiser**

— **zu|**reden

vi • jm zureden **essayer de convaincre qqn** • jm gut zureden **savoir convaincre qqn**

rufen

[39] *(prétérit* **rief**, *parfait* **hat gerufen)** ⊙ *vi* • (nach jm/etw) rufen **appeler (qqn/qqch)** ⊙ *vt* **1. appeler** • jd/etw kommt wie gerufen **qqn/qqch tombe à pic 2. crier**

■ préfixe + verbe

— **wider**rufen

(prétérit **widerrief**, *parfait* **hat widerrufen)** *vt* **1. rétracter 2. annuler**

■ préverbe + verbe

— **ab|**rufen

vt **appeler**

— **an|**rufen

⊙ *vt* **appeler** ⊙ *vi* • bei jm anrufen **appeler qqn**

— **auf|**rufen

vt **appeler**

— **aus|**rufen

vt **1. s'exclamer 2. annoncer** • jn ausrufen lassen **faire appeler qqn par haut-parleur 3. proclamer**

— **dazwischen|**rufen

⊙ *vt* **crier** ⊙ *vi* **faire des remarques à haute voix**

— **ein|**berufen

vt **1. convoquer 2. appeler sous les drapeaux**

— **hervor|**rufen

vt **1. provoquer 2. rappeler**

— **zurück|**rufen

⊙ *vt* **rappeler** ⊙ *vi* **rappeler**

— **zu|**rufen

vt **crier**

■ sagen

[17] *vt* dire • jm etw sagen **dire qqch à qqn** • was sagst du dazu? **qu'en dis-tu ?** • das kann jeder sagen **c'est facile à dire** • etw sagt jm viel/nichts **qqch dit beaucoup/ne dit rien à qqn** • etw sagt etwas/nichts über jn **qqch indique quelque chose/n'indique rien au sujet de qqn** • (jm) etwas/nichts zu sagen haben **avoir/ne pas avoir son mot à dire** • sich *(D)* etw sagen **se dire qqch** • sich *(D)* etwas/nichts sagen lassen **accepter/refuser un conseil** ou **un avis** • das kann man wohl sagen *fam* **c'est le cas de le dire** • dagegen ist nichts zu sagen **il n'y a rien à redire à cela** • wie gesagt **comme je l'ai dit**

♦ **sag mal!** *interj* **dis donc !**

♦ **sag bloß!** *interj* **sans blague !**

■ préfixe + verbe

— **besagen**

vt **vouloir dire** • nichts besagen **ne rien vouloir dire**

— **untersagen**

vt • (jm etw) untersagen **défendre (qqch à qqn)**

— **versagen**

vi 1. **échouer** 2. **tomber en panne** • ihre Stimme versagt **elle n'a plus de voix**

■ préverbe + verbe

— **ab|sagen**

⊙*vt* **annuler** ⊙*vi* **se décommander**

— **an|sagen**

vt **annoncer**

— **auf|sagen**

vt **réciter**

— **aus|sagen**

⊙*vt* **déclarer** ⊙*vi* **faire une déposition**

— **durch|sagen**

vt **annoncer**

■ sagen

■ préverbe + verbe

— **nach|sagen**

vt • jm etw nachsagen **dire qqch de qqn**

— **voraus|sagen**

vt **prédire**

— **vor|sagen**

⊙*vt* • jm etw vorsagen **souffler qqch à qqn** ⊙*vi* **souffler**

— **wahr|sagen**

⊙*vi* **prédire l'avenir** ⊙*vt* **prédire**

— **zu|sagen**

⊙*vt* • (jm etw) zusagen **promettre (qqch à qqn)** ⊙*vi* 1. **confirmer sa venue** 2. • jm zusagen **plaire à qqn**

▪ sạlzen

[51] *(parfait* hat gesạlzen) *vt* **saler**

▪ *préfixe + verbe*

versạlzen

vt 1. trop saler 2. gâcher

▪ saufen

[32] *(présent* säuft, *prétérit* sọff, *parfait* hat gesọffen) ⊙ *vt* 1. **boire** 2. *tfam* **picoler** ⊙ *vi* 1. **s'abreuver** 2. *tfam* **picoler**

▪ *préverbe + verbe*

ạb|saufen

(parfait ist ạbgesoffen) *vi fam* • den Motor absaufen lassen **noyer le moteur**

■ saugen

[55] *(prétérit* s<u>o</u>g ou s<u>au</u>gte, *parfait* hat ges<u>o</u>gen ou *parfait* ges<u>au</u>gt) ⊙ *vt* **1.** • (etw aus etw) saugen **aspirer (qqch de qqch) 2.** *(regelmäßig)* **passer l'aspirateur sur** ou **dans** *(un tapis, une pièce)* ⊙ *vi* **1.** *(bébé, animal)* **téter 2. aspirer** *(avec une paille)* • **an etw** *(D)* **saugen téter qqch** *(le sein)* ; **tirer sur qqch** *(une pipe)* **3. passer l'aspirateur**

■ *préverbe + verbe*

— **<u>a</u>n|saugen**

vt **aspirer**

— **<u>au</u>f|saugen**

vt **absorber**

— **st<u>au</u>b|saugen**

⊙ *vi* **passer l'aspirateur** ⊙ *vt* • **etw staubsaugen passer l'aspirateur sur qqch**

■ schlafen

[37] *(présent* schl<u>ä</u>ft, *prétérit* schl<u>ie</u>f, *parfait* hat geschl<u>a</u>fen) *vi* **1. dormir** • **schlafen gehen, sich schlafen legen aller se coucher** • **schlaf schön** ou **gut! dors bien ! 2.** • **mit jm schlafen coucher avec qqn**

■ *préfixe + verbe*

— **versc<u>hla</u>fen**

⊙ *vi* **ne pas se réveiller, oublier de se réveiller** ⊙ *vt* • **das Wochenende verschlafen passer le week-end à dormir**

♦ **sich verschlafen** ⊙ *vp* **oublier de se réveiller**

■ *préverbe + verbe*

— **<u>au</u>s|schlafen**

vi **dormir tout son soûl**

— **d<u>u</u>rch|schlafen**

⊙ *vt* • **eine Nacht/zehn Stunden durchschlafen dormir toute la nuit/dix heures d'affilée** ⊙ *vi* **1. dormir sans se réveiller 2.** *(bébé)* **faire ses nuits**

— **<u>ei</u>n|schlafen**

(parfait ist <u>ei</u>ngeschlafen) *vi* **1.** *(personne)* **s'endormir 2.** *(partie du corps)* **s'ankyloser** • **meine Hand ist eingeschlafen j'ai la main engourdie 3.** *(contact)* **se relâcher**

▪ schl**a**gen

[48] *(présent* schlägt, *prétérit* schlug) ⊙ *vt (parfait* hat geschlagen) **1. battre •** jn schlagen **battre qqn • ** jn ins Gesicht schlagen **frapper qqn au visage • ** jn eins zu null schlagen **battre qqn un à zéro 2. • ** ein Loch schlagen **faire un trou •** einen Nagel in die Wand schlagen **planter un clou dans le mur 3. •** etw an etw *(A)* schlagen **accrocher qqch à qqch** *(à un mur)* **4. envoyer** *(une balle)* ⊙ *vi* **1.** *(parfait* hat geschlagen) **taper •** mit etw schlagen **frapper avec qqch •** um sich schlagen **donner des coups dans tous les sens •** gegen etw schlagen **frapper à qqch cogner contre qqch 2.** *(parfait* ist geschlagen) **•** jm auf den Magen schlagen **rester sur l'estomac à qqn 3.** *(parfait* hat geschlagen) *(horloge, cloche)* **sonner 4.** *(parfait* ist geschlagen) **•** nach jm schlagen **ressembler à qqn 5.** *(parfait* hat geschlagen) *(cœur)* **battre 6.** *(parfait* ist geschlagen) *(flamme)* **•** aus etw schlagen **jaillir de qqch**

♦ **sich schlagen** ⊙ *vp* **•** sich (mit jm) schlagen **se battre (avec qqn) •** sich um etw schlagen *fam* **se jeter sur qqch**

▪ préfixe + verbe

— beschl**a**gen
⊙ *vt* **ferrer** ⊙ *vi* **se couvrir de buée** ⊙ *adj* **couvert(e)de buée**

— erschl**a**gen
vt **abattre**

— überschl**a**gen
vt **1. •** etw überschlagen **évaluer qqch approximativement** *(des dépenses, une consommation d'essence)* **2. sauter** *(un passage, un chapitre)*

♦ **sich überschlagen** *vp* **1.** *(véhicule)* **faire un tonneau 2.** *(personne)* **faire un tour sur soi-même 3.** *(événements)* **se précipiter 4.** *(voix)* **changer de registre**

— unterschl**a**gen
vt **1. détourner 2. dissimuler**

— verschl**a**gen
péj ⊙ *adj* **sournois (e)** ⊙ *adv* **sournoisement**

— zerschl**a**gen
adj **abattu(e)**

▪ schlagen

▪ préverbe + verbe

— **ab**|schlagen
vt **1. •** jm etw abschlagen **refuser qqch à qqn 2. couper**

— **an**|schlagen
vt **1. afficher 2. ébrécher** *(de la vaisselle)* **3. prendre** *(un ton)* **4. frapper** *(une touche)* **5. monter** *(des mailles)* **6.** *(médicament)* **agir 7.** *(chien)* **aboyer**

— **auf**|schlagen
⊙ *vt* **1. ouvrir 2. casser 3. •** sich *(D)* etw aufschlagen **s'ouvrir qqch 4. installer 5. planter 6. •** 5 Euro auf etw *(A)* aufschlagen **augmenter qqch de 5 euros** ⊙ *vi* **rebondir**

— **aus**|schlagen
⊙ *vt* **1. casser 2. décliner** ⊙ *vi* **1. ruer 2. dévier**

— **breit**|schlagen
vt fam **embobiner**

— **durch**|schlagen
⊙ *vt* **1. casser** *(une vitre, une planche)* **2. défoncer** *(un mur, une porte)* ⊙ *vi* *(qualité)* **ressortir**

♦ **sich durchschlagen** ⊙ *vp* **1. •** sich bis zu etw durchschlagen **parvenir à qqch** *(la frontière, l'arrière des lignes)* **2. se débrouiller**

— **ein**|schlagen
⊙ *vi* **1.** *(éclair, bombe)* **éclater 2.** *(nouveauté, invention)* **faire un tabac 3.** *(scandale)* **faire beaucoup de bruit 4. braquer** *(avec le volant)* **5.** *(pour un pari, une affaire)* **toper •** schlag ein! **tope là ! 6. •** auf jn einschlagen **rouer qqn de coups** ⊙ *vt* **1. enfoncer** *(un clou)* **2. casser** *(une porte, une vitre)* **3. envelopper** *(dans du papier)* **4. couvrir** *(un livre)* **5. choisir** *(une direction)*

— **fehl**|schlagen
vi **échouer**

■ schlagen

■ *préverbe + verbe*

her<u>au</u>s|schlagen

⊙ *vt* **1. faire sortir 2.** *fam* • aus etw Gewinn herausschlagen **tirer des bénéfices de qqch**
⊙ *vi* • aus etw herausschlagen **sortir de qqch**

h<u>o</u>ch|schlagen

⊙ *vt* **relever** ⊙ *vi* **s'élever**

n<u>a</u>ch|schlagen

⊙ *vi* **vérifier** ⊙ *vt* **compulser**

n<u>ie</u>der|schlagen

vt **1. assommer 2. mater**
◆ **sich niederschlagen** *vp* • sich in OU auf etw *(A)* niederschlagen **se répercuter sur qqch**

t<u>o</u>t|schlagen

vt *fam* **tuer** *(en frappant)*

<u>u</u>m|schlagen

⊙ *vi* **changer** *(brutalement)* ⊙ *vt* **1. tourner** *(une page)* **2. retourner** *(une manche, un col)*

v<u>o</u>r|schlagen

vt **proposer** • jm etw vorschlagen **proposer qqch à qqn**

zus<u>a</u>mmen|schlagen

vt **1. claquer 2.** *fam* **tabasser**

z<u>u</u>|schlagen

⊙ *vi* **1. claquer 2. frapper 3. profiter de l'occasion** ⊙ *vt* **1. claquer 2. fermer**

■ schm<u>e</u>lzen

[28] *(présent* schm<u>i</u>lzt, *prétérit* schm<u>o</u>lz*)* ⊙ *vi (parfait* ist geschm<u>o</u>lzen*)* **fondre** ⊙ *vt (parfait* hat geschm<u>o</u>lzen*)* **fondre**

■ *préfixe + verbe*

*ver*schm<u>e</u>lzen

(parfait ist verschm<u>o</u>lzen*)* *vi* • mit etw verschmelzen **s'amalgamer avec qqch** • zu etw verschmelzen **se fondre en qqch**

▪ schneiden

[30] *(prétérit* schnitt, *parfait* hat geschnitten)
⊙ *vt* **1. couper •** etw in Würfel/Stücke schneiden **couper qqch en dés/morceaux •** sich *(D)* etw schneiden **se couper qqch 2. tailler** *(une haie)* **3. découper** *(un gâteau, une viande)* **4. •** jn schneiden **snober qqn 5. faire une queue de poisson** *(en dépassant)* ⊙ *vi* **couper**

   ◆ sich schneiden ⊙ *vp* **se couper**

▪ préfixe + verbe

überschneiden

(prétérit überschnitt, *parfait* hat überschnitten)
   ◆ sich überschneiden *vp* **1. se couper 2. coïncider**

zerschneiden

(prétérit zerschnitt, *parfait* hat zerschnitten)
vt **1. découper 2. couper**

▪ préverbe + verbe

ạb|schneiden

⊙ *vt* **couper** ⊙ *vi •* gut/schlecht abschneiden **obtenir un bon/mauvais résultat**

ạn|schneiden

vt **1. entamer 2.** *fig* **aborder**

auf|schneiden

⊙ *vt* **ouvrir (en coupant)** ⊙ *vi fam* **fanfaronner**

aus|schneiden

vt **découper**

dụrch|schneiden

vt **1. couper 2. trancher**

zu|schneiden

vt **couper**

▪ schreiben

[31] *(prétérit* schrieb, *parfait* hat geschrieben*)*
⊙ *vt* **1. écrire •** wie schreibt man das? **comment ça s'écrit ? 2. rédiger** *(un article, un discours)* **3. passer** *(un examen)* **4. établir** *(une facture)* ⊙ *vi* **écrire •** an jn schreiben **écrire à qqn**

   ◆ sich schreiben ⊙ *vp* **s'écrire**

▪ préfixe + verbe

beschreiben

(prétérit beschrieb, *parfait* hat beschrieben*) vt* **1. décrire •** den Weg beschreiben **indiquer le chemin 2. remplir** *(une feuille)*

überschreiben

(prétérit überschrieb, *parfait* hat überschrieben*) vt •* jm etw überschreiben **transférer qqch à qqn**

umschreiben

(prétérit umschrieb, *parfait* hat umschrieben*) vt* **décrire**

unterschreiben

(prétérit unterschrieb, *parfait* hat unterschrieben*) vt & vi* **signer**

verschreiben

(prétérit verschrieb, *parfait* hat verschrieben*) vt •* jm etw verschreiben **prescrire qqch à qqn**
   ◆ sich verschreiben *vp* **se tromper (en écrivant)**

▪ préverbe + verbe

ạb|schreiben

vt **1. copier** *(un texte)* **2.** *fam* **considérer comme perdu(e)**

ạn|schreiben

⊙ *vt* **1. écrire** à *(qqn)* **2. écrire** *(au tableau)* ⊙ *vi •* anschreiben lassen **acheter à crédit**

auf|schreiben

vt **noter**

schreiben

préverbe + verbe

ein|schreiben

vt inscrire
◆ sich einschreiben *vp* s'inscrire

groß|schreiben

vt écrire en majuscules • großgeschrieben werden prendre une majuscule

gut|schreiben

vt • jm etw gutschreiben créditer qqn de qqch

klein|schreiben

vt écrire en minuscules

maschine(n)|schreiben

vi taper à la machine

mit|schreiben

⊙*vt* 1. prendre des notes de 2. • eine Klassenarbeit mitschreiben faire un devoir sur table ⊙*vi* prendre des notes

um|schreiben

vt réécrire

vor|schreiben

vt prévoir • jm etw vorschreiben dicter qqch à qqn

zu|schreiben

vt • jm etw zuschreiben attribuer qqch à qqn

schwören

[53] *(prétérit* schwor, *parfait* hat geschworen*)*
⊙ *vt* jurer • jm etw schwören jurer qqch à qqn •
sich *(D)* etw schwören se jurer qqch ⊙ *vi* jurer • auf
jn/etw schwören ne jurer que par qqn/qqch

préfixe + verbe

beschwören

vt 1. • etw beschwören affirmer qqch sous serment 2. • jn beschwören, etw zu tun exhorter qqn à faire qqch

verschwören

◆ sich verschwören *vp* • sich gegen jn verschwören conspirer contre qqn

■ sehen

[26] *(présent* sieht, *prétérit* sah, *parfait* hat gesehen) ⊙ *vt* **voir •** etw an etw *(D)* sehen **voir qqch à qqch •** wie sehen Sie das? **qu'est-ce que vous en pensez ? •** etw anders/genauso sehen **être d'un autre/du même avis •** jd ist gern gesehen **qqn est le bienvenu** ou **la bienvenue •** etw ist gern gesehen **qqch est bien vu(e) •** sich bei jm sehen lassen **aller voir qqn •** etw nicht mehr sehen können *fam* & *fig* **ne plus pouvoir voir qqch •** etw kann sich sehen lassen *fig* **qqch est remarquable** ⊙ *vi* 1. **•** gut/schlecht sehen **bien/mal voir •** auf jn/etw sehen **regarder qqn/qqch** 2. **•** aus etw sehen **émerger de qqch** 3. **•** auf jn/etw sehen **faire attention à qqn/qqch** 4. **•** nach jm/etw sehen **s'occuper de qqn/qqch** 5. **•** sehen, dass **tâcher de** 6. **•** jm ähnlich sehen **ressembler à qqn**

- ◆ sich sehen ⊙ *vp* **se voir**
- ◆ mal sehen! ⊙ *interj* **on verra !**
- ◆ siehste, siehst du! ⊙ *interj* **tu vois !**
- ◆ sieh mal! ⊙ *interj* **regarde !**

■ *préfixe + verbe*

übersehen

(présent übersieht, *prétérit* übersah, *parfait* hat übersehen) *vt* 1. **ne pas voir •** jd übersieht etw **qqch échappe à qqn** 2. **avoir une vue d'ensemble**

versehen

(présent versieht, *prétérit* versah, *parfait* hat versehen) *vt* **•** etw mit etw versehen **doter qqch de qqch •** jn mit etw versehen **fournir qqch à qqn**

■ *préverbe + verbe*

ab|sehen

⊙ *vt* 1. **prévoir** 2. **•** jm etw absehen **copier qqch sur qqn** ⊙ *vi* 1. **•** von etw absehen **renoncer à qqch** 2. **•** es auf jn abgesehen haben **faire de qqn sa bête noire**

■ sehen

■ *préverbe + verbe*

an|sehen

vt 1. **regarder •** jn scharf ansehen **fixer qqn •** jn böse ansehen **lancer des regards noirs à qqn** 2. **•** sich *(D)* jn/etw ansehen **examiner qqn/qqch** 3. **•** sich *(D)* etw ansehen **aller voir qqch, visiter qqch** 4. **•** man sieht ihr ihr Alter nicht an **elle ne fait pas son âge •** man sieht ihr ihre Müdigkeit nicht an **chez elle, la fatigue ne se voit pas** 5. **•** jn/etw als etw ansehen **considérer qqn/qqch comme qqch**

auf|sehen

vi 1. **lever les yeux** 2. **•** zu jm aufsehen **regarder qqn avec admiration**

aus|sehen

vi **avoir l'air •** sie sieht gut aus **elle est jolie •** es sieht danach aus, als ou dass... **on dirait que... •** sehe ich danach aus, als würde ich stehlen? **est-ce que j'ai l'air d'un voleur ? •** es sieht mit jm/etw gut/schlecht aus **ça se présente bien/mal pour qqn/qqch •** wie siehts aus? *fam* **qu'est-ce que tu fais** ou **vous faites ? •** nach nichts aussehen *fam* **ne ressembler à rien •** so siehst du aus! *fam* & *fig* **tu parles !**

durch|sehen

⊙ *vt* **•** etw durchsehen **regarder qqch de près** ⊙ *vi* **•** durch etw durchsehen **regarder à travers qqch**

ein|sehen

⊙ *vt* 1. **reconnaître** *(une faute, une responsabilité)* 2. **examiner** *(des papiers)* ⊙ *vi* **•** nicht einsehen, warum **ne pas voir pourquoi**

fern|sehen

vi **regarder la télé**

hell|sehen

vi **avoir le don de voyance**

hinauf|sehen

vi **•** zu jm/etw hinaufsehen **lever les yeux vers qqn/qqch**

■ sehen

■ préverbe + verbe

hinweg|sehen

vi • über jn/etw hinwegsehen **voir par-dessus qqn/qqch** • über etw *(A)* hinwegsehen *fig* **fermer les yeux sur qqch**

nach|sehen

⊙*vi* 1. • jm/einer Sache nachsehen **suivre qqn/qqch des yeux** 2. **regarder** 3. **vérifier** 4. • in etw *(D)* nachsehen **consulter qqch** ⊙*vt* 1. **vérifier** 2. **passer sur**

um|sehen

◆ sich umsehen *vp* 1. **regarder autour de soi** • sich in der Stadt umsehen **visiter la ville** 2. **se retourner** *(pour voir)* • sich nach jm/etw umsehen **chercher qqn/qqch ; se retourner sur qqn/qqch**

voraus|sehen

vt **prévoir**

vorher|sehen

vt **prévoir**

vor|sehen

vt **prévoir** • jn für etw vorsehen **pressentir qqn pour qqch** • etw für etw vorsehen **destiner qqch à qqch**
◆ sich vorsehen *vp* • sich vor jm/etw vorsehen **se prémunir contre qqn/qqch**

weg|sehen

vi 1. **détourner le regard** 2. *fam* • über etw *(A)* wegsehen **fermer les yeux sur qqch**

wieder|sehen

vt **revoir**

zu|sehen

vi 1. **regarder** • jm bei etw zusehen **regarder qqn faire qqch** 2. • zusehen, dass **veiller à ce que**

■ setzen

[17] ⊙ *vt (parfait* hat gesetzt*)* 1. **asseoir** • jn auf einen Platz setzen **placer qqn** • jn vor die Tür setzen **mettre qqn à la porte** 2. **mettre** • etw in jn/etw setzen **mettre qqch en** ou **dans qqn/qqch** • etw in Gang ou Bewegung setzen **mettre qqch en marche** 3. **fixer** 4. **planter** 5. **ériger** 6. **composer** ⊙ *vi* 1. *(parfait* hat gesetzt*)* • auf jn/etw setzen **miser sur qqn/qqch** 2. *(parfait* hat/ist gesetzt*)* • über etw *(A)* setzen **traverser qqch ; sauter qqch**

◆ sich setzen ⊙ *vp* **s'asseoir** • sich zu jm setzen **s'asseoir à côté de qqn** • sich zur Ruhe setzen **prendre sa retraite**

■ préfixe + verbe

besetzen

vt **occuper**

ersetzen

vt 1. **remplacer** 2. • jm etw ersetzen **dédommager qqn de qqch**

übersetzen

vt **traduire** *(un texte, un livre)* • in etw *(A)* übersetzen **traduire en qqch**

versetzen

vt 1. **déplacer** 2. **muter** 3. **faire passer dans la classe supérieure** 4. • sich in js Lage versetzen **se mettre à la place de qqn** 5. **mettre en gage** 6. *fam* • jn versetzen **poser un lapin à qqn** 7. **administrer**

widersetzen

◆ sich widersetzen *vp* • sich jm/einer Sache widersetzen **s'opposer à qqn/qqch**

zersetzen

vt **décomposer**
◆ sich zersetzen *vp* **se décomposer**

■ setzen

■ *préverbe + verbe*

ab|setzen

vt 1. **déposer** *(un passager)* 2. **destituer** *(un roi)* 3. **poser** *(une valise)* 4. **enlever** *(un chapeau, des lunettes)* 5. **retirer** *(une pellicule, une pièce)* 6. **arrêter de prendre** *(un médicament)*

◆ **sich absetzen** *vp* 1. **s'enfuir** 2. **se déposer** 3. • **sich gegen etw absetzen se détacher de qqch**

an|setzen

⊙*vt* 1. **mettre, poser, placer** 2. **porter à la bouche** 3. **fixer** 4. **estimer** 5. **grossir** 6. **être en train de rouiller** ⊙*vi* 1. **commencer** 2. • **zu etw ansetzen se préparer à qqch ; prendre son élan pour faire qqch**

◆ **sich ansetzen** ⊙ *vp* **se déposer**

auf|setzen

⊙*vt* 1. **mettre** 2. **arborer** 3. **rédiger** 4. **mettre à chauffer** 5. **poser** ⊙*vi* **se poser**

◆ **sich aufsetzen** ⊙ *vp* **se redresser**

aus|setzen

⊙*vt* 1. **abandonner** 2. **offrir** 3. **exposer** 4. • **etwas an jm/etw auszusetzen haben avoir qqch à reprocher à qqn/qqch** ⊙*vi* 1. **s'arrêter brusquement** 2. **s'interrompre**

◆ **sich aussetzen** ⊙ *vp* • **sich einer Sache** *(D)* **aussetzen s'exposer à qqch**

daran|setzen

vt • **alles daransetzen, etw zu tun mettre tout en œuvre pour faire qqch**

durch|setzen

vt **imposer**

◆ **sich durchsetzen** *vp* **s'imposer**

■ setzen

■ *préverbe + verbe*

ein|setzen

⊙*vt* 1. **poser** *(une fenêtre, une prothèse)* 2. • **etw einsetzen mettre qqch** *(un moyen de transport, un appareil)* **en place ; avoir recours à qqch** *(une aide)* 3. **nommer** *(à un poste)* 4. **mettre en jeu** 5. **miser** *(de l'argent)* 6. **risquer** *(sa vie)* ⊙*vi* 1. **commencer** • **der Regen setzt ein la pluie commence à tomber** 2. *(mus)* **commencer à jouer**

◆ **sich einsetzen** ⊙ *vp* **s'engager** • **sich für jn einsetzen prendre la défense** ou **le parti de qqn** • **sich für etw einsetzen s'engager en faveur de qqch**

entgegen|setzen

vt **opposer**

fest|setzen

vt **fixer**

◆ **sich festsetzen** *vp* **se déposer**

fort|setzen

vt **poursuivre**

herab|setzen

vt 1. **réduire** *(un montant)* 2. **rabaisser** *(une personne)*

hin|setzen

vt 1. **poser** 2. **asseoir**

◆ **sich hinsetzen** *vp* **s'asseoir**

hinweg|setzen

◆ **sich hinwegsetzen** *vp* • **sich über etw** *(A)* **hinwegsetzen passer outre (à) qqch**

instand|setzen

vt 1. **réparer** 2. **restaurer**

über|setzen

⊙*vi (en bateau)* **traverser, franchir** ⊙*vt* • **jn übersetzen faire traverser qqn** *(en bateau)*

■ setzen

■ *préverbe + verbe*

voraus|setzen

vt 1. exiger 2. supposer • etw als bekannt voraussetzen **supposer que qqch est connu(e)**

vor|setzen

vt • jm etw vorsetzen **servir qqch à qqn**

zurück|setzen

⊙*vt* 1. *(en voiture)* reculer 2. remettre *(un objet)* 3. déplacer *(vers l'arrière)* 4. défavoriser *(une personne, un candidat)* ⊙*vi* reculer

zusammen|setzen

vt assembler

◆ sich zusammensetzen *vp* 1. • sich aus etw zusammensetzen **se composer de qqch** 2. • sich (mit jm) zusammensetzen **voir qqn**

zu|setzen

⊙*vt* ajouter ⊙*vi* • jm zusetzen **éprouver qqn ; incommoder qqn**

■ sitzen

[05] *(prétérit* saß, *parfait* hat gesẹssen*) vi* 1. être assis(e) • auf etw *(D)* sitzen **être (assis) sur qqch** 2. *(au volant, au soleil , en prison)* être, se trouver 3. être situé(e) • in etw *(D)* sitzen **siéger à qqch** *(un conseil, au parlement)* • jd/etw sitzt fest **qqn/qqch est bloqué(e)** • etw sitzt locker **qqch bouge** 4. • gut/schlecht sitzen *(vêtement)* **bien/mal aller** 5. *fam* être au point *(pour un examen)*

■ *préfixe + verbe*

besitzen

vt 1. posséder 2. détenir

■ *préverbe + verbe*

auf|sitzen

vi 1. *(parfait* ist aufgesessen*)* **se mettre en selle** 2. *(parfait* ist aufgesessen*)* • jm aufsitzen **se laisser duper par qqn**

da|sitzen

vi être assis(e) là

nach|sitzen

vi être en retenue

■ sollen

[15] ⊙ *v aux (parfait* hat sollen*)* **1. devoir •** jd soll etw tun **il faut que qqn fasse qqch •** das hätte jd nicht tun sollen **qqn n'aurait pas dû faire cela 2. •** jd/etw soll etw sein/haben **il paraît que qqn/ qqch est/a qqch •** was soll das (heißen)? **qu'est-ce que cela veut dire ? •** was solls! **à quoi bon ! 3. •** sollte jd etw tun **si qqn faisait qqch** ⊙ *vi (parfait* hat gesollt*)* **devoir •** soll er doch! *fig* **qu'il le fasse !**

■ spielen

[17] ⊙ *vi* **1. jouer •** mit jm/etw spielen **jouer avec qqn/qqch •** um etw spielen **jouer pour qqch •** etw spielen lassen **faire jouer qqch 2. •** an einem Ort/zu einer Zeit spielen **se dérouler quelque part/ à une époque** ⊙ *vt* **1. jouer •** Karten/Schach spielen **jouer aux cartes/aux échecs •** eine Rolle spielen **jouer un rôle •** Tennis/Fußball spielen **jouer au tennis/au football •** Klavier/Geige spielen **jouer du piano/du violon 2. interpréter**

■ *préfixe + verbe*

be**spielen**

vt **enregistrer**

ver**spielen**

vt **1. perdre (au jeu) 2. laisser passer**

■ *préverbe + verbe*

ab|spielen

vt **jouer**
♦ sich abspielen *vp* **se dérouler**

an|spielen

⊙ *vi* **•** auf jn/etw anspielen **faire allusion à qqn/qqch** ⊙ *vt* **passer le ballon à**

auf|spielen

♦ sich aufspielen *vp* **se faire mousser**

aus|spielen

vt **1. faire jouer 2. •** jn gegen jn ausspielen **monter qqn contre qqn**

ein|spielen

vt **1. rapporter** *(de l'argent)* **2. couvrir** *(des frais)* **3.** *(Radio & TV)* **intercaler**
♦ sich einspielen *vp* **1.** *(Sport)* **s'échauffer 2.** *(collaboration, travail)* **se mettre en place •** sich aufeinander einspielen **s'adapter les uns aux autres**

hoch|spielen

vt **monter en épingle**

■ spielen

■ *préverbe + verbe*

mit|spielen

⊙*vi* 1.• bei etw mitspielen **jouer (un rôle) dans qqch** 2. *fam* • bei etw mitspielen **apporter son concours à qqch** • jm übel mitspielen **jouer un mauvais tour à qqn** ⊙*vt* **participer à**

vor|spielen

⊙*vt* 1.• (jm) etw vorspielen **jouer qqch (à qqn)** 2. jouer la comédie (à qqn) ⊙*vi* • (jm) vorspielen **jouer (pour qqn) ; passer une audition**

■ stehen

[06] *(prétérit* stand, *parfait* hat gestanden*) vi* 1. **être** • vor etw stehen *fig* **être au bord de qqch** • es steht 15:3 **ils en sont à 15 à 3** 2. **être debout** • stehen bleiben **rester debout** 3. **être écrit(e)** • was steht heute in der Zeitung? **qu'y a-t-il aujourd'hui dans le journal ?** 4. *(GRAMM)* • mit Akkusativ/Dativ stehen **être suivi(e)de l'accusatif/ du datif** • im Plural/im Passiv stehen **être mis(e) au pluriel/passif** 5. *(montre, moteur, aiguille)* **être arrêté(e)** • auf etw *(D)* stehen **indiquer qqch** • still stehen **être à l'arrêt** 6. *(habits, couleur)* • jm (gut/ schlecht) stehen **aller (bien/mal) à qqn** 7. *(monnaie)* **être coté(e)** 8. *(conséquence)* • auf etw *(A)* steht etw *(négative)* **qqch est puni(e) de qqch,** *(positive)* **qqch est récompensé(e) par qqch** 9. • zu etw stehen **respecter qqch** *(une promesse)* ; **défendre qqch** *(une opinion)* • zu jm stehen **soutenir qqn** 10. *(jugement)* • zu etw (kritisch/positiv/ablehnend) stehen **avoir une position (critique/positive/négative) vis-à-vis de qqch** 11. • für etw stehen *(représenter)* **signifier qqch ; être représentatif(ive) de qqch** 12. *fam (travail, texte)* **être fini(e)** 13. *(état)* • es steht schlecht/kritisch um jn/etw **l'état de qqn/qqch est mauvais/critique** • zur Debatte/Verfügung stehen **être à l'ordre du jour/à disposition** • es steht gut/schlecht mit jm/etw **qqn/qqch va, bien/mal** • wie stehts? *fam* **comment ça va ?** • alles stehen und liegen lassen **tout laisser en plan** • ihm steht es bis hier *fam* **il en a par-dessus la tête**

■ *préfixe + verbe*

bestehen

⊙*vi* 1. **exister** 2. • aus etw bestehen **se composer de qqch** 3. • in etw *(D)* bestehen **consister dans** ou **en qqch** 4. • auf etw *(D)* bestehen **ne pas démordre de qqch** ⊙*vt* **réussir**

entstehen

(prétérit entstand, *parfait* ist entstanden*) vi* 1. **être créé(e)** • aus ou durch etw entstehen **naître de qqch, résulter de qqch** 2. **naître** 3. **voir le jour** 4. • jm entsteht ein Schaden durch etw **qqch occasionne un dommage à qqn**

gestehen

vt & vi **avouer**

■ stehen

■ préfixe + verbe

— *überstehen*

vt **surmonter**

— *unterstehen*

vi • jm/einer Sache unterstehen **dépendre de qqn/qqch**

◆ sich unterstehen *vp* • untersteh dich! **ose un peu !**

— *verstehen*

⊙ *vt* 1. **comprendre** • sein Fach/Handwerk verstehen **maîtriser son domaine/art** • von etw nichts verstehen **ne rien y connaître à qqch** • etw unter etw *(D)* verstehen **entendre qqch par qqch** 2. **entendre** • jm etw zu verstehen geben **laisser entendre qqch à qqn** ⊙ *vi* 1. **comprendre** 2. **entendre**

◆ sich verstehen ⊙ *vp* • sich (mit jm) verstehen **s'entendre (avec qqn)** • sich auf etw *(A)* verstehen **s'y entendre en qqch** • das versteht sich von selbst! **cela va de soi !**

— *widerstehen*

vi • jm/einer Sache widerstehen **résister à qqn/qqch**

■ préverbe + verbe

— **ab**|stehen

(parfait hat/ist abgestanden*)* *vi* • von etw abstehen **être éloigné(e) de qqch**

— **an**|stehen

vi **faire la queue**

— **auf**|stehen

vi 1. *(parfait* ist aufgestanden*)* **se lever** 2. *(parfait* hat aufgestanden*)* **être ouvert(e)**

■ stehen

■ préverbe + verbe

— **aus**|stehen

⊙ *vi* • etw steht noch aus **on attend toujours qqch** ⊙ *vt* 1. **supporter** 2. **avoir** • jn/etw nicht ausstehen können *fam* **ne pas pouvoir encaisser qqn/qqch**

— **bei**|stehen

vi • jm beistehen **assister qqn**

— **bereit**|stehen

vi **être prêt(e)**

— **bevor**|stehen

vi **être imminent(e)**

— **da**|stehen

vi 1. **se tenir là** 2. **se trouver** • gut ou glänzend dastehen **être en bonne posture**

— **dahinter**|stehen

vi 1. **faire bloc** 2. **être à la base de**

— **durch**|stehen

vt **endurer**

— **entgegen**|stehen

vi • dem steht nichts entgegen **rien ne s'y oppose**

— **fest**|stehen

vi 1. **être fixé(e)** 2. **être établi(e)**

— **frei**|stehen

vi 1. **être libre** 2. • es steht jm frei, etw zu tun **libre à qqn de faire qqch**

— **gegenüber**|stehen

vi 1. • jm/etw gegenüberstehen **être face à qqn/qqch** 2. • einer Sache *(D)* gegenüberstehen **être confronté(e) à qqch**

◆ sich gegenüberstehen *vp* 1. **être** ou **se tenir face à face** 2. **s'affronter**

■ stehen

■ *préverbe + verbe*

gerade|stehen

vi • für jn/etw geradestehen **répondre de qqn/qqch**

still|stehen

vi 1. **rester tranquille** 2. *(machine, cœur)* **s'arrêter** 3. *(entreprise, mine)* **être arrêté(e)**
◆ **stillgestanden!** *interj* **garde à vous !**

über|stehen

(parfait hat/ist übergestanden*) vi* **dépasser**

vor|stehen

vi 1. **saillir** 2. • jm/etw vorstehen **diriger qqn/qqch**

zu|gestehen

vt • jm etw zugestehen **concéder qqch à qqn**

■ steigen

[36] *(prétérit* stieg, *parfait* ist gestiegen*) vi* 1. **monter** • auf etw *(A)* steigen **monter sur qqch** • in etw *(A)* steigen **monter dans qqch** • aus etw steigen **descendre de qqch** • von etw steigen **descendre de qqch** 2. **s'élever** *(dans les airs)* 3. *(brouillard)* **se lever** 4. *(prix, température, fleuve)* **monter** 5. *(valeur, coûts)* **augmenter** • bis zu etw OU auf etw *(A)* steigen **atteindre qqch**

■ *préfixe + verbe*

über|steigen

vt **dépasser**

■ *préverbe + verbe*

ab|steigen

vi **descendre**

an|steigen

vi 1. **monter** 2. **être en pente** 3. **augmenter**

auf|steigen

vi 1. **monter** • auf etw *(A)* aufsteigen **monter sur qqch** 2. **monter en grade**

aus|steigen

vi 1. **descendre** 2. *fam* **se retirer**

ein|steigen

vi **monter**

hinauf|steigen

vi • auf einen Berg hinaufsteigen **escalader une montagne**

um|steigen

vi 1. **prendre une correspondance, changer** *(de train, de bus)* 2. • auf etw *(A)* umsteigen **se mettre à qqch** *(une autre alimentation, la culture bio)*

zu|steigen

vi **monter**

■ stellen

[17] *vt* 1. *(indique la position verticale)* **mettre** 2. • das Essen warm stellen **garder le repas au chaud** • das Bier kalt stellen **mettre la bière au frais** • die Blumen in eine Vase stellen **mettre les fleurs dans un vase** 3. *(indique un réglage)* • den Fernseher lauter stellen **mettre la télé plus fort** • den Wecker auf 6 Uhr stellen **mettre le réveil sur 6 h** 4. *(fournir)* **mettre à la disposition de** • die Stadt stellt für das Fest die Beleuchtung **la municipalité fournit l'éclairage pour la fête** 5. *(exprime la description d'une action)* **faire** • eine Diagnose stellen **faire un diagnostique** ; eine Prognose stellen **faire une prévision** 6. *(exprime la description d'une action)* **poser** *(une question, une condition, une demande)* • darf ich Ihnen eine Frage stellen? **est-ce que je peux vous poser une question ?** • eine Aufgabe stellen **donner un exercice à faire** 7. *(exprime la confrontation avec une responsabilité)* • jn vor etw (A) stellen **confronter qqn à qqch** *(choix, décision)* ; er stellte mich vor diese schwierige Entscheidung **il m'a obligé à prendre cette décision difficile** • auf sich (A) (selbst) gestellt sein **être livré(e)à soi-même** • jm etwas zur Verfügung stellen **mettre qqch à la disposition de qqn** • gut gestellt sein **être à l'aise financièrement**

◆ **sich stellen** *vp* 1. (+ A) *(indique un directif)* **se placer, se mettre** • sie stellte sich vor das Feuer **elle se mit devant le feu** 2. *(être prêt à affronter qqn/qqch)* • sich jm/einer Sache stellen **faire face à qqn/qqch** • er hat sich dieser Herausforderung gestellt **il a fait face à ce défi** 3. *(à la police)* **se livrer** 4. *(marque l'opposition)* • sich gegen jn/etw stellen **s'opposer à qqn/qqch** 5. *(marque le soutien)* • sich hinter jn/etw stellen **prendre le parti de qqn/qqch** 6. *(désigne une attitude adoptée pour tromper autrui)* • sich krank/dumm/taub stellen **faire le malade/l'idiot/le sourd**

■ *préfixe + verbe*

— bestellen

⊙*vt* 1. **commander** 2. **réserver, retenir** 3. **convoquer** 4. • einer Person etw von jm bestellen **transmettre qqch à une personne de la part de qqn** ⊙*vi* **commander, passer commande**

— entstellen

vt **défigurer, déformer**

■ stellen

■ *préfixe + verbe*

— umstellen

vt **cerner**

— unterstellen

vt 1. • jn jm/etw unterstellen **placer qqn sous l'autorité de qqn/qqch** 2. • jm etw unterstellen **imputer à tort qqch à qqn**

— verstellen

vt 1. **dérégler** *(un appareil)* 2. • jm etw verstellen **barrer qqch à qqn** *(le passage, la route)* 3. **déguiser** *(sa voix)*

◆ **sich verstellen** *vp* 1. *(appareil)* **se dérégler** 2. *(personne)* **dissimuler**

■ *préverbe + verbe*

— ab|stellen

vt 1. **éteindre** *(un appareil)* 2. **déposer** *(une charge, un meuble)* 3. **garer** *(une voiture)* 4. **poser** *(un vélo)* 5. **couper** *(le courant, l'eau)* 6. **mettre fin à** *(un problème)*

— an|stellen

vt 1. **mettre en marche** 2. **embaucher, engager** 3. **employer** 4. **faire**

◆ **sich anstellen** *vp* 1. **faire la queue** 2. **faire des manières**

— auf|stellen

vt 1. **placer** 2. **construire** 3. **avancer** 4. **sélectionner** 5. **dresser** 6. **relever**

◆ **sich aufstellen** *vp* 1. **se placer** 2. **se hérisser**

— aus|stellen

vt 1. **exposer** 2. **établir** 3. *fam* **éteindre**

— bloß|stellen

vt • jn bloßstellen **mettre qqn dans une situation délicate**

■ stellen

■ *préverbe + verbe*

dar|stellen

vt **1.** *(tableau, œuvre d'art)* **représenter** **2.** *(acteur)* **interpréter** *(un rôle)* **3.** *(conférencier)* **présenter** *(une théorie)*

durch|stellen

vt **passer**

ein|stellen

vt **1. embaucher** **2. recruter** **3. régler** *(un appareil)* **4. arrêter** *(un projet, une tâche)* **5. interrompre** *(des versements)* **6. allumer** *(la télévision)*

◆ **sich einstellen** *vp* • **sich auf jn/etw einstellen se régler sur qqn/qqch**

fertig|stellen

vt **achever**

fest|stellen

vt **1. déterminer 2. constater**

frei|stellen

vt **1.** • **jn von etw freistellen exempter qqn de qqch 2.** • **jm freistellen, etw zu tun laisser qqn libre de faire qqch**

gegenüber|stellen

vt **confronter**

gleich|stellen

vt • **jn (mit) jm gleichstellen mettre qqn au même niveau ou sur le même plan que qqn**

heraus|stellen

vt **1. sortir** *(un objet)* **2.** *(souligner)* **mettre en évidence** *(un principe, une pensée)*

◆ **sich herausstellen** *vp* **apparaître** • **sich als falsch/richtig herausstellen se révéler juste/faux (fausse)**

■ stellen

■ *préverbe + verbe*

her|stellen

vt **1. fabriquer** *(des produits)* **2. instaurer** *(du calme, de l'ordre)* **3.** *(santé, personne)* • **wiederhergestellt werden être rétabli(e)**

hin|stellen

vt **1. poser 2.** • **jn/etw als etw hinstellen présenter qqn/qqch comme qqch**

◆ **sich hinstellen** *vp* **se camper**

klar|stellen

vt **élucider**

sicher|stellen

vt **1.** • **etw sicherstellen mettre qqch en sécurité ou sûreté 2. garantir**

um|stellen

vt **1.** • **etw umstellen modifier qqch** • **etw auf etw (A) umstellen mettre qqch à qqch 2. modifier**

◆ **sich umstellen** *vp* **s'adapter** • **sich auf etw (A) umstellen s'adapter à qqch**

unter|stellen

vt **1.** • **etw unterstellen mettre qqch à l'abri 2.** • **etw unterstellen mettre qqch dessous**

◆ **sich unterstellen** *vp* **se mettre à l'abri**

vor|stellen

vt **1. présenter** • **jn jm vorstellen présenter qqn à qqn 2.** • **sich (D) etw vorstellen s'imaginer qqch 3. avancer**

◆ **sich vorstellen** *vp* • **sich jm vorstellen se présenter à qqn**

zurück|stellen

vt **1. remettre** *(en place)* **2. reculer** *(les aiguilles d'une montre)* **3. baisser** *(le chauffage)* **4. reporter** *(un projet, une manifestation)* **5. mettre de côté** *(ses remords, ses scrupules)*

zusammen|stellen

vt **1. composer 2. établir 3. grouper**

▪ treffen

[22] ⊙ *vt (présent* trifft, *prétérit* traf, *parfait* hat getroffen) **1. rencontrer** *(une personne)* **2. toucher** *(par balle, par des paroles)* **3.** • eine Maßnahme/Entscheidung treffen **prendre une mesure/décision** • eine Abmachung treffen **se mettre d'accord 4. trouver** • es gut/schlecht getroffen haben **être bien/mal tombé(e)** ⊙ *vi* **1.** *(présent* trifft, *prétérit* traf, *parfait* hat getroffen) **atteindre son but 2.** *(présent* trifft, *prétérit* traf, *parfait* ist getroffen) • auf jn/etw treffen **rencontrer qqn/qqch**

◆ **sich treffen** ⊙ *vp* **se rencontrer** • sich mit jm treffen **voir qqn** *(après avoir pris rendez-vous)* • es trifft sich gut/schlecht, dass *fig* **cela tombe bien/mal que**

▪ préfixe + verbe

betreffen
vt **concerner** • was mich betrifft **en ce qui me concerne**

übertreffen
vt **dépasser** • jn an etw *(D)* übertreffen **surpasser qqn en qqch**

▪ préverbe + verbe

an|treffen
vt **trouver**

auf|treffen
(parfait ist aufgetroffen) *vi* **heurter**

ein|treffen
(parfait ist eingetroffen) *vi* **1. arriver 2. se réaliser**

zusammen|treffen
(parfait ist zusammengetroffen) *vi* **1. se rencontrer** • mit jm zusammentreffen **rencontrer qqn 2. se produire simultanément, coïncider**

zu|treffen
vi **être exact(e)** • auf jn/etw zutreffen **correspondre à qqn/qqch**

▪ treten

[29] *(présent* tritt, *prétérit* trat) ⊙ *vt (parfait* hat getreten) **1.** • jn treten **donner un coup de pied à qqn 2.** • sich *(D)* etw in etw *(A)* treten **s'enfoncer qqch dans qqch** ⊙ *vi* **1.** *(parfait* hat getreten) **donner un coup de pied** ou **des coups de pieds 2.** *(parfait* ist getreten) **marcher** • auf etw *(A)* treten **marcher sur qqch 3.** *(parfait* hat/ist getreten) • auf die Bremse/die Kupplung treten **appuyer sur le frein/l'embrayage 4.** *(parfait* ist getreten) • aus etw treten **sortir de qqch 5.** *(parfait* ist getreten) • in Streik/Kontakt/Kraft treten **entrer en grève/contact/vigueur**

▪ préfixe + verbe

betreten
⊙ *adj* **embarrassé (e)** ⊙ *adv* **avec embarras** ou **gêne**

übertreten
vt **transgresser** *(la loi, un interdit)*

vertreten
vt **1. remplacer 2. représenter 3. défendre 4.** • vertreten sein **être présent(e)**

◆ **sich vertreten** *vp* • sich etw vertreten **se fouler qqch** • sich die Füße vertreten **se dégourdir les jambes**

zertreten
vt **écraser** *(avec les pieds)*

▪ préverbe + verbe

ab|treten
⊙ *vt* **1. user 2.** • etw (an jn) abtreten **céder qqch (à qqn)** ⊙ *vi* **démissionner, se retirer**

an|treten
⊙ *vt* **commencer** ⊙ *vi* **1. se mettre en rang 2.** • gegen jn antreten **entrer en lice contre qqn**

DICTIONNAIRE — tun

treten

préverbe + verbe

auf|treten
vi 1. poser le pied 2. • schüchtern auftreten avoir l'air timide 3. se produire 4. apparaître, se manifester

aus|treten
⊙vt 1. éteindre avec le pied 2. user 3. élargir ⊙vi • aus etw austreten quitter qqch

bei|treten
vi • einer Partei (D) beitreten adhérer à un parti

ein|treten
⊙vi 1. entrer 2. • in etw (A) eintreten adhérer à qqch 3. • für etw eintreten s'engager en faveur de qqch • für jn eintreten prendre la défense de qqn 4. avoir lieu, se produire ⊙vt enfoncer

gegenüber|treten
vi faire face à

heran|treten
vi • an jn herantreten s'adresser à qqn

hin|treten
vi 1. • zu etw hintreten s'avancer vers qqch • vor jn hintreten se présenter à qqn 2. frapper du pied

hinzu|treten
vi • zu jm hinzutreten se joindre à qqn

über|treten
vi 1. • zu etw übertreten passer à qqch (l'ennemi, le camp adverse, un autre parti) ; se convertir à qqch, embrasser qqch (une religion, une foi) 2. (sport) mordre (la ligne)

zurück|treten
vi 1. reculer • ein paar Schritte zurücktreten reculer de quelques pas 2. • von etw zurücktreten annuler qqch 3. démissionner

tun

[04] (prétérit tat, parfait hat getan) ⊙ vt 1. faire • etw aus etw tun faire qqch par ou pour qqch • jm etwas/nichts tun faire quelque chose/ne rien faire à qqn • für jn etw tun können pouvoir faire qqch pour qqn 2. mettre 3. fam • etw tut es noch/nicht mehr qqch marche encore/ne marche plus • mit etw ist es nicht getan qqch ne suffit pas ⊙ vi se montrer • schlau tun faire le malin • so tun, als ob fam faire semblant • zu tun haben avoir à faire • (es) mit jm zu tun bekommen fam avoir affaire à qqn (ennuis) • das hat damit nichts zu tun cela n'a rien à voir

◆ sich tun ⊙ vp se passer • es tut sich etwas il se passe quelque chose

préfixe + verbe

ver|tun
vt 1. gaspiller 2. manquer
◆ sich vertun vp fam se tromper

préverbe + verbe

an|tun
vt 1. • jm etw antun faire du mal à qqn 2. • es jm angetan haben plaire à qqn

auf|tun
vi servir
◆ sich auftun vp • sich jm auftun s'offrir à qqn

dazu|tun
vt fam ajouter

gleich|tun
vt • es jm gleichtun suivre la voie de qqn

groß|tun
vi péj faire l'important(e)

hervor|tun
◆ sich hervortun vp s'illustrer

169

■ tun

■ *préverbe + verbe*

— **weg|tun**

vt fam 1. enlever 2. jeter

— **weh|tun**

⊙ *vi* • jm wehtun **faire mal à qqn** • mir tun die Füße **j'ai mal aux pieds** ⊙ *vp* • sich wehtun **se faire mal**

— **zusammen|tun**

♦ sich zusammentun *vp* • sich (mit jm) zusammentun **s'associer (avec qqn)**

■ wachsen

[40] *(présent* wächst, *prétérit* wuchs, *parfait* ist gewachsen) *vi* 1. **grandir** 2. **pousser** 3. **croître** • einer Sache *(D)* gewachsen sein **être à la hauteur de qqch**

■ *préverbe + verbe*

— **an|wachsen**

vi 1. **prendre (racine)** 2. **augmenter, s'accroître**

— **auf|wachsen**

vi **grandir**

— **heran|wachsen**

vi **grandir**

— **nach|wachsen**

vi (ongles, cheveux, mauvaises herbes) **repousser**

— **zu|wachsen**

vi (mur, maison, sentier) **être recouvert(e) (de verdure)**

■ werden

[03] *(présent* wird, *prétérit* wurde) ⊙ *v aux (parfait* ist worden) **1.** *(futur)* • ich werde gehen **je vais partir** • er wird nicht kommen **il ne viendra pas** • ich würde gern **je voudrais bien** • sowas würde er nie tun! **il ne ferait jamais ça !** • würdest du, würden Sie **pourrais-tu, pourriez-vous 2.** *(hypothèse)* **devoir être** • es klingelt, das wird Vati sein **on sonne, ça doit être papa 3.** *(passif)* **être** • gesehen werden **être vu(e)** • gesehen worden sein **avoir été vu(e)** • jetzt wird gearbeitet! **maintenant au travail !** ⊙ *vi (parfait* ist geworden) **1. devenir** • es wird zehn Uhr **il est bientôt dix heures** • jd wird 30 **qqn va avoir 30 ans** • es wird hell **le jour se lève** • es wird spät **il se fait tard** • es wird besser **ça va mieux** • es wird Winter **l'hiver arrive** • jm wird heiß/angst **qqn commence à avoir chaud/peur** • was willst du einmal werden? **que veux-tu faire plus tard ?** • daraus wird nichts **ça ne donnera rien** • aus jm kann etw werden **on peut faire qqch de qqn 2.** *fam* **se remettre** • es wird schon wieder werden **ça va aller mieux**

■ *préverbe + verbe*

— **los|**werden

vt fam **1.** se débarrasser de *(qqn)* **2.** perdre *(des biens, sa fortune)* **3.** • etw nicht loswerden **ne pas pouvoir se débarrasser de qqch** *(d'une marchandise)* **4.** *(vendre)* **se défaire de** *(d'un objet)*

■ werfen

[23] *(présent* wirft, *prétérit* warf, *parfait* hat geworfen) ⊙ *vt* **1. lancer 2. marquer** ⊙ *vi* • (mit etw) werfen **lancer (qqch)**

♦ **sich werfen** ⊙ *vp* **se jeter**

■ *préfixe + verbe*

— *be*werfen

vt • jn/etw mit etw bewerfen **bombarder qqn/qqch de qqch**

— *ent*werfen

vt **1.** faire l'ébauche de **2.** concevoir le plan de

— *unter*werfen

vt **soumettre**

♦ **sich unterwerfen** *vp* **se soumettre**

— *ver*werfen

vt **rejeter**

■ *préverbe + verbe*

— **ab|**werfen

vt **1.** *(avion)* **larguer 2.** *(cheval)* **désarçonner 3.** rapporter *(bénéfice)*

— **auf|**werfen

vt • ein Problem aufwerfen **soulever un problème**

— **ein|**werfen

vt **1.** poster *(une lettre)* **2.** introduire *(de la monnaie)* **3.** lancer *(une balle, une question, une remarque)* **4.** casser *(une vitre)*

— **hinaus|**werfen

vt **1.** • etw hinauswerfen **jeter qqch (audehors) 2.** *fam* **virer**

— **hin|**werfen

vt **1.** jeter (par terre) **2.** lancer

♦ **sich hinwerfen** *vp* **se jeter par terre**

■ werfen

■ *préverbe + verbe*

um|werfen

vt **1. renverser** *(une personne, un objet)* **2.** *fam* *(alcool)* **assommer 3.** *fam (nouvelle)* **souffler**

vor|werfen

vt • jm etw vorwerfen **reprocher qqch à qqn**

weg|werfen

vt **jeter**

■ wissen

[16] *(présent* **weiß,** *prétérit* **wusste,** *parfait* **hat gewusst)** ⊙ *vt* **1. savoir** • etw zu tun wissen **savoir faire qqch** • über jn nichts wissen **ne rien savoir de qqn** • alles besser wissen **toujours tout savoir** • was weiß ich? *fam* **qu'est-que j'en sais !** • weißt du was,... *fam* **tu sais... 2. connaître** ⊙ *vi* • von etw wissen **être au courant de qqch** • ich weiß nicht *fam* **j'en sais rien** • man kann nie wissen *fam* **on ne sait jamais** • nicht, dass ich wüsste *fam* **pas que je sache** • soviel ich weiß, ... *fam* **autant que je sache,...**

■ *préverbe + verbe*

weiter|wissen

vi • nicht mehr weiterwissen **ne plus savoir quoi faire**

■ wollen

[14] *(présent* wi̯ll, *prétérit* wo̯llte)* ⊙ *v aux (parfait*
hat wo̯llen)* vouloir • gerade etw tun wollen **vouloir**
faire qqch • etw getan haben wollen **prétendre**
avoir fait qqch ⊙ *vi (parfait* hat gewo̯llt)* 1. vouloir
• wir wollten, das wäre schon vorbei **on voudrait**
bien que ce soit déjà fini • dann wollen wir mal!
fam & fig **on y va !** • ganz wie du willst *fam & fig*
(c'est) comme tu veux 2. vouloir aller • zu jm
wollen **vouloir aller chez qqn** ⊙ *vt (parfait* hat
gewo̯llt)* 1. vouloir • etw mit etw wollen **vouloir**
faire qqch avec qqch • wollen, dass jd etw tut **vou-**
loir que qqn fasse qqch 2. *fam* demander 3. *fam*
• etw von jm wollen **vouloir demander qqch à qqn**
4. *fam* • von jm etwas/nichts wollen **s'intéresser/ne**
pas s'intéresser à qqn • da ist nichts (mehr) zu wol-
len *fam* **il n'y a (plus) rien à faire**

■ ziehen

[38] *(prétérit* zo̯g)* ⊙ *vt (parfait* hat gezo̯gen)* 1. tirer
• jn am Ärmel ziehen **tirer qqn par la manche**
• jn an den Haaren ziehen **tirer les cheveux à qqn**
2. • (etw von etw) ziehen **enlever (qqch de qqch)**
• jm einen Zahn ziehen **arracher une dent à qqn**
3. prendre • jn/etw aus etw ziehen **sortir qqn/qqch**
de qqch 4. tracer 5. • etw um etw ziehen **resser-**
rer qqch autour de qqch • etw in/vor etw *(A)*
ziehen **tirer qqch dans / devant qqch** 6. cultiver
7. • etw auf sich *(A)* ziehen **attirer qqch** 8. • etw nach
sich ziehen **entraîner qqch** ⊙ *vi* 1. *(parfait* hat gezo̯-
gen)* tirer • an etw *(D)* ziehen **tirer sur qqch** 2. *(par-*
fait ist gezo̯gen)* déménager 3. *(parfait* ist gezo̯gen)*
• durch etw ziehen **sillonner qqch** • nach Süden zie-
hen **migrer vers le Sud** 4. *(parfait* ist gezo̯gen)*
• durch etw ziehen **passer à travers qqch** • in etw
(A) ziehen **pénétrer dans qqch** 5. *(parfait* hat gezo̯-
gen)* infuser 6. *(parfait* hat gezo̯gen)* *fam* • das zieht
bei mir nicht! **cela ne prend pas avec moi !**
7. *(parfait* hat gezo̯gen)* • es zieht **il y a des cou-**
rants d'air

◆ sich ziehen ⊙ *vp* 1. *fam* traîner en lon-
gueur 2. s'étendre

■ *préfixe + verbe*

— *be*ziehen

vt 1. • etw mit etw beziehen **couvrir qqch de**
qqch 2. changer les draps 3. • ein Haus bezie-
hen **emménager dans une maison** 4. rece-
voir *(régulièrement)* 5. • etw auf sich/jn beziehen
rapporter qqch à soi/qqn

◆ sich beziehen *vp* 1. • sich auf jn/etw
beziehen **concerner qqn/qqch** 2. • sich auf
etw *(A)* beziehen **faire référence à qqch**
3. • der Himmel bezieht sich **le ciel se couvre**

— *durch*ziehen

vt 1. traverser, parcourir *(un pays, une région)*
2. *(thème, sujet)* se retrouver dans

— *ent*ziehen

vt • jm etw entziehen **retirer qqch à qqn**

◆ sich entziehen *vp* • sich einer Sache *(D)*
entziehen **se soustraire à qqch**

— *er*ziehen

vt élever • jn zu etw erziehen **éduquer qqn à**
qqch

■ ziehen

■ *préfixe + verbe*

— hinter*zie*hen

vt • Steuern hinterziehen **frauder le fisc**

— über*zie*hen

⊙*vi (discours, intervention)* **être plus long (longue) que prévu** ⊙*vt* **1.** • etw überziehen **mettre qqch à découvert** • sein Konto überziehen **avoir un découvert 2.** • seine Ansprüche überziehen **aller trop loin dans ses exigences 3.** • (um zehn Minuten) überziehen **dépasser (de dix minutes) 4.** • etw mit etw überziehen **recouvrir qqch de qqch** *(un gâteau de sucre, un bois de vernis)*

— unter*zie*hen

vt **soumettre**

◆ sich unterziehen *vp* • sich einer Sache (D) unterziehen **subir qqch**

— ver*zie*hen

⊙*vt* **1.** • das Gesicht ou den Mund verziehen **faire la grimace 2. mal élever** ⊙*vi* **déménager**

◆ sich verziehen ⊙ *vp* **1. se crisper 2. travailler 3. se dissiper 4. s'éloigner 5.** *fam* **filer**

— voll*zie*hen

vt **exécuter**

■ *préverbe + verbe*

— ab|ziehen

⊙*vt* **1. retirer** *(une clé, des soldats)* **2. déduire** *(une somme)* **3. défaire** *(son lit)* **4. tirer** *(des photos)* ⊙*vi* **1.** *(fumée)* **s'échapper 2.** *fam* • zieh' ab! **fous le camp !**

— an|ziehen

⊙*vt* **1.** *(habits)* • jm etw anziehen **mettre qqch à qqn** • sich *(D)* etw anziehen **mettre qqch 2.** • jn anziehen **habiller qqn 3.** *(aimant)* **attirer 4. serrer** *(une vis, un frein)* **5. plier** *(le bras, le genou)* ⊙*vi* **1.** *(prix)* **être en hausse 2. accélérer**

◆ sich anziehen ⊙ *vp* **1. s'habiller 2.** • sich (gegenseitig) anziehen **s'attirer**

■ ziehen

■ *préverbe + verbe*

— auf|ziehen

⊙*vt* **1. remonter 2. élever 3. ouvrir 4.** *fam* **narguer** ⊙*vi* **approcher**

— aus|ziehen

⊙*vt* **1. enlever 2. déshabiller 3. mettre les rallonges 4. mettre en position lit 5. sortir** ⊙*vi* **déménager**

◆ sich ausziehen ⊙ *vp* **se déshabiller**

— durch|ziehen

⊙*vt* **1.** *(par un orifice)* • (etw durch etw) durchziehen **glisser (qqch dans qqch) 2.** *fam* **aller jusqu'au bout de** ⊙*vi* **passer** • durch etw durchziehen **traverser qqch** *(un pays, une région)*

— ein|ziehen

⊙*vt* **1. rentrer 2. amener 3. enfiler 4. poser, installer 5. enrôler 6. encaisser 7. (pré)lever 8. confisquer** ⊙*vi* **1. emménager 2. faire son entrée 3. pénétrer 4. s'infiltrer**

— gleich|ziehen

vi • mit jm gleichziehen **égaler qqn**

— groß|ziehen

vt **élever**

— heran|ziehen

⊙*vt* **1. approcher** *(en tirant)* **2. consulter** *(un juriste, un expert)* ⊙*vi* **s'approcher**

— herum|ziehen

⊙*vi* **1.** *fam* **aller de par le monde 2.** • um etw herumziehen **faire le tour de qqch** ⊙*vt* • etw um etw herumziehen **faire passer qqch autour de qqch ; clôturer qqch avec qqch**

— her|ziehen

⊙*vt* **approcher** *(en tirant)* • etw hinter sich herziehen **traîner qqch derrière soi** ⊙*vi* • über jn herziehen *fam* & *péj* **casser du sucre sur le dos de qqn**

DICTIONNAIRE

ziehen

préverbe + verbe

hinein|ziehen

⊙vt **1. attirer 2.** • jn in etw (A) hineinziehen **entraîner qqn dans qqch** ⊙vi **emménager**

hin|ziehen

⊙vt **1.** • jn/etw zu sich hinziehen **attirer qqn/ qqch vers soi 2. faire traîner en longueur** ⊙vi **s'installer**

◆ sich hinziehen ⊙ vp **se prolonger**

hinzu|ziehen

vt **consulter**

hoch|ziehen

vt **1. relever** (les volets, son pantalon) **2. hisser** (un drapeau, une voile) **3. lever** (les sourcils) **4. hausser** (les épaules) **5. renifler**

◆ sich hochziehen vp • sich an etw (D) hochziehen **se relever en s'agrippant à qqch** ; fig **faire ses choux gras de qqch**

über|ziehen

vt **mettre** (un pull, un manteau)

um|ziehen

⊙vi **déménager** • nach... umziehen **déménager à...** ⊙vt • jn umziehen **changer qqn**

◆ sich umziehen ⊙ vp **se changer**

vor|ziehen

vt **1. préférer** • etw einer Sache (D) vorziehen **préférer qqch à qqch 2. fermer 3. avancer 4. tirer vers l'avant**

weg|ziehen

⊙vi • aus etw wegziehen **quitter qqch** ⊙vt **tirer**

zurück|ziehen

⊙vt **1. tirer 2. reculer 3. ouvrir 4. rappeler 5. annuler 6. retirer** ⊙vi **retourner**

◆ sich zurückziehen ⊙ vp **1. se retirer 2. se replier**

ziehen

préverbe + verbe

zusammen|ziehen

⊙vt **1. resserrer 2. froncer** ⊙vi • (mit jm) zusammenziehen **se mettre en ménage (avec qqn)**

◆ sich zusammenziehen ⊙ vp **se contracter**

zu|ziehen

⊙vt **1. fermer** (en tirant) **2. faire appel à** (des experts, un spécialiste) **3.** • sich (D) etw zuziehen **s'attirer qqch** (des ennuis) ; **attraper qqch** (une maladie) ⊙vi **s'installer**

pages 117-177

arbeiten	rufen
bieten	sagen
bitten	salzen
bringen	saufen
dürfen	saugen
essen	schlafen
fahren	schlagen
fangen	schmelzen
finden	schneiden
gehen	schreiben
gießen	schwören
haben	sehen
heben	setzen
heißen	sitzen
helfen	sollen
kommen	spielen
können	stehen
lächeln	steigen
laden	stellen
lassen	treffen
laufen	treten
liegen	tun
lügen	wachsen
machen	werden
mögen	werfen
müssen	wissen
nehmen	wollen
nennen	ziehen
reden	

Index

ABRÉVIATIONS UTILISÉES
DANS CET INDEX

D	datif
fam	familier
fig	figuré
imp	verbe impersonnel
mod	verbe modal
qqch	quelque chose
qqn	quelqu'un
tfam	très familier
v attr	verbe suivi d'un attribut
aux	verbe auxiliaire
vi	verbe intransitif
vp	verbe pronominal
vt	verbe transitif
vulg	vulgaire
|	marque la séparabilité entre préverbe et verbe (**auf|hören, vor|haben**)
a̱	accent tonique long portant sur une voyelle (**ohr**feigen, na̱gen, ha̱dern)
au̱	accent tonique long portant sur une diphtongue (**lie̱gen, leu̱gnen, kau̱en**)
a̭	accent tonique court (**lḙrnen, ha̭ften, fo̭lgen**)

A

a|alen (sich) vp [haben] **17** se prélasser

a|asen vi [haben] **17** gaspiller

ab|ändern vt [haben] **19** modifier

ab|arbeiten vt [haben] **18** s'acquitter de (en travaillant)

■ sich abarbeiten vp [haben] **18** se tuer à la tâche

ab|bauen[1] vt [haben] **17** démonter – réduire

ab|bauen[2] vi [haben] **17** baisser

ab|beißen vt [haben] **35** arracher avec les dents

ab|beizen vt [haben] **17** décaper

ab|bekommen vt [haben] **30** recevoir – encaisser

ab|berufen vt [haben] **44** révoquer

ab|bestellen vt [haben] **20** annuler – résilier

ab|bezahlen vt [haben] **20** payer – s'acquitter de

ab|biegen[1] vt [haben] **38** éluder

ab|biegen[2] vi [sein] **38** tourner

ab|bilden vt [haben] **18** représenter

ab|binden vt [haben] **39** défaire – mettre un garrot à

ab|blasen vt [haben] **42** annuler

ab|blättern vi [sein] **19** s'écailler

ab|bleiben vi [sein] **36** rester, être fourré

ab|blenden[1] vt [haben] **18** tamiser

ab|blenden[2] vi [haben] **18** se mettre en codes – fermer le diaphragme

ab|blitzen fam vi [sein] **17** se faire rembarrer

ab|blocken vt [haben] **17** neutraliser – parer

ab|brausen[1] vt [haben] **17** rincer à la douche

ab|brausen[2] vi [sein] **17** partir en trombe

ab|brechen[1] vt [haben] **24** casser – démolir

ab|brechen[2] vi **24** [haben] s'arrêter net – [sein] cesser

ab|bremsen vt/vi [haben] **17** freiner

ab|brennen[1] vt [haben] **50** incendier – tirer (feu d'artifice)

ab|brennen[2] vi [sein] **50** être réduit (réduite) en cendres – être détruit (détruite) par les flammes

ab|bringen vt [haben] **49** détourner de – dissuader de

ab|bröckeln vi [sein] **19** s'effriter

ab|buchen vt [haben] **17** prélever

ab|bürsten vt [haben] **18** brosser

ab|checken vt [haben] **17** vérifier

ab|dampfen fam vi [sein] **17** mettre les voiles

ab|danken vi [haben] **17** abdiquer

ab|decken vt [haben] **17** recouvrir – couvrir

ab|dichten vt [haben] **18** calfeutrer

ab|drängen vt [haben] **17** écarter

ab|drehen[1] vt [haben] **17** couper – détacher (en tournant)

ab|drehen[2] vi [haben/sein] **17** virer

ab|drosseln vt [haben] **19** étrangler

ab|drucken vt [haben] **17** publier

ab|drücken[1] vt [haben] **17** couvrir de baisers – écraser

ab|drücken[2] vi [haben] **17** appuyer sur la détente

■ sich abdrücken vp [haben] **17** laisser une empreinte

ab|ebben vi [sein] **17** se calmer

ab|erkennen vt [haben] **50** retirer

ab|ernten vt [haben] **18** récolter

ab|essen vt [haben] **28** manger

ab|fahren[1] vt [haben] **48** emmener – parcourir

ab|fahren[2] vi [sein] **48** partir – craquer pour

ab|fallen vi [sein] **41** tomber – descendre

ab|fangen vt [haben] **43** intercepter – harponner (au passage)

ab|färben vi [haben] **17** déteindre

ab|fassen vt [haben] **17** rédiger

ab|federn vt [haben] **19** équiper de ressorts ; vi rebondir

ab|feiern vt [haben] **19** récupérer

ab|feilschen vt [haben] **17** acheter après avoir marchandé

ab|fertigen vt [haben] **17** enregistrer – contrôler

ab|feuern vt [haben] **19** tirer – lancer

ab|finden vt [haben] **39** indemniser

■ sich abfinden vp [haben] **39** finir par accepter – s'accommoder de

ab|flachen[1] vt [haben] **17** aplatir

ab|flachen[2] vi [sein] **17** baisser

ab|flauen vi [sein] **17** faiblir

ab|fliegen vi [sein] **38** décoller – partir

ab|fließen vi [sein] **37** s'écouler

ab|fordern vt [haben] **19** exiger

ab|fragen vt [haben] **17** interroger

ab|frottieren vt [haben] **22** frictionner

ab|führen[1] vt [haben] **17** emmener – éloigner

ab|führen[2] vi [haben] **17** avoir un effet laxatif

ab|füllen vt [haben] **17** remplir – saouler

ab|füttern vt [haben] **19** donner à manger à – doubler (vêtement)

ab|geben vt [haben] **29** remettre – donner une part de

■ sich abgeben vp [haben] **29** s'occuper de – s'acoquiner avec

ab|gehen[1] vi [sein] **9** s'en aller – partir

ab|gehen[2] vt [sein] **9** parcourir

ab|gelten vt [haben] **23** acquitter

ab|gewinnen vt [haben] **40** gagner

ab|gewöhnen vt [haben] **20** déshabituer

ab|gießen vt [haben] **37** enlever le trop-plein – égoutter

ab|gleichen vt [haben] **35** comparer

ab|gleiten vi [sein] **35** glisser

ab|graben vt [haben] **48** retirer (le pain de la bouche)

ab|grasen vt [haben] **17** brouter l'herbe de – ratisser

ab|greifen vt [haben] **35** user

ab|grenzen vt [haben] **17** délimiter

■ sich abgrenzen vp [haben] **17** se démarquer

ab|gucken vt [haben] **17** pomper sur

ab|haben vt [haben] **1** avoir un bout de

ab|hacken vt [haben] **17** trancher

ab|haken vt [haben] **17** cocher

ab|halten vt [haben] **41** tenir

ab|handeln vt [haben] **19** traiter

ab|hängen[1] vt [haben] **17** décrocher – fam semer

ab|hängen[2] vi [haben] **43** dépendre de

ab|härten vt/vi [haben] **18** endurcir

■ sich abhärten vp [haben] **18** s'aguerrir

ab|hauen fam vi [sein] **51** déguerpir – ficher le camp

ab|heben[1] vt [haben] **33** retirer – décrocher

ạb|heben² *vi* [sein] **33** décoller
- **sich abheben** *vp* [haben] **33** trancher sur – contraster avec

ạb|heften *vt* [haben] **18** classer

ạb|heilen *vi* [sein] **17** guérir

ạb|helfen *vi* [haben] **23** remédier à

ạb|hetzen *vt* [haben] **17** forcer
- **sich abhetzen** *vp* [haben] **17** courir comme un dératé

ạb|holen *vt* [haben] **17** réceptionner – aller *ou* venir chercher

ạb|holzen *vt* [haben] **17** déboiser

ạb|horchen *vt* [haben] **17** ausculter

ạb|hören *vt* [haben] **17** mettre sur écoute – interroger *(élève)*

ạb|jagen *vt* [haben] **17** arracher

ạb|kanzeln *vt* [haben] **19** enguirlander

ạb|kapseln (sich) *vp* [haben] **19** s'isoler

ạb|kaufen *vt* [haben] **17** acheter

ạb|kehren *vt* [haben] **17** détourner – balayer
- **sich abkehren** *vp* [haben] **17** se détourner

ạb|klappern *vt* [haben] **19** faire la tournée de

ạb|klären *vt* [haben] **17** clarifier

ạb|klemmen *vt* [haben] **17** sectionner – comprimer

ạb|klingen *vi* [sein] **39** diminuer

ạb|klopfen *vt* [haben] **17** examiner *(par petits tapotements)* – faire tomber en tapotant

ạb|knallen *fam vt* [haben] **17** flinguer

ạb|knapsen *vt* [haben] **17** rogner sur

ạb|knicken¹ *vt* [haben] **17** casser – plier

ạb|knicken² *vi* [sein] **17** faire un coude

ạb|knöpfen *vt* [haben] **17** soutirer

ạb|kochen *vt* [haben] **17** faire bouillir

ạb|kommandieren *vt* [haben] **22** envoyer en service commandé

ạb|kommen *vi* [sein] **30** s'écarter de – s'éloigner de

ạb|können *vt* [haben] **10** pouvoir encaisser *(une personne)*

ạb|koppeln *vt* [haben] **19** dételer – décrocher

ạb|kratzen¹ *vt* [haben] **17** gratter

ạb|kratzen² *tfam vi* [sein] **17** clamser

ạb|kriegen *vt* [haben] **17** recevoir – faire partir

ạb|kühlen *vi* [sein] **17** refroidir – tiédir
- **sich abkühlen** *vp* [haben] **17** se rafraîchir

ạb|kupfern *vt* [haben] **19** pomper

ạb|kürzen *vt* [haben] **17** raccourcir – abréger

ạb|laden *vt* [haben] **48** décharger – déballer

ạb|lagern¹ *vt* [haben] **19** entreposer

ạb|lagern² *vi* [haben] **19** vieillir *(vin)*
- **sich ablagern** *vp* [haben] **19** se déposer

ạb|lassen¹ *vt* [haben] **41** laisser s'échapper

ạb|lassen² *vt* [haben] **41** laisser tranquille – renoncer à

ạb|laufen [sein] **46** *vt* parcourir ; *vi* s'écouler

ạb|lecken *vt* [haben] **17** lécher

ạb|ledern *vt* [haben] **19** essuyer *(avec une peau de chamois)*

ạb|legen *vt* [haben] **17** retirer – abandonner

ạb|lehnen *vt* [haben] **17** refuser – décliner

ạb|leisten *vt* [haben] **18** effectuer

ạb|leiten *vt* [haben] **18** évacuer

ạb|lenken *vt* [haben] **17** détourner – distraire

ạb|lesen *vt* [haben] **29** lire – relever

ạb|leugnen *vt* [haben] **18** nier

ạb|lichten *vt* [haben] **18** photocopier – photographier

ạb|liefern *vt* [haben] **19** livrer – déposer

ạb|lösen *vt* [haben] **17** relayer – décoller
- **sich ablösen** *vp* [haben] **17** se relayer – se décoller

ạb|luchsen *vt* [haben] **17** soutirer

ạb|machen *vt* [haben] **17** retirer – enlever

ạb|magern *vi* [sein] **19** maigrir

ạb|malen *vt* [haben] **17** peindre

ạb|marschieren *vi* [sein] **22** partir

ạb|melden *vt* [haben] **18** rayer des listes
- **sich abmelden** *vp* [haben] **18** déclarer son déménagement

ạb|messen *vt* [haben] **28** mesurer

ạb|montieren *vt* [haben] **22** démonter

ạb|mühen (sich) *vp* [haben] **17** suer sang et eau

ạb|murksen *fam vt* [haben] **17** refroidir

ạb|nabeln *vt* [haben] **19** couper le cordon (ombilical) à
- **sich abnabeln** *vp* [haben] **19** couper le cordon

ạb|nagen *vt* [haben] **17** ronger

ạb|nähen *vt* [haben] **17** rétrécir

ạb|nehmen¹ *vt* [haben] **27** enlever – décharger de

ạb|nehmen² *vi* [haben] **27** maigrir

ạb|nötigen *vt* [haben] **17** arracher

ạb|nutzen *vt* [haben] **17** user
- **sich abnutzen** *vp* [haben] **17** s'user

abonnieren *vt* [haben] **22** s'abonner à

ạb|ordnen *vt* [haben] **18** déléguer

ạb|packen *vt* [haben] **17** empaqueter – emballer

ạb|passen *vt* [haben] **17** guetter

ạb|perlen *vi* [sein] **17** dégoutter

ạb|pflücken *vt* [haben] **17** cueillir

ạb|pinnen *fam vt* [haben] **17** pomper sur

ạb|prallen *vi* [sein] **17** rebondir

ạb|putzen *vt* [haben] **17** nettoyer

ạb|quälen (sich) *vp* [haben] **17** se donner du mal

ạb|qualifizieren *vt* [haben] **22** dénigrer

ạb|rackern (sich) *vp* [haben] **19** se démener

ạb|raten *vi* [haben] **42** déconseiller

ạb|räumen *vt* [haben] **17** débarrasser

ạb|reagieren *vt* [haben] **22** décharger sur
- **sich abreagieren** *vp* [haben] **22** se défouler sur

ạb|rechnen¹ *vi* [haben] **18** faire les comptes – régler ses comptes avec

ạb|rechnen² *vt* [haben] **18** déduire

ạb|regen (sich) *vp* [haben] **17** se calmer

ạb|reiben *vt* [haben] **36** frotter – bien sécher

ạb|reisen *vi* [sein] **17** partir

ạb|reißen¹ *vt* [haben] **35** détacher – démolir

ạb|reißen² *vi* [sein] **35** s'arracher – cesser

ạb|richten *vt* [haben] **18** dresser

ạb|riegeln *vt* [haben] **19** verrouiller – barrer

ạb|ringen *vt* [haben] **39** arracher de force

ạb|rollen¹ *vt* [haben] **17** dérouler

ạb|rollen² *vi* [sein] **17** se dérouler – terminer par une roulade

ạb|rubbeln *vt* [haben] **19** frictionner

ab|rücken¹ vt [haben] **17** écarter

ab|rücken² vi [sein] **17** s'écarter de – prendre ses distances

ab|rufen vt [haben] **44** appeler

ab|runden vt [haben] **18** arrondir – compléter

ab|rüsten vt/vi [haben] **18** désarmer

ab|rutschen vi [sein] **17** glisser – dégringoler

ab|sacken vi [sein] **17** s'affaisser – s'effondrer

ab|sagen¹ vt [haben] **17** annuler

ab|sagen² vi [haben] **17** se décommander

ab|sägen vt [haben] **17** scier – virer

ab|sahnen¹ vt [haben] **17** rafler

ab|sahnen² vi [haben] **17** se sucrer

ab|saufen tfam vi [sein] **32** couler – se noyer

ab|schaffen vt [haben] **17** supprimer – se débarrasser de

ab|schalten¹ vt [haben] **18** couper – éteindre

ab|schalten² vi [haben] **18** ne plus écouter

ab|schätzen vt [haben] **17** estimer – jauger

ab|schicken vt [haben] **17** envoyer

ab|schieben¹ vt [haben] **38** expulser – reléguer

ab|schieben² fam vi [sein] **38** décaniller – déguerpir

ab|schießen vt [haben] **37** abattre – décocher

ab|schinden (sich) vp [haben] **52** s'échiner

ab|schirmen vt [haben] **17** protéger

ab|schlachten vt [haben] **18** abattre – massacrer

ab|schlagen vt [haben] **48** refuser – couper

ab|schleifen vt [haben] **35** poncer
■ sich abschleifen vp [haben] **35** s'élimer – s'adoucir

ab|schleppen vt [haben] **17** dépanner – enlever
■ sich abschleppen vp [haben] **17** se trimbaler

ab|schließen¹ vt [haben] **37** fermer à clé – terminer

ab|schließen² vi [haben] **37** se terminer – se solder par

ab|schmecken vt [haben] **17** vérifier l'assaisonnement de

ab|schmettern vt [haben] **19** refuser catégoriquement

ab|schmieren¹ vt [haben] **17** graisser

ab|schmieren² fam vi [haben] **17** se scratcher – (ordinateur) planter

ab|schminken vt [haben] **17** démaquiller
■ sich abschminken vp [haben] **17** se démaquiller

ab|schnallen¹ vt [haben] **17** détacher

ab|schnallen² vi [sein] **17** en être baba
■ sich abschnallen vp [haben] **17** détacher sa ceinture

ab|schneiden¹ vt [haben] **35** couper

ab|schneiden² vi [haben] **35** être classé

ab|schnüren vt [haben] **17** couper (la respiration)

ab|schöpfen vt [haben] **17** écrémer – absorber

ab|schotten vt [haben] **18** isoler

ab|schrägen vt [haben] **17** augmenter la pente de

ab|schrauben vt [haben] **17** dévisser

ab|schrecken vt [haben] **17** dissuader

ab|schreiben vt [haben] **36** copier – déduire

ab|schrubben vt [haben] **17** brosser

ab|schürfen vt [haben] **17** érafler – écorcher

ab|schütteln vt [haben] **19** faire tomber – semer

ab|schwächen vt [haben] **17** atténuer
■ sich abschwächen vp [haben] **17** s'atténuer

ab|schwatzen vt [haben] **17** soutirer (en baratinant)

ab|schweifen vi [sein] **17** divaguer – s'écarter

ab|schwellen vi [sein] **31** désenfler – faiblir

ab|schwenken vi [sein] **17** changer de direction

ab|schwirren vi [sein] **17** ficher le camp

ab|schwören vi [haben] **33/53** renier – abjurer

ab|segnen vt [haben] **18** donner sa bénédiction à

ab|sehen vt/vi [haben] **29** prévoir – renoncer

ab|seifen vt [haben] **17** savonner

ab|seilen vt [haben] **17** descendre au moyen d'une corde
■ sich abseilen vp [haben] **17** descendre en rappel – fam se défiler

ab sein vi [sein] **2** être éloigné (éloignée) – être détaché (détachée)

ab|senden vt [haben] **50/18** envoyer

ab|senken vt [haben] **17** abaisser
■ sich absenken vp [haben] **17** descendre – s'abaisser

ab|servieren vt [haben] **22** desservir – virer

ab|setzen vt [haben] **17** déposer – enlever
■ sich absetzen vp [haben] **17** s'enfuir – se déposer

ab|sichern vt [haben] **19** protéger
■ sich absichern vp [haben] **19** se protéger

ab|sinken vi [sein] **39** baisser

ab|sitzen¹ vt [haben] **5** purger

ab|sitzen² vi [sein] **5** descendre de

absolvieren vt [haben] **22** suivre – être reçu à

ab|sondern vt [haben] **19** sécréter – isoler
■ sich absondern vp [haben] **19** s'isoler

absorbieren vt [haben] **22** absorber

ab|spalten vt [haben] **18** séparer
■ sich abspalten vp [haben] **18** se détacher de

ab|spannen vt [haben] **17** dételer

ab|sparen vt [haben] **17** économiser sur

ab|specken vt [haben] **17** dégraisser ; vi perdre du gras

ab|speichern vt [haben] **19** enregistrer

ab|speisen vt [haben] **17** bercer (de vaines promesses)

ab|sperren vt [haben] **17** barrer – verrouiller

ab|spielen vt [haben] **17** jouer
■ sich abspielen vp [haben] **17** se dérouler

ab|sprechen vt [haben] **24** convenir de
■ sich absprechen vp [haben] **24** se mettre d'accord

ab|springen vi [sein] **39** sauter – s'écailler

ab|spritzen vt [haben] **17** nettoyer au jet d'eau

ab|spulen vt [haben] **17** débobiner – dérouler

ạb|spülen[1] *vt* [haben] **17** laver *(la vaisselle)*

ạb|spülen[2] *vi* [haben] **17** faire la vaisselle

ạb|stammen *vi* [haben] **17** descendre de

ạb|statten *vt* [haben] **18** rendre *(visite)*

ạb|stauben *vt* [haben] **17** épousseter – piquer

ạb|stechen[1] *vt* [haben] **24** couper – saigner

ạb|stechen[2] *vi* [haben] **24** trancher sur – se distinguer de

ạb|stecken *vt* [haben] **17** délimiter – épingler

ạb|stehen *vi* [haben/sein] **6** être éloigné de

ạb|steigen *vi* [sein] **36** descendre

ạb|stellen *vt* [haben] **17** éteindre – déposer

ạb|stempeln *vt* [haben] **19** tamponner

ạb|sterben *vi* [sein] **23** dessécher – se nécroser

ạb|stimmen *vt/vi* [haben] **17** voter
 ▪ sich abstimmen *vp* [haben] **17** s'accorder avec

ạb|stoppen *vt* [haben] **17** arrêter – chronométrer

ạb|stoßen *vt* [haben] **42** pousser – écouler
 ▪ sich abstoßen *vp* [haben] **42** se donner de l'élan

ạb|stottern *vt* [haben] **19** payer à crédit

abstrahieren *vt* [haben] **22** abstraire

ạb|strampeln (sich) *vp* [haben] **19** se démener

ạb|streichen *vt* [haben] **35** essuyer – déduire

ạb|streifen *vt* [haben] **17** retirer – se défaire de

ạb|streiten *vt* [haben] **35** contester

ạb|stufen *vt* [haben] **17** échelonner – faire un dégradé de

ạb|stumpfen[1] *vt* [haben] **17** abrutir

ạb|stumpfen[2] *vi* [sein] **17** devenir insensible à

ạb|stürzen *vi* [sein] **17** s'écraser – *(ordinateur)* planter

ạb|stützen *vt* [haben] **17** étayer
 ▪ sich abstützen *vp* [haben] **17** s'appuyer

ạb|suchen *vt* [haben] **17** inspecter

ạb|tasten *vt* [haben] **18** tâter – palper

ạb|tauchen *vi* [sein] **17** se planquer

ạb|tauen[1] *vt* [haben] **17** décongeler

ạb|tauen[2] *vi* [sein] **17** se décongeler – fondre

ạb|teilen *vt* [haben] **17** séparer

ạb|tippen *vt* [haben] **17** taper *(à la machine)*

ạb|tönen *vt* [haben] **17** dégrader *(une couleur)*

ạb|tragen *vt* [haben] **48** emporter – user *(chaussures)*

ạb|transportieren *vt* [haben] **22** enlever – transporter

ạb|treiben *vt* [haben] **36** avorter

ạb|trennen *vt* [haben] **17** détacher – séparer

ạb|treten *vt* [haben] **29** user

ạb|trocknen *vt* [haben/sein] **18** essuyer
 ▪ sich abtrocknen *vp* [haben] **18** s'essuyer

ạb|tropfen *vi* [sein] **17** goutter

ạb|tun *vt* [haben] **4** enlever – repousser

ạb|tupfen *vt* [haben] **17** tamponner

ạb|turnen *fam vt* [haben] **17** gonfler

ạb|urteilen *vt* [haben] **17** condamner

ạb|verlangen *vt* [haben] **20** exiger

ạb|wägen *vt* [haben] **17/33** évaluer – soupeser

ạb|wählen *vt* [haben] **17** ne plus réélire – abandonner *(matière scolaire)*

ạb|wälzen *vt* [haben] **17** rejeter sur

ạb|wandeln *vt* [haben] **19** modifier

ạb|wandern *vi* [sein] **19** quitter le pays – passer à l'étranger

ạb|warten *vt/vi* [haben] **18** attendre

abwärts gehen *vi (imp)* [sein] **9** décliner

ạb|waschen [haben] **47** *vt* laver ; *vi* faire la vaisselle

ạb|wechseln (sich) *vp* [haben] **19** alterner

ạb|wehren[1] *vt* [haben] **17** parer – écarter

ạb|wehren[2] *vt* [haben] **17** refuser

ạb|weichen *vi* [sein] **35** s'écarter de

ạb|weisen *vt* [haben] **36** refuser – ne pas recevoir

ạb|wenden *vt* [haben] **50/18** détourner – prévenir
 ▪ sich abwenden *vp* [haben] **50/18** se détourner

ạb|werben *vt* [haben] **23** débaucher

ạb|werfen *vt* [haben] **23** larguer – rapporter

ạb|werten *vt* [haben] **18** dévaluer – déprécier

ạb|wetzen *vt* [haben] **17** user

ạb|wickeln *vt* [haben] **19** dévider – conclure

ạb|wiegen *vt* [haben] **38** peser

ạb|wimmeln *vt* [haben] **19** se débarrasser de

ạb|winken *vi* [haben] **17** refuser d'un geste

ạb|wirtschaften *vi* [haben] **18** tomber *ou* être en déconfiture

ạb|wischen *vt* [haben] **17** essuyer – enlever

ạb|würgen *vt* [haben] **17** étouffer

ạb|zahlen *vt* [haben] **17** payer à tempérament

ạb|zählen[1] *vt* [haben] **17** compter

ạb|zählen[2] *vi* [haben] **17** chanter *ou* dire une comptine

ạb|zapfen *vt* [haben] **17** tirer – détourner *(en partie)*

ạb|zappeln (sich) *vp* [haben] **19** se démener

ạb|zäunen *vt* [haben] **17** clôturer

ạb|zeichnen *vt* [haben] **18** copier
 ▪ sich abzeichnen *vp* [haben] **18** se profiler

ạb|ziehen[1] *vt* [haben] **38** retirer – déduire

ạb|ziehen[2] *vi* [sein] **38** s'échapper – *fam* ficher le camp

ạb|zielen *vi* [haben] **17** viser

ạb|zirkeln *vt* [haben] **19** mesurer *(avec précision)*

ạb|zocken *fam* [haben] **17** *vt* arnaquer ; *vi* s'en mettre plein les poches

ạb|zweigen[1] *vt* [haben] **17** mettre de côté

ạb|zweigen[2] *vi* [sein] **17** partir de

ạchteln *vt* [haben] **19** partager en huit

ạchten *vt/vi* [haben] **18** respecter

ạ̈chten *vt* [haben] **18** proscrire

Acht geben *vi* [haben] **29** faire attention

ạ̈chzen *vi* [haben] **17** gémir

ạckern *vi* [haben] **19** bosser

addieren *vt* [haben] **22** additionner
 ▪ sich addieren *vp* [haben] **22** s'élever à

adeln *vt* [haben] **19** anoblir

adoptieren vt [haben] **22** adopter

adressieren vt [haben] **22** adresser

agieren vi [haben] **22** agir

agitieren vi [haben] **22** faire de la propagande

ahnden vt [haben] **18** punir

ähneln vi [haben] **19** ressembler à

ahnen vt [haben] **17** pressentir – se douter de

akklimatisieren (sich) vp [haben] **22** s'acclimater

akkumulieren vt [haben] **22** accumuler

aktivieren vt [haben] **22** activer

aktualisieren vt [haben] **22** actualiser – mettre à jour

akzentuieren vt [haben] **22** accentuer

akzeptieren vt [haben] **22** accepter

alarmieren vt [haben] **22** alarmer – alerter

albern vi [haben] **19** faire l'imbécile

alliieren (sich) vp [haben] **22** s'allier

altern vi [sein] **19** vieillir

alternieren vi [haben] **22** alterner

amnestieren vt [haben] **22** amnistier

amortisieren vt [haben] **22** amortir
  ■ sich amortisieren vp [haben] **22** s'amortir

amputieren vt [haben] **22** amputer

amüsieren vt [haben] **22** amuser
  ■ sich amüsieren vp [haben] **22** s'amuser

analysieren vt [haben] **22** analyser

an|bahnen vt [haben] **17** entamer – arranger
  ■ sich anbahnen vp [haben] **17** s'annoncer

an|bändeln vi [haben] **19** entamer une liaison

an|bauen vt [haben] **17** construire (annexe) – cultiver

an|behalten vt [haben] **41** garder (vêtement)

an|beißen¹ vt [haben] **35** mordre dans

an|beißen² vi [haben] **35** mordre (poisson) – se décider

an|bekommen vt [haben] **30** arriver à mettre – arriver à allumer

an|belangen vt (imp) [haben] **20** concerner

an|bellen vt [haben] **17** aboyer après

an|beraumen vt [haben] **20** fixer

an|beten vt [haben] **18** adorer – vénérer

an|betreffen vt (imp) [haben] **24** concerner

an|biedern (sich) vp [haben] **19** essayer de se faire bien voir de

an|bieten vt [haben] **38** offrir
  ■ sich anbieten vp [haben] **38** se proposer – convenir

an|binden vt [haben] **39** attacher

an|blicken vt [haben] **17** regarder

an|braten vt [haben] **42** saisir (viande)

an|brauchen vt [haben] **17** entamer

an|brechen¹ vt [haben] **24** entamer – fêler

an|brechen² vi [sein] **24** se lever

an|brennen¹ vt [haben] **50** mettre le feu à

an|brennen² vi [sein] **50** brûler

an|bringen vt [haben] **49** fixer – formuler

an|brüllen vt [haben] **17** engueuler

an|dauern vi [haben] **19** se prolonger – persister

ändern vt [haben] **19** changer
  ■ sich ändern vp [haben] **19** changer

an|deuten vt [haben] **18** esquisser
  ■ sich andeuten vp [haben] **18** s'annoncer

an|drehen vt [haben] **17** fourguer

an|drohen vt [haben] **17** menacer de

an|drücken vt [haben] **17** fixer en appuyant

an|ecken vi [sein] **17** se cogner contre

an|eignen vt [haben] **18** approprier

aneinander fügen vt [haben] **17** assembler
  ■ sich aneinander fügen vp [haben] **17** s'assembler

aneinander geraten vi [sein] **42** avoir une prise de bec

aneinander grenzen vi [haben] **17** être voisins

aneinander hängen¹ vt [haben] **17** attacher les uns (les unes) aux autres

aneinander hängen² vi [haben] **43** être attachés les uns aux autres (être attachées les unes aux autres)

aneinander hängen³ vt [haben] **43** être unis (unies)

aneinander legen vt [haben] **17** assembler

aneinander reihen vt [haben] **17** enfiler
  ■ sich aneinander reihen vp [haben] **17** se succéder

aneinander stoßen¹ vt [haben] **42** entrechoquer

aneinander stoßen² vi [sein] **42** se heurter – se toucher

an|ekeln vt [haben] **19** dégoûter

an|erkennen vt [haben] **50** reconnaître

an|erziehen vt [haben] **38** inculquer

an|fachen vt [haben] **17** attiser

an|fahren¹ vt [haben] **48** renverser – se diriger vers

an|fahren² vi [sein] **48** démarrer

an|fallen¹ vt [haben] **41** attaquer

an|fallen² vi [sein] **41** résulter

an|fangen vt/vi [haben] **43** commencer

an|fassen¹ vt [haben] **17** toucher – traiter

an|fassen² vi [haben] **17** aider
  ■ sich anfassen vp [haben] **17** se donner la main

an|fechten vt [haben] **31** contester – toucher

an|feinden vt [haben] **18** attaquer

an|fertigen vt [haben] **17** confectionner – rédiger

an|feuchten vt [haben] **18** humecter

an|feuern vt [haben] **19** encourager

an|flehen vt [haben] **17** supplier

an|fliegen¹ vt [haben] **38** approcher de – desservir

an|fliegen² vi [sein] **38** arriver (par avion)

an|fordern vt [haben] **19** exiger

an|fragen vi [haben] **17** demander

an|freunden (sich) vp [haben] **18** devenir amis (amies)

an|fügen vt [haben] **17** ajouter

an|fühlen vt [haben] **17** toucher
  ■ sich anfühlen vp [haben] **17** donner une sensation au toucher

an|führen vt [haben] **17** mentionner

an|geben¹ vt [haben] **29** indiquer – déclarer

an|geben² vt [haben] **29** crâner

an|gehen¹ vt [haben] **9** concerner

an|gehen² vi [sein] **9** s'allumer – commencer à brûler

an|gehören vi [haben] **20** appartenir à

angeln vt [haben] **19** pêcher ; vi pêcher à la ligne

an|gewöhnen *vt* [haben] **20** habituer

an|gleichen *vt* [haben] **35** réajuster – adapter

an|gliedern *vt* [haben] **19** rattacher

an|greifen *vt/vi* [haben] **35** attaquer

an|grenzen *vi* [haben] **17** toucher

ängstigen *vt* [haben] **17** faire peur à
- sich ängstigen *vp* [haben] **17** avoir peur de

an|gucken *vt* [haben] **17** regarder

an|gurten *vt* [haben] **18** attacher la ceinture de
- sich angurten *vp* [haben] **18** attacher sa ceinture

an|haben *vt* [haben] **1** porter

an|haften *vi* [haben] **18** poursuivre

an|halten [haben] **41** *vt* arrêter ; *vi* s'arrêter

an|hängen *vt* [haben] **17** accrocher – ajouter

an|hauchen *vt* [haben] **17** souffler sur

an|hauen *fam vt* [haben] **51** accoster – racoler

an|häufen *vt* [haben] **17** accumuler
- sich anhäufen *vp* [haben] **17** s'accumuler

an|heben *vt* [haben] **33** soulever – relever

an|heften *vt* [haben] **18** attacher

anheim stellen *vt* [haben] **17** laisser libre de

an|heizen *vt* [haben] **17** allumer – attiser

an|herrschen *vt* [haben] **17** invectiver

an|heuern [haben] **19** *vt* enrôler ; *vi* être enrôlé (enrôlée)

an|himmeln *vt* [haben] **19** idolâtrer

an|hören *vt* [haben] **17** entendre
- sich anhören *vp* [haben] **17** sonner – sembler

animieren *vt* [haben] **22** inciter

an|kämpfen *vi* [haben] **17** lutter contre

an|kaufen *vt* [haben] **17** acheter

ankern *vi* [haben] **19** (*bateau*) mouiller

an|ketten *vt* [haben] **18** attacher

an|klagen *vt* [haben] **17** accuser – dénoncer

an|klammern *vt* [haben] **19** agrafer
- sich anklammern *vp* [haben] **19** s'agripper

an|kleben *vt* [haben] **17** coller

an|kleckern *vi* [sein] **19** débarquer

an|kleiden (sich) *vp* [haben] **18** s'habiller

an|klicken *vt* [haben] **17** cliquer sur

an|klingen *vi* [sein] **39** évoquer – affleurer

an|klopfen *vi* [haben] **17** frapper (*à la porte*)

an|knüpfen *vt/vi* [haben] **17** attacher – lier (*conversation*)

an|kommen *vi* [sein] **30** arriver

an|können *vi* [haben] **10** pouvoir

an|kotzen *tfam vt* [haben] **17** débecter

an|kratzen *vt* [haben] **17** érafler – ternir

an|kreiden *vt* [haben] **18** reprocher

an|kreuzen *vt* [haben] **17** cocher

an|kündigen *vt* [haben] **17** annoncer
- sich ankündigen *vp* [haben] **17** s'annoncer – prévenir de son arrivée

an|kurbeln *vt* [haben] **19** stimuler

an|lächeln *vt* [haben] **19** sourire à

an|lachen *vt* [haben] **17** regarder en riant

an|langen *vt (imp)* [haben] **17** concerner

an|lassen *vt* [haben] **41** laisser allumé (allumée) – démarrer
- sich anlassen *vp* [haben] **41** s'annoncer

an|lasten *vt* [haben] **18** imputer à

an|laufen[1] *vt* [haben] **46** mettre le cap sur – faire escale à

an|laufen[2] *vi* [sein] **46** débuter – sortir

an|legen[1] *vt* [haben] **17** aménager – construire

an|legen[2] *vi* [haben] **17** accoster – mettre en joue
- sich anlegen *vp* [haben] **17** se quereller

an|lehnen *vt* [haben] **17** laisser entrouvert (entrouverte) – appuyer
- sich anlehnen *vp* [haben] **17** s'appuyer

an|leiern *vt* [haben] **19** lancer

an|leinen *vt* [haben] **17** mettre en laisse

an|leiten *vt* [haben] **18** instruire – former

an|lernen *vt* [haben] **17** former

an|liefern *vt* [haben] **19** livrer

an|liegen *vi* [haben] **7** être moulant (moulante)

an|locken *vt* [haben] **17** attirer

an|lügen *vt* [haben] **34** mentir à

an|machen *vt* [haben] **17** allumer – assaisonner

an|malen *vt* [haben] **17** peindre
- sich anmalen *vp* [haben] **17** se peinturlurer

an|maßen (sich) *vp* [haben] **17** se permettre

an|melden *vt* [haben] **18** déclarer – inscrire
- sich anmelden *vp* [haben] **18** s'inscrire – prendre rendez-vous

an|merken *vt* [haben] **17** faire remarquer

an|mieten *vt* [haben] **18** louer

an|muten *vt* [haben] **18** donner l'impression, sembler

an|nageln *vt* [haben] **19** clouer

an|nähen *vt* [haben] **17** coudre

an|nähern *vt* [haben] **19** rapprocher
- sich annähern *vp* [haben] **19** se rapprocher

an|nehmen *vt* [haben] **27** recevoir – adopter
- sich annehmen *vp* [haben] **27** s'occuper de

annektieren *vt* [haben] **22** annexer

annoncieren[1] *vi* [haben] **22** passer une annonce

annoncieren[2] *vt* [haben] **22** mettre une annonce pour

annullieren *vt* [haben] **22** annuler

an|öden *vt* [haben] **18** barber

an|ordnen *vt* [haben] **18** ordonner – disposer

an|packen[1] *vt* [haben] **17** saisir – traiter

an|packen[2] *vi* [haben] **17** mettre la main à la pâte

an|passen *vt* [haben] **17** adapter
- sich anpassen *vp* [haben] **17** s'adapter

an|peilen *vt* [haben] **17** mettre le cap sur – viser

an|pfeifen *vt* [haben] **35** donner le coup d'envoi – enguirlander

an|pflanzen *vt* [haben] **17** planter

an|pflaumen *vt* [haben] **17** charrier

an|pöbeln *fam vt* [haben] **19** prendre à partie

an|prangern *vt* [haben] **19** mettre au pilori

an|preisen *vt* [haben] **36** vanter

an|preschen *vi* [sein] **17** arriver au galop

an|probieren *vt* [haben] **22** essayer (*vêtement*)

an|pumpen *vt* [haben] **17** taper *(argent)*

an|quatschen *fam vt* [haben] **17** aborder

an|raten *vt* [haben] **42** conseiller

an|rechnen *vt* [haben] **18** prendre en compte – compter

an|reden *vt* [haben] **18** aborder

an|regen *vt* [haben] **17** stimuler – être l'instigateur (instigatrice) de

an|reichern *vt* [haben] **19** enrichir

an|reisen *vi* [sein] **17** venir

an|reißen *vt* [haben] **35** entamer – effleurer

an|reizen *vt* [haben] **17** effleurer – exciter

an|rempeln *vt* [haben] **19** bousculer

an|rennen *vi* [sein] **50** arriver *(en courant)*

an|richten *vt* [haben] **18** préparer – causer

an|rücken *vi* [sein] **17** s'avancer

an|rufen *vt* [haben] **44** *vt* appeler ; *vi* faire appel à

an|rühren *vt* [haben] **17** toucher – aborder

an|sagen *vt* [haben] **17** annoncer
■ sich ansagen *vp* [haben] **17** s'annoncer – annoncer sa visite

an|sammeln *vt* [haben] **19** accumuler
■ sich ansammeln *vp* [haben] **19** s'accumuler – s'attrouper

an|saugen *vt* [haben] **17** aspirer

an|schaffen¹ *vt* [haben] **17** acquérir

an|schaffen² *vi* [haben] **17** faire le tapin

an|schalten *vt* [haben] **18** allumer

an|schauen *vt* [haben] **17** regarder

an|schicken (sich) *vp* [haben] **17** se disposer à

an|schieben *vt* [haben] **38** pousser

an|schießen *vt* [haben/sein] **37** blesser *(par balle)* – arriver en trombe

an|schlagen¹ *vt* [haben] **48** afficher – ébrécher

an|schlagen² *vi* [haben/sein] **48** agir – aboyer

an|schleichen *vi* [sein] **35** s'approcher
■ sich anschleichen *vp* [haben] **35** s'approcher à pas de loup

an|schleppen *vt* [haben] **17** amener

an|schließen *vt* [haben] **37** brancher – enchaîner
■ sich anschließen *vp* [haben] **37** se joindre à – suivre

an|schmiegen (sich) *vp* [haben] **17** se blottir

an|schmieren *vt* [haben] **17** avoir – rouler

an|schnallen *vt* [haben] **17** attacher
■ sich anschnallen *vp* [haben] **17** attacher sa ceinture *(de sécurité)*

an|schnauzen *fam vt* [haben] **17** engueuler

an|schneiden *vt* [haben] **35** entamer – aborder

an|schrauben *vt* [haben] **17** visser

an|schreiben [haben] **36** *vt* écrire à ; *vi* écrire

an|schreien *vt* [haben] **36** apostropher violemment

an|schuldigen *vt* [haben] **17** accuser

an|schwärzen *vt* [haben] **17** dénigrer

an|schwellen *vi* [sein] **31** enfler – grossir

an|schwemmen *vt* [haben] **17** charrier

an|sehen *vt/vi* [haben] **29** regarder

an|seilen (sich) *vp* [haben] **17** s'encorder

an sein *vi* [sein] **2** être allumé (allumée)

an|setzen [haben] **17** *vt* mettre ; *vi* commencer
■ sich ansetzen *vp* [haben] **17** se déposer

an|siedeln *vt* [haben] **19** implanter – situer
■ sich ansiedeln *vp* [haben] **19** s'établir – s'implanter

an|spannen *vt* [haben] **17** bander – tendre

an|sparen *vt* [haben] **17** mettre de côté

an|spielen *vt/vi* [haben] **17** passer le ballon à – faire allusion à

an|spinnen *vt* [haben] **40** entamer – engager
■ sich anspinnen *vp* [haben] **40** se tramer – s'amorcer

an|spitzen *vt* [haben] **17** tailler

an|spornen *vt* [haben] **17** stimuler

an|sprechen [haben] **24** *vt* aborder ; *vi* répondre

an|springen¹ *vt* [haben] **39** sauter sur

an|springen² *vi* [haben] **39** démarrer

an|stacheln *vt* [haben] **19** exciter

an|starren *vt* [haben] **17** fixer *(du regard)*

an|stechen *vt* [haben] **24** piquer – mettre en perce

an|stecken [haben] **17** *vt* contaminer ; *vi* être contagieux (contagieuse)
■ sich anstecken *vp* [haben] **17** attraper *(au contact de)*

an|stehen *vi* [haben] **6** faire la queue – être en suspens

an|steigen *vi* [sein] **36** monter – augmenter

an|stellen *vt* [haben] **17** mettre en marche – embaucher
■ sich anstellen *vp* [haben] **17** faire la queue – faire des manières

an|stiften *vt* [haben] **18** inciter

an|stimmen *vt* [haben] **17** entonner

an|stoßen¹ *vt* [haben] **42** pousser

an|stoßen² *vi* [haben/sein] **42** se cogner – jouxter

an|strahlen *vt* [haben] **17** éclairer

an|streben *vt* [haben] **17** viser – briguer

an|streichen *vt* [haben] **35** peindre – souligner

an|strengen *vt* [haben] **17** fatiguer
■ sich anstrengen *vp* [haben] **17** se donner du mal *ou* de la peine

an|stürmen *vi* [sein] **17** se jeter sur – assaillir

an|tanzen *vi* [sein] **17** se pointer

an|tasten *vt* [haben] **18** porter atteinte à – toucher à

an|tippen *vt* [haben] **17** effleurer

an|treffen *vt* [haben] **24** trouver

an|treiben *vt* [haben] **36** entraîner – stimuler

an|treten¹ *vt* [haben] **29** commencer

an|treten² *vi* [sein] **29** se mettre en rang

an|trinken *vt* [haben] **39** entamer, boire

an|trocknen *vi* [sein] **18** commencer à sécher

an|tun *vt* [haben] **4** faire du mal

an|turnen *vt* [haben] **17** brancher – faire planer

antworten *vt/vi* [haben] **18** répondre

an|vertrauen *vt* [haben] **20** confier
■ sich anvertrauen *vp* [haben] **20** se confier

an|visieren *vt* [haben] **22** viser

an|wachsen *vi* [sein] **47** prendre (racine) – augmenter

an|wählen *vt* [haben] **17** appeler *(au téléphone)*

an|wärmen *vt* [haben] **17** chauffer

an|weisen *vt* [haben] **36** virer *(de l'argent)*

an|wenden *vt* [haben] **50/18** utiliser – employer

an|werben *vt* [haben] **23** recruter

an|werfen *vt* [haben] **23** mettre en marche *(moteur)*

an|widern *vt* [haben] **19** dégoûter

an|zahlen *vt* [haben] **17** verser un acompte

an|zapfen *vt* [haben] **17** mettre en perce – mettre sur écoute

an|zeigen *vt* [haben] **17** signaler – indiquer

an|zetteln *vt* [haben] **19** provoquer

an|ziehen[1] *vt* [haben] **38** mettre – habiller

an|ziehen[2] *vi* [sein] **38** être en hausse – accélérer

 ■ sich anziehen *vp* [haben] **38** s'habiller

an|zünden *vt* [haben] **18** allumer – incendier

an|zweifeln *vt* [haben] **19** mettre en doute

appellieren *vi* [haben] **22** exhorter

applaudieren *vi* [haben] **22** applaudir

arbeiten *vi* [haben] **18** travailler

 ■ sich arbeiten *vp* [haben] **18** sich müde arbeiten : travailler jusqu'à l'épuisement

archivieren *vt* [haben] **22** archiver

ärgern *vt* [haben] **19** énerver

 ■ sich ärgern *vp* [haben] **19** s'énerver

argumentieren *vi* [haben] **22** argumenter

argwöhnen *vt* [haben] **17** suspecter

arrangieren *vt* [haben] **22** mettre sur pied – organiser

 ■ sich arrangieren *vp* [haben] **22** s'arranger

artikulieren *vt* [haben] **22** articuler – exprimer

 ■ sich artikulieren *vp* [haben] **22** s'exprimer

asphaltieren *vt* [haben] **22** goudronner

assimilieren *vt* [haben] **22** assimiler

 ■ sich assimilieren *vp* [haben] **22** s'assimiler

assistieren *vi* [haben] **22** assister

assoziieren *vt* [haben] **22** associer

 ■ sich assoziieren *vp* [haben] **22** s'associer

atmen *vt/vi* [haben] **18** respirer

attackieren *vt* [haben] **22** attaquer

attestieren *vt* [haben] **22** confirmer

ätzen [haben] **17** *vt* attaquer ; *vi* être caustique *ou* corrosif (corrosive)

auf|arbeiten *vt* [haben] **18** remettre à neuf – travailler sur

auf|atmen *vi* [haben] **18** pousser un soupir de soulagement

auf|bahren *vt* [haben] **17** exposer sur le catafalque

auf|bauen *vt* [haben] **17** construire – créer

 ■ sich aufbauen *vp* [haben] **17** se camper

auf|bäumen (sich) *vp* [haben] **17** se cabrer

auf|bauschen *vt* [haben] **17** mettre en épingle

auf|begehren *vi* [haben] **20** s'élever contre

auf|behalten *vt* [haben] **41** garder

auf|bekommen *vt* [haben] **30** réussir à ouvrir – arriver à finir *(plat)*

auf|bereiten *vt* [haben] **18** traiter

auf|bessern *vt* [haben] **19** améliorer

auf|bewahren *vt* [haben] **20** garder – conserver

auf|bieten *vt* [haben] **38** user de – mobiliser

auf|binden *vt* [haben] **39** défaire – attacher

auf|blähen *vt* [haben] **17** gonfler – ballonner

auf|blasen *vt* [haben] **42** gonfler

auf|bleiben *vi* [sein] **36** rester debout *ou* éveillé (éveillée) – rester ouvert (ouverte)

auf|blenden *vt/vi* [haben] **18** faire un appel de phares

auf|blicken *vi* [haben] **17** lever les yeux

auf|blitzen *vi* [haben/sein] **17** jaillir

auf|blühen *vi* [sein] **17** s'épanouir – être en plein essor

auf|brauchen *vt* [haben] **17** épuiser

auf|brausen *vi* [sein] **17** éclater – s'emporter

auf|brechen[1] *vt* [haben] **24** forcer – fracturer

auf|brechen[2] *vi* [sein] **24** se mettre en route – se rouvrir

auf|bringen *vt* [haben] **49** lancer – arriver à ouvrir

auf|brühen *vt* [haben] **17** verser de l'eau frémissante sur

auf|brummen *vt* [haben] **17** flanquer – coller

auf|bürden *vt* [haben] **18** charger de

auf|decken [haben] **17** *vt* retirer ; *vi* mettre le couvert

 ■ sich aufdecken *vp* [haben] **17** se découvrir

auf|donnern (sich) *vp* [haben] **19** se pomponner

auf|drängen *vt* [haben] **17** chercher à imposer

 ■ sich aufdrängen *vp* [haben] **17** s'imposer

auf|drehen [haben] **17** *vt* ouvrir ; *vi* mettre les gaz

auf|dröseln *vt* [haben] **19** démêler

auf|drucken *vt* [haben] **17** imprimer

auf|drücken *vt/vi* [haben] **17** pousser – appuyer fortement avec

aufeinander drücken *vt* [haben] **17** presser les mains l'une contre l'autre

aufeinander folgen *vi* [sein] **17** se succéder

aufeinander legen *vt* [haben] **17** superposer

aufeinander liegen *vi* [haben] **7** être l'un (l'une) sur l'autre

aufeinander prallen *vi* [sein] **17** entrer en collision – s'opposer

aufeinander stoßen *vi* [sein] **42** entrer en collision – s'entrechoquer

aufeinander treffen *vi* [sein] **24** se rencontrer

auf|erlegen *vt* [haben] **20** imposer

auf|erstehen *vi* [sein] **6** ressusciter

auf|erwecken *vt* [haben] **20** ressusciter

auf|essen *vt* [haben] **28** finir *(de manger)*

auf|fädeln *vt* [haben] **19** enfiler

auf|fahren *vi* [sein] **48** s'approcher – sursauter

auf|fallen *vi* [sein] **41** se faire remarquer – se voir

auf|fangen *vt* [haben] **43** attraper – capter

auf|fassen *vt* [haben] **17** comprendre – saisir

auf|finden *vt* [haben] **39** retrouver

auf|flackern *vi* [sein] **19** jeter une lueur vacillante – faire surface

auf|fliegen *vi* [sein] **38** s'envoler – s'ouvrir brusquement

auf|fordern *vt* [haben] **19** inviter – ordonner à

auf|forsten *vt* [haben] **18** boiser

auf|fressen *vt* [haben] **28** dévorer – manger

auf|frischen[1] *vt* [haben] **17** rafraîchir

auf|frischen[2] *vi* [haben/sein] **17** fraîchir

auf|führen *vt* [haben] **17** représenter – énumérer
  ■ **sich aufführen** *vp* [haben] **17** se conduire

auf|füllen *vt* [haben] **17** faire le plein de – remplir

auf|gabeln *vt* [haben] **19** pêcher – choper

auf|geben [haben] **29** *vt* arrêter ; *vi* abandonner

auf|gehen *vi* [sein] **9** se lever – se défaire (nœud)

auf|gießen *vt* [haben] **37** verser de l'eau chaude sur

auf|gliedern *vt* [haben] **19** diviser en

auf|greifen *vt* [haben] **35** ramasser – s'inspirer de

auf|haben [haben] **1** *vt* porter ; *vi (commerce)* être ouvert (ouverte)

auf|halsen *vt* [haben] **17** filer à

auf|halten *vt* [haben] **41** tenir ouvert (ouverte) – enrayer
  ■ **sich aufhalten** *vp* [haben] **41** séjourner

auf|hängen [haben] **17** *vt* accrocher ; *vi* raccrocher
  ■ **sich aufhängen** *vp* [haben] **17** se pendre

auf|häufen *vt* [haben] **17** entasser
  ■ **sich aufhäufen** *vp* [haben] **17** s'entasser

auf|heben *vt* [haben] **33** ramasser – lever

auf|heitern *vt* [haben] **19** dérider – distraire
  ■ **sich aufheitern** *vp* [haben] **19** se dérider – s'éclaircir

auf|heizen *vt* [haben] **17** chauffer – faire monter
  ■ **sich aufheizen** *vp* [haben] **17** se réchauffer

auf|hellen *vt* [haben] **17** éclaircir
  ■ **sich aufhellen** *vp* [haben] **17** s'éclaircir

auf|hetzen *vt* [haben] **17** provoquer

auf|heulen *vi* [haben] **17** hurler – vrombir

auf|holen [haben] **17** *vt* rattraper ; *vi* gagner du terrain

auf|horchen *vi* [haben] **17** tendre l'oreille

auf|hören *vi* [haben] **17** arrêter – se terminer

auf|kaufen *vt* [haben] **17** racheter

auf|keimen *vi* [sein] **17** germer

auf|klappen *vt* [haben] **17** ouvrir

auf|klaren *vi* [haben] **17** s'éclaircir

auf|klären *vt* [haben] **17** élucider – faire l'éducation sexuelle de
  ■ **sich aufklären** *vp* [haben] **17** s'expliquer – s'éclaircir

auf|kleben *vt* [haben] **17** coller

auf|knacken *vt* [haben] **17** casser – forcer

auf|knöpfen *vt* [haben] **17** déboutonner

auf|knoten *vt* [haben] **18** défaire

auf|kochen *vi* [sein] **17** bouillir

auf|kommen *vi* [sein] **30** apparaître – se relever

auf|kratzen *vt* [haben] **17** gratter

auf|krempeln *vt* [haben] **19** retrousser

auf|kreuzen *vi* [sein] **17** débarquer

auf|kriegen *vt* [haben] **17** arriver à ouvrir – arriver à défaire

auf|kündigen *vt* [haben] **17** jm die Freundschaft aufkündigen : retirer son amitié à qqn

auf|lachen *vi* [haben] **17** éclater de rire

auf|laden *vt* [haben] **48** recharger
  ■ **sich aufladen** *vp* [haben] **48** être en charge

auf|lassen *vt* [haben] **41** laisser ouvert (ouverte) – garder

auf|lauern *vi* [haben] **19** guetter

auf|laufen *vi* [sein] **46** s'échouer

auf|leben *vi* [sein] **17** reprendre vie – s'animer

auf|legen *vt* [haben] **17** poser ; *vi* raccrocher

auf|lehnen (sich) *vp* [haben] **17** s'élever contre

auf|lesen *vt* [haben] **29** ramasser – dégoter

auf|leuchten *vi* [haben/sein] **18** s'allumer

auf|listen *vt* [haben] **18** faire la liste de

auf|lockern *vt* [haben] **19** ameublir – détendre
  ■ **sich auflockern** *vp* [haben] **19** se détendre – se disperser

auf|lodern *vi* [sein] **19** s'élever – s'embraser

auf|lösen *vt* [haben] **17** dissoudre – rompre
  ■ **sich auflösen** *vp* [haben] **17** se dissoudre – se dissiper

auf|machen *vt/vi* [haben] **17** ouvrir
  ■ **sich aufmachen** *vp* [haben] **17** partir – se mettre en route

auf|malen *vt* [haben] **17** peindre

auf|marschieren *vi* [sein] **22** défiler

auf|merken *vi* [haben] **17** dresser l'oreille

auf|möbeln *vt* [haben] **19** requinquer – retaper

auf|mucken *vi* [haben] **17** pester contre

auf|muntern *vt* [haben] **19** encourager – égayer

auf|nehmen *vt* [haben] **27** ramasser – admettre

auf|nötigen *vt* [haben] **17** imposer

auf|oktroyieren *vt* [haben] **22** imposer

auf|opfern (sich) *vp* [haben] **19** se sacrifier

auf|packen *vt* [haben] **17** charger

auf|päppeln *vt* [haben] **19** requinquer

auf|passen *vi* [haben] **17** faire attention – être attentif (attentive)

auf|peitschen *vt* [haben] **17** agiter – donner un coup de fouet à

auf|pflanzen *vt* [haben] **17** planter
  ■ **sich aufpflanzen** *vp* [haben] **17** se camper

auf|platzen *vi* [sein] **17** craquer

auf|plustern *vt* [haben] **19** hérisser
  ■ **sich aufplustern** *vp* [haben] **19** hérisser ses plumes – se faire mousser

auf|prallen *vi* [sein] **17** entrer en collision avec

auf|pumpen *vt* [haben] **17** gonfler

auf|putschen *vt* [haben] **17** exciter
  ■ **sich aufputschen** *vp* [haben] **17** se doper

auf|quellen *vi* [sein] **31** gonfler

auf|raffen (sich) *vp* [haben] **17** se relever

auf|ragen *vi* [haben] **17** se dresser

auf|rappeln (sich) *vp* [haben] **19** se remettre d'aplomb

auf|rauen *vt* [haben] **17** rendre rugueux (rugueuse)

auf|räumen *vt/vi* [haben] **17** ranger

auf|rechnen *vt* [haben] **18** compenser

aufrecht|erhalten *vt* [haben] **41** maintenir

auf|regen *vt* [haben] **17** énerver
  ■ **sich aufregen** *vp* [haben] **17** s'énerver

auf|reiben *vt* [haben] **36** éreinter – exterminer
  ■ **sich aufreiben** *vp* [haben] **36** s'éreinter

auf|reihen *vt* [haben] **17** aligner

auf|reißen[1] *vt* [haben] **35** ouvrir violemment

auf|reißen[2] *vi* [sein] **35** se découdre

auf|richten *vt* [haben] **18** redresser – dresser
  ■ **sich aufrichten** *vp* [haben] **18** se redresser – reprendre courage

auf|rollen *vt* [haben] **17** enrouler – dérouler

auf|rücken *vi* [sein] **17** avancer

auf|rufen *vt* [haben] **44** appeler

auf|rühren *vt* [haben] **17** remuer – réveiller

auf|runden *vt* [haben] **18** arrondir

auf|rüsten *vi* [haben] **18** réarmer

auf|rütteln *vt* [haben] **19** ébranler

auf|sagen *vt* [haben] **17** réciter

auf|sammeln *vt* [haben] **19** ramasser

auf|saugen *vt* [haben] **17** absorber

auf|schauen *vi* [haben] **17** lever les yeux

auf|scheuchen *vt* [haben] **17** effrayer – déloger

auf|schieben *vt* [haben] **38** repousser – pousser

auf|schießen *vi* [sein] **37** pousser très vite – jaillir

auf|schlagen[1] *vt* [haben] **48** ouvrir – casser

auf|schlagen[2] *vi* **48** [sein] rebondir – [haben] servir

auf|schließen *vt/vi* [haben] **37** ouvrir

auf|schlitzen *vt* [haben] **17** ouvrir – éventrer

auf|schlüsseln *vt* [haben] **19** répartir – ventiler

auf|schnappen *vt* [haben] **17** aller pêcher

auf|schneiden [haben] **35** *vt* ouvrir (en coupant) ; *vi* fanfaronner

auf|schnüren *vt* [haben] **17** défaire

auf|schrauben *vt* [haben] **17** ouvrir (en dévissant)

auf|schrecken[1] *vt* [haben] **17** effrayer

auf|schrecken[2] *vi* [sein] **24** sursauter

auf|schreiben *vt* [haben] **36** noter – relever

auf|schreien *vi* [haben] **36** crier

auf|schütten *vt* [haben] **18** remettre – remblayer

auf|schwatzen *vt* [haben] **17** fourguer

auf|schwemmen *vt* [haben] **17** bouffir

auf|schwingen (sich) *vp* [haben] **39** prendre sur soi pour

auf|sehen *vi* [haben] **29** lever les yeux

auf sein *vi* [sein] **2** être ouvert (ouverte) – être debout

auf|setzen[1] *vt* [haben] **17** mettre – arborer

auf|setzen[2] *vi* [haben/sein] **17** se poser
  ■ **sich aufsetzen** *vp* [haben/sein] **17** se redresser

auf|seufzen *vi* [haben] **17** soupirer

auf|sitzen *vi* [haben/sein] **5** se mettre en selle – rester éveillé (éveillée)

auf|spalten *vt* [haben] **18** faire éclater – fendre
  ■ **sich aufspalten** *vp* [haben] **18** éclater

auf|spannen *vt* [haben] **17** ouvrir (parapluie)

auf|sparen *vt* [haben] **17** mettre de côté

auf|sperren *vt* [haben] **17** ouvrir

auf|spielen (sich) *vp* [haben] **17** se faire mousser

auf|spießen *vt* [haben] **17** piquer

auf|splittern *vt* [haben] **19** faire éclater
  ■ **sich aufsplittern** *vp* [haben] **19** éclater

auf|springen *vi* [sein] **39** sursauter – s'ouvrir

auf|spritzen *vi* [sein] **17** gicler

auf|spüren *vt* [haben] **17** dépister

auf|stacheln *vt* [haben] **19** pousser

auf|stampfen *vi* [haben/sein] **17** frapper du pied

auf|stapeln *vt* [haben] **19** empiler

auf|stauen *vt* [haben] **17** retenir
  ■ **sich aufstauen** *vp* [haben] **17** s'accumuler

auf|stecken *vt* [haben] **17** relever – laisser tomber

auf|stehen *vi* **6** [sein] se lever – [haben] être ouvert (ouverte)

auf|steigen *vi* [sein] **36** monter – monter en grade

auf|stellen *vt* [haben] **17** placer – construire
  ■ **sich aufstellen** *vp* [haben] **17** se placer – se hérisser

auf|stemmen *vt* [haben] **17** fracturer

auf|stöbern *vt* [haben] **19** dénicher – débusquer

auf|stocken *vt* [haben] **17** surélever – augmenter

auf|stoßen[1] *vt* [haben] **42** ouvrir (en poussant)

auf|stoßen[2] *vi* [haben] **42** avoir des renvois

auf|stützen *vt* [haben] **17** appuyer
  ■ **sich aufstützen** *vp* [haben] **17** s'appuyer

auf|suchen *vt* [haben] **17** consulter

auf|tanken[1] *vt* [haben] **17** prendre (de l'essence)

auf|tanken[2] *vi* [haben] **17** faire le plein

auf|tauchen *vi* [sein] **17** émerger – apparaître

auf|tauen *vt* [haben] **17** décongeler

auf|teilen *vt* [haben] **17** répartir – partager

auf|tischen *vt* [haben] **17** servir

auf|tragen *vt* [haben] **48** appliquer – user

auf|treffen *vi* [sein] **24** heurter

auf|treiben *vt* [haben] **36** dénicher – gonfler

auf|trennen *vt* [haben] **17** défaire

auf|treten *vi* [sein] **29** poser le pied – se produire

auf|trumpfen *vi* [haben] **17** triompher – imposer sa supériorité

auf|tun [haben] **4** *vt* dégoter ; *vi* servir
  ■ **sich auftun** *vp* [haben] **4** s'ouvrir

auf|türmen *vt* [haben] **17** amonceler
  ■ **sich auftürmen** *vp* [haben] **17** s'amonceler

auf|wachen *vi* [sein] **17** se réveiller

auf|wachsen *vi* [sein] **47** grandir

auf|wärmen vt [haben] **17** réchauffer – remettre sur le tapis
■ **sich aufwärmen** vp [haben] **17** se réchauffer

auf|warten vi [haben] **18** offrir

aufwärts gehen vi (imp) [sein] **9** progresser

auf|waschen [haben] **47** vt laver (vaisselle) ; vi faire la vaisselle

auf|wecken vt [haben] **17** réveiller

auf|weichen[1] vt [haben] **17** détremper – adoucir

auf|weichen[2] vi [sein] **17** se ramollir

auf|weisen vt [haben] **36** montrer – présenter

auf|wenden vt [haben] **50/18** investir

auf|werfen vt [haben] **23** amonceler – soulever

auf|werten vt [haben] **18** réévaluer – revaloriser

auf|wickeln vt [haben] **19** enrouler

auf|wiegeln vt [haben] **19** inciter – monter contre

auf|wirbeln[1] vt [haben] **19** soulever des tourbillons de

auf|wirbeln[2] vi [sein] **19** s'élever en tourbillonnant

auf|wischen vt [haben] **17** nettoyer – essuyer

auf|wühlen vt [haben] **17** retourner – remuer

auf|zählen vt [haben] **17** énumérer

auf|zäumen vt [haben] **17** brider

auf|zehren vt [haben] **17** épuiser

auf|zeichnen vt [haben] **18** tracer – enregistrer

auf|zeigen vt [haben] **17** mettre en évidence

auf|ziehen[1] vt [haben] **38** remonter – élever

auf|ziehen[2] vi [sein] **38** (orage) approcher

auf|zwingen vt [haben] **39** imposer
■ **sich aufzwingen** vp [haben] **39** s'imposer

äugen vi [haben] **17** lancer des regards

aus|arbeiten vt [haben] **18** élaborer – rédiger

aus|arten vi [sein] **18** dégénérer

aus|atmen vi [haben] **18** expirer

aus|baden vt [haben] **18** assumer

aus|balancieren vt [haben] **22** équilibrer
■ **sich ausbalancieren** vp [haben] **22** s'équilibrer

aus|baldowern fam vt [haben] **19** dégoter

aus|bauen vt [haben] **17** agrandir – démonter

aus|bedingen (sich) vp (D) [haben] **39/20** réserver

aus|beißen vp [haben] **35** casser (une dent)

aus|bessern vt [haben] **19** réparer – raccommoder

aus|beulen vt [haben] **17** débosseler – déformer
■ **sich ausbeulen** vp [haben] **17** se déformer

aus|beuten vt [haben] **18** exploiter

aus|bezahlen vt [haben] **20** payer

aus|bilden vt [haben] **18** former

aus|bitten (sich) vp (D) [haben] **8** demander

aus|blasen vt [haben] **42** souffler – vider

aus|bleiben vi [sein] **36** ne pas venir – ne pas se produire

aus|blenden vt [haben] **18** faire disparaitre de l'écran
■ **sich ausblenden** vp [haben] **18** rendre l'antenne

aus|bluten vi [sein] **18** se vider de son sang

aus|booten vt [haben] **18** évincer

aus|borgen vt [haben] **17** prêter

aus|brechen[1] vt [haben] **24** arracher

aus|brechen[2] vi [sein] **24** s'échapper – éclater

aus|breiten vt [haben] **18** étaler – présenter
■ **sich ausbreiten** vp [haben] **18** se répandre

aus|brennen vi **50** [sein] s'éteindre – [haben] être détruit (détruite) par les flammes

aus|bringen vt [haben] **49** souhaiter, porter (un toast)

aus|brüten vt [haben] **18** couver – manigancer

aus|buddeln fam vt [haben] **19** déterrer

aus|bügeln vt [haben] **19** repasser – réparer

aus|bürgern vt [haben] **19** priver de sa nationalité

aus|bürsten vt [haben] **18** brosser – enlever (en brossant)

aus|büxen vi [sein] **17** se tailler

aus|checken vi [haben] **17** régler sa note (à l'hôtel)

aus|dehnen vt [haben] **17** étendre – prolonger
■ **sich ausdehnen** vp [haben] **17** s'étendre – se prolonger

aus|denken vt [haben] **49** avoir une idée

aus|diskutieren vt [haben] **22** épuiser (un sujet)

aus|drucken vt [haben] **17** imprimer

aus|drücken vt [haben] **17** presser – exprimer
■ **sich ausdrücken** vp [haben] **17** s'exprimer

aus|dünsten vt [haben] **18** exhaler

auseinander brechen[1] vt [haben] **24** briser

auseinander brechen[2] vi [sein] **24** se disloquer

auseinander bringen vt [haben] **49** séparer

auseinander entwickeln (sich) vp [haben] **19** prendre des chemins différents

auseinander fallen vi [sein] **41** tomber en ruines – tomber en morceaux

auseinander fliegen vi [sein] **38** s'envoler (dans tous les sens) – voler en éclats

auseinander gehen vi [sein] **9** se séparer – diverger

auseinander halten vt [haben] **41** distinguer

auseinander klamüsern vt [haben] **19** démêler

auseinander laufen vi [sein] **46** se disperser – couler

auseinander leben (sich) vp [haben] **17** ne plus avoir de vie commune – s'éloigner (l'un de l'autre)

auseinander nehmen vt [haben] **27** démonter

auseinander reißen vt [haben] **35** déchirer

auseinander rücken[1] vt [haben] **17** écarter

auseinander rücken[2] vi [sein] **17** s'écarter

auseinander setzen vt [haben] **17** expliquer
■ **sich auseinander setzen** vp [haben] **17** se pencher sur – étudier

auseinander streben *vi* [sein] **17** diverger – (chercher à) prendre de la distance

auseinander treiben *vt* [haben/sein] **36** disperser

aus|ersehen *vt* [haben] **29** pressentir

aus|erwählen *vt* [haben] **20** choisir

aus|fahren¹ *vt* [haben] **48** promener *(en voiture)* – sortir

aus|fahren² *vi* [sein] **48** se promener *(en voiture)* – sortir

aus|fallen *vi* [sein] **41** être annulé (annulée) – manquer

aus|fällen *vt* [haben] **17** précipiter

aus|fechten *vt* [haben] **31** vider *(querelle)*

aus|fegen *vt* [haben] **17** balayer

aus|feilen *vt* [haben] **17** peaufiner – limer

aus|fertigen *vt* [haben] **17** établir

aus|fetten *vt* [haben] **18** beurrer

aus|fliegen¹ *vt* [haben] **38** évacuer *(par avion)*

aus|fliegen² *vi* [sein] **38** s'envoler

aus|fließen *vi* [sein] **37** s'écouler

aus|flippen *fam vi* [sein] **17** flipper

aus|formen *vt* [haben] **17** façonner – élaborer

aus|formulieren *vt* [haben] **22** formuler

aus|forschen *vt* [haben] **17** explorer

aus|fragen *vt* [haben] **17** questionner

aus|fressen *vt* [haben] **28** faire une bêtise

aus|führen *vt* [haben] **17** sortir – exporter

aus|füllen *vt* [haben] **17** remplir – combler

aus|geben *vt* [haben] **29** dépenser – distribuer – émettre

aus|gehen *vi* [sein] **9** sortir – s'éteindre

aus|gestalten *vt* [haben] **18** élaborer – organiser

aus|gießen *vt* [haben] **37** vider

aus|gleichen [haben] **35** *vt* équilibrer ; *vi* égaliser

■ **sich ausgleichen** *vp* [haben] **35** s'harmoniser – se compenser

aus|gleiten *vi* [sein] **35** déraper

aus|gliedern *vt* [haben] **19** isoler

aus|graben *vt* [haben] **48** déterrer – faire ressurgir

aus|grenzen *vt* [haben] **17** exclure

aus|gucken *vi* [haben] **17** observer

aus|haben *vt/vi* [haben] **1** finir

aus|hacken *vt* [haben] **17** arracher – arracher à coups de bec

aus|haken *vt* [haben] **17** décrocher

aus|halten [haben] **41** *vt* supporter ; *vi* tenir bon

aus|handeln *vt* [haben] **19** négocier

aus|händigen *vt* [haben] **17** remettre

aus|hängen¹ *vt* [haben] **17** afficher – décrocher

aus|hängen² *vi* [haben] **43** être affiché (affichée)

■ **sich aushängen** *vp* [haben] **17** se décrocher

aus|harren *vi* [haben] **17** tenir bon

aus|heben *vt* [haben] **33** creuser – démanteler

aus|hecken *vt* [haben] **17** manigancer

aus|heilen *vi* [sein] **17** guérir

aus|helfen *vi* [haben] **23** aider

aus|heulen (sich) *vp* [haben] **17** pleurer tout son soûl

aus|höhlen *vt* [haben] **17** creuser

aus|holen *vi* [haben] **17** prendre son élan *(pour frapper, pour lancer)*

aus|horchen *vt* [haben] **17** sonder

aus|hungern *vt* [haben] **19** affamer

aus|kämmen *vt* [haben] **17** peigner

aus|kennen (sich) *vp* [haben] **50** s'y connaître en

aus|kippen *vt* [haben] **17** vider

aus|klammern *vt* [haben] **19** exclure

aus|klappen *vt* [haben] **17** déplier

aus|kleiden *vt* [haben] **18** tapisser

■ **sich auskleiden** *vp* [haben] **18** se déshabiller

aus|klingen *vi* [haben/sein] **39** s'achever – se terminer

aus|klinken¹ *vt* [haben] **17** décrocher

aus|klinken² *vi* [sein] **17** se décrocher – se détacher

■ **sich ausklinken** *vp* [haben] **17** se détacher

aus|klopfen *vt* [haben] **17** battre – débourrer

aus|klügeln *vt* [haben] **19** concocter

aus|knipsen *vt* [haben] **17** éteindre

aus|knobeln *vt* [haben] **19** tirer au sort – combiner

aus|kommen *vi* [sein] **30** se débrouiller

aus|kosten *vt* [haben] **18** savourer

aus|kratzen *vt* [haben] **17** gratter

aus|kugeln *vt* [haben] **19** démettre – déboîter

aus|kühlen¹ *vt* [haben] **17** refroidir

aus|kühlen² *vi* [sein] **17** se refroidir

aus|kundschaften *vt* [haben] **18** explorer

aus|kuppeln *vi* [haben] **19** débrayer

aus|kurieren *vt* [haben] **22** guérir

aus|lachen *vt* [haben] **17** se moquer de

aus|laden *vt* [haben] **48** décharger – décommander

aus|lagern *vt* [haben] **19** transporter en lieu sûr

aus|lassen *vt* [haben] **41** sauter – laisser passer

■ **sich auslassen** *vp* [haben] **41** s'expliquer

aus|lasten *vt* [haben] **18** employer (au maximum)

aus|laufen *vi* [sein] **46** se vider – couler

aus|laugen *vt* [haben] **17** lessiver

aus|lauten *vi* [haben] **18** se terminer

aus|leben *vt* [haben] **17** vivre – assumer pleinement

■ **sich ausleben** *vp* [haben] **17** vivre à fond

aus|lecken *vt* [haben] **17** lécher

aus|leeren *vt* [haben] **17** vider

aus|legen *vt* [haben] **17** exposer – poser

aus|leiern¹ *vt* [haben] **19** déformer

aus|leiern² *vi* [sein] **19** se détendre

aus|leihen *vt* [haben] **36** prêter – emprunter

aus|lernen *vi* [haben] **17** terminer sa formation – terminer son apprentissage

aus|lesen *vt* [haben] **29** sélectionner – finir de lire

aus|leuchten *vt* [haben] **18** bien éclairer

aus|liefern *vt* [haben] **19** livrer – extrader

aus|liegen *vi* [haben] **7** être exposé (exposée)

aus|löffeln *vt* [haben] **19** finir à la cuillère

aus|löschen *vt* [haben] **17** éteindre – effacer

aus|losen *vt* [haben] **17** tirer au sort

aus|lösen *vt* [haben] **17** déclencher – susciter

aus|loten *vt* [haben] **18** sonder

aus|lüften *vt* [haben] **18** aérer

aus|machen *vt* [haben] **17** éteindre – fixer

aus|malen vt [haben] **17** colorier – dépeindre

aus|merzen vt [haben] **17** supprimer

aus|messen vt [haben] **28** mesurer

aus|misten vt [haben] **18** nettoyer

aus|mustern vt [haben] **19** réformer – mettre au rancart

aus|nehmen vt [haben] **27** vider – exclure

aus|nüchtern vi [haben] **19** désenivrer – dessoûler

aus|nutzen vt [haben] **17** utiliser – exploiter

aus|packen [haben] **17** vt déballer ; vi tout déballer

aus|plaudern vt [haben] **19** divulguer

aus|plündern vt [haben] **19** dévaliser – piller

aus|polstern vt [haben] **19** rembourrer – capitonner

aus|posaunen vt [haben] **20** crier sur les toits

aus|prägen (sich) vp [haben] **17** s'accentuer

aus|pressen vt [haben] **17** presser – pressurer

aus|probieren vt [haben] **22** essayer

aus|pumpen vt [haben] **17** pomper

aus|punkten vt [haben] **18** battre aux points

aus|pusten vt [haben] **18** souffler – vider *(en soufflant)*

aus|quartieren vt [haben] **22** déloger

aus|quetschen vt [haben] **17** presser

aus|radieren vt [haben] **22** gommer – rayer de la carte

aus|rangieren vt [haben] **22** mettre au rancart

aus|rasieren vt [haben] **22** raser

aus|rasten vi [sein] **18** se déboîter – *fam* sortir de ses gonds

aus|rauben vt [haben] **17** dévaliser

aus|räuchern vt [haben] **19** désinfecter – fumiger

aus|räumen vt [haben] **17** vider

aus|rechnen vt [haben] **18** calculer

aus|reden vt/vi [haben] **18** finir *(de parler)* – détourner

aus|reichen vt [haben] **17** suffire

aus|reifen vi [sein] **17** mûrir

aus|reisen vi [sein] **17** quitter *(pays)* – partir pour

aus|reißen¹ vt [haben] **35** arracher

aus|reißen² vi [sein] **35** fuguer

aus|reiten vi [sein] **35** faire une promenade à cheval

aus|reizen vt [haben] **17** surenchérir

aus|renken vt [haben] **17** démettre *(une articulation)*

aus|richten vt [haben] **18** transmettre

aus|rollen vt [haben] **17** étaler – dérouler

aus|rotten vt [haben] **18** exterminer

aus|rücken vi [sein] **17** se mettre en marche – faire une fugue

aus|rufen vt [haben] **44** s'exclamer – annoncer

aus|ruhen¹ vi [haben] **17** se reposer

aus|ruhen² vt [haben] **17** reposer
  ▪ sich ausruhen vp [haben] **17** se reposer

aus|rupfen vt [haben] **17** arracher

aus|rüsten vt [haben] **18** équiper
  ▪ sich ausrüsten vp [haben] **18** s'équiper

aus|rutschen vi [sein] **17** déraper – glisser des mains

aus|säen vt [haben] **17** semer

aus|sagen¹ vt [haben] **17** dire – déclarer

aus|sagen² vi [haben] **17** faire une déposition

aus|saugen vt [haben] **17** sucer

aus|schaben vt [haben] **17** vider en râclant le fond

aus|schachten vt [haben] **18** creuser

aus|schalten vt [haben] **18** éteindre – écarter

aus|schauen vi [haben] **17** chercher des yeux – avoir l'air

aus|schaufeln vt [haben] **19** creuser *(à la pelle)*

aus|scheiden¹ vt [haben] **36** éliminer

aus|scheiden² vi [sein] **36** être éliminé (éliminée) – ne pas entrer en ligne de compte

aus|schenken vt [haben] **17** débiter *(boissons)*

aus|scheren vi [sein] **17** déboîter

aus|schicken vt [haben] **17** envoyer

aus|schildern vt [haben] **19** baliser

aus|schimpfen vt [haben] **17** gronder

aus|schlachten vt [haben] **18** désosser – exploiter jusqu'à la moelle

aus|schlafen vi [haben] **42** dormir tout son soûl

aus|schlagen¹ vt [haben] **48** casser – décliner

aus|schlagen² vi [haben/sein] **48** dévier – faire des rejets

aus|schließen vt [haben] **37** exclure
  ▪ sich ausschließen vp [haben] **37** s'exclure

aus|schmücken vt [haben] **17** décorer – enjoliver

aus|schneiden vt [haben] **35** découper

aus|schöpfen vt [haben] **17** vider – épuiser

aus|schreiben vt [haben] **36** écrire en toutes lettres – établir

aus|schreiten vi [sein] **35** marcher à grands pas

aus|schütteln vt [haben] **19** secouer

aus|schütten vt [haben] **18** vider – jeter

aus|schwärmen vi [sein] **17** essaimer – se disséminer

aus|schweigen (sich) vp [haben] **36** garder le silence

aus|schwenken vt [haben] **17** pivoter

aus|schwitzen vt [haben] **17** éliminer

aus|sehen vi [haben] **29** avoir l'air

aus sein vi [sein] **2** être fini (finie) – être éteint (éteinte)

aus|senden vt [haben] **50/18** émettre – envoyer

äußern vt [haben] **19** exprimer
  ▪ sich äußern vp [haben] **19** s'exprimer

aus|setzen¹ vt [haben] **17** abandonner – offrir

aus|setzen² vi [haben] **17** s'arrêter brusquement – passer son tour
  ▪ sich aussetzen vp [haben] **17** s'exposer à

aus|sieben vt [haben] **17** passer au crible – cribler

aus|siedeln vt [haben] **19** déplacer *(des populations)*

aus|söhnen vt [haben] **17** réconcilier
  ▪ sich aussöhnen vp [haben] **17** se réconcilier

aus|sondern vt [haben] **19** trier

aus|sorgen vi [haben] **17** prévoir

aus|sortieren vt [haben] **22** trier

aus|spannen [haben] **17** *vt* étendre ; *vi* se détendre

aus|sparen *vt* [haben] **17** réserver – laisser de côté

aus|sperren *vt* [haben] **17** enfermer dehors – faire un lock-out

aus|spielen *vt* [haben] **17** faire jouer – monter contre

aus|spionieren *vt* [haben] **22** espionner

aus|sprechen *vt* [haben] **24** prononcer – exprimer

■ sich aussprechen *vp* [haben] **24** s'épancher – se prononcer (pour/contre)

aus|spucken *vt/vi* [haben] **17** cracher

aus|spülen *vt* [haben] **17** rincer

aus|staffieren *vt* [haben] **22** accoutrer – équiper

aus|stanzen *vt* [haben] **17** poinçonner

aus|statten *vt* [haben] **18** équiper

aus|stechen *vt* [haben] **24** éclipser – découper à l'emporte-pièces

aus|stehen[1] *vt* [haben] **6** supporter – endurer

aus|stehen[2] *vi* [haben] **6** n'être pas encore arrivé – rester à faire

aus|steigen *vi* [sein] **36** descendre

aus|stellen *vt* [haben] **17** exposer – établir

aus|sterben *vi* [sein] **23** disparaître

aus|steuern *vt* [haben] **19** régler

aus|stopfen *vt* [haben] **17** rembourrer – empailler

aus|stoßen *vt* [haben] **42** expulser – pousser

aus|strahlen[1] *vt* [haben] **17** diffuser – rayonner de

aus|strahlen[2] *vi* [haben] **17** briller

aus|strecken *vt* [haben] **17** étendre

■ sich ausstrecken *vp* [haben] **17** s'étendre

aus|streichen *vt* [haben] **35** rayer

aus|streuen *vt* [haben] **17** disséminer – répandre

aus|strömen[1] *vt* [haben] **17** dégager

aus|strömen[2] *vi* [sein] **17** s'échapper

aus|suchen *vt* [haben] **17** choisir

aus|tauschen *vt* [haben] **17** échanger – changer

aus|teilen *vt* [haben] **17** distribuer

aus|toben *vt* [haben] **17** déverser

■ sich austoben *vp* [haben] **17** se défouler

aus|tragen *vt* [haben] **48** distribuer – régler

aus|treiben *vt* [haben] **36** chasser – faire passer

aus|treten[1] *vt* [haben] **29** éteindre avec le pied – user

aus|treten[2] *vi* [sein] **29** quitter

aus|tricksen *vt* [haben] **17** escroquer – avoir

aus|trinken[1] *vt* [haben] **39** vider

aus|trinken[2] *vi* [haben] **39** finir (de boire)

aus|trocknen[1] *vt* [haben] **18** dessécher – assécher

aus|trocknen[2] *vi* [sein] **18** se dessécher – s'assécher

aus|tüfteln *vt* [haben] **19** concocter

aus|üben *vt* [haben] **17** exercer

aus|ufern *vi* [sein] **19** dépasser les bornes

aus|verkaufen *vt* [haben] **20** solder

aus|wachsen (sich) *vp* [haben] **47** se transformer

aus|wählen *vt* [haben] **17** choisir

aus|walzen *vt* [haben] **17** laminer – délayer

aus|wandern *vi* [sein] **19** émigrer

aus|waschen *vt* [haben] **47** laver – enlever (tache)

aus|wechseln *vt* [haben/sein] **19** remplacer

aus|weichen *vi* [sein] **35** éviter

aus|weinen (sich) *vp* [haben] **17** pleurer tout son soûl

aus|weisen *vt* [haben] **36** expulser

■ sich ausweisen *vp* [haben] **36** montrer ses papiers (d'identité)

aus|weiten *vt* [haben] **18** élargir – étendre

■ sich ausweiten *vp* [haben] **18** se détendre – s'étendre

aus|werfen *vt* [haben] **23** jeter

aus|werten *vt* [haben] **18** exploiter

aus|wiegen *vt* [haben] **38** peser

aus|wirken (sich) *vp* [haben] **17** avoir des répercussions

aus|wischen *vt* [haben] **17** essuyer

aus|wringen *vt* [haben] **39** essorer (à la main)

aus|wuchten *vt* [haben] **18** équilibrer

aus|zahlen *vt* [haben] **17** payer

■ sich auszahlen *vp* [haben] **17** valoir la peine

aus|zählen *vt* [haben] **17** dépouiller (bulletins)

aus|zeichnen *vt* [haben] **18** étiqueter – remettre un prix à

■ sich auszeichnen *vp* [haben] **18** se distinguer

aus|ziehen[1] *vt* [haben] **38** enlever – déshabiller

aus|ziehen[2] *vi* [sein] **38** déménager

■ sich ausziehen *vp* [haben] **38** se déshabiller

automatisieren *vt* [haben] **22** automatiser

B

backen [haben] **51/47** *vt* faire cuire (au four) ; *vi* cuire

baden [haben] **18** *vt* baigner ; *vi* prendre un bain

■ sich baden *vp* [haben] **18** prendre un bain

baggern *vt* [haben] **19** creuser – excaver

bahnen *vt* [haben] **17** ouvrir (un passage)

balancieren[1] *vt* [haben] **22** tenir en équilibre

balancieren[2] *vi* [sein] **22** se tenir en équilibre

balgen *vi* [haben] **17** se chamailler

■ sich balgen *vp* [haben] **17** se chamailler

ballen *vt* [haben] **17** fermer (le poing)

■ sich ballen *vp* [haben] **17** s'agglomérer – s'accumuler

ballern *fam* [haben] **19** *vt* balancer ; *vi* tirer

balzen *vi* [haben] **17** être en rut

bandagieren *vt* [haben] **22** bander

bändigen *vt* [haben] **17** dresser – maîtriser

bangen *vi* [haben] **17** se faire du souci

bannen *vt* [haben] **17** subjuguer – conjurer

basieren *vi* [haben] **22** reposer sur

basteln [haben] **19** *vt* bricoler ; *vi* fabriquer (soi-même)

bauen [haben] **17** vt construire ; vi faire construire

baumeln vi [haben] **19** pendre – pendiller

bauschen vt [haben] **17** gonfler
■ **sich bauschen** vp [haben] **17** gonfler – être bouffant (bouffante)

bausparen vi [haben] **17** avoir un plan d'épargne-logement

beabsichtigen vt [haben] **20** avoir l'intention de – envisager

beachten vt [haben] **18** respecter – suivre

beanspruchen vt [haben] **20** réclamer – nécessiter

beanstanden vt [haben] **18** contester

beantragen vt [haben] **20** demander – proposer

beantworten vt [haben] **18** répondre à

bearbeiten vt [haben] **18** travailler – réviser

beatmen vt [haben] **18** pratiquer la respiration artificielle sur

beaufsichtigen vt [haben] **20** surveiller – superviser

beauftragen vt [haben] **20** charger de

bebauen vt [haben] **20** cultiver

beben vi [haben] **17** trembler

bechern vi [haben] **19** picoler

bedanken (sich) vp [haben] **20** dire merci – remercier

bedauern vt [haben] **19** regretter

bedecken vt [haben] **20** couvrir – recouvrir
■ **sich bedecken** vp [haben] **20** se couvrir

bedenken vt [haben] **49** réfléchir à – considérer

bedeuten vt [haben] **18** signifier

bedienen vt/vi [haben] **20** servir
■ **sich bedienen** vp [haben] **20** se servir

bedingen vt [haben] **20** être à l'origine de – nécessiter

bedrängen vt [haben] **20** harceler

bedrohen vt [haben] **20** menacer

bedrucken vt [haben] **20** imprimer

bedrücken vt [haben] **20** déprimer

bedürfen vi [haben] **12** avoir besoin de

beehren vt [haben] **20** honorer

beeiden vt [haben] **18** affirmer sous serment

beeilen (sich) vp [haben] **20** se dépêcher

beeindrucken vt/vi [haben] **20** impressionner

beeinflussen vt [haben] **20** influencer

beeinträchtigen vt [haben] **20** nuire à

beenden vt [haben] **18** terminer – mettre fin à

beendigen vt [haben] **20** mettre fin à

beerben vt [haben] **20** hériter de

beerdigen vt [haben] **20** enterrer

befähigen vt [haben] **20** rendre capable de

befahren vt [haben] **48** emprunter

befallen vt [haben] **41** attaquer – atteindre

befassen vt [haben] **20** charger de
■ **sich befassen** vp [haben] **20** étudier – s'occuper de

befehlen [haben] **25** vt ordonner ; vi commander

befeinden vt [haben] **18** se montrer hostile envers
■ **sich befeinden** vp [haben] **18** s'affronter

befestigen vt [haben] **20** attacher – stabiliser

befeuchten vt [haben] **18** humecter

befinden vt [haben] **39** trouver – juger
■ **sich befinden** vp [haben] **39** se trouver

befingern vt [haben] **19** tripoter

beflecken vt [haben] **20** tacher

beflügeln vt [haben] **19** donner des ailes à

befolgen vt [haben] **20** suivre – obéir à

befördern vt [haben] **19** transporter – promouvoir

befrachten vt [haben] **18** charger

befragen vt [haben] **20** interroger

befreien vt [haben] **20** libérer

befremden vt [haben] **18** surprendre

befreunden (sich) vp [haben] **18** se lier d'amitié

befriedigen vt [haben] **20** satisfaire
■ **sich befriedigen** vp [haben] **20** se masturber

befristen vt [haben] **18** limiter *(dans le temps)*

befruchten vt [haben] **18** féconder

befürchten vt [haben] **18** craindre – redouter

befürworten vt [haben] **18** soutenir

begatten vt [haben] **18** s'accoupler avec
■ **sich begatten** vp [haben] **18** s'accoupler

begeben (sich) vp [haben] **29** se rendre à

begegnen vi [haben] **18** rencontrer

begegnen (sich) vp (D) [sein] **18** se rencontrer

begehen vt [haben] **9** commettre – célébrer

begehren vt [haben] **20** désirer – convoiter

begeistern vt [haben] **19** enthousiasmer
■ **sich begeistern** vp [haben] **19** se passionner pour

begießen vt [haben] **37** arroser

beginnen vt/vi [haben] **40** commencer

beglaubigen vt [haben] **20** certifier – authentifier

begleichen vt [haben] **35** régler – s'acquitter de

begleiten vt [haben] **18** accompagner

beglücken vt [haben] **20** rendre heureux (heureuse)

beglückwünschen vt [haben] **20** féliciter

begnadigen vt [haben] **20** gracier

begnügen (sich) vp [haben] **20** se contenter de

begraben vt [haben] **48** enterrer

begradigen vt [haben] **20** rendre rectiligne

begreifen vt [haben] **35** saisir – comprendre

begrenzen vt [haben] **20** limiter – délimiter

begründen vt [haben] **18** fonder sur – justifier

begrünen vt [haben] **20** aménager un espace vert

begrüßen vt [haben] **20** accueillir

begucken vt [haben] **20** regarder

begünstigen vt [haben] **20** favoriser

begutachten vt [haben] **18** examiner – expertiser

behagen vi [haben] **20** plaire à

behalten vt [haben] **41** garder – retenir

behandeln vt [haben] **19** traiter – traiter de

behängen vt [haben] **20** suspendre
  ▪ sich behängen vp [haben] **20** se parer de

beharren vi [haben] **20** ne pas démordre de

behaupten vt [haben] **18** affirmer
  ▪ sich behaupten vp [haben] **18** s'affirmer

beheben vt [haben] **33** remédier à – réparer

beheizen vt [haben] **20** chauffer

behelfen (sich) vp (D) [haben] **23** se débrouiller avec

behelligen vt [haben] **20** importuner

beherbergen vt [haben] **20** héberger

beherrschen vt [haben] **20** dominer – maîtriser
  ▪ sich beherrschen vp [haben] **20** se dominer – se retenir

beherzigen vt [haben] **20** prendre à cœur

behindern vt [haben] **19** gêner

behüten vt [haben] **18** protéger

bei|behalten vt [haben] **41** conserver

bei|bringen vt [haben] **49** apprendre à

beichten [haben] **18** vt confesser ; vi se confesser

beieinander haben vt [haben] **1** avoir réuni ou rassemblé

beieinander sein vi [sein] **2** être (en forme)

beieinander sitzen vi [haben] **5** être réunis (réunies)

bei|fügen vt [haben] **17** joindre

bei|geben vt [haben] **29** ajouter

bei|kommen vi [sein] **30** venir à bout de

bei|legen vt [haben] **17** joindre

bei|liegen vi [haben] **7** être joint (jointe) – accompagner

bei|mengen vt [haben] **17** incorporer

bei|messen vt [haben] **28** attacher – accorder

bei|nhalten vt [haben] **18** contenir – inclure

bei|ordnen vt [haben] **18** adjoindre

bei|pflichten vi [haben] **18** souscrire à – adhérer à

beirren vt [haben] **20** déconcerter – ébranler

bei|setzen vt [haben] **17** inhumer

beißen vt/vi [haben] **35** mordre
  ▪ sich beißen vp [haben] **35** se mordre

bei|stehen vi [haben] **6** assister

bei|steuern vt [haben] **19** contribuer à

bei|stimmen vi [haben] **17** approuver

bei|tragen vt [haben] **48** contribuer

bei|treten vi [sein] **29** adhérer à

bei|wohnen vi [haben] **17** assister à

beizen vt [haben] **17** teinter

bejahen vt [haben] **20** approuver

bejammern vt [haben] **19** se lamenter sur

bejubeln vt [haben] **19** acclamer

bekämpfen vt [haben] **20** combattre – lutter contre

bekannt|geben vt [haben] **29** annoncer

bekannt|machen vt [haben] **17** rendre public – divulguer

bekannt|werden vi [sein] **3** s'ébruiter

bekehren vt [haben] **20** convertir
  ▪ sich bekehren vp [haben] **20** se convertir

bekennen vt [haben] **50** reconnaître
  ▪ sich bekennen vp [haben] **50** se réclamer de

beklagen vt [haben] **20** déplorer
  ▪ sich beklagen vp [haben] **20** se plaindre

bekleben vt [haben] **20** coller

bekleckern vt [haben] **19** tacher
  ▪ sich bekleckern vp [haben] **19** se barbouiller

bekleiden vt [haben] **18** occuper (une fonction)

bekommen¹ vt [haben] **30** recevoir

bekommen² vi [sein] **30** convenir

beköstigen vt [haben] **20** nourrir

bekräftigen vt [haben] **20** conforter – renforcer

bekreuzigen (sich) vp [haben] **20** se signer

bekriegen vt [haben] **20** faire la guerre à
  ▪ sich bekriegen vp [haben] **20** se combattre

bekritzeln vt [haben] **19** griffonner sur

bekümmern vt [haben] **19** donner du souci – inquiéter

bekunden vt [haben] **18** manifester

belächeln vt [haben] **19** sourire de

belachen vt [haben] **20** rire de

beladen vt [haben] **48** charger

belagern vt [haben] **19** assiéger

belangen vt [haben] **20** poursuivre en justice

belassen vt [haben] **41** laisser

belasten vt [haben] **18** charger

belästigen vt [haben] **20** importuner – harceler

belauern vt [haben] **19** épier – guetter

belaufen (sich) vp [haben] **46** s'élever à

belauschen vt [haben] **20** épier (en écoutant)

beleben vt [haben] **20** ranimer – égayer
  ▪ sich beleben vp [haben] **20** s'animer

belegen vt [haben] **20** revêtir de – garnir de

belehren vt [haben] **20** informer

beleidigen vt [haben] **20** offenser

beleihen vt [haben] **36** gager

beleuchten vt [haben] **18** éclairer

belichten vt [haben] **18** exposer

beliefern vt [haben] **19** fournir

bellen vi [haben] **17** aboyer

belobigen vt [haben] **20** féliciter

belohnen vt [haben] **20** récompenser

belüften vt [haben] **18** aérer

belügen vt [haben] **34** mentir à
  ▪ sich belügen vp [haben] **34** se leurrer

belustigen vt [haben] **20** amuser

bemächtigen (sich) vp [haben] **20** s'emparer de

bemalen vt [haben] **20** peindre
  ▪ sich bemalen vp [haben] **20** se peinturlurer

bemängeln vt [haben] **19** critiquer

bemerken vt [haben] **20** remarquer

bemessen vt [haben] **28** calculer
  ▪ sich bemessen vp [haben] **28** se calculer

bemitleiden vt [haben] **18** avoir pitié de

bemühen vt [haben] **20** avoir recours à

bemühen (sich) vp [haben] **20** se donner de la peine – s'efforcer de

bemuttern vt [haben] **19** materner

benachrichtigen vt [haben] **20** prévenir

benachteiligen vt [haben] **20** désavantager

benehmen (sich) vp [haben] **27** se comporter

beneiden vt [haben] **18** envier

benennen vt [haben] **50** donner un nom à – nommer

benoten vt [haben] **18** noter

benötigen vt [haben] **20** avoir besoin de

benutzen vt [haben] **20** utiliser – se servir de

beobachten vt [haben] **18** observer

bepflanzen vt [haben] **20** planter

bequemen (sich) vp [haben] **20** consentir à

beraten [haben] **42** vt conseiller ; vi délibérer

■ **sich beraten** vp [haben] **42** se consulter

beratschlagen vi [haben] **20** se concerter

berauben vt [haben] **20** dévaliser

berechnen vt [haben] **18** calculer

berechtigen vt [haben] **20** donner droit à

bereden vt [haben] **18** discuter de – baratiner

bereichern vt [haben] **19** enrichir

■ **sich bereichern** vp [haben] **19** s'enrichir

bereinigen vt [haben] **20** régler

bereisen vt [haben] **20** parcourir

bereiten vt [haben] **18** préparer

bereit|haben vt [haben] **1** avoir à portée de main

bereit|halten vt [haben] **41** garder à portée de main

■ **sich bereithalten** vp [haben] **41** se tenir prêt (prête)

bereit|machen vt [haben] **17** préparer

■ **sich bereitmachen** vp [haben] **17** se préparer

bereit|stehen vi [haben] **6** être prêt (prête)

bereit|stellen vt [haben] **17** mettre à disposition

bereuen vt [haben] **20** regretter – se repentir de

bergen vt [haben] **23** porter secours à – sauver

berichten [haben] **18** vt relater ; vi faire un rapport

berichtigen vt [haben] **20** corriger

■ **sich berichtigen** vp [haben] **20** se reprendre

berieseln vt [haben] **19** arroser – abreuver de

bersten vi [sein] **23** se briser

berücksichtigen vt [haben] **20** tenir compte de

berufen vt [haben] **44** nommer

■ **sich berufen** vp [haben] **44** se réclamer de – se référer à

beruhen vi [haben] **20** reposer sur

beruhigen vt [haben] **20** calmer

■ **sich beruhigen** vp [haben] **20** se calmer

berühren vt [haben] **20** toucher

besagen vt [haben] **20** vouloir dire

besänftigen vt [haben] **20** apaiser – calmer

besaufen (sich) tfam vp [haben] **32** se soûler

beschädigen vt [haben] **20** endommager

beschaffen vt [haben] **20** procurer

beschäftigen vt [haben] **20** employer – occuper

■ **sich beschäftigen** vp [haben] **20** s'occuper

beschämen vt [haben] **20** troubler, gêner

beschatten vt [haben] **18** prendre en filature – ombrager

beschauen vt [haben] **20** contempler

bescheiden (sich) vp [haben] **36** se contenter de

bescheinigen vt [haben] **20** attester

bescheißen tfam vt [haben] **35** arnaquer – entuber

beschenken vt [haben] **20** faire un cadeau à

bescheren vt [haben] **20** offrir (pour Noël)

beschießen vt [haben] **37** tirer sur

beschildern vt [haben] **19** signaliser

beschimpfen vt [haben] **20** insulter

beschlagen¹ vt [haben] **48** ferrer

beschlagen² vi [sein] **48** se couvrir de buée

beschlagnahmen vt [haben] **20** saisir – confisquer

beschleichen vt [haben] **35** gagner – s'insinuer en

beschleunigen vt [haben] **20** accélérer

■ **sich beschleunigen** vp [haben] **20** s'accélérer

beschließen vt [haben] **37** décider

beschmieren vt [haben] **22** barbouiller – tartiner

■ **sich beschmieren** vp [haben] **22** se barbouiller

beschmutzen vt [haben] **20** salir

■ **sich beschmutzen** vp [haben] **20** se salir – se tacher

beschneiden vt [haben] **35** tailler – restreindre

beschnuppern vt [haben] **19** renifler – faire connaissance de

beschönigen vt [haben] **20** arranger – embellir

beschränken vt [haben] **20** limiter

■ **sich beschränken** vp [haben] **20** se limiter

beschreiben vt [haben] **36** décrire

beschreiten vt [haben] **35** emprunter (un chemin)

beschriften vt [haben] **18** écrire sur

beschuldigen vt [haben] **20** accuser

beschützen vt [haben] **20** protéger

beschweren vt [haben] **20** poser un presse-papier sur

■ **sich beschweren** vp [haben] **20** se plaindre

beschwichtigen vt [haben] **20** apaiser – tranquilliser

beschwindeln vt [haben] **19** mener en bateau

beschwören vt [haben] **33/53** invoquer – conjurer

besehen vt [haben] **29** examiner

beseitigen vt [haben] **20** enlever – éliminer

besetzen vt [haben] **20** occuper

besichtigen vt [haben] **20** visiter

besiedeln vt [haben] **19** peupler – coloniser

besiegeln vt [haben] **19** sceller

besiegen vt [haben] **20** vaincre

besinnen (sich) vp [haben] **40** réfléchir

besitzen vt [haben] **5** posséder – détenir

besohlen vt [haben] **20** ressemeler

besolden vt [haben] **18** rémunérer (militaires et fonctionnaires)

besorgen vt [haben] **20** procurer

bespannen vt [haben] **20** tapisser

bespielen vt [haben] **20** enregistrer

bespitzeln vt [haben] **19** espionner

besprechen vt [haben] 24 discuter de
- sich besprechen vp [haben] 24 se concerter

bespritzen vt [haben] 20 éclabousser

besprühen vt [haben] 20 vaporiser – peindre à la bombe

bessern vt [haben] 19 améliorer
- sich bessern vp [haben] 19 s'améliorer

bestärken vt [haben] 20 renforcer

bestätigen vt [haben] 20 confirmer
- sich bestätigen vp [haben] 20 se confirmer

bestatten vt [haben] 18 inhumer

bestäuben vt [haben] 20 saupoudrer

bestaunen vt [haben] 20 regarder avec étonnement

bestechen vt/vi [haben] 24 corrompre

bestehen [haben] 6 vt réussir ; vi exister

bestehen bleiben vi [sein] 36 subsister – se maintenir

bestehlen vt [haben] 25 voler (dérober)

besteigen vt [haben] 36 faire l'ascension de – monter dans

bestellen vt/vi [haben] 20 commander

besteuern vt [haben] 19 imposer – taxer

bestimmen [haben] 20 vt fixer ; vi déterminer

bestrafen vt [haben] 20 punir

bestrahlen vt [haben] 20 traiter aux rayons – éclairer

bestreichen vt [haben] 35 étaler – tartiner

bestreiken vt [haben] 20 faire la grève dans

bestreiten vt [haben] 35 contester

bestreuen vt [haben] 20 saupoudrer de

bestürmen vt [haben] 20 prendre d'assaut

besuchen vt [haben] 20 rendre visite à

betasten vt [haben] 18 toucher, tâter

betätigen vt [haben] 20 actionner
- sich betätigen vp [haben] 20 s'occuper – agir

betäuben vt [haben] 20 anesthésier

beteiligen vt [haben] 20 faire participer à
- sich beteiligen vp [haben] 20 participer à

beten [haben] 18 vt réciter (une prière) ; vi prier

beteuern vt [haben] 19 affirmer

betiteln vt [haben] 19 intituler

betonen vt [haben] 20 accentuer – souligner

betören vt [haben] 20 envoûter

betrachten vt [haben] 18 contempler – considérer
- sich betrachten vp [haben] 18 se regarder

betragen vi [haben] 48 s'élever à
- sich betragen vp [haben] 48 se comporter

betrauen vt [haben] 20 confier

betrauern vt [haben] 19 porter le deuil de – déplorer

betreffen vt [haben] 24 concerner

betreiben vt [haben] 36 faire – exercer

betreten vt [haben] 29 entrer dans – marcher sur

betreuen vt [haben] 20 s'occuper de

betrinken (sich) vp [haben] 39 s'enivrer

betrüben vt [haben] 20 attrister

betrügen vt/vi [haben] 34 tromper

betteln vi [haben] 19 mendier

betten vt [haben] 18 coucher sur

beugen vt [haben] 17 courber – faire fléchir
- sich beugen vp [haben] 17 se pencher

beunruhigen vt [haben] 20 inquiéter
- sich beunruhigen vp [haben] 20 s'inquiéter

beurkunden vt [haben] 18 certifier – attester

beurlauben vt [haben] 20 donner congé à

beurteilen vt [haben] 20 juger

bevölkern vt [haben] 19 peupler – envahir
- sich bevölkern vp [haben] 19 se remplir (de monde)

bevollmächtigen vt [haben] 20 donner procuration à

bevormunden vt [haben] 18 dicter sa conduite à

bevor|stehen vi [haben] 6 être imminent (imminente)

bevorzugen vt [haben] 20 préférer

bewachen vt [haben] 20 surveiller

bewachsen vt [haben] 47 recouvrir (de plantes)

bewaffnen vt [haben] 18 armer
- sich bewaffnen vp [haben] 18 s'armer

bewahren vt [haben] 20 garder – préserver

bewähren (sich) vp [haben] 20 faire ses preuves

bewahrheiten (sich) vp [haben] 18 s'avérer juste

bewältigen vt [haben] 20 surmonter – venir à bout de

bewässern vt [haben] 19 irriguer

bewegen[1] vt [haben] 33 inciter à

bewegen[2] vt [haben] 20 bouger – toucher
- sich bewegen vp [haben] 20 bouger

beweinen vt [haben] 20 pleurer

beweisen vt [haben] 36 prouver
- sich beweisen vp [haben] 36 faire ses preuves

bewenden vt [haben] 29 s'en tenir à

bewerben (sich) vp [haben] 23 postuler

bewerfen vt [haben] 23 bombarder de (fig)

bewerkstelligen vt [haben] 20 venir à bout de

bewerten vt [haben] 18 évaluer

bewilligen vt [haben] 20 accorder

bewirken vt [haben] 20 provoquer – avoir pour effet

bewirten vt [haben] 18 servir

bewirtschaften vt [haben] 18 exploiter

bewohnen vt [haben] 20 habiter

bewölken (sich) vp [haben] 20 se couvrir

bewundern vt [haben] 19 admirer

bewusst machen vt [haben] 17 faire prendre conscience de

bezahlen vt [haben] 20 payer

bezähmen vt [haben] 20 dompter – maîtriser
- sich bezähmen vp [haben] 20 se dominer – se maîtriser

bezaubern vt [haben] 19 captiver – envoûter

bezeichnen vt [haben] 18 désigner

bezeugen vt [haben] 20 attester

bezichtigen vt [haben] 20 accuser

beziehen vt [haben] 38 recouvrir de
- sich beziehen vp [haben] 38 concerner – faire référence à

bezuschussen vt [haben] **20** subventionner

bezwecken vt [haben] **20** viser

bezweifeln vt [haben] **19** douter de

bezwingen vt [haben] **39** vaincre

biegen[1] vt [haben] **38** courber

biegen[2] vi [ist] **38** tourner
  ◾ **sich biegen** vp [haben] **38** plier

bieten vt [haben] **38** offrir
  ◾ **sich bieten** vp [haben] **38** s'offrir

bilden vt [haben] **18** former ; vi instruire
  ◾ **sich bilden** vp [haben] **18** se former – s'instruire

billigen vt [haben] **17** approuver

bimmeln vi [haben] **19** tinter – sonner

binden [haben] **39** vt attacher ; vi lier
  ◾ **sich binden** vp [haben] **39** se lier

bitten [haben] **8** vt prier ; vi demander

blähen [haben] **17** vt gonfler ; vi donner des ballonnements
  ◾ **sich blähen** vp [haben] **17** se gonfler

blamieren vt [haben] **22** ridiculiser
  ◾ **sich blamieren** vp [haben] **22** se ridiculiser

blasen [haben] **42** vt souffler sur ; vi souffler

blättern vi [haben/sein] **19** feuilleter

blau|machen vi [haben] **17** se faire porter malade

blechen [haben] **17** casquer

bleiben vi [sein] **36** rester

bleiben|lassen vt [haben] **41** laisser tomber

bleichen vt/vi [haben/sein] **17** blanchir – décolorer

blenden [haben] **18** vt éblouir ; vi être aveuglant (aveuglante)

blicken vi [haben] **17** regarder

blinken vi [haben] **17** scintiller – clignoter

blinzeln vi [haben] **19** cligner des yeux

blitzen vt/vi [haben] **17** prendre au flash – briller

blockieren [haben] **22** vt bloquer ; vi se bloquer

blödeln vi [haben] **19** faire l'idiot (l'idiote)

blöken vi [haben] **17** bêler

blondieren vt [haben] **22** blondir

bloß|legen vt [haben] **17** dégager

bloß|stellen vt [haben] **17** mettre dans une situation délicate

blubbern vi [haben] **19** gargouiller

bluffen vt/vi [haben] **17** bluffer

blühen vi [haben] **17** fleurir – être florissant (florissante)

bluten vi [haben] **18** saigner

bocken vi [haben] **17** refuser d'obéir

bohnern vt [haben] **19** cirer

bohren [haben] **17** vt creuser ; vi percer
  ◾ **sich bohren** vp [haben] **17** s'enfoncer

bombardieren vt [haben] **22** bombarder

borgen vt [haben] **17** emprunter – prêter

boxen [haben] **17** vt boxer ; vi faire de la boxe
  ◾ **sich boxen** vp [haben] **17** se battre à coups de poing

boykottieren vt [haben] **22** boycotter

brach|liegen vi [haben] **7** être en jachère – être laissé (laissée) en friche

brandmarken vt [haben] **17** stigmatiser

braten [haben] **42** vt faire cuire (à la poêle) ; vi cuire

brauchen vt/aux [haben] **17** avoir besoin de

brauen vt [haben] **17** brasser

bräunen[1] vt [haben] **17** faire bronzer – faire roussir

bräunen[2] vi [haben/sein] **17** bronzer – roussir
  ◾ **sich bräunen** vp [haben] **17** bronzer

brausen vi **17** [haben] gronder – retentir – [sein] foncer

brechen[1] vt [haben] **24** rompre – briser

brechen[2] vi [haben/sein] **24** se casser
  ◾ **sich brechen** vp [haben] **24** se réfracter – se briser

breiten vt [haben] **18** étendre
  ◾ **sich breiten** vp [haben] **18** recouvrir

breit machen vt [haben] **17** écarter
  ◾ **sich breit machen** vp [haben] **17** s'étaler – prendre ses aises

breit|schlagen vt [haben] **48** embobiner

breit|treten vt [haben] **29** ressasser

bremsen vt/vi [haben] **17** freiner
  ◾ **sich bremsen** vp [haben] **17** se mettre des garde-fous

brennen vi [haben] **50** brûler

briefen vt [haben] **17** briefer

bringen vt [haben] **49** apporter – emmener

bröckeln[1] vt [haben] **19** émietter

bröckeln[2] vi [haben/sein] **19** s'émietter – s'effriter

brodeln vi [haben] **19** bouillonner

brüllen vt/vi [haben] **17** hurler

brummen [haben] **17** vt grommeler ; vi fredonner

brüskieren vt [haben] **22** brusquer

brüsten (sich) vp [haben] **18** se pavaner

brüten vi [haben] **18** couver

brutzeln [haben] **19** vt (faire) mijoter ; vi grésiller

buchen vt [haben] **17** réserver

buchstabieren vt [haben] **22** épeler

bücken (sich) vp [haben] **17** se baisser – se courber

buddeln vt/vi [haben] **19** creuser

büffeln [haben] vt **19** potasser ; vi bosser

bügeln vt/vi [haben] **19** repasser

buhen vi [haben] **17** huer

bummeln vi **19** [sein] flâner – [haben] traîner

bumsen vulg vt/vi [haben] **17** baiser

bündeln vt [haben] **19** faire un paquet de

bürgen vi [haben] **17** se porter garant

bürsten vt [haben] **18** brosser

büßen vt/vi [haben] **17** expier – faire pénitence

C

campen vi [haben] **17** camper – faire du camping

canceln vt [haben] **19** annuler – résilier

catchen vi [haben] **17** faire du catch

charakterisieren vt [haben] **22** caractériser

chartern vt [haben] **19** affréter

chatten vi [haben] **19** chatter

chauffieren vt [haben] **22** conduire

checken vt [haben] **17** vérifier – piger

chiffrieren vt [haben] **22** coder – crypter

codieren vt [haben] **22** coder

D

da|behalten *vt* [haben] **41** garder

dabei|bleiben *vi* [sein] **36** rester

dabei|haben *vt* [haben] **1** avoir sur soi

dabei sein *vi* [sein] **2** être là *ou* présent (présente)

da|bleiben *vi* [sein] **36** rester

daddeln *fam vi* [haben] **19** jouer *(à des jeux vidéo ou à une machine à sous)*

dafür|halten *vi* [haben] **41** être d'avis

dafür|können *vt* [haben] **10** y pouvoir *(quelque chose)*

dagegen|setzen *vt* [haben] **17** opposer à

dagegen|stellen (sich) *vp* [haben] **17** s'opposer à

dahin|gehen *vi* [sein] **9** passer

dahinter|kommen *vi* [sein] **30** découvrir le pot aux roses

dahinter|stecken *vi* [haben] **17** se cacher derrière

dahinter|stehen *vi* [haben] **6** faire bloc – être à la base de

da|lassen *vt* [haben] **41** laisser

da|liegen *vi* [haben] **7** être étendu (étendue) – être là

dämmen *vt* [haben] **17** endiguer – isoler de

dämmern *vi* [haben] **19** commencer à faire jour – commencer à faire nuit

dampfen *vi* [haben] **17** fumer *(dégager de la vapeur)*

dämpfen *vt* [haben] **17** cuire à l'étuvée – amortir

daneben|benehmen (sich) *vp* [haben] **27** se conduire mal

daneben|gehen *vi* [sein] **9** manquer son but – échouer

daneben|greifen *vi* [haben] **35** taper à côté – se planter

daneben|hauen *vi* [haben] **51** frapper à côté – se gourer

daneben|liegen *vi* [haben] **7** être à côté de la plaque

danken *vi* [haben] **17** remercier

daran|gehen *vi* [sein] **9** se mettre à

daran|setzen *vt* [haben] **17** mettre en œuvre

dar|bieten *vt* [haben] **38** présenter

■ sich darbieten *vp* [haben] **38** se présenter – s'offrir

dar|legen *vt* [haben] **17** exposer

darnieder|liegen *vi* [haben] **7** être alité

dar|stellen *vt* [haben] **17** représenter

■ sich darstellen *vp* [haben] **17** s'avérer

darüber stehen *vi* [haben] **6** être au-dessus de

darunter fallen *vi* [sein] **41** être concerné (concernée)

da sein *vi* [sein] **2** être là

da|sitzen *vi* [haben] **5** être assis (assise) là – se retrouver là

da|stehen *vi* [haben] **6** se tenir là – se trouver

datieren *vt* [haben] **22** dater

dauern *vi* [haben] **19** durer

davon|kommen *vi* [sein] **30** s'en tirer

davon|laufen *vi* [sein] **46** se sauver

davon|machen (sich) *vp* [haben] **17** se débiner

dazu|geben *vt* [haben] **29** ajouter

dazu|gehören *vt* [haben] **20** être avec – aller avec

dazu|kommen *vi* [sein] **30** se joindre à

dazu|rechnen *vt* [haben] **18** ajouter *(à une somme)*

dazu|tun *vt* [haben] **4** ajouter

dazu|zahlen *vt/vi* [haben] **17** payer en plus

dazu|zählen *vt* [haben] **17** compter

dazwischen|fahren *vi* [sein] **48** s'interposer – intervenir

dazwischen|kommen *vi* [sein] **30** survenir de façon imprévue

dazwischen|rufen [haben] **44** *vt* crier ; *vi* faire des remarques à haute voix

dazwischen|treten *vi* [sein] **29** s'interposer

dealen *vi* [haben] **17** dealer

debattieren [haben] *vt* **22** débattre de ; *vi* débattre

debuggen *vt* [haben] **17** déboguer

debütieren *vi* [haben] **22** débuter

dechiffrieren *vt* [haben] **22** déchiffrer

decken [haben] **17** *vt* recouvrir de ; *vi* couvrir

■ sich decken *vp* [haben] **17** coïncider

definieren *vt* [haben] **22** définir

■ sich definieren *vp* [haben] **22** se définir

deformieren *vt* [haben] **22** déformer

defragmentieren *vt* [haben] **22** défragmenter

degenerieren *vi* [sein] **22** dégénérer

degradieren *vt* [haben] **22** humilier – dégrader

dehnen *vt* [haben] **17** étirer – étendre

■ sich dehnen *vp* [haben] **17** s'étirer

deichseln *vt* [haben] **19** arranger

deinstallieren *vt* [haben] **22** désinstaller

deklamieren *vt/vi* [haben] **22** déclamer

deklarieren *vt* [haben] **22** déclarer

deklinieren *vt* [haben] **22** décliner

dekodieren *vt* [haben] **22** décoder

dekorieren *vt* [haben] **22** décorer

delegieren *vt* [haben] **22** déléguer

demaskieren *vt* [haben] **22** démasquer – confondre

■ sich demaskieren *vp* [haben] **22** se démasquer

dementieren *vt* [haben] **22** démentir

demokratisieren *vt* [haben] **22** démocratiser

demolieren *vt* [haben] **22** démolir

demonstrieren [haben] **22** *vt* manifester; *vi* démontrer

demontieren *vt* [haben] **22** démonter

demoralisieren *vt* [haben] **22** démoraliser

demütigen *vt* [haben] **17** humilier

■ sich demütigen *vp* [haben] **17** s'humilier

denken *vt/vi* [haben] **49** penser

denunzieren *vt* [haben] **22** dénoncer

deponieren *vt* [haben] **22** déposer

deportieren *vt* [haben] **22** déporter

deprimieren *vt* [haben] **22** déprimer

desensibilisieren *vt* [haben] **22** désensibiliser

desertieren *vi* [sein] **22** déserter

desillusionieren *vt* [haben] **22** faire perdre ses illusions à – désillusionner

desinfizieren *vt* [haben] **22** désinfecter

destabilisieren *vt* [haben] **22** déstabiliser

destillieren *vt* [haben] **22** distiller

determinieren *vt* [haben] **22** déterminer

detonieren *vi* [sein] **22** détoner

deuteln vi [haben] **19** tergiverser

deuten [haben] **18** vt interpréter ; vi indiquer

dezentralisieren vt [haben] **22** décentraliser

dezimieren vt [haben] **22** décimer
■ **sich dezimieren** vp [haben] **22** diminuer

diagnostizieren vt [haben] **22** diagnostiquer

dichten [haben] **18** vt colmater ; vi faire des vers

dicht|halten vi [haben] **41** ne pas cracher ou lâcher le morceau

dicht|machen vt [haben] **17** fermer

dick|tun (sich) vp [haben] **4** crâner

dienen vi [haben] **17** servir à

diffamieren vt [haben] **22** diffamer – calomnier

differenzieren [haben] **22** vt nuancer ; vi faire la part des choses
■ **sich differenzieren** vp [haben] **22** se spécialiser

differieren vi [haben] **22** différer

digitalisieren vt [haben] **22** digitaliser

diktieren vt [haben] **22** dicter

dirigieren vt/vi [haben] **22** diriger (un orchestre)

diskreditieren vt [haben] **22** discréditer

diskriminieren vt [haben] **22** discriminer

diskutieren [haben] **22** vt discuter de ; vi discuter

disponieren vi [haben] **22** disposer de

disqualifizieren vt [haben] **22** disqualifier

distanzieren (sich) vp [haben] **22** prendre ses distances

dividieren vt [haben] **22** diviser

dokumentieren vt [haben] **22** illustrer (par des documents)

dolmetschen [haben] **17** vt traduire ; vi servir d'interprète

dominieren [haben] **22** vt dominer ; vi prédominer

donnern[1] vt [haben] **19** balancer

donnern[2] vi [haben] **19** tonner

dopen vt [haben] **17** doper
■ **sich dopen** vp [haben] **17** se doper

doppelklicken vi [haben] **17** double-cliquer

dösen vi [haben] **17** somnoler

dosieren vt [haben] **22** doser

dotieren vt [haben] **22** doter

down|loaden vt [haben] **18** télécharger

dozieren vi [haben] **22** enseigner (à l'université)

dramatisieren vt [haben] **22** dramatiser

dran|bleiben vi [sein] **36** ne pas quitter (au téléphone)

dran|geben vt [haben] **29** sacrifier

drängeln [haben] **19** vt pousser ; vi jouer des coudes
■ **sich drängeln** vp [haben] **19** se frayer un chemin

drängen [haben] **17** vt pousser ; vi presser
■ **sich drängen** vp [haben] **17** se presser – jouer des coudes

drangsalieren vt [haben] **22** harceler

dran|halten (sich) vp [haben] **41** se magner

dran|kommen vi [sein] **30** passer

drapieren vt [haben] **22** draper

drauf|geben vt [haben] **29** flanquer un coup – remettre à sa place

drauf|gehen vi [sein] **9** passer l'arme à gauche – y passer

drauf|kommen vi [sein] **30** piger

drauflos|gehen vi [sein] **9** foncer

drauf|machen vt [haben] **17** faire la bringue

drauf|zahlen [haben] **17** vt payer en plus; vi en être de sa poche

drechseln vt [haben] **19** tourner

drehen vt/vi [haben] **17** tourner
■ **sich drehen** vp [haben] **17** tourner

dreschen vt [haben] **31** battre – casser la gueule à

dressieren vt [haben] **22** dresser

dribbeln vi [haben] **19** dribbler

driften vi [sein] **18** dériver

drillen vt [haben] **17** entraîner – dresser

dringen vi **39** [haben] réclamer – [sein] pénétrer dans

drin|stecken vi [haben] **17** promettre – avoir un bon potentiel

dritteln vt [haben] **19** partager en trois

drohen vt [haben] **17** menacer

dröhnen vi [haben] **17** résonner – retentir

drosseln vt [haben] **19** réduire

drucken vt [haben] **17** imprimer

drücken [haben] **17** vt appuyer sur ; vi appuyer
■ **sich drücken** vp [haben] **17** se coller contre – se défiler devant

dübeln vt [haben] **19** fixer avec des chevilles

ducken (sich) vp [haben] **17** se baisser

dudeln [haben] **19** vt jouer de manière monotone ; vi jouer une rengaine

duellieren (sich) vp [haben] **22** se battre en duel

duften vi [haben] **18** sentir bon

dulden vt [haben] **18** tolérer

düngen [haben] **17** vt mettre de l'engrais dans ; vi fumer

dünn|machen (sich) vp [haben] **17** filer à l'anglaise

dünsten vt [haben] **18** cuire à la vapeur

durch|arbeiten [haben] **18** vt étudier à fond ; vi travailler sans interruption
■ **sich durcharbeiten** vp [haben] **18** se frayer un passage – venir à bout de

durch|atmen vi [haben] **18** respirer à fond

durch|beißen vt [haben] **35** couper avec les dents
■ **sich durchbeißen** vp [haben] **35** s'en sortir

durch|blättern vt [haben] **19** feuilleter

durchblicken vt [haben] **20** percer à jour

durch|blicken vi [haben] **17** piger

durch|bohren vt [haben] **17** percer

durchbohren vt [haben] **20** transpercer de – cribler

durch|boxen vt [haben] **17** imposer – faire accepter
■ **sich durchboxen** vp [haben] **17** se battre

durch|braten vt [haben] **42** faire bien cuire

durchbrechen vt [haben] **24** enfoncer

durch|brechen[1] vt [haben] **24** casser (en deux) – percer

durch|brechen[2] vi [sein] **24** se casser en deux – crever

durch|brennen vi [sein] **50** (fusible) sauter – (ampoule) griller

durch|bringen vt [haben] **49** faire vivre – tirer d'affaire

durch|checken vt [haben] **17** contrôler systématiquement

durchdenken *vt* [haben] **49** examiner à fond

durch|denken *vt* [haben] **49** réfléchir à

durch|diskutieren *vt* [haben] **22** discuter dans le détail

durch|drängen (sich) *vp* [haben] **17** se frayer un passage

durch|drehen¹ *vt* [haben] **17** passer à la moulinette

durch|drehen² *vi* [sein] **17** perdre la tête

durchdringen *vt* [haben] **39** percer – saisir

durch|dringen *vi* [sein] **39** traverser – se répandre

durch|drücken *vt* [haben] **17** arriver à imposer

durcheinander bringen *vt* [haben] **49** déconcerter – mettre en désordre

durcheinander kommen *vi* [sein] **30** se mélanger

durcheinander laufen *vi* [sein] **46** courir *ou* aller dans tous les sens

durch|exerzieren *vt* [haben] **22** bûcher

durchfahren *vt* [haben] **48** s'emparer de

durch|fahren *vi* [sein] **48** traverser – rouler sans s'arrêter

durch|fallen *vi* [sein] **41** échouer

durch|feiern [haben] **19** *vt* faire la fête pendant ; *vi* faire la fête toute la nuit

durch|finden *vi* [haben] **39** s'y retrouver dans

■ **sich durchfinden** *vp* [haben] **39** s'y retrouver dans

durch|fließen *vi* [sein] **37** s'écouler par

durch|forschen *vt* [haben] **20** étudier à fond – explorer

durchforsten *vt* [haben] **18** éclaircir *(forêt)*

durch|fragen (sich) *vp* [haben] **17** demander son chemin

durch|führen [haben] **17** *vt* réaliser ; *vi* traverser

durch|geben [haben] **29** *vt* transmettre

durch|gehen [sein] **9** *vt* examiner ; *vi* aller plus loin

durch|greifen *vi* [haben] **35** intervenir

durch|halten [haben] **41** *vt* aller jusqu'au bout de ; *vi* tenir bon

durch|kämmen *vt* [haben] **17** peigner – lisser

durch|kämmen *vt* [haben] **20** passer au peigne fin

durch|kommen *vi* [sein] **30** passer à travers

durch|kreuzen *vt* [haben] **17** barrer d'une croix

durchkreuzen *vt* [haben] **20** contrecarrer

durch|lassen *vt* [haben] **41** laisser passer

durch|laufen *vt* [haben] **46** user *(chaussures)*

durchlaufen *vt* [haben] **46** traverser

durch|laufen *vi* [sein] **46** franchir – passer

durchleben *vt* [haben] **20** vivre

durchleiden *vt* [haben] **35** endurer

durch|lesen *vt* [haben] **29** lire à fond – lire jusqu'au bout

durchleuchten *vt* [haben] **18** faire une radio de – tirer au clair

durchlöchern *vt* [haben] **19** perforer – trouer

durch|lüften *vt* [haben] **18** bien aérer

durch|machen *vt* [haben] **17** traverser ; *vi* passer une nuit blanche

durch|nehmen *vt* [haben] **27** étudier

durch|nummerieren *vt* [haben] **22** numéroter

durchqueren *vt* [haben] **20** traverser

durch|rechnen *vt* [haben] **18** calculer (du début à la fin)

durch|regnen *vi* (imp) [haben] **18** pleuvoir à travers

durch|reisen *vi* [sein] **17** traverser (sans s'arrêter)

durch|reißen¹ *vt* [haben] **35** déchirer (de part en part) – casser

durch|reißen² *vi* [sein] **35** se déchirer

durch|ringen (sich) *vp* [haben] **39** se résoudre à

durch|rosten *vi* [sein] **18** rouiller *(complètement)*

durch|sagen *vt* [haben] **17** annoncer

durchschauen *vt* [haben] **20** cerner – percer à jour

durch|schauen *vt* [haben] **17** regarder de près – regarder à travers

durch|scheinen *vi* [haben] **36** traverser

durch|schimmern *vi* [haben] **19** filtrer – transparaître

durch|schlafen *vi* [haben] **42** dormir sans interruption

durch|schlagen¹ *vt* [haben] **48** casser (en frappant) – enfoncer

durch|schlagen² *vi* [sein] **48** ressortir

■ **sich durchschlagen** *vp* [haben] **48** parvenir à

durchschlagen *vt* [haben] **48** traverser

durch|schleusen *vt* [haben] **17** faire passer l'écluse à

durch|schlüpfen *vi* [sein] **17** se glisser à travers

durch|schneiden *vt* [haben] **35** couper – trancher

durch|schütteln *vt* [haben] **19** agiter – secouer

durch|schwitzen *vt* [haben] **17** tremper de sueur

durch|sehen *vt/vi* [haben] **29** regarder de près

durch sein *vi* [sein] **2** être passé (passée) – avoir fini

durch|setzen *vt* [haben] **17** imposer

■ **sich durchsetzen** *vp* [haben] **17** s'imposer

durch|sickern *vi* [sein] **19** transpirer

durch|sieben *vt* [haben] **17** tamiser

durch|sprechen *vt* [haben] **24** discuter en détail de

durch|starten *vi* [sein] **18** mettre les gaz

durch|stehen *vt* [haben] **6** endurer

durch|stellen *vt* [haben] **17** passer

durchstöbern *vt* [haben] **19** fouiller de fond en comble

durch|stoßen *vt* [haben] **42** enfoncer

durchstoßen *vt* [haben] **42** percer

durch|streichen *vt* [haben] **35** barrer – rayer

durchstreifen *vt* [haben] **20** parcourir

durchsuchen *vt* [haben] **20** fouiller

durchtrennen *vt* [haben] **20** couper – sectionner

durch|trennen *vt* [haben] **17** couper – sectionner

durch|wachsen *vi* [sein] **47** pousser à travers

durch|wählen *vi* [haben] **17** appeler directement *(au téléphone)*

durch|wühlen [haben] **17** vt fouiller
- sich durchwühlen vp [haben] **17** se frayer un chemin

durchwühlen vt [haben] **20** fouiller

durch|zählen vt [haben] **17** compter un à un

durchziehen vt [haben] **38** traverser – se retrouver dans

durch|ziehen¹ vt [haben] **38** glisser dans – aller jusqu'au bout de

durch|ziehen² vi [sein] **38** passer – macérer
- sich durchziehen vp [haben] **38** parcourir

dürfen vt/vi/mod [haben] **12** avoir le droit de – pouvoir

dürsten vi [haben] **18** avoir soif de

duschen vt [haben] **17** doucher ; vi prendre une douche
- sich duschen vp [haben] **17** se doucher

düsen vi [sein] **17** se propulser

duzen vt [haben] **17** tutoyer
- sich duzen vp [haben] **17** se tutoyer

E

ebnen vt [haben] **18** aplanir

egalisieren vt [haben] **22** égaliser

ehren vt [haben] **17** honorer

eichen vt [haben] **17** étalonner – jauger

eiern vi [sein] **19** être voilé (voilée) – être gondolé (gondolée)

eignen (sich) vp [haben] **18** convenir

eilen vi **17** [sein] se presser – [haben] être urgent
- sich eilen vp [haben] **17** se dépêcher

ein|arbeiten vt [haben] **18** briefer – incorporer
- sich einarbeiten vp [haben] **18** s'accoutumer

ein|äschern vt [haben] **19** réduire en cendres – incinérer

ein|atmen vt [haben] **18** inhaler ; vi inspirer

ein|balsamieren vt [haben] **22** embaumer

ein|bauen vt [haben] **17** installer – insérer

ein|behalten vt [haben] **41** retenir

ein|berufen vt [haben] **44** convoquer – appeler sous les drapeaux

ein|betten vt [haben] **18** envelopper

ein|beziehen vt [haben] **38** inclure – associer à

ein|biegen¹ vt [haben] **38** tordre (vers l'intérieur)

ein|biegen² vi [sein] **38** tourner

ein|bilden (sich) vp [haben] **18** s'imaginer

ein|binden vt [haben] **39** relier – intégrer à

ein|bläuen vt [haben] **17** seriner

ein|blenden vt [haben] **18** insérer
- sich einblenden vp [haben] **18** prendre l'antenne

ein|brechen vi **24** [haben] cambrioler – [sein] arriver

ein|bringen vt [haben] **49** rentrer – rapporter
- sich einbringen vp [haben] **49** prendre part à

ein|brocken vt [haben] **17** s'attirer (des ennuis)

einbürgern vt [haben] **19** naturaliser
- sich einbürgern vp [haben] **19** s'établir – s'installer

ein|büßen vt/vi [haben] **17** perdre

ein|checken [haben] **17** vt enregistrer ; vi se présenter à l'enregistrement

ein|cremen (sich) vp [haben] **17** s'enduire de crème

ein|dämmen vt [haben] **17** endiguer – circonscrire

ein|decken vt [haben] **17** approvisionner en
- sich eindecken vp [haben] **17** s'approvisionner en

ein|deutschen vt [haben] **17** germaniser

ein|dicken vt [haben] **17** épaissir

ein|drehen vt [haben] **17** visser

ein|dringen vi [sein] **39** pénétrer – faire irruption

ein|drücken vt [haben] **17** enfoncer – imprimer

ein|ebnen vt [haben] **18** aplanir

ein|engen vt [haben] **17** serrer – restreindre

ein|fädeln vt [haben] **19** enfiler – manigancer
- sich einfädeln vp [haben] **19** se ranger

ein|fahren¹ vt [haben] **48** rentrer – enfoncer

ein|fahren² vi [sein] **48** entrer (en gare)

ein|fallen vi [sein] **41** venir à l'esprit

ein|fangen vt [haben] **43** capturer – restituer

ein|fassen vt [haben] **17** sertir – border

ein|fetten vt [haben] **18** graisser – beurrer

ein|finden (sich) vp [haben] **39** se retrouver

ein|flechten vt [haben] **31** entremêler

ein|fliegen vt [haben] **38** faire venir par avion

ein|fließen vi [sein] **37** se répandre – couler

ein|flößen vt [haben] **17** faire boire – inspirer

ein|frieren¹ vt [haben] **38** congeler – geler

ein|frieren² vi [sein] **38** geler

ein|fügen vt [haben] **17** insérer
- sich einfügen vp [haben] **17** s'intégrer

ein|fühlen (sich) vp [haben] **17** se mettre à la place de

ein|führen vt [haben] **17** introduire – importer
- sich einführen vp [haben] **17** se présenter

ein|füllen vt [haben] **17** remplir

ein|geben vt [haben] **29** entrer – saisir

ein|gehen [sein] **9** vt contracter ; vi arriver

ein|gemeinden vt [haben] **18** rattacher

ein|gestehen vt [haben] **6** reconnaître – admettre

ein|gewöhnen (sich) vp [haben] **20** s'habituer à

ein|gießen vt [haben] **37** verser

ein|gliedern vt [haben] **19** intégrer
- sich eingliedern vp [haben] **19** s'intégrer

ein|graben vt [haben] **48** enterrer – graver
- sich eingraben vp [haben] **48** se terrer – rester gravé

ein|greifen vi [haben] **35** intervenir

ein|grenzen vt [haben] **17** clôturer – délimiter

ein|haken [haben] **17** vt attacher ; vi intervenir (pour donner son avis)
- sich einhaken vp [haben] **17** prendre le bras

ein|halten [haben] 41 vt respecter ; vi s'interrompre

ein|handeln (sich) vp [haben] 19 attraper

ein|hängen [haben] 17 vt bloquer ; vi raccrocher

■ sich einhängen vp [haben] 17 prendre le bras

ein|heften vt [haben] 18 mettre dans un classeur

ein|heimsen vt [haben] 17 ramasser

ein|heiraten vi [haben] 18 entrer dans une famille (par mariage)

ein|heizen vi [haben] 17 chauffer

ein|holen vt [haben] 17 rattraper – demander

ein|hüllen vt [haben] 17 envelopper

■ sich einhüllen vp [haben] 17 s'envelopper

einigen vt [haben] 17 unir

■ sich einigen vp [haben] 17 se mettre d'accord

ein|impfen vt [haben] 17 inculquer

ein|kalkulieren vt [haben] 22 tenir compte de (dans ses calculs)

ein|kaufen vt/vi [haben] 17 acheter

■ sich einkaufen vp [haben] 17 acquérir des parts dans

ein|kehren vi [sein] 17 faire une halte (dans un café, un hôtel)

ein|kellern vt [haben] 19 mettre en cave

ein|kesseln vt [haben] 19 encercler

ein|klagen vt [haben] 17 poursuivre le recouvrement de

ein|klammern vt [haben] 19 mettre entre parenthèses

ein|kleben vt [haben] 17 coller

ein|kleiden vt [haben] 18 habiller

■ sich einkleiden vp [haben] 18 s'habiller

ein|klemmen vt [haben] 17 coincer

ein|kochen[1] vt [haben] 17 faire des conserves de

ein|kochen[2] vi [ist] 17 épaissir

ein|kreisen vt [haben] 17 entourer – cerner

ein|kremen vt [haben] 17 enduire de crème

ein|kriegen (sich) vp [haben] 17 se calmer

ein|laden vt [haben] 48 charger – inviter

ein|lagern vt [haben] 19 stocker – entreposer

ein|lassen vt [haben] 41 faire ou laisser entrer

■ sich einlassen vp [haben] 41 se laisser entraîner

ein|laufen[1] vt [haben] 46 faire (à son pied)

ein|laufen[2] vi [sein] 46 arriver – couler

■ sich einlaufen vp [haben] 46 s'échauffer

ein|leben (sich) vp [haben] 17 s'habituer à – s'adapter à

ein|legen vt [haben] 17 mettre – passer en

ein|leiten vt [haben] 18 entamer – déclencher

ein|lenken vi [haben] 17 se montrer conciliant (conciliante)

ein|leuchten vi [haben] 18 être convaincant (convaincante)

ein|liefern vt [haben] 19 conduire – amener

ein|loggen (sich) vp [haben] 17 se connecter

ein|lösen vt [haben] 17 encaisser – payer

ein|machen vt [haben] 17 faire des conserves de

ein|marschieren vi [sein] 22 entrer (terme militaire)

ein|massieren vt [haben] 22 faire pénétrer en massant

ein|mischen (sich) vp [haben] 17 se mêler de

ein|motten vt [haben] 18 mettre au placard

ein|münden vi [haben/sein] 18 déboucher – se jeter

ein|nähen vt [haben] 17 coudre – rétrécir

ein|nehmen vt [haben] 27 prendre – encaisser

ein|nicken vi [sein] 17 s'assoupir

ein|nisten (sich) vp [haben] 18 s'incruster

ein|ölen vt [haben] 17 huiler – lubrifier

■ sich einölen vp [haben] 17 s'enduire d'huile

ein|ordnen vt [haben] 18 classer – ranger

■ sich einordnen vp [haben] 18 se ranger

ein|packen vt/vi [haben] 17 emballer – mettre (dans une valise)

■ sich einpacken vp [haben] 17 (bien) s'emmitoufler

ein|parken vt [haben] 17 garer ; vi se garer

ein|passen vt [haben] 17 ajuster

ein|pendeln (sich) vp [haben] 19 se stabiliser

ein|pflanzen vt [haben] 17 planter – implanter

ein|planen vt [haben] 17 prévoir

ein|prägen vt [haben] 17 graver

■ sich einprägen vp [haben] 17 se graver dans la mémoire

ein|quartieren vt [haben] 22 installer

■ sich einquartieren vp [haben] 22 s'installer

ein|rahmen vt [haben] 17 encadrer

ein|räumen vt [haben] 17 ranger – accorder

ein|rechnen vt [haben] 18 inclure

ein|reden vt [haben] 18 persuader

ein|regnen (sich) vp (imp) [haben] 18 s'installer (en parlant de la pluie)

ein|reiben vt [haben] 36 faire pénétrer – passer de la crème sur

ein|reichen vt [haben] 17 déposer – remettre

ein|reihen vt [haben] 17 inclure

■ sich einreihen vp [haben] 17 se joindre à

ein|reisen vi [sein] 17 entrer

ein|reißen[1] vt [haben] 35 démolir – déchirer

ein|reißen[2] vi [sein] 35 se déchirer

ein|renken vt [haben] 17 remettre en place – régler

■ sich einrenken vp [haben] 17 rentrer dans l'ordre – s'arranger

ein|rennen vt [haben] 50 enfoncer

ein|richten vt [haben] 18 décorer – aménager

■ sich einrichten vp [haben] 18 se meubler

ein|rollen[1] vt [haben] 17 enrouler – rouler

ein|rollen[2] vi [sein] 17 entrer en gare

■ sich einrollen vp [haben] 17 se pelotonner

ein|rosten vi [sein] 18 rouiller – s'encroûter

ein|rücken[1] vt [haben] 17 décrocher

ein|rücken[2] vi [sein] 17 entrer

ein|sacken vt [haben] 17 mettre en sac – fam empocher

ein|sammeln vt [haben] 19 ramasser

ein|scannen *vt* [haben] **17** scanner

ein|schalten *vt* [haben] **18** allumer – faire intervenir
■ sich einschalten *vp* [haben] **18** se mettre en marche – intervenir

ein|schärfen *vt* [haben] **17** enfoncer dans la tête de

ein|schätzen *vt* [haben] **17** évaluer

ein|schenken *vt* [haben] **17** servir

ein|schicken *vt* [haben] **17** envoyer

ein|schieben *vt* [haben] **38** intercaler

ein|schießen *vt* [haben] **37** faire voler en éclats
■ sich einschießen *vp* [haben] **37** prendre pour cible

ein|schiffen *vt* [haben] **17** embarquer
■ sich einschiffen *vp* [haben] **17** s'embarquer

ein|schlafen *vi* [sein] **42** s'endormir

ein|schläfern *vt* [haben] **19** piquer *(animal)* – endormir

ein|schlagen¹ *vt* [haben] **48** enfoncer – casser

ein|schlagen² *vi* [haben] **48** éclater – faire un tabac

ein|schleichen (sich) *vp* [haben] **35** se glisser

ein|schleppen *vt* [haben] **17** introduire *(maladie)*

ein|schleusen *vt* [haben] **17** faire entrer en fraude

ein|schließen *vt* [haben] **37** enfermer – mettre sous clé

ein|schmeicheln (sich) *vp* [haben] **19** se concilier les bonnes grâces de

ein|schmuggeln *vt* [haben] **19** introduire en fraude
■ sich einschmuggeln *vp* [haben] **19** s'introduire clandestinement

ein|schnappen *vi* [sein] **17** se fermer – prendre la mouche

ein|schneiden [haben] **35** *vt* entailler ; *vi* couper la peau

ein|schneien *vt* [haben] **17** enneiger

ein|schränken *vt* [haben] **17** limiter
■ sich einschränken *vp* [haben] **17** se serrer la ceinture

ein|schreiben *vt* [haben] **36** inscrire
■ sich einschreiben *vp* [haben] **36** s'inscrire

ein|schreiten *vi* [sein] **35** intervenir

ein|schüchtern *vt* [haben] **19** intimider

ein|schulen *vt* [haben] **17** scolariser

ein|schweißen *vt* [haben] **17** mettre sous cellophane – souder

ein|sehen *vt* [haben] **29** reconnaître – examiner

ein|seifen *vt* [haben] **17** savonner

ein|senden *vt* [haben] **50/18** envoyer

ein|setzen [haben] **17** *vt* mettre ; *vi* commencer
■ sich einsetzen *vp* [haben] **17** s'engager

ein|sickern *vi* [sein] **19** s'infiltrer

ein|sinken *vi* [sein] **39** s'enfoncer – s'effondrer

ein|spannen *vt* [haben] **17** atteler – faire travailler

ein|sparen *vt* [haben] **17** économiser

ein|sperren *vt* [haben] **17** enfermer – emprisonner

ein|spielen *vt* [haben] **17** rapporter – accorder
■ sich einspielen *vp* [haben] **17** s'échauffer – se chauffer (les doigts)

ein|springen *vi* [sein] **39** remplacer

ein|stecken *vt* [haben] **17** prendre *(sur soi)* – encaisser

ein|stehen *vi* [haben] **6** se porter garant

ein|steigen *vi* [sein] **36** monter – s'introduire

ein|stellen *vt* [haben] **17** embaucher – régler
■ sich einstellen *vp* [haben] **17** apparaître – se préparer

ein|stimmen *vi* [haben] **17** joindre sa voix à

ein|streichen *vt* [haben] **35** encaisser – ramasser

ein|strömen *vi* [sein] **17** affluer

ein|studieren *vt* [haben] **22** répéter – étudier

ein|stufen *vt* [haben] **17** classer – répartir par niveau

ein|stürzen *vi* [sein] **17** s'écrouler

ein|tauchen¹ *vt* [haben] **17** tremper

ein|tauchen² *vi* [sein] **17** plonger

ein|tauschen *vt* [haben] **17** échanger

ein|teilen *vt* [haben] **17** classer – répartir

ein|tragen *vt* [haben] **48** inscrire – rapporter
■ sich eintragen *vp* [haben] **48** s'inscrire *(dans une liste)*

ein|treffen *vi* [sein] **24** arriver – se réaliser

ein|treiben *vt* [haben] **36** faire rentrer

ein|treten¹ *vt* [haben] **29** enfoncer

ein|treten² *vi* [sein] **29** entrer – avoir lieu

ein|trichtern *vt* [haben] **19** inculquer

ein|trocknen *vi* [sein] **18** sécher

ein|trüben (sich) *vp* [haben] **17** se couvrir

ein|trudeln *vi* [sein] **19** se pointer

ein|üben *vt* [haben] **17** répéter

ein|verleiben *vt* [haben] **20** ajouter

ein|wandern *vi* [sein] **19** immigrer

ein|wecken *vt* [haben] **17** faire des conserves de

ein|weichen *vt* [haben] **17** faire tremper

ein|weihen *vt* [haben] **17** inaugurer

ein|weisen *vt* [haben] **36** faire admettre – mettre au courant de

ein|wenden *vt* [haben] **50/18** objecter

ein|werfen *vt* [haben] **23** poster – lancer

ein|wickeln *vt* [haben] **19** envelopper – embobiner

ein|willigen *vi* [haben] **17** acquiescer

ein|wirken *vi* [haben] **17** agir – exercer une influence sur

ein|zahlen *vt* [haben] **17** verser

ein|zeichnen *vt* [haben] **18** dessiner sur

ein|ziehen¹ *vt* [haben] **38** enfiler – rentrer

ein|ziehen² *vi* [sein] **38** emménager – faire son entrée

eitern *vi* [haben] **19** suppurer

ejakulieren *vi* [haben] **22** éjaculer

ekeln *vt/vi (imp)* [haben] **19** dégoûter
■ sich ekeln *vp* [haben] **19** être dégoûté (dégoûtée)

elektrifizieren *vt* [haben] **22** électrifier

elektrisieren *vt* [haben] **22** électriser
■ sich elektrisieren *vp* [haben] **22** s'électrocuter – recevoir une décharge électrique

emanzipieren (sich) *vp* [haben] **22** s'émanciper

emeritieren *vt* [haben] **22** mettre à la retraite *(professeur d'université)*

emigrieren *vi* [sein] **22** émigrer

empf**a**ngen *vt* [haben] **43** recevoir – capter

empf**e**hlen *vt* [haben] **25** conseiller – recommander

■ sich empf**e**hlen *vp* [haben] **25** être tout indiqué (indiquée) – prendre congé

empf**i**nden *vt* [haben] **39** ressentir – éprouver

emp**ö**ren *vt* [haben] **20** révolter

■ sich emp**ö**ren *vp* [haben] **20** s'indigner

emp**o**r|kommen *vi* [sein] **30** s'élever – faire carrière

emp**o**r|ragen *vi* [haben] **17** s'élever

enden *vi* [haben/sein] **18** se terminer – finir

engag**ie**ren *vt* [haben] **22** engager

■ sich engag**ie**ren *vp* [haben] **22** s'engager

ent**a**rten *vi* [sein] **18** dégénérer

entb**e**hren *vt* [haben] **20** se passer de

entb**i**nden [haben] **39** *vt* dégager de ; *vi* accoucher

entbl**ö**ßen *vt* [haben] **20** découvrir – mettre à nu

■ sich entbl**ö**ßen *vp* [haben] **20** se dévêtir

entd**e**cken *vt* [haben] **20** découvrir

ent**e**hren *vt* [haben] **20** déshonorer

ent**ei**gnen *vt* [haben] **18** exproprier

ent**e**rben *vt* [haben] **20** déshériter

entern *vt* [haben] **19** aborder

entf**a**chen *vt* [haben] **20** allumer – déclencher

entf**a**hren *vi (imp)* [sein] **48** laisser échapper

entf**a**llen *vi* [sein] **41** échapper

entf**a**lten *vt* [haben] **18** déplier – développer

■ sich entf**a**lten *vp* [haben] **18** éclore – s'épanouir

entf**e**rnen *vt* [haben] **20** enlever – supprimer

■ sich entf**e**rnen *vp* [haben] **20** s'éloigner

entf**e**sseln *vt* [haben] **19** déclencher – déchaîner

entfl**ie**hen *vi* [sein] **38** s'enfuir

entfr**e**mden *vt* [haben] **18** éloigner

■ sich entfr**e**mden *vp* [haben] **18** se détacher de

entf**ü**hren *vt* [haben] **20** enlever – détourner

entg**e**gen|bringen *vt* [haben] **49** témoigner *(qqch à qqn)*

entg**e**gen|gehen *vi* [sein] **9** aller au devant de

entg**e**gen|halten *vt* [haben] **41** tendre – opposer

entg**e**gen|kommen *vi* [sein] **30** aller à la rencontre de – se diriger vers

entg**e**gen|nehmen *vt* [haben] **27** recevoir

entg**e**gen|sehen *vi* [haben] **29** être dans l'attente de

entg**e**gen|setzen *vt* [haben] **17** opposer

entg**e**gen|stehen *vi* [haben] **6** faire obstacle à

entg**e**gen|stellen *vt* [haben] **17** opposer

■ sich entg**e**genstellen *vp* [haben] **17** barrer le chemin à

entg**e**gen|treten *vi* [sein] **29** s'opposer à – affronter

entg**e**gnen *vt* [haben] **18** répliquer

entg**e**hen *vi* [sein] **9** échapper à

entg**e**lten *vt* [haben] **23** récompenser

entg**i**ften *vt* [haben] **18** désintoxiquer

entgl**ei**sen *vi* [sein] **20** dérailler

entgl**ei**ten *vi* [sein] **35** échapper

enth**aa**ren *vt* [haben] **20** épiler

enth**a**lten *vt* [haben] **41** contenir

■ sich enth**a**lten *vp* [haben] **41** faire abstinence – s'abstenir de

enth**au**pten *vt* [haben] **18** décapiter

enth**e**ben *vt* [haben] **33** libérer de

enth**e**mmen *vt* [haben] **20** désinhiber

enth**ü**llen *vt* [haben] **20** dévoiler

■ sich enth**ü**llen *vp* [haben] **20** se révéler

entj**u**ngfern *vt* [haben] **19** déflorer

entk**a**lken *vt* [haben] **20** détartrer

entk**e**rnen *vt* [haben] **20** dénoyauter – épépiner

entkl**ei**den *vt* [haben] **18** déshabiller

■ sich entkl**ei**den *vp* [haben] **18** se déshabiller

entk**o**mmen *vi* [sein] **30** s'échapper – échapper à

entkomprim**ie**ren *vt* [haben] **22** décompresser

entkr**a**mpfen *vt* [haben] **20** détendre

■ sich entkr**a**mpfen *vp* [haben] **20** se détendre

entl**a**den *vt* [haben] **48** décharger

■ sich entl**a**den *vp* [haben] **48** éclater – se décharger

entl**a**ng|fahren *vi* [sein] **48** longer *(en roulant)*

entl**a**ng|gehen *vi* [sein] **9** longer *(en marchant)*

entl**a**ng|laufen *vi* [sein] **46** courir le long de – longer

entl**a**rven *vt* [haben] **20** démasquer

entl**a**ssen *vt* [haben] **41** laisser sortir – licencier

entl**a**sten *vt* [haben] **18** décharger – décongestionner

entl**au**fen *vi* [sein] **46** échapper à – s'évader

entl**au**sen *vt* [haben] **20** épouiller – traiter contre les poux

entl**e**digen (sich) *vp* [haben] **20** s'acquitter de

entl**ee**ren *vt* [haben] **20** vider

■ sich entl**ee**ren *vp* [haben] **20** se vider

entl**ei**hen *vt* [haben] **36** emprunter

entl**o**cken *vt* [haben] **20** arracher

entl**o**hnen *vt* [haben] **20** payer

entl**ü**ften *vt* [haben] **18** aérer – purger

entm**a**chten *vt* [haben] **18** destituer

entmilitaris**ie**ren *vt* [haben] **22** démilitariser

entm**ü**ndigen *vt* [haben] **20** mettre en tutelle

entm**u**tigen *vt* [haben] **20** décourager

entn**e**hmen *vt* [haben] **27** prendre dans – déduire de

entp**u**ppen (sich) *vp* [haben] **20** se révéler être

entr**ä**tseln *vt* [haben] **19** déchiffrer

entr**e**chten *vt* [haben] **18** priver de ses droits

entr**ei**ßen *vt* [haben] **35** arracher

entr**i**chten *vt* [haben] **18** acquitter

entr**i**nnen *vi* [sein] **40** échapper

entr**o**llen *vt* [haben] **20** dérouler

entr**ü**mpeln *vt* [haben] **19** débarrasser *(d'objets inutiles)*

entrüsten vt [haben] 18 indigner
■ sich entrüsten vp [haben] 18 s'indigner
entsagen vi [haben] 20 renoncer à
entschädigen vt [haben] 20 indemniser
entschärfen vt [haben] 20 désamorcer – adoucir
entscheiden [haben] 36 vt trancher ; vi être décisif (décisive) pour
■ sich entscheiden vp [haben] 36 se décider
entschlacken vt [haben] 20 purger (l'organisme)
entschlafen vi [sein] 42 s'éteindre
entschließen (sich) vp [haben] 37 se décider
entschlüpfen vi [sein] 20 échapper
entschlüsseln vt [haben] 19 déchiffrer
entschulden vt [haben] 18 désendetter
entschuldigen vt [haben] 20 excuser
■ sich entschuldigen vp [haben] 20 s'excuser
entschwinden vi [sein] 39 disparaître dans – se dérober à
entsenden vt [haben] 50/18 envoyer
entsetzen vt [haben] 20 indigner
■ sich entsetzen vp [haben] 20 s'indigner
entsichern vt [haben] 19 enlever le cran de sûreté de
entsinnen (sich) vp [haben] 40 se souvenir de
entsorgen vt [haben] 20 jeter – éliminer les déchets dangereux de
entspannen vt [haben] 20 détendre
■ sich entspannen vp [haben] 20 se détendre
entspinnen (sich) vp [haben] 40 se tisser
entsprechen vi [haben] 24 correspondre à
entspringen vi [sein] 39 prendre sa source
entstammen vi [sein] 20 être issu (issue) de
entstehen vi [sein] 6 être créé (créée) – naître
entstellen vt [haben] 20 défigurer – déformer
entstören vt [haben] 20 rétablir – déparasiter
enttäuschen vt/vi [haben] 20 décevoir

entwachsen vi [sein] 47 être sorti (sortie) de – avoir dépassé (dépassée) l'âge de
entwaffnen vt [haben] 18 désarmer
entwässern vt [haben] 19 assécher – drainer
entweichen vi [sein] 35 s'échapper
entwenden vt [haben] 18 dérober
entwerfen vt [haben] 23 ébaucher – concevoir
entwerten vt [haben] 18 composter – dévaluer
entwickeln vt [haben] 19 développer
■ sich entwickeln vp [haben] 19 se développer – évoluer
entwirren vt [haben] 20 démêler
entwischen vi [sein] 20 échapper à
entwöhnen vt [haben] 20 sevrer
■ sich entwöhnen vp [haben] 20 se désaccoutumer de
entwurzeln vt [haben] 19 déraciner
entzerren vt [haben] 20 étaler – réguler
entziehen vt [haben] 38 retirer
■ sich entziehen vp [haben] 38 se soustraire à
entziffern vt [haben] 19 déchiffrer
entzippen vt [haben] 17 dézipper
entzücken vt [haben] 20 enchanter
entzünden vt [haben] 18 allumer
■ sich entzünden vp [haben] 18 s'enflammer
entzweigehen vi [sein] 9 se casser (en morceaux)
erachten vt [haben] 18 considérer – juger
erahnen vt [haben] 20 deviner – entrevoir
erarbeiten vt [haben] 18 acquérir (par le travail) – élaborer
erbarmen (sich) vp [haben] 20 avoir pitié de
erbauen vt [haben] 20 édifier
■ sich erbauen vp [haben] 20 être édifié
erbeben vi [sein] 20 trembler – frissonner
erben vt [haben] 17 hériter de ; vi hériter
erbeuten vt [haben] 18 prendre (à l'ennemi)
erblassen vi [sein] 20 blêmir
erbleichen vi [sein] 20 pâlir
erblicken vt [haben] 20 apercevoir

erblinden vi [sein] 18 perdre la vue
erblühen vi [sein] 20 fleurir
erbrechen vt [haben] 24 vomir
■ sich erbrechen vp [haben] 24 vomir
erbringen vt [haben] 49 apporter – rapporter
erden vt [haben] 18 mettre à la terre
erdreisten (sich) vp [haben] 18 avoir l'audace de
erdrosseln vt [haben] 19 étrangler
erdrücken vt [haben] 20 écraser
erdulden vt [haben] 18 endurer
ereifern (sich) vp [haben] 19 s'échauffer
ereignen (sich) vp [haben] 18 se passer – se produire
ereilen vt [haben] 20 (mort) surprendre
erfahren vt [haben] 48 apprendre
erfassen vt [haben] 20 entraîner – saisir
erfinden vt [haben] 39 inventer
erfolgen vi [sein] 20 s'ensuivre
erfordern vt [haben] 19 exiger
erforschen vt [haben] 20 étudier (à fond) – explorer
erfragen vt [haben] 20 demander
erfreuen vt [haben] 20 faire plaisir à
■ sich erfreuen vp [haben] 20 se réjouir de
erfrieren vi [sein] 38 mourir de froid – geler
erfrischen vt/vi [haben] 20 rafraîchir
■ sich erfrischen vp [haben] 20 se rafraîchir
erfüllen vt [haben] 20 remplir – accomplir
■ sich erfüllen vp [haben] 20 se réaliser
ergänzen vt [haben] 20 compléter – ajouter
■ sich ergänzen vp [haben] 20 se compléter
ergattern vt [haben] 19 dégotter
ergaunern vt [haben] 19 escroquer
ergeben vt [haben] 29 révéler – rapporter
■ sich ergeben vp [haben] 29 apparaître – résulter de
ergehen [sein] 9 vi être envoyé (envoyée) – être lancé (lancée)
■ sich ergehen vp [haben] 9 se perdre en

ergießen (sich) vp [haben] 37 se déverser – se jeter

ergreifen vt [haben] 35 saisir – arrêter

ergründen vt [haben] 18 élucider

erhalten vt [haben] 41 recevoir – maintenir
  ■ sich erhalten vp [haben] 41 se maintenir – se conserver

erhängen vt [haben] 20 pendre
  ■ sich erhängen vp [haben] 20 se pendre

erhärten vt [haben] 18 durcir – confirmer
  ■ sich erhärten vp [haben] 18 se confirmer

erheben vt [haben] 33 lever – collecter
  ■ sich erheben vp [haben] 33 se lever – s'élever

erheitern vt [haben] 19 divertir
  ■ sich erheitern vp [haben] 19 s'éclairer – s'éclaircir

erhellen vt [haben] 20 éclairer
  ■ sich erhellen vp [haben] 20 s'éclairer – s'éclaircir

erhitzen vt [haben] 20 chauffer – échauffer
  ■ sich erhitzen vp [haben] 20 chauffer – s'échauffer

erhoffen vt [haben] 20 escompter

erhöhen vt [haben] 20 augmenter – surélever
  ■ sich erhöhen vp [haben] 20 augmenter

erholen (sich) vp [haben] 20 se remettre de – se reposer

erinnern vt/vi [haben] 19 rappeler
  ■ sich erinnern vp [haben] 19 se souvenir de

erkälten (sich) vp [haben] 18 prendre froid

erkämpfen vt [haben] 20 se battre pour

erkennen vt [haben] 50 reconnaître

erklären vt [haben] 20 expliquer – déclarer
  ■ sich erklären vp [haben] 20 se déclarer – s'expliquer

erklingen vi [sein] 39 retentir

erkranken vi [sein] 20 tomber malade

erkunden vt [haben] 18 explorer

erkundigen (sich) vp [haben] 20 se renseigner

erlahmen vi [sein] 20 s'engourdir

erlangen vt [haben] 20 obtenir

erlassen vt [haben] 41 publier – promulguer

erlauben vt [haben] 20 permettre

erläutern vt [haben] 19 expliciter

erleben vt [haben] 20 vivre

erledigen vt [haben] 20 exécuter – expédier
  ■ sich erledigen vp [haben] 20 se régler

erleichtern vt [haben] 19 faciliter – alléger
  ■ sich erleichtern vp [haben] 19 soulager son cœur

erleiden vt [haben] 35 souffrir – subir

erlernen vt [haben] 20 apprendre – acquérir

erleuchten vt [haben] 18 éclairer – illuminer

erliegen vi [sein] 7 succomber à

erlöschen vi [sein] 31 s'éteindre – arriver à son terme

erlösen vt [haben] 20 délivrer

ermächtigen vt [haben] 20 habiliter

ermahnen vt [haben] 20 exhorter

ermessen vt [haben] 28 mesurer

ermitteln vt [haben] 19 déterminer ; vi enquêter

ermöglichen vt [haben] 20 permettre

ermorden vt [haben] 18 assassiner

ermüden[1] vt [haben] 18 fatiguer

ermüden[2] vi [sein] 18 (se) fatiguer

ermuntern vt [haben] 19 encourager

ermutigen vt [haben] 20 encourager

ernähren vt [haben] 20 nourrir
  ■ sich ernähren vp [haben] 20 se nourrir

ernennen vt [haben] 50 nommer

erneuern vt [haben] 19 renouveler – rénover
  ■ sich erneuern vp [haben] 19 se renouveler

erniedrigen vt [haben] 20 rabaisser – réduire
  ■ sich erniedrigen vp [haben] 20 s'abaisser

ernten vt [haben] 18 récolter – cueillir

ernüchtern vt [haben] 19 dégriser

erobern vt [haben] 19 conquérir

eröffnen vt [haben] 18 ouvrir – inaugurer
  ■ sich eröffnen vp [haben] 18 s'offrir à

erörtern vt [haben] 19 débattre de

erpressen vt [haben] 20 faire chanter

erproben vt [haben] 20 mettre à l'épreuve – tester

erraten vt [haben] 42 deviner

errechnen vt [haben] 18 calculer
  ■ sich errechnen vp [haben] 18 se calculer

erregen vt [haben] 20 énerver – exciter
  ■ sich erregen vp [haben] 20 s'énerver

erreichen vt [haben] 20 atteindre

erretten vt [haben] 18 sauver

errichten vt [haben] 18 ériger – instaurer

erringen vt [haben] 39 remporter – gagner

erröten vi [sein] 18 rougir

erschaffen vt [haben] 47 créer

erscheinen vi [sein] 36 apparaître – paraître

erschießen vt [haben] 37 abattre – fusiller
  ■ sich erschießen vp [haben] 37 se suicider d'un coup de feu

erschlaffen vi [sein] 20 se relâcher – s'affaiblir

erschlagen vt [haben] 48 abattre

erschließen vt [haben] 37 ouvrir à – exploiter
  ■ sich erschließen vp [haben] 37 s'ouvrir

erschöpfen vt [haben] 20 épuiser
  ■ sich erschöpfen vp [haben] 20 s'épuiser

erschrecken[1] vt [haben] 20 effrayer

erschrecken[2] vi [sein] 24 être effrayé (effrayée)
  ■ sich erschrecken vp [haben] 20 s'effrayer

erschüttern vt [haben] 19 ébranler

erschweren vt [haben] 20 rendre (plus) difficile

erschwindeln vt [haben] 19 se procurer en fraude

ersetzen vt [haben] 20 remplacer

erspähen vt [haben] 20 repérer

ersparen vt [haben] 20 économiser

erstarren vi [sein] 20 se raidir – se figer

erstatten vt [haben] 18 rembourser – rendre compte à

erstaunen[1] vt [haben] 20 étonner

erstaunen² vi [sein] **20** s'étonner
erstechen vt [haben] **24** poignarder
erstehen¹ vt [haben] **6** acquérir
erstehen² vi [sein] **6** naître – ressusciter
ersteigen vt [haben] **36** escalader
erstellen vt [haben] **20** établir – élever
ersticken vt/vi [haben] **20** étouffer
erstreben vt [haben] **20** aspirer à
erstrecken (sich) vp [haben] **20** s'étendre
erstürmen vt [haben] **20** prendre – vaincre
ersuchen vt [haben] **20** prier de
ertappen vt [haben] **20** prendre (sur le fait)
 ■ **sich ertappen** vp [haben] **20** se surprendre à
erteilen vt [haben] **20** donner
ertönen vi [sein] **20** retentir
ertragen vt [haben] **48** supporter
ertränken vt [haben] **20** noyer
 ■ **sich ertränken** vp [haben] **20** se noyer *(par suicide)*
erträumen vt [haben] **20** s'imaginer en rêve
ertrinken vi [sein] **39** se noyer *(par accident)*
erübrigen vt [haben] **20** trouver
 ■ **sich erübrigen** vp [haben] **20** être superflu (superflue)
erwachen vi [sein] **20** s'éveiller
erwachsen vi [sein] **47** résulter
erwägen vt [haben] **20/33** peser – considérer
erwähnen vt [haben] **20** mentionner
erwärmen vt [haben] **20** réchauffer – emballer
 ■ **sich erwärmen** vp [haben] **20** s'échauffer
erwarten vt [haben] **18** attendre – s'attendre à
erwecken vt [haben] **20** susciter
erwehren (sich) vp [haben] **20** se défendre de
erweichen vt [haben] **20** attendrir
erweisen vt [haben] **36** établir
 ■ **sich erweisen** vp [haben] **36** se révéler être
erweitern vt [haben] **19** élargir – agrandir
 ■ **sich erweitern** vp [haben] **19** s'élargir
erwerben vt [haben] **23** acquérir

erwidern vt [haben] **19** rétorquer – rendre
erwirken vt [haben] **20** obtenir
erwirtschaften vt [haben] **18** réaliser
erwischen vt [haben] **20** attraper – obtenir de justesse
erwürgen vt [haben] **20** étrangler
erzählen vt [haben] **20** raconter
erzeugen vt [haben] **20** produire
erziehen vt [haben] **38** élever
erzielen vt [haben] **20** parvenir à – réaliser
erzürnen vt [haben] **20** courroucer
 ■ **sich erzürnen** vp [haben] **20** se fâcher
erzwingen vt [haben] **39** forcer
eskalieren vi [haben] **22** s'intensifier
essen vt/vi [haben] **28** manger
etablieren vt [haben] **22** établir
 ■ **sich etablieren** vp [haben] **22** s'établir – trouver sa place
evakuieren vt [haben] **22** évacuer
exerzieren vi [haben] **22** faire l'exercice
existieren vi [haben] **22** exister – subsister
exmatrikulieren vt [haben] **22** radier des listes d'inscription à l'université
 ■ **sich exmatrikulieren** vp [haben] **22** se faire rayer des listes d'inscription à l'université
expandieren vi [haben] **22** être en expansion
experimentieren vi [haben] **22** faire des expériences sur
explodieren vi [sein] **22** exploser – éclater
exportieren vt/vi [haben] **22** exporter

F

fabrizieren vt [haben] **22** fabriquer
fachsimpeln vi [haben] **19** parler boutique
fackeln vi [haben] **19** hésiter
fahnden vi [haben] **18** rechercher
fahren¹ vt [haben/sein] **48** conduire
fahren² vi [sein] **48** conduire – rouler
fallen vi [sein] **41** tomber
fallen lassen vt [haben] **41** laisser tomber – lâcher

fällen vt [haben] **17** abattre
fälschen vt [haben] **17** falsifier – truquer
falten vt [haben] **18** plier – joindre
 ■ **sich falten** vp [haben] **18** se rider
fangen vt [haben] **43** attraper – prendre
 ■ **sich fangen** vp [haben] **43** se faire prendre (au piège) – se reprendre
färben vt [haben] **17** teindre ; vi déteindre
 ■ **sich färben** vp [haben] **17** se colorer
faseln vi [haben] **19** parler à tort et à travers
fasern vi [haben] **19** s'effriter – s'effilocher
fassen vt [haben] **17** saisir ; vi arrêter
 ■ **sich fassen** vp [haben] **17** se contenir
fasten vi [haben] **18** jeûner
faszinieren vt [haben] **22** fasciner
fauchen vi [haben] **17** feuler – pester
faulen vi [sein] **17** pourrir – croupir
faulenzen vi [haben] **17** paresser
faxen vt [haben] **17** faxer
fechten vi [haben] **31** faire de l'escrime
federn [haben] **19** vt suspendre ; vi faire ressort
fegen vt [haben] **17** balayer
fehlen vi [haben] **17** manquer
fehl|gehen vi [sein] **9** manquer son but – faire erreur
fehl|schlagen vi [sein] **48** échouer
feiern [haben] **19** vt fêter ; vi faire la fête
feilen vt/vi [haben] **17** limer
feilschen vi [haben] **17** marchander
feixen vi [haben] **17** ricaner
fern|bleiben vi [sein] **36** ne pas assister à
fern|halten vt [haben] **41** tenir éloigné
 ■ **sich fern|halten** vp [haben] **41** se tenir à l'écart de – éviter
fern|liegen vi [haben] **7** être loin
fern|sehen vi [haben] **29** regarder la télé
fertig|bringen vt [haben] **49** réussir
fertigen vt [haben] **17** fabriquer
fertig|machen vt [haben] **17** terminer – préparer
 ■ **sich fertig|machen** vp [haben] **17** se préparer – se crever
fertig|stellen vt [haben] **17** achever
fesseln vt [haben] **19** ligoter
fest|binden vt [haben] **39** attacher
fest|fahren (sich) vp [haben] **48** s'enliser

fest|halten [haben] **41** vt fixer, constater ; vi tenir à

festigen vt [haben] **17** consolider

fest halten vt [haben] **41** retenir – tenir
■ **sich fest halten** vp [haben] **41** se cramponner à

festigen (sich) vp [haben] **17** se consolider

fest|legen vt [haben] **17** fixer
■ **sich festlegen** vp [haben] **17** faire son choix

fest|liegen vi [haben] **7** être bloqué (bloquée) – être fixé (fixée)

fest|machen vt [haben] **17** fixer – attacher

fest|nageln vt [haben] **19** clouer

fest|nehmen vt [haben] **27** arrêter

fest|setzen vt [haben] **17** fixer
■ **sich festsetzen** vp [haben] **17** se déposer – s'installer

fest|sitzen vi [haben] **5** bloqué (bloquée)

fest|stehen vi [haben] **6** être fixé (fixée) – être établi (établie)

fest|stellen vt [haben] **17** déterminer – constater

fetten vt/vi [haben] **18** graisser

fetzen¹ vt [haben] **17** arracher

fetzen² fam vi **17** [sein] passer en trombe – [haben] être génial (géniale)

feuern vt [haben] **19** virer ; vi balancer

ficken vulg vt/vi [haben] **17** baiser

fiebern vi [haben] **19** avoir de la fièvre

filmen vt [haben] **17** filmer ; vi tourner

filtern vt [haben] **19** filtrer

filtrieren vt [haben] **22** filtrer

filzen vt [haben] **17** fouiller

finanzieren vt [haben] **22** financer

finden vt/vi [haben] **39** trouver
■ **sich finden** vp [haben] **39** se retrouver

fingieren vt [haben] **22** simuler

fischen vt/vi [haben] **17** pêcher

fixen vt [haben] **17** se shooter à ; vi se shooter

fixieren vt [haben] **22** fixer
■ **sich fixieren** vp [haben] **22** se focaliser

flach|fallen vi [sein] **41** tomber à l'eau

flachsen vi [haben] **17** rigoler

flackern vi [haben] **19** vaciller

flambieren vt [haben] **22** flamber

flanieren vi [haben/sein] **22** flâner

flattern vi **19** [sein] voleter – [haben] flotter (au vent)

flechten vt [haben] **31** tresser

flehen vi [haben] **17** implorer

flennen vi [haben] **17** chialer

fletschen vt [haben] **17** montrer (les dents)

flicken vt [haben] **17** raccommoder – réparer

fliegen¹ vt [haben/sein] **38** acheminer – piloter

fliegen² vi [sein] **38** voler – prendre l'avion

fliehen¹ vt [haben] **38** fuir

fliehen² vi [sein] **38** fuir – s'enfuir

fliesen vt [haben] **17** carreler

fließen vi [sein] **37** couler

flimmern vi [haben] **19** scintiller

flippern vi [haben] **19** jouer au flipper

flirten vi [haben] **18** flirter

flitzen vi [sein] **17** filer

floppen fam vi [haben] **17** faire un bide

florieren vi [haben] **22** être florissant (florissante)

flöten vt [haben] **18** siffler ; vi jouer de la flûte

flöten gehen vi [sein] **9** se volatiliser

flott|machen vt [haben] **17** mettre à flot – remettre en état

fluchen vi [haben] **17** jurer

flüchten vi [sein] **18** s'enfuir
■ **sich flüchten** vp [haben] **18** se réfugier

flunkern vi [haben] **19** raconter des histoires

flüstern vt [haben] **19** murmurer ; vi chuchoter

fluten¹ vt [haben] **18** remplir

fluten² vi [sein] **18** inonder

föhnen vt [haben] **17** sécher (au sèche-cheveux)

folgen vi [sein] **17** suivre

folgern vt [haben] **19** déduire

foltern vt [haben] **19** torturer

foppen vt [haben] **17** berner

forcieren vt [haben] **22** forcer

fordern vt [haben] **19** demander – exiger

fördern vt [haben] **19** aider – extraire (charbon, minerais)

formatieren vt [haben] **22** formater

formen vt [haben] **17** former
■ **sich formen** vp [haben] **17** se former

formieren vt [haben] **22** former
■ **sich formieren** vp [haben] **22** se former

formulieren vt [haben] **22** formuler

forschen vi [haben] **17** faire de la recherche

fort|bestehen vi [haben] **6** se perpétuer – se maintenir

fort|bewegen vt [haben] **20** déplacer
■ **sich fortbewegen** vp [haben] **20** se déplacer

fort|bilden vt [haben] **18** assurer la formation continue de
■ **sich fortbilden** vp [haben] **18** suivre une formation continue

fort|dauern vi [haben] **19** persister

fort|fahren¹ vt [haben] **48** emmener

fort|fahren² vi [haben/sein] **48** partir – continuer

fort|fallen vi [sein] **41** être supprimé (supprimée)

fort|führen vt [haben] **17** poursuivre – reprendre

fort|gehen vi [sein] **9** partir – continuer

fort|kommen vi [sein] **30** s'en aller

fort|laufen vi [sein] **46** se sauver – continuer

fort|pflanzen (sich) vp [haben] **17** se reproduire – se propager

fort|schreiten vi [sein] **35** progresser – avancer

fort|setzen vt [haben] **17** poursuivre
■ **sich fortsetzen** vp [haben] **17** continuer – avoir une suite

fort|ziehen¹ vt [haben] **38** éloigner

fort|ziehen² vi [sein] **38** déménager

fotografieren vt [haben] **22** photographier ; vi prendre des photos

fotokopieren vt [haben] **22** photocopier ; vi faire des photocopies

foulen vt [haben] **17** faire une faute sur ; vi commettre une faute

fragen vt [haben] **17** demander à ; vi poser des questions
■ **sich fragen** vp [haben] **17** se demander

frankieren *vt* [haben] **22** affranchir

frappieren *vt* [haben] **22** frapper

fräsen *vt* [haben] **17** fraiser

frei|geben [haben] *vt* **29** libérer ; *vi* débloquer

frei|halten *vt* [haben] **41** offrir un repas à – dégager

frei|lassen *vt* [haben] **41** libérer – lâcher

frei|machen [haben] *vt* **17** affranchir ; *vi* avoir congé
  ■ sich freimachen *vp* [haben] **17** se libérer

frei|nehmen *vt* [haben] **27** prendre des congés

frei|schalten *vt* [haben] **18** valider

frei|setzen *vt* [haben] **17** libérer

frei|sprechen *vt* [haben] **24** acquitter

frei|stehen *vi* [haben] **6** être libre

frei|stellen *vt* [haben] **17** exempter de – laisser libre de

fremd|gehen *vi* [sein] **9** être infidèle

fressen [haben] **28** *vt (animal)* manger ; *vi fam* bouffer
  ■ sich fressen *vp* [haben] **28** pénétrer dans – ronger

freuen *vt* [haben] **17** réjouir
  ■ sich freuen *vp* [haben] **17** se réjouir

frieren *vi* [haben] **38** avoir froid – geler

frisieren *vt* [haben] **22** coiffer – truquer
  ■ sich frisieren *vp* [haben] **22** se coiffer

fristen *vt* [haben] **18** sein Leben fristen : vivoter

frittieren *vt* [haben] **22** faire frire

frösteln *vi* [haben] **19** frissonner

frottieren *vt* [haben] **22** frictionner
  ■ sich frottieren *vp* [haben] **22** se frictionner

frotzeln [haben] *vt* **19** asticoter ; *vi* railler

fruchten *vi* [haben] **18** porter ses fruits – servir à

frühstücken *vt/vi* [haben] **17** prendre son petit déjeuner

frustrieren *vt* [haben] **22** frustrer

fuchteln *vi* [haben] **19** gesticuler

fügen *vt* [haben] **17** assembler – incorporer à
  ■ sich fügen *vp* [haben] **17** s'adapter à – obéir

fühlen [haben] **17** *vt* ressentir ; *vi* avoir des sensations
  ■ sich fühlen *vp* [haben] **17** se sentir

führen *vt/vi* [haben] **17** guider – mener, conduire à
  ■ sich führen *vp* [haben] **17** se comporter

füllen *vt* [haben] **17** remplir – farcir
  ■ sich füllen *vp* [haben] **17** se remplir

fummeln *fam vi* [haben] **19** tripoter

funkeln *vi* [haben] **19** étinceler

funken [haben] **17** *vt* transmettre par radio ; *vi* faire des étincelles

funktionieren *vi* [haben] **22** fonctionner

fürchten *vt/vi* [haben] **18** craindre
  ■ sich fürchten *vp* [haben] **18** avoir peur

furzen *fam vi* [haben] **17** péter

fusionieren *vi* [haben] **22** fusionner

fusseln *vi* [haben] **19** pelucher

fußen *vi* [haben] **17** être fondé sur

futtern [haben] **19** *vt* se gaver de ; *vi* avoir un bon coup de fourchette

füttern *vt* [haben] **19** donner à manger à

G

gabeln (sich) *vp* [haben] **19** bifurquer – former une fourche

gackern *vi* [haben] **19** glousser

gaffen *vi* [haben] **17** regarder bouche bée

gähnen *vi* [haben] **17** bâiller – être béant (béante)

galoppieren *vi* [haben/sein] **22** galoper

galvanisieren *vt* [haben] **22** galvaniser

gammeln *vi* [haben] **19** se gâter – pourrir

gängeln *vt* [haben] **19** tenir la bride haute à

garantieren *vt/vi* [haben] **22** garantir

garen *vt* [haben] **17** mijoter

gären *vi* **17/33** [sein] fermenter – [haben] couver

garnieren *vt* [haben] **22** garnir

gärtnern *vi* [haben] **19** jardiner

gastieren *vi* [haben] **22** être en tournée

gebärden (sich) *vp* [haben] **18** se comporter

gebären *vt* [haben] **26** accoucher de

geben *vt/vi* [haben] **29** donner
  ■ sich geben *vp* [haben] **29** se donner des airs de – s'arranger

gebieten [haben] **38** *vt* ordonner ; *vi* commander

gebrauchen *vt* [haben] **20** utiliser – avoir besoin de

gebühren *vi (imp)* [haben] **20** être dû à

gebühren (sich) *vp (D) (imp)* [haben] **20** se faire – convenir

gedeihen *vi* [sein] **36** prospérer – se développer

gedenken *vi* [haben] **49** évoquer le souvenir de – envisager de

gedulden (sich) *vp* [haben] **18** patienter

gefährden *vt* [haben] **18** nuire à

gefallen *vi* [haben] **41** plaire

gefallen (sich) *vp (D)* [haben] **41** se complaire

gefangen halten *vt* [haben] **41** retenir prisonnier (prisonnière) – captiver

gefangen nehmen *vt* [haben] **27** subjuguer

gefrieren *vi* [sein] **38** geler

gegeneinander halten *vt* [haben] **41** tenir l'un (l'une) à côté de l'autre – comparer

gegeneinander stellen *vt* [haben] **17** mettre l'un (l'une) à côté de l'autre – confronter

gegen|lenken *vi* [haben] **17** contre-braquer

gegen|lesen *vt* [haben] **29** relire

gegenüber|liegen *vi* [haben] **7** être situé (située) en face
  ■ sich gegenüberliegen *vp (D)* [haben] **7** être face à face – se faire face

gegenüber|sitzen *vi* [haben] **5** être assis (assise) en face de
  ■ sich gegenübersitzen *vp (D)* [haben] **5** se faire face – être assis (assise) face à face

gegenüber|stehen *vi* [haben] **6** être face à – être confronté (confrontée) à
  ■ sich gegenüberstehen *vp (D)* [haben] **6** être *ou* se tenir face à face – s'affronter

gegenüber|stellen *vt* [haben] **17** confronter

gegenüber|treten *vi* [sein] **29** faire face à

gegen|zeichnen vt [haben] **18** contre-signer

geheim halten vt [haben] **41** garder secret (secrète)

gehen vi [sein] **9** aller

gehen lassen (sich) vp [haben] **41** se laisser aller

gehorchen vi [haben] **20** obéir

gehören vi [haben] **20** appartenir à

gehören (sich) vp (imp) [haben] **20** se faire – être convenable

geifern vi [haben] **19** baver

geigen vt/vi [haben] **17** jouer du violon

geißeln vt [haben] **19** fustiger – flageller
  ■ sich geißeln vp [haben] **19** se flageller

geizen vi [haben] **17** être avare de

gelangen vi [sein] **20** parvenir à – accéder à

geleiten vt [haben] **18** accompagner

gelingen vi [sein] **39** réussir

gellen vi [haben] **17** retentir

geloben vt [haben] **20** faire le serment de

gelten vi [haben] **23** être valable – être considéré comme

genehmigen vt [haben] **20** autoriser – agréer

generalisieren vi [haben] **22** généraliser

generalüberholen vt [haben] **20** effectuer la révision générale de

genesen vi [sein] **29** guérir

genieren vt [haben] **22** gêner
  ■ sich genieren vp [haben] **22** avoir honte – ne pas oser

genießen vt [haben] **37** savourer – bénéficier de

genügen vi [haben] **20** suffire

gerade biegen vt [haben] **38** réparer

gerade halten vt [haben] **41** tenir droit (droite)
  ■ sich gerade halten vp [haben] **41** se tenir droit

gerade stehen vi [haben] **6** se tenir droit (droite)

gerade|stehen vi [haben] **6** répondre de

geraten vi [sein] **42** tomber sur ou dans

gerben vt [haben] **17** tanner

gering schätzen vt [haben] **17** estimer peu – faire peu de cas de

gerinnen vi [sein] **40** (se) cailler – (se) coaguler

geruhen vi [haben] **20** daigner

geschehen vi [sein] **29** se produire – arriver

gesellen (sich) vp [haben] **20** s'associer à – se joindre à

gestalten vt [haben] **18** organiser – aménager
  ■ sich gestalten vp [haben] **18** prendre tournure

gestatten vt [haben] **18** permettre

gestehen vt/vi [haben] **6** avouer

gestikulieren vi [haben] **22** gesticuler

gesund|schrumpfen vt [haben] **17** assainir
  ■ sich gesundschrumpfen vp [haben] **17** s'assainir

getrauen (sich) vp [haben] **20** oser

gewähren vt [haben] **20** accorder

gewinnen vt/vi [haben] **40** gagner

gewittern vi (imp) [haben] **19** être orageux

gewöhnen vt [haben] **20** habituer à
  ■ sich gewöhnen vp [haben] **20** s'habituer à

gießen vt (imp) [haben] **37** verser ; vi arroser

gipfeln vi (imp) [haben] **19** se terminer par

glänzen vi [haben] **17** briller

glasieren vt [haben] **22** vernisser – glacer

glätten vt [haben] **18** lisser
  ■ sich glätten vp [haben] **18** se calmer

glauben vt/vi [haben] **17** croire

gleich bleiben vi [sein] **36** ne pas changer

gleich bleiben (sich) vp (D) [sein] **36** rester égal à soi-même

gleichen [haben] **35** ressembler à

gleich|kommen vi [sein] **30** équivaloir à – égaler

gleich|schalten vt [haben] **18** synchroniser – mettre au pas

gleich|setzen vt [haben] **17** mettre au même niveau

gleich|stellen vt [haben] **17** mettre sur le même plan

gleich|tun vt [haben] **4** suivre la voie de

gleich|ziehen vi [sein] **38** égaler

gleiten vi **35** [sein] glisser – [haben] avoir des horaires flexibles

gliedern vt [haben] **19** ordonner
  ■ sich gliedern vp [haben] **19** se diviser

glimmen vi [haben] **17/54** rougeoyer

glitzern vi [haben] **19** scintiller

glotzen fam vi [haben] **17** faire des yeux ronds

glücken vi [sein] **17** réussir

gluckern vi [haben] **19** glouglouter

glühen vi [haben] **17** rougeoyer

gönnen vt [haben] **17** accorder

graben vt/vi [haben] **48** creuser
  ■ sich graben vp [haben] **48** s'enfoncer dans

grämen vt [haben] **17** chagriner
  ■ sich grämen vp [haben] **17** se chagriner

grasen vi [haben] **17** brouter

grassieren vi [haben] **22** sévir

grätschen¹ vt [haben] **17** écarter (les jambes)

grätschen² vi [sein] **17** sauter jambes écartées

gratulieren vi [haben] **22** féliciter

grauen vi [haben] **17** se lever, commencer à poindre
  ■ sich grauen vp [haben] **17** frémir d'horreur

grausen vi (imp) [haben] **17** frémir d'horreur
  ■ sich grausen vp [haben] **17** avoir horriblement peur

gravieren vt [haben] **22** graver

greifen vt [haben] **35** saisir ; vi avoir une bonne adhérence

grenzen vi [haben] **17** être contigu (continuë) à – confiner à

grillen vt [haben] **17** (faire) griller ; vi faire un barbecue

grinsen vi [haben] **17** avoir un sourire moqueur – ricaner

grölen vt/vi [haben] **17** brailler

grollen vi [haben] **17** fulminer – gronder

groß schreiben vt [haben] **36** écrire en majuscules

groß|tun vi [haben] **4** faire l'important (l'importante)
  ■ sich großtun vp [haben] **4** prendre de grands airs

groß|ziehen vt [haben] **38** élever

grübeln vi [haben] **19** ruminer (fig)

gründen *vt* [haben] **18** fonder
- **sich gründen** *vp* [haben] **18** se fonder sur

grundieren *vt* [haben] **22** passer une couche d'apprêt sur

grünen *vi* [haben] **17** verdir

grunzen *vi* [haben] **17** grogner

gruppieren *vt* [haben] **22** regrouper
- **sich gruppieren** *vp* [haben] **22** se regrouper

gruseln *vt (imp)* [haben] **19** frissonner d'horreur
- **sich gruseln** *vp* [haben] **19** frisonner d'horreur

grüßen *vt* [haben] **17** saluer ; *vi* dire bonjour

gucken *vt/vi* [haben] **17** regarder

gurgeln *vi* [haben] **19** se gargariser – gargouiller

gurken *fam vi* [sein] **17** rouler

gurren *vi* [haben] **17** roucouler

gut gehen *vi* [sein] **9** aller bien – bien se passer

gut|heißen *vt* [haben] **45** approuver

gut|schreiben *vt* [haben] **36** créditer de

gut tun *vi* [haben] **4** faire du bien

H

haaren *vi* [haben] **17** perdre ses poils

haben[1] *vt* [haben] **1** avoir
- **sich haben** *vp* [haben] **1** faire des chichis

haben[2] *aux* [haben] **1** avoir

habilitieren (sich) *vp* [haben] **22** passer son habilitation à diriger des recherches

hacken[1] *vt* [haben] **17** hacher ; *vi* travailler à la pioche

hacken[2] *vi* [haben] **17** pirater

hadern *vi* [haben] **19** s'en prendre à

haften *vi* [haben] **18** adhérer – répondre de

haften bleiben *vi* [sein] **36** rester collé (collée)

hageln *vt (imp)* et *vi (imp)* [haben] **19** grêler

häkeln *vt/vi* [haben] **19** faire du crochet

halbieren *vt* [haben] **22** partager en deux – diviser par deux
- **sich halbieren** *vp* [haben] **22** diminuer de moitié

hallen *vi* [haben] **17** résonner

halten *vt* [haben] **41** tenir ; *vi* s'arrêter
- **sich halten** *vp* [haben] **41** se garder – rester

hämmern *vt* [haben] **19** marteler ; *vi* donner des coups de marteau

hampeln *vi* [haben] **19** gigoter

hamstern *vt* [haben] **19** faire des stocks de *(provisions)*

handarbeiten *vi* [haben] **18** faire des travaux d'aiguille

handeln [haben] **19** *vt* vendre ; *vt* traiter de
- **sich handeln** *vp (imp)* [haben] **19** s'agir de

handhaben *vt* [haben] **17** manier – traiter

hangeln *vi* [sein] **19** avancer à la force des bras
- **sich hangeln** *vp* [haben] **19** avancer en s'agrippant

hängen[1] *vt* [haben] **17** accrocher – pendre

hängen[2] *vi* [haben] **43** être accroché (accrochée) – tenir à
- **sich hängen** *vp* [haben] **17** s'accrocher

hängen bleiben *vi* [sein] **36** rester accroché à – traîner

hängen lassen *vt* [haben] **41** laisser – laisser tomber *(qqn)*
- **sich hängen lassen** *vp* [haben] **41** se laisser aller

hänseln *vt* [haben] **19** se moquer de

hapern *vi (imp)* [haben] **19** manquer – ne pas fonctionner correctement

harken *vt* [haben] **17** ratisser

harmonieren *vi* [haben] **22** s'harmoniser – être bien assortis (assorties)

harmonisieren *vt* [haben] **22** harmoniser

härten *vt* [haben] **18** durcir

haschen *vi* [haben] **17** fumer du haschisch

hassen *vt* [haben] **17** haïr

hasten *vi* [sein] **18** aller à la hâte

hätscheln *vt* [haben] **19** faire des câlins à

hauchen *vt/vi* [haben] **17** souffler

hauen[1] *vt* [haben] **51/46** cogner

hauen[2] *vi* [haben] **51** frapper
- **sich hauen** *vp* [haben] **51** se bagarrer

häufen *vt* [haben] **17** entasser – amasser
- **sich häufen** *vp* [haben] **17** s'entasser – s'accumuler

hausen *vi* [haben] **17** loger – faire des ravages

hausieren *vi* [haben] **22** faire du porte-à-porte

häuten *vt* [haben] **18** peler
- **sich häuten** *vp* [haben] **18** muer

heben *vt* [haben] **33** lever – relever
- **sich heben** *vp* [haben] **33** se lever – se soulever

hecheln *vi* [haben] **19** haleter

heften *vt* [haben] **18** fixer à – attacher à
- **sich heften** *vp* [haben] **18** se fixer

hegen *vt* [haben] **17** éprouver – nourrir *(un espoir)*

heilen[1] *vt* [haben] **17** guérir

heilen[2] *vi* [sein] **17** guérir – cicatriser

heiligen *vt* [haben] **17** sanctifier

heim|kehren *vi* [sein] **17** revenir chez soi *ou* à la maison

heim|kommen *vi* [sein] **30** rentrer chez soi *ou* à la maison

heim|reisen *vi* [sein] **17** retourner à la maison *ou* chez soi

heim|suchen *vt* [haben] **17** frapper *(d'un mal)* – importuner

heim|zahlen *vt* [haben] **17** faire payer

heiraten *vt* [haben] **18** épouser ; *vi* se marier

heiß laufen *vi* [sein] **46** chauffer
- **sich heiß laufen** *vp* [haben] **46** s'échauffer

heißen *vi* [haben] **45** s'appeler – vouloir dire

heizen *vt* [haben] **17** chauffer ; *vi* se chauffer

helfen *vi* [haben] **23** aider

hell|sehen *vi* [haben] **29** avoir le don de voyance

hemmen *vt* [haben] **17** freiner – entraver

herab|blicken *vi* [haben] **17** regarder (de haut)

herab|lassen *vt* [haben] **41** faire descendre
- **sich herablassen** *vp* [haben] **41** daigner

herab|sehen *vi* [haben] **29** regarder de haut

herab|setzen *vt* [haben/sein] **17** réduire – rabaisser

heran|fahren *vt* [sein] **48** approcher ; *vi* s'approcher

heran|führen *vt* [haben] **17** amener à

heran|kommen *vi* [sein] **30** s'approcher

heran|lassen *vt* [haben] **41** laisser approcher

heran|machen (sich) *fam* *vp* [haben] **17** draguer

heran|reichen *vi* [haben] **17** égaler

heran|rücken[1] *vt* [haben] **17** approcher

heran|rücken[2] *vi* [sein] **17** s'approcher

heran|tasten (sich) *vp* [haben] **18** s'approcher à tâtons

heran|treten *vi* [sein] **29** s'adresser à

heran|wachsen *vi* [sein] **47** grandir

heran|wagen (sich) *vp* [haben] **17** oser s'approcher

heran|ziehen[1] *vt* [haben] **38** approcher *(en tirant)* – consulter

heran|ziehen[2] *vi* [sein] **38** s'approcher

herauf|beschwören *vt* [haben] **33/53** provoquer – évoquer

herauf|kommen *vi* [sein] **30** monter

herauf|setzen *vt* [haben] **17** augmenter

herauf|ziehen[1] *vt* [haben] **38** hisser

herauf|ziehen[2] *vi* [sein] **38** menacer

heraus|bekommen *vt* [haben] **30** deviner – parvenir à extraire

heraus|bilden (sich) *vp* [haben] **18** se développer

heraus|bringen *vt* [haben] **49** sortir

heraus|fallen *vi* [sein] **41** tomber de – sortir du lot

heraus|finden *vt* [haben] **39** parvenir à trouver ; *vi* trouver la sortie

heraus|fliegen[1] *vt* [haben] **38** évacuer par avion

heraus|fliegen[2] *vi* [sein] **38** sortir de *(en volant)* – se faire virer

heraus|fließen *vi* [sein] **37** couler

heraus|fordern *vt* [haben] **19** provoquer

heraus|geben *vt* [haben] **29** publier

heraus|gehen *vi* [sein] **9** partir – sortir

heraus|greifen *vt* [haben] **35** choisir

heraus|gucken *vi* [haben] **17** regarder *(par qqch)*

heraus|haben *vt* [haben] **1** trouver – avoir enlevé

heraus|halten *vt* [haben] **41** tenir (dehors)

■ **sich heraushalten** *vp* [haben] **41** rester en dehors de

heraus|hängen[1] *vt* [haben] **17** accrocher

heraus|hängen[2] *vi* [haben] **43** pendre

■ **sich heraushängen** *vp* [haben] **17** se pencher

heraus|holen *vt* [haben] **17** sortir de

heraus|hören *vt* [haben] **17** déduire de

heraus|kommen *vi* [sein] **30** sortir – paraître

heraus|kristallisieren (sich) *vp* [haben] **22** se profiler

heraus|nehmen *vt* [haben] **27** sortir de

heraus|ragen *vi* [haben] **17** dépasser

heraus|reden (sich) *vp* [haben] **18** se tirer d'affaire par de belles paroles

heraus|reißen *vt* [haben] **35** arracher – tirer d'affaire

heraus|rücken[1] *vt* [haben] **17** débourser

heraus|rücken[2] *vi* [sein] **17** avouer

heraus|schlagen[1] *vt* [haben] **48** faire sortir

heraus|schlagen[2] *vi* [sein] **48** sortir de

heraus sein *vi* [sein] **2** être sorti (sortie)

heraus|stellen *vt* [haben] **17** sortir

■ **sich herausstellen** *vp* [haben] **17** apparaître – se révéler

heraus|strecken *vt* [haben] **17** tendre – tirer *(la langue)*

heraus|streichen *vt* [haben] **35** souligner – supprimer

heraus|suchen *vt* [haben] **17** choisir – chercher

heraus|ziehen *vt* [haben] **38** tirer de

herbei|führen *vt* [haben] **17** provoquer

herbei|rufen *vt* [haben] **44** appeler

herbei|schaffen *vt* [haben] **17** rapporter

her|bemühen *vt* [haben] **20** prier de venir

■ **sich herbemühen** *vp* [haben] **20** se donner la peine de venir

her|bestellen *vt* [haben] **20** convoquer

her|bitten *vt* [haben] **8** prier de venir

her|bringen *vt* [haben] **49** apporter

herein|brechen *vi* [sein] **24** tomber *(nuit)* – s'abattre sur

herein|fallen *vi* [sein] **41** tomber dans le panneau – tomber

herein|kommen *vi* [sein] **30** entrer – rentrer

herein|lassen *vt* [haben] **41** faire entrer

herein|legen *vt* [haben] **17** rouler *(qqn)* – ranger

herein|spazieren *vi* [sein] **22** entrer tranquillement

her|fahren *vt* [haben] **48** amener – conduire

her|fahren[2] *vi* [sein] **48** venir

her|fallen *vi* [sein] **41** se jeter sur – s'en prendre à

her|geben *vt* [haben] **29** donner – apporter

■ **sich hergeben** *vp* [haben] **29** se prêter à

her|gehen *vi* [sein] **9** aller

her|haben *vt* [haben] **1** tirer – sortir de

her|halten [haben] *vt* **41** tendre ; *vi* servir de

her|holen *vt* [haben] **17** aller chercher

her|hören *vi* [haben] **17** écouter

her|kommen *vi* [sein] **30** venir – provenir

her|laufen *vi* [sein] **46** courir

her|leiten *vt* [haben] **18** (faire) dériver

her|machen *vi* [haben] **17** faire (de l'effet)

■ **sich hermachen** *vp* [haben] **17** se jeter sur

her|nehmen *vt* [haben] **27** tirer

her|richten *vt* [haben] **18** préparer – restaurer

herrschen *vi* [haben] **17** régner

her|sagen *vt* [haben] **17** réciter

her|schieben *vt* [haben] **38** approcher *(en poussant)*

her sein *vi* [sein] **2** faire – venir de

her|stellen *vt* [haben] **17** fabriquer – instaurer

■ **sich herstellen** *vp* [haben] **17** s'approcher

herüber|gehen *vi* [sein] **9** faire un saut – traverser

herüber|kommen *vi* [sein] **30** venir

herüber|ziehen[1] *vt* [haben] **38** tirer *(vers soi)*

herüber|ziehen[2] *vi* [sein] **38** déménager

herum|ärgern (sich) *vp* [haben] **19** se miner (à cause de)

herum|drehen [haben] **17** *vt* retourner ; *vi* tourner

■ **sich herumdrehen** *vp* [haben] **17** se retourner

herum|fahren[1] *vt* [haben] **48** balader

herum|fahren[2] *vi* [sein] **48** contourner – se balader

herum|führen [haben] **17** *vt* faire voir ; *vi* contourner

herum|geben *vt* [haben] **29** faire circuler – faire passer

herum|gehen *vi* [sein] **9** flâner – aller de l'un à l'autre

herum|hängen *vi* [haben] **43** glander – traîner

herum|kommandieren *vt* [haben] **22** régenter

herum|kommen *vi* [sein] **30** bourlinguer – passer *(autour de)*

herum|kriegen *vt* [haben] **17** arriver à faire passer

herum|laufen *vi* [sein] **46** se balader

herum|liegen *vi* [haben] **7** traîner

herum|lungern *vi* [haben/sein] **19** traîner – glander

herum|posaunen *vt* [haben] **20** claironner

herum|reichen *vt* [haben] **17** offrir à la ronde

herum|reiten *vi* [sein] **35** s'acharner sur

herum|schlagen *vt* [haben] **48** mettre *(autour de)*

■ **sich herumschlagen** *vp* [haben] **48** se battre

herum|sitzen *vi* [haben] **5** traîner

herum|sprechen (sich) *vp* [haben] **24** se répandre

herum|stehen *vi* [haben] **6** traîner

herum|stochern *vi* [haben] **19** trifouiller dans – fouiller dans

herum|treiben (sich) *vp* [haben] **36** traîner

herum|trödeln *vi* [haben] **19** flemmarder

herum|wickeln *vt* [haben] **19** entourer de – poser autour de

herum|zeigen *vt* [haben] **17** montrer *(à plusieurs personnes)*

herum|ziehen[1] *vt* [haben] **38** faire passer (autour de) – clôturer

herum|ziehen[2] *vi* [sein] **38** aller de par le monde

■ **sich herumziehen** *vp* [haben] **38** entourer

herunter|bekommen *vt* [haben] **30** pouvoir avaler – parvenir à descendre

herunter|fahren *vt* [haben] **48** diminuer – arrêter *(ordinateur)*

herunter|fallen *vi* [sein] **41** tomber (par terre)

herunter|gehen *vi* [sein] **9** descendre

herunter|handeln *vt* [haben] **19** baisser le prix de

herunter|hauen *vt* [haben] **51** flanquer *(une gifle)*

herunter|holen *vt* [haben] **17** descendre

herunter|laden *vt* [haben] **48** télécharger

herunter|lassen *vt* [haben] **41** baisser – faire descendre

herunter|laufen *vi* [sein] **46** dévaler

herunter|machen *vt* [haben] **17** descendre

herunter|reißen *vt* [haben] **35** se débarrasser rapidement de

herunter|schlucken *vt* [haben] **17** avaler

herunter|schrauben *vt* [haben] **17** rabaisser

herunter|spielen *vt* [haben] **17** jouer

herunter|ziehen[1] *vt* [haben] **38** tirer – baisser

herunter|ziehen[2] *vi* [sein] **38** déménager – descendre

hervor|bringen *vt* [haben] **49** proférer – produire

hervor|gehen *vi* [sein] **9** sortir de – résulter de

hervor|heben *vt* [haben] **33** faire ressortir – souligner

hervor|holen *vt* [haben] **17** extraire de

hervor|ragen *vi* [haben] **17** faire saillie – se distinguer

hervor|rufen *vt* [haben] **44** provoquer – rappeler

hervor|stechen *vi* [haben] **24** se faire remarquer

hervor|treten *vi* [sein] **29** s'avancer – ressortir

hervor|tun (sich) *vp* [haben] **4** s'illustrer – se mettre en avant

her|ziehen[1] *vt* [haben] **38** approcher *(en tirant)*

her|ziehen[2] *vi* [haben/sein] **38** casser du sucre sur le dos de

hetzen[1] *vt* [haben] **17** lâcher – dresser contre

hetzen[2] *vi* [haben/sein] **17** courir – semer la zizanie

■ **sich hetzen** *vp* [haben] **17** se presser

heucheln *vt/vi* [haben] **19** feindre

heulen *vi* [haben] **17** chialer – hurler

hier behalten *vt* [haben] **41** garder auprès de soi

hier bleiben *vi* [sein] **36** rester sur place

hier sein *vi* [sein] **2** être ici

hin sein *vi* [sein] **2** être cassé *(objet)* – être crevé *(personne)*

hinab|gehen *vt/vi* [sein] **9** descendre

hin|arbeiten *vi* [haben] **18** travailler en vue de

hinauf|arbeiten (sich) *vp* [haben] **18** s'élever par son travail

hinauf|gehen *vi* [sein] **9** monter

hinauf|reichen *vt* [haben] **17** tendre ; *vi* arriver à

hinauf|sehen *vi* [haben] **29** lever les yeux

hinauf|steigen *vi* [sein] **36** escalader

hinauf|treiben *vt* [haben] **36** mener – faire grimper

hinauf|ziehen[1] *vt* [haben] **38** tirer

hinauf|ziehen[2] *vi* [sein] **38** monter

■ **sich hinaufziehen** *vp* [haben] **38** se hisser

hinaus|befördern *vt* [haben] **19** (faire) sortir

hinaus|begleiten *vt* [haben] **18** accompagner *(jusqu'à la porte)*

hinaus|beugen *vt* [haben] **17** passer (au dehors)

■ **sich hinausbeugen** *vp* [haben] **17** se pencher (au dehors)

hinaus|gehen *vi* [sein] **9** sortir

hinaus|kommen *vi* [sein] **30** pouvoir sortir

hinaus|laufen *vi* [sein] **46** sortir en courant

hinaus|lehnen *vt* [haben] **17** passer (au dehors)

■ **sich hinauslehnen** *vp* [haben] **17** se pencher (au-dehors)

hinaus|schicken *vt* [haben] **17** faire sortir

hinaus|schieben vt [haben] **38** pousser (au-dehors) – reporter

■ **sich hinausschieben** vp [haben] **38** se frayer un chemin pour sortir – être reporté (reportée)

hinaus|wagen (sich) vp [haben] **17** se risquer au-dehors

hinaus|werfen vt [haben] **23** jeter (au dehors) – vider

hinaus|wollen vi [haben] **14** vouloir sortir

hinaus|zögern vt [haben] **19** faire trainer en longueur

■ **sich hinauszögern** vp [haben] **19** trainer en longueur

hin|bekommen vt [haben] **30** réussir

hin|bestellen vt [haben] **20** faire venir

hin|biegen vt [haben] **38** combiner

hin|bringen vt [haben] **49** amener

hin|denken vi [haben] **49** s'imaginer

hindern vt [haben] **19** empêcher

hin|deuten vi [haben] **18** indiquer – porter à croire

hinein|bitten vt [haben] **8** inviter à entrer

hinein|denken (sich) vp [haben] **49** se mettre à la place de – se représenter

hinein|fressen vt [haben] **28** engloutir – ravaler

■ **sich hineinfressen** vp [haben] **28** attaquer

hinein|gehen vi [sein] **9** rentrer

hinein|geraten vi [sein] **42** se retrouver dans

hinein|reden vi [haben] **18** s'immiscer dans

hinein|stecken vt [haben] **17** mettre dans – fourrer dans

hinein|steigern (sich) vp [haben] **19** se monter la tête avec

hinein|versetzen (sich) vp [haben] **20** se mettre à la place de

hinein|wählen vt [haben] **17** élire

hinein|ziehen[1] vt [haben] **38** attirer

hinein|ziehen[2] vi [sein] **38** emménager – entrer

hin|fahren[1] vt [haben] **48** emmener (en véhicule)

hin|fahren[2] vi [sein] **48** aller (en véhicule)

hin|fallen vi [sein] **41** tomber

hin|führen vt [haben] **17** guider ; vi mener

hin|geben vt [haben] **29** donner

■ **sich hingeben** vp [haben] **29** se consacrer à – s'adonner à

hin|gehen vi [sein] **9** aller – passer

hin|gehören vi [haben] **20** appartenir à – se mettre

hin|halten vt [haben] **41** tendre – faire attendre

hin|hauen[1] vt [haben] **51** balancer – bâcler

hin|hauen[2] vi **51** [sein] se casser la figure – [haben] coller

■ **sich hinhauen** vp [haben] **51** s'allonger

hin|hocken (sich) vp [haben] **17** s'accroupir

hinken vi [haben/sein] **17** boiter

hin|knien (sich) vp [haben] **17** s'agenouiller

hin|kommen vi [sein] **30** arriver – se ranger

hin|kriegen vt [haben] **17** réussir – remettre en état

hin|legen vt [haben] **17** poser – coucher

■ **sich hinlegen** vp [haben] **17** s'allonger

hin|nehmen vt [haben] **27** accepter bon gré mal gré

hin|passen vi [haben] **17** aller

hin|pflanzen vt [haben] **17** planter

■ **sich hinpflanzen** vp [haben] **17** se planter (devant qqn)

hin|reichen[1] vt [haben] **17** tendre

hin|reichen[2] vi [haben] **17** s'étendre – suffire

hin|reißen vt [haben/sein] **35** tirer (vers soi) – enthousiasmer

hin|richten vt [haben] **18** exécuter

hin|schauen vi [haben] **17** regarder

hin|schicken vt [haben] **17** envoyer

hin|sehen vi [haben] **29** regarder

hin|setzen vt [haben] **17** poser – asseoir

■ **sich hinsetzen** vp [haben] **17** s'asseoir

hin|stellen vt [haben] **17** poser

■ **sich hinstellen** vp [haben] **17** se camper – se présenter comme

hinterfragen vt [haben] **20** mettre en question

hintergehen vt [haben] **9** tromper

hinterher sein vi [sein] **2** courir après

hinterher|fahren vi [sein] **48** suivre (en véhicule)

hinterher|gehen vi [sein] **9** suivre (à pied)

hinterlassen vt [haben] **41** léguer – laisser

hinterlegen vt [haben] **20** déposer

hintertreiben vt [haben] **36** saper

hinterziehen vt [haben] **38** détourner

hin|treten 29 [sein] s'avancer vers – [haben] frapper du pied

hin|tun vt [haben] **4** mettre

hinüber sein vi [sein] **2** être fichu (fichue) – faire un saut

hinüber|gehen vi [sein] **9** aller – traverser

hinüber|helfen vi [haben] **23** aider (à passer)

hinüber|retten vt [haben] **18** mettre en sûreté à l'étranger – sauver

■ **sich hinüberretten** vp [haben] **18** réussir à survivre

hinunter|blicken vi [haben] **17** regarder dans – regarder de haut

hinunter|gehen vi [sein] **9** descendre

hinunter|reichen[1] vt [haben] **17** tendre

hinunter|reichen[2] vi [haben] **17** s'étendre

hinunter|schlucken vt [haben] **17** avaler – encaisser

hinunter|stürzen[1] vt [haben] **17** précipiter – avaler d'un trait

hinunter|stürzen[2] vi [sein] **17** dégringoler

■ **sich hinunterstürzen** vp [haben] **17** se jeter

hinweg|gehen vi [sein] **9** ne pas tenir compte de

hinweg|kommen vi [sein] **30** surmonter

hinweg|sehen vi [haben] **29** voir par-dessus – fermer les yeux sur

hinweg|setzen (sich) vp [haben] **17** passer outre

hinweg|täuschen vt [haben] **17** dissimuler

hin|weisen[1] vt [haben] **36** faire remarquer à

hin|weisen[2] vi [haben] **36** indiquer

hin|wenden vt [haben] **50/18** tourner vers

■ **sich hinwenden** vp [haben] **50/18** se tourner vers

hin|werfen vt [haben] **23** jeter (par terre) – laisser tomber

■ **sich hinwerfen** vp [haben] **23** se jeter par terre

hin|ziehen[1] vt [haben] **38** attirer

hin|ziehen[2] *vi* [sein] **38** s'installer
■ sich hinziehen *vp* [haben] **38** se prolonger

hinzu|denken (sich) *vp* [haben] **49** s'imaginer

hinzu|fügen *vt* [haben] **17** ajouter

hinzu|kommen *vi* [sein] **30** se joindre à – venir s'ajouter

hinzu|setzen *vt* [haben] **17** ajouter

hinzu|treten *vi* [sein] **29** se joindre à

hinzu|zählen *vt* [haben] **17** additionner

hinzu|ziehen *vt* [haben] **38** consulter

hissen *vt* [haben] **17** hisser

hobeln *vt/vi* [haben] **19** raboter

hoch|arbeiten (sich) *vp* [haben] **18** s'élever par le travail

hoch|drehen *vt* [haben] **17** lever – pousser

hoch|fahren[1] *vt* [haben] **48** monter

hoch|fahren[2] *vi* [sein] **48** monter – se lever en sursaut

hoch fliegen *vi* [sein] **38** être projeté (projetée) en l'air – s'envoler

hoch|gehen *vi* [sein] **9** sauter – monter sur ses grands chevaux

hoch gehen *vi* [sein] **9** se lever – monter

hoch halten *vt* [haben] **41** lever

hoch|halten *vt* [haben] **41** tenir en haute estime – perpétuer

hoch|heben *vt* [haben] **33** soulever

hoch|jubeln *vt* [haben] **19** encenser

hoch|klappen[1] *vt* [haben] **17** relever

hoch|klappen[2] *vi* [sein] **17** se relever

hoch|klettern *vi* [sein] **19** grimper

hoch|kommen *vi* [sein] **30** monter – se relever

hoch|krempeln *vt* [haben] **19** retrousser

hoch|laden *vt* [haben] **48** télécharger

hoch|leben *vi* [haben] **17** porter un toast à la santé de

hoch|legen *vt* [haben] **17** hausser

hoch nehmen *vt* [haben] **27** relever

hoch|nehmen *vt* [haben] **27** faire marcher – arrêter

hoch|rechnen *vt* [haben] **18** calculer à partir d'estimations

hoch schätzen *vt* [haben] **17** avoir une grande estime pour

hoch|schlagen[1] *vt* [haben] **48** relever

hoch|schlagen[2] *vi* [sein] **48** s'élever

hoch|schrecken[1] *vt* [haben] **17** faire sursauter – effrayer

hoch|schrecken[2] *vi* [sein] **24** sursauter

hoch|spielen *vt* [haben] **17** monter en épingle

hoch|springen *vi* [sein] **39** bondir

hoch|stellen *vt* [haben] **17** relever

hoch treiben *vt* [haben/sein] **36** faire monter

hoch|werfen *vt* [haben] **23** lancer (en l'air)

hoch|ziehen *vt* [haben] **38** relever – lever
■ sich hochziehen *vp* [haben] **38** se relever

hocken *vi* [haben] **17** être *ou* se tenir accroupi (accroupie) – être assis (assise)
■ sich hocken *vp* [haben] **17** s'accroupir – s'asseoir

hoffen *vt/vi* [haben] **17** espérer

holen *vt* [haben] **17** aller chercher – faire venir

holpern *vi* **19** [sein] cahoter – [haben] trébucher sur les mots

homogenisieren *vt* [haben] **22** homogénéiser

honorieren *vt* [haben] **22** honorer – rétribuer

hopsen *vi* [sein] **17** sautiller

hops gehen *fam vi* [sein] **9** clamser – se volatiliser

horchen *vi* [haben] **17** écouter (avec attention)

hören *vt/vi* [haben] **17** entendre

horten *vt* [haben] **18** stocker – thésauriser

hospitieren *vi* [haben] **22** assister en auditeur libre

hüllen *vt* [haben] **17** envelopper

humpeln *vi* [haben/sein] **19** (haben/sein) boiter – (sein) aller en clopinant

hungern *vi* [haben] **19** endurer la faim
■ sich hungern *vp* [haben] **19** s'affamer (par un régime)

hupen *vi* [haben] **17** klaxonner

hüpfen *vi* [sein] **17** sautiller

huschen *vi* [sein] **17** passer rapidement

hüsteln *vi* [haben] **19** toussoter

husten *vi* [haben] **18** tousser

hüten *vt* [haben] **18** garder
■ sich hüten *vp* [haben] **18** se garder de

hypnotisieren *vt* [haben] **22** hypnotiser

I

idealisieren *vt* [haben] **22** idéaliser

identifizieren *vt* [haben] **22** identifier
■ sich identifizieren *vp* [haben] **22** s'identifier

ignorieren *vt* [haben] **22** ignorer

illustrieren *vt* [haben] **22** illustrer

imitieren *vt* [haben] **22** imiter – copier

immatrikulieren *vt* [haben] **22** inscrire – immatriculer
■ sich immatrikulieren *vp* [haben] **22** s'inscrire

immigrieren *vi* [sein] **22** immigrer

impfen *vt* [haben] **17** vacciner

implantieren *vt* [haben] **22** greffer

implodieren *vi* [sein] **22** imploser

imponieren *vi* [haben] **22** en imposer à

importieren *vt* [haben] **22** importer

imprägnieren *vt* [haben] **22** imprégner

improvisieren *vt/vi* [haben] **22** improviser

indoktrinieren *vt* [haben] **22** endoctriner

industrialisieren *vt* [haben] **22** industrialiser

ineinander fügen *vt* [haben] **17** assembler
■ sich ineinander fügen *vp* [haben] **17** s'adapter

ineinander greifen *vi* [haben] **35** s'engrener

infiltrieren[1] *vt* [haben] **22** administrer par perfusion – infiltrer

infiltrieren[2] *vi* [sein] **22** s'infiltrer

infizieren *vt* [haben] **22** contaminer

informieren *vt* [haben] **22** informer
■ sich informieren *vp* [haben] **22** s'informer

inhaftieren *vt* [haben] **22** arrêter

inhalieren *vt* [haben] **22** inhaler ; *vi* faire des inhalations

initialisieren *vt* [haben] **22** initialiser

inne|halten *vi* [haben] **41** s'interrompre

inserieren *vi* [haben] **22** faire passer des annonces

inspirieren vt [haben] **22** inspirer
  ▪ **sich inspirieren** vp [haben] **22** s'inspirer de
inspizieren vt [haben] **22** inspecter
installieren vt [haben] **22** installer
  ▪ **sich installieren** vp [haben] **22** s'installer
instand|besetzen vt [haben] **20** squatter
instand|halten vt [haben] **41** entretenir
instand|setzen vt [haben] **17** réparer – restaurer
inszenieren vt [haben] **22** monter (pièce de théâtre)
integrieren vt [haben] **22** intégrer
interessieren vt [haben] **22** intéresser
  ▪ **sich interessieren** vp [haben] **22** s'intéresser à
internieren vt [haben] **22** interner
interpretieren vt [haben] **22** interpréter
intervenieren vi [haben] **22** intervenir
interviewen vt [haben] **20** interviewer
intrigieren vi [haben] **22** intriguer
investieren vt [haben] **22** investir
irre|führen vt [haben] **17** induire en erreur
irre|machen vt [haben] **17** déconcerter
irren vi [sein] **17** errer
  ▪ **sich irren** vp [haben] **17** se tromper
irritieren vt [haben] **22** troubler – déranger
isolieren vt [haben] **22** isoler

J

jagen¹ vt [haben] **17** chasser – pourchasser
jagen² vi **17** [haben] chasser – [sein] aller à toute allure
jammern vi [haben] **19** se lamenter
japsen vi [haben] **17** être hors d'haleine – haleter
jäten vt [haben] **18** sarcler
jauchzen vi [haben] **17** pousser des cris de joie
jaulen vi [haben] **17** hurler
jobben vi [haben] **17** avoir un job
jodeln vi [haben] **19** iouler – yodler
joggen vi [haben/sein] **17** faire du jogging
johlen vi [haben] **17** brailler ; vi beugler

jonglieren vt/vi [haben] **22** jongler
jubeln vi [haben] **19** jubiler
juchzen vi [haben] **17** pousser des cris de joie – s'exclamer
jucken vt [haben] **17** gratter ; vi démanger
  ▪ **sich jucken** vp [haben] **17** se gratter
justieren vt [haben] **22** ajuster – régler

K

kabbeln (sich) fam vp [haben] **19** avoir une prise de bec avec
kacheln¹ vt [haben] **19** carreler
kacheln² vi [haben] **19** rouler à toute berzingue
kacken tfam vi [haben] **17** chier
kahl scheren vt [haben] **33** tondre – raser
kalauern vi [haben] **19** faire des calembours
kalben vi [haben] **17** vêler
kalkulieren vt [haben] **22** calculer ; vi faire le calcul
kalt lassen vt [haben] **41** laisser froid
kalt|machen vt [haben] **17** liquider
kalt|stellen vt [haben] **17** mettre sur la touche – limoger
kämmen vt [haben] **17** peigner
  ▪ **sich kämmen** vp [haben] **17** se peigner
kämpfen vi [haben] **17** se battre
kampieren vi [haben] **22** camper
kanalisieren vt [haben] **22** canaliser – pourvoir d'un réseau de canalisations
kandidieren vi [haben] **22** poser sa candidature – se présenter
kandieren vt [haben] **22** confire
kapern vt [haben] **19** capturer
kapieren vt [haben] **22** piger
kapitulieren vi [haben] **22** capituler
kappen vt [haben] **17** tailler – couper
kaputt|gehen vi [sein] **9** se casser
kaputt|lachen (sich) vp [haben] **17** mourir de rire
kaputt|machen vt [haben] **17** casser
  ▪ **sich kaputtmachen** vp [haben] **17** ruiner la santé
kaputt|schlagen vt [haben] **48** casser
karikieren vt [haben] **22** caricaturer

karren vt [haben] **17** transporter en brouette
kaschieren vt [haben] **22** cacher
kassieren vt [haben] **22** encaisser – toucher
kastrieren vt [haben] **22** châtrer – expurger
katalogisieren vt [haben] **22** cataloguer
kauen vt/vi [haben] **17** mâcher
kauern vi [haben] **19** être accroupi (accroupie)
  ▪ **sich kauern** vp [haben] **19** s'accroupir
kaufen vt [haben] **17** acheter
kegeln vi [haben] **19** jouer au bowling
kehren vt [haben] **17** tourner – balayer
  ▪ **sich kehren** vp [haben] **17** se soucier de
kehrt|machen vi [haben] **17** faire demi-tour
keifen vi [haben] **17** brailler
keimen vi [haben] **17** germer
kellnern vi [haben] **19** travailler comme serveur (serveuse)
keltern vt [haben] **19** pressurer
kennen vt [haben] **50** connaître
kennen|lernen vt [haben] **17** faire la connaissance de – apprendre à connaître
  ▪ **sich kennen|lernen** vp [haben] **17** se rencontrer
kennzeichnen vt [haben] **18** caractériser
kentern vi [sein] **19** chavirer
ketten vt [haben] **17** enchaîner
keuchen vi **17** [haben] haleter – [sein] avancer avec difficulté
kichern vi [haben] **19** glousser
kicken vi [haben] **17** jouer (au football)
kidnappen vt [haben] **17** kidnapper
kiffen fam vi [haben] **17** fumer (du hasch)
killen fam vt [haben] **17** descendre (tuer)
kippen¹ vt [haben] **17** incliner – verser
kippen² vi [sein] **17** basculer
kitten vt [haben] **18** recoller
kitzeln vt [haben] **19** chatouiller – stimuler
klaffen vi [haben] **17** s'ouvrir – être béant (béante)
kläffen vi [haben] **17** japper
klagen¹ vt [haben] **17** se plaindre de

klagen[2] *vt* [haben] **17** se lamenter de

klammern *vt* [haben] **19** agrafer

■ sich klammern *vp* [haben] **19** s'agripper à

klappen *vi* **17** [haben] marcher

klappern *vi* [haben] **19** claquer

klären *vt* [haben] **17** clarifier

klar|gehen *vi* [sein] **9** rouler

klar|kommen *vi* [sein] **30** s'entendre avec – s'en sortir avec

klar machen *vt* [haben] **17** faire comprendre

klar sehen *vi* [haben] **29** voir clairement

klar|stellen *vt* [haben] **17** élucider

klar werden *vi* [sein] **3** réaliser

klassifizieren *vt* [haben] **22** classer

klatschen[1] *vi* [haben] **17** taper – applaudir

klatschen[2] *vi* [sein] **17** clapoter

klauen *vt/vi* [haben] **17** voler

kleben *vt/vi* [haben] **17** coller

kleckern[1] *vi* [haben] **19** faire des taches

kleckern[2] *vt* [haben] **19** tacher

klecksen *vi* [haben] **17** faire des taches – faire des pâtés

kleiden *vt* [haben] **18** habiller

■ sich kleiden *vp* [haben] **18** s'habiller

klein|kriegen *vt* [haben] **17** venir à bout de – faire céder

klein machen *vt* [haben] **17** couper – faire de la monnaie

■ sich klein machen *vp* [haben] **17** se faire tout petit (toute petite)

klein schneiden *vt* [haben] **35** hacher menu

klein schreiben *vt* [haben] **36** écrire en minuscules

kleistern *vt* [haben] **19** coller

klemmen *vt/vi* [haben] **17** coincer

■ sich klemmen *vp* [haben] **17** se coincer

klettern *vi* **19** [sein] grimper – [haben] faire de l'escalade

klicken *vi* [haben] **17** cliquer – produire un déclic

klimpern[1] *vt* [haben] **19** jouer maladroitement

klimpern[2] *vi* [haben] **19** pianoter – faire tinter

klingeln *vi* [haben] **19** sonner

klingen *vi* [haben] **39** sonner – tinter

klirren *vi* [haben] **17** cliqueter

klonen *vt* [haben] **17** cloner

klopfen *vi* [haben] **17** frapper

■ sich klopfen *vp* [haben] **17** se bagarrer

klöppeln *vt* [haben] **19** tricoter de la dentelle (aux fuseaux)

klüngeln *fam vi* [haben] **19** magouiller *(en politique)*

knabbern *vt/vi* [haben] **19** grignoter

knacken[1] *vt* [haben] **17** casser – forcer

knacken[2] *vi* [haben] **17** craquer – *fam* roupiller

knallen[1] *vi* **17** [haben] retentir – [sein] heurter

knallen[2] *vt* [haben] **17** flanquer – claquer

knapp halten *vt* [haben] **41** rationner

knarren *vi* [haben] **17** craquer

knattern *vi* [haben] **19** pétarader – crépiter

knausern *vi* [haben] **19** lésiner sur

knautschen *vt/vi* [haben] **17** froisser

knebeln *vt* [haben] **19** bâillonner

kneifen[1] *vt* [haben] **35** pincer

kneifen[2] *vi* [haben] **35** serrer – se défiler

kneten *vt* [haben] **18** pétrir

knicken *vt* [haben] **17** plier – casser

knien *vi* [haben] **17** être à genoux

■ sich knien *vp* [haben] **17** s'agenouiller

knipsen[1] *vt* [haben] **17** composter – prendre en photo

knipsen[2] *vi* [haben] **17** prendre des photos

knirschen *vi* [haben] **17** grincer – crisser

knistern *vi* [haben] **19** craquer – crépiter

knittern *vi* [haben] **19** froisser

knobeln *vi* [haben] **19** tirer à la courte paille – jouer aux dés

knöpfen *vt* [haben] **17** boutonner

knospen *vi* [haben] **17** bourgeonner

knoten *vt* [haben] **18** nouer

knuddeln *vt* [haben] **19** câliner

knüllen *vt* [haben] **17** froisser

knüpfen *vt* [haben] **17** nouer – lier

knurren *vi* [haben] **17** gargouiller – grogner

knutschen *vt* [haben] **17** bécoter ; *vi* se bécoter

■ sich knutschen *vp* [haben] **17** se bécoter

koalieren *vi* [haben] **22** (se) coaliser

kochen[1] *vt* [haben] **17** préparer – cuire

kochen[2] *vi* [haben] **17** faire la cuisine – bouillir

ködern *vt* [haben] **19** appâter – allécher

kodieren *vt* [haben] **22** coder

kokettieren *vi* [haben] **22** faire du charme à – minauder

kollidieren *vi* [sein] **22** entrer en collision

kombinieren *vt* [haben] **22** combiner ; *vi* déduire

kommandieren *vt* [haben] **22** commander – mener

kommen *vi* [sein] **30** venir

kommentieren *vt* [haben] **22** commenter

kompensieren *vt* [haben] **22** compenser

komponieren *vt* [haben] **22** composer

kompostieren *vt* [haben] **22** faire fermenter – composter

kondensieren *vt* [haben] **22** concentrer ; *vi* se condenser

kondolieren *vt* [haben] **22** présenter ses condoléances

konferieren *vi* [haben] **22** conférer – s'entretenir

konfigurieren *vt* [haben] **22** configurer

konfirmieren *vt* [haben] **22** confirmer

konfrontieren *vt* [haben] **22** confronter

konjugieren *vt* [haben] **22** conjuguer

können *vt/mod* [haben] **10** savoir

konservieren *vt* [haben] **22** conserver

konstruieren *vt* [haben] **22** construire

konsultieren *vt* [haben] **22** consulter

konsumieren *vt* [haben] **22** consommer

kontern[1] *vt* [haben] **19** rétorquer à – contrer

kontern[2] *vi* [haben] **19** riposter

kontrollieren *vt* [haben] **22** contrôler

konvertieren[1] *vt* [haben] **22** convertir *(monnaie)*

konvertieren[2] *vi* [haben/sein] **22** se convertir

konzentrieren *vt* [haben] **22** concentrer

■ sich konzentrieren *vp* [haben] **22** se concentrer

koordinieren *vt* [haben] **22** coordonner

köpfen[1] *vt* [haben] **17** frapper avec la tête – décapiter

köpfen[2] *vi* [haben] **17** faire une tête

kopieren *vt* [haben] **22** copier

koppeln *vt* [haben] **19** lier – connecter

korrigieren *vt* [haben] **22** corriger – rectifier

kosten *vt* [haben] **18** coûter

kostümieren (sich) *vp* [haben] **22** se déguiser

kotzen *tfam vi* [haben] **17** dégueuler

krabbeln[1] *vt* [haben] **19** gratter

krabbeln[2] *vi* [sein] **19** marcher à quatre pattes

krachen[1] *vt* [haben] **17** balancer – flanquer

krachen[2] *vi* [haben/sein] **17** gronder – craquer
■ **sich krachen** *fam vp* [haben] **17** s'engueuler

krächzen *vt/vi* [haben] **17** croasser

kräftigen *vt* [haben] **17** fortifier – développer

krähen *vi* [haben] **17** chanter – gazouiller

krallen (sich) *vp* [haben] **17** s'agripper

kramen *vi* [haben] **17** fouiller

krampfen *vt* [haben] **17** se cramponner à
■ **sich krampfen** *vp* [haben] **17** se contracter

kränkeln *vi* [haben] **19** traîner une maladie

kranken *vi* [haben] **17** pécher par

kränken *vt* [haben] **17** offenser

krank|feiern *vi* [haben] **19** se faire porter malade

krank|melden *vt* [haben] **18** se faire porter malade

krank|schreiben *vt* [haben] **36** arrêter *(pour maladie)*

kratzen *vt/vi* [haben] **17** griffer
■ **sich kratzen** *vp* [haben] **17** se gratter

kraulen[1] *vt* [haben] **17** caresser du bout des doigts

kraulen[2] *vi* [sein] **17** crawler

kräuseln *vt* [haben] **19** friser – froncer
■ **sich kräuseln** *vp* [haben] **19** friser – se froisser

kraxeln *vi* [sein] **19** escalader

kreieren *vt* [haben] **22** créer

kreischen *vi* [haben] **17** crier (d'une voix perçante) – brailler

kreisen *vi* [haben/sein] **17** tourner (autour de)

krepieren *fam vi* [sein] **22** crever

kreuzen[1] *vt* [haben] **17** croiser

kreuzen[2] *vi* [haben/sein] **17** croiser – tirer des bords
■ **sich kreuzen** *vp* [haben] **17** se croiser – s'opposer

kreuzigen *vt* [haben] **17** crucifier

kribbeln *vi* [haben] **19** picoter

kriechen *vi* [sein] **37** ramper

kriegen *vt* [haben] **17** avoir – recevoir

kriseln *vi (imp)* [haben] **19** être en crise

kritisieren *vt* [haben] **22** critiquer

kritzeln *vt* [haben] **19** griffonner

krönen *vt* [haben] **17** couronner

krümmen *vt* [haben] **17** plier – déformer
■ **sich krümmen** *vp* [haben] **17** se tordre – se voûter

krumm|nehmen *vt* [haben] **27** mal prendre

kugeln *vt* [haben] **19** rouler
■ **sich kugeln** *vp* [haben] **19** se tordre *(de rire)*

kühlen *vt* [haben] **17** rafraîchir

kullern *vi* [sein] **19** rouler – couler

kultivieren *vt* [haben] **22** cultiver

kümmern *vt* [haben] **19** préoccuper
■ **sich kümmern** *vp* [haben] **19** s'occuper de

kündigen *vt* [haben] **17** résilier ; *vi* donner sa démission

kuren *vi* [haben] **17** être en cure – faire une cure

kurieren *vt* [haben] **22** soigner

kursieren *vi* [haben] **22** circuler – courir

kurven *vi* [haben] **17** décrire des cercles – sillonner

kurz|arbeiten *vi* [haben] **18** être au chômage partiel

kürzen *vt* [haben] **17** raccourcir – abréger

kürzer|treten *vi* [sein] **29** se restreindre

kurz halten *vt* [haben] **41** tenir la bride à

kurz|schließen *vt* [haben] **37** court-circuiter
■ **sich kurz|schließen** *vp* [haben] **37** se concerter

kuscheln *vi* [haben] **19** se prélasser
■ **sich kuscheln** *vp* [haben] **19** se blottir

küssen *vt/vi* [haben] **17** embrasser
■ **sich küssen** *vp* [haben] **17** s'embrasser

kutschieren[1] *vt* [haben] **22** conduire en calèche – emmener en voiture

kutschieren[2] *vi* [sein] **22** aller en calèche – se trimbaler *(en voiture)*

L

laben (sich) *vp* [haben] **17** se délecter

labern *vt/vi* [haben] **19** palabrer

lächeln *vi* [haben] **19** sourire

lachen *vi* [haben] **17** rire

lackieren *vt* [haben] **22** laquer – vernir

laden *vt/vi* [haben] **48** charger

lädieren *vt* [haben] **22** abimer

lagern *vt* [haben] **19** conserver ; *vi* camper
■ **sich lagern** *vp* [haben] **19** s'installer

lahmen *vi* [haben] **17** boiter

lahm|legen *vt* [haben] **17** paralyser

lähmen *vt* [haben] **17** paralyser

lallen *vt/vi* [haben] **17** balbutier

lamentieren *vi* [haben] **22** se lamenter

lancieren *vt* [haben] **22** lancer

landen[1] *vt* [haben] **18** faire atterrir

landen[2] *vi* [sein] **18** atterrir

langen *vt/vi* [haben] **17** suffire

lang|gehen *vi* [sein] **9** longer

lang|machen *vt* [haben] **17** tendre
■ **sich langmachen** *vp* [haben] **17** s'allonger

langweilen *vt* [haben] **17** ennuyer
■ **sich langweilen** *vp* [haben] **17** s'ennuyer

läppern (sich) *vp* [haben] **19** s'accumuler

lärmen *vi* [haben] **17** faire du bruit

lasieren *vt* [haben] **22** vernir

lassen *vt* [haben] **41** laisser

lassen *vt/mod* [haben] **41** faire
■ **sich lassen** *vp* [haben] **41** se laisser

lasten *vi* [haben] **18** peser sur – reposer sur

lästern *vi* [haben] **19** médire

latschen[1] *vt* [haben] **17** donner *(une claque)*

latschen[2] *vi* [sein] **17** se traîner

lauern *vi* [haben] **19** guetter

laufen[1] *vt* [haben/sein] **46** courir – aller

laufen[2] *vi* [sein] **46** courir – aller
  ■ sich laufen *vp* [haben] **46** marcher

laufen lassen *vt* [haben] **41** relâcher – négliger

lauschen *vi* [haben] **17** tendre l'oreille – écouter

lauten *vi* [haben] **18** consister en – être au nom de

läuten *vi* [haben] **18** sonner

leasen *vt* [haben] **17** prendre en leasing

leben *vi* [haben] **17** vivre

lechzen *vi* [haben] **17** être avide de

lecken *vt/vi* [haben] **17** lécher
  ■ sich lecken *vp* [haben] **17** se lécher

leck|schlagen *vi* [sein] **48** se fissurer

leeren *vt* [haben] **17** vider
  ■ sich leeren *vp* [haben] **17** se vider

legalisieren *vt* [haben] **22** légaliser – authentifier

legen *vt* [haben] **17** mettre – coucher
  ■ sich legen *vp* [haben] **17** se coucher – se déposer

legitimieren *vt* [haben] **22** légitimer

lehnen *vt/vi* [haben] **17** appuyer contre
  ■ sich lehnen *vp* [haben] **17** s'appuyer contre

lehren *vt/vi* [haben] **17** enseigner

leicht|fallen *vi* [sein] **41** ne pas être difficile pour

leicht|nehmen *vt* [haben] **27** prendre à la légère

leiden *vt* [haben] **35** souffrir de ; *vi* souffrir

leihen *vt* [haben] **36** prêter – emprunter

leimen *vt* [haben] **17** coller

leisten *vt* [haben] **18** accomplir – réaliser

leiten *vt* [haben] **18** diriger ; *vi* être conducteur (conductrice)

lenken *vt* [haben] **17** conduire – orienter

lernen *vt* [haben] **17** apprendre ; *vi* réviser *(des cours)*

lesen *vt/vi* [haben] **29** lire

leuchten *vi* [haben] **18** luire – briller

leugnen *vt/vi* [haben] **18** nier

liberalisieren *vt* [haben] **22** libéraliser

lichten *vt* [haben] **18** éclaircir
  ■ sich lichten *vp* [haben] **18** s'éclaircir

lieb gewinnen *vt* [haben] **40** prendre en affection

lieb haben *vt* [haben] **1** aimer
  ■ sich lieb haben *vp* [haben] **1** s'aimer

liebäugeln *vi* [haben] **19** caresser l'idée de

lieben *vt* [haben] **17** aimer
  ■ sich lieben *vp* [haben] **17** s'aimer – faire l'amour

liefern *vt/vi* [haben] **19** livrer
  ■ sich liefern *vp* [haben] **19** se livrer

liegen *vi* [haben] **7** être couché (couchée) – se trouver

liegen bleiben *vi* [sein] **36** rester couché (couchée)

liegen lassen *vt* [haben] **41** laisser – laisser en plan

liften *vt* [haben] **18** lifter

lindern *vt* [haben] **19** soulager

linieren *vt* [haben] **22** régler

liquidieren *vt* [haben] **22** liquider

lispeln *vi* [haben] **19** zézayer

loben *vt* [haben] **17** faire l'éloge de

lochen *vt* [haben] **17** perforer – poinçonner

löchern *vt* [haben] **19** tanner

locken *vt* [haben] **17** attirer – friser

locker|lassen *vi* [haben] démordre

lockern *vt* [haben] **19** desserrer – assouplir
  ■ sich lockern *vp* [haben] **19** se desserrer – se relâcher

lodern *vi* [haben] **19** flamber

löffeln *vt* [haben] **19** manger à la cuillère

logieren *vi* [haben] **22** loger

lohnen *vt* [haben] **17** valoir la peine que
  ■ sich lohnen *vp* [haben] **17** valoir la peine

lokalisieren *vt* [haben] **22** localiser

los|binden *vt* [haben] **39** détacher

löschen *vt* [haben] **17** éteindre – effacer

losen *vi* [haben] **17** tirer au sort

lösen *vt* [haben] **17** défaire – résoudre
  ■ sich lösen *vp* [haben] **17** se détacher – se dissoudre

los|fahren *vi* [sein] **48** partir

los|gehen *vi* [sein] **9** partir – commencer

los|kaufen *vt* [haben] **17** racheter *(par le paiement d'une rançon)*

los|kommen *vi* [sein] **30** partir

los|lassen *vt* [haben] **41** lâcher – laisser échapper

los|legen *vi* [haben] **17** attaquer

los|lösen *vt* [haben] **17** décoller
  ■ sich loslösen *vp* [haben] **17** se détacher

los|machen *vt* [haben] **17** détacher
  ■ sich losmachen *vp* [haben] **17** se libérer

los|müssen *vi* [haben] **13** devoir partir

los|reißen *vt* [haben] **35** arracher
  ■ sich losreißen *vp* [haben] **35** se détacher

los|sagen (sich) *vp* [haben] **17** rompre avec – se libérer de

los|werden *vt* [sein] **3** se débarrasser de

los|ziehen *vi* [sein] **38** partir

loten *vt* [haben] **18** mettre à plomb – sonder

löten *vt* [haben] **18** souder

lotsen *vt* [haben] **17** piloter

lüften *vt/vi* [haben] **18** aérer

lügen *vi* [haben] **34** mentir

lümmeln (sich) *vp* [haben] **19** se vautrer

lumpen *vt* [haben] **17** faire la fête

lutschen *vt/vi* [haben] **17** sucer

lynchen *vt* [haben] **17** lyncher

M

machen *vt/vi* [haben] **17** faire
  ■ sich machen *vp* [haben] **17** s'arranger – se mettre à

mähen *vt/vi* [haben] **17** tondre

mahlen *vt/vi* [haben] **51** moudre

mahnen *vt/vi* [haben] **17** avertir

mailen *vi* [haben] **17** envoyer un mail

mäkeln *vi* [haben] **19** rouspéter

malen *vt/vi* [haben] **17** peindre

mal|nehmen *vt* [haben] **27** multiplier

malochen *fam vi* [haben] **20** trimer

mampfen *fam vt/vi* [haben] **17** bouffer

managen *vt* [haben] **17** manager

mangeln[1] *vi (imp)* [haben] **19** manquer de

mangeln[2] *vt* [haben] **19** passer à la calandre

manipulieren *vt* [haben] **22** manipuler – truquer

manövrieren vt/vi [haben] **22** manœuvrer

■ **sich manövrieren** vp [haben] **22** se mettre dans une position

marinieren vt [haben] **22** mariner

markieren vt [haben] **22** marquer ; vi faire semblant

marschieren vi [sein] **22** marcher – marcher au pas

martern vt [haben] **19** tourmenter

■ **sich martern** vp [haben] **19** s'accabler de

maskieren vt [haben] **22** masquer

■ **sich maskieren** vp [haben] **22** se camoufler

massakrieren vt [haben] **22** massacrer

maß|halten vi [haben] **41** se modérer

massieren vt [haben] **22** masser

mäßigen vt [haben] **17** contrôler – modérer

■ **sich mäßigen** vp [haben] **17** se contrôler

maßregeln vt [haben] **19** réprimander

mästen vt [haben] **18** engraisser – gaver

■ **sich mästen** vp [haben] **18** engraisser

masturbieren vt [haben] **22** masturber ; vi se masturber

matschen vi [haben] **17** barboter – faire de la bouillie

mauern vt [haben] **19** construire ; vi monter un mur

maulen vi [haben] **17** râler

maunzen vi [haben] **17** miauler

mauscheln vi [haben] **19** magouiller – tricher

mausen vt [haben] **17** piquer

mausern (sich) vp [haben] **19** muer – se transformer

maximieren vt [haben] **22** maximaliser – maximiser

meckern vi [haben] **19** bêler – râler

meditieren vi [haben] **22** méditer

mehren vt [haben] **17** multiplier

■ **sich mehren** vp [haben] **17** se multiplier

meiden vt [haben] **36** éviter

■ **sich meiden** vp [haben] **36** s'éviter

meinen vt [haben] **17** penser ; vi croire

meißeln vt/vi [haben] **19** travailler au burin

meistern vt [haben] **19** maîtriser – dominer

melden vt [haben] **18** déclarer – annoncer

■ **sich melden** vp [haben] **18** se manifester – donner de ses nouvelles

melken vt/vi [haben] **17/31** traire

merken vt [haben] **17** remarquer

messen vt/vi [haben] **28** mesurer

■ **sich messen** vp [haben] **28** se mesurer à

meutern vi [haben] **19** se mutiner – se rebiffer

miauen vi [haben] **20** miauler

mies machen vt [haben] **17** gâcher

mieten vt [haben] **18** louer

mildern vt [haben] **19** atténuer – apaiser

■ **sich mildern** vp [haben] **19** s'apaiser – s'adoucir

mimen vt [haben] **17** feindre

mindern vt [haben] **19** réduire

■ **sich mindern** vp [haben] **19** diminuer

minimieren vt [haben] **22** minimiser

mischen vt [haben] **17** mélanger

■ **sich mischen** vp [haben] **17** se mêler à

missachten vt [haben] **18** ne pas observer – n'avoir aucun respect pour

missbilligen vt [haben] **20** désapprouver

missbrauchen vt [haben] **20** abuser de

missdeuten vt [haben] **18** mal interpréter

missen vt [haben] **17** se passer de

missfallen vi [haben] **41** déplaire

missglücken vi [sein] **20** échouer

missgönnen vt [haben] **20** envier

misshandeln vt [haben] **19** maltraiter

missionieren vt [haben] **22** évangéliser ; vi être missionnaire

misslingen vt (imp) [sein] **39** échouer

missraten vi [sein] **42** échouer

misstrauen vi [haben] **20** se méfier de

missverstehen vt [haben] **6** mal comprendre

mit|arbeiten vi [haben] **18** coopérer – participer

mit|bekommen vt [haben] **30** comprendre – recevoir

mit|benutzen vt [haben] **20** partager

mit|bestimmen vt/vi [haben] **20** participer à

mit|bringen vt [haben] **49** apporter – amener

mit|denken vi [haben] **49** écouter attentivement – participer à la réflexion

mit|empfinden vt [haben] **39** ressentir

mit|erleben vt [haben] **20** assister à

mit|fahren vi [sein] **48** aller avec (à bord du même véhicule)

mit|fühlen vt/vi [haben] **17** partager (un sentiment)

mit|geben vt [haben] **29** donner

mit|gehen vi [sein] **9** suivre

mit|halten vi [haben] **41** tenir le coup

mit|hören[1] vt [haben] **17** entendre

mit|hören[2] vi [haben] **17** écouter

mit|kommen vi [sein] **30** accompagner – arriver à suivre

mit|laufen vi [sein] **46** accompagner

mit|machen vt [haben] **17** participer à ; vi participer

mit|mischen vi [haben] **17** mettre son grain de sel

mit|nehmen vt [haben] **27** emmener

mit|rechnen vt [haben] **18** compter ; vi calculer en même temps

mit|reden[1] vi [haben] **18** prendre part à la discussion

mit|reden[2] vt [haben] **18** avoir son mot à dire

mit|reißen vt [haben] **35** entraîner – emporter

mit|schneiden vt [haben] **35** enregistrer

mit|schreiben vt [haben] **36** prendre des notes de ; vi prendre des notes

mit sein vi [sein] **2** accompagner

mit|spielen vt/vi [haben] **17** participer à (un jeu)

mit|teilen vt [haben] **17** communiquer – faire part de

■ **sich mitteilen** vp [haben] **17** se communiquer

mit|verdienen vi [haben] **20** contribuer à faire vivre la famille en travaillant

mit|wirken vi [haben] **17** collaborer à

mit|zählen vt [haben] **17** compter ; vi compter ensemble

mixen vt [haben] **17** mixer

mobben vt [haben] **17** harceler

mobilisieren vt [haben] **22** mobiliser

möblieren vt [haben] **22** meubler

modellieren vt [haben] **22** modeler

moderieren vt [haben] **22** animer

modern vi [haben/sein] **19** moisir

modernisieren vt [haben] **22** moderniser

mogeln vi [haben] **19** tricher

mögen[1] vt [haben] **11** aimer

mögen[2] vt/mod [haben] **11** vouloir

mokieren (sich) vp [haben] **22** se moquer

monieren vt [haben] **22** critiquer

montieren vt [haben] **22** monter

morsen vt [haben] **17** écrire en morse ; vi faire du morse

mosern vi [haben] **19** râler

motivieren vt [haben] **22** motiver

motzen vi [haben] **17** râler

mucksen vi [haben] **17** broncher
■ **sich mucksen** vp [haben] **17** se faire remarquer, broncher

muhen vi [haben] **17** meugler

multiplizieren vt [haben] **22** multiplier

mümmeln vt/vi [haben] **19** grignoter

münden vi [haben/sein] **18** déboucher sur

munkeln vt/vi [haben] **19** cancaner

münzen vt [haben] **17** battre monnaie

murmeln vt/vi [haben] **19** murmurer

murren vi [haben] **17** grogner

musizieren vi [haben] **22** faire de la musique

müssen vi/aux [haben] **13** devoir

mustern vt [haben] **19** inspecter

mutmaßen vt [haben] **17** présumer

N

nach|äffen vt [haben] **17** singer

nach|ahmen vt [haben] **17** imiter

nach|arbeiten vt [haben] **18** rattraper – rectifier

nach|behandeln vt [haben] **19** traiter à nouveau

nach|bereiten vt [haben] **18** réviser

nach|bessern vt [haben] **19** retoucher

nach|bestellen vt [haben] **20** commander de nouveau ; vi réassortir

nach|beten vt [haben] **18** répéter bêtement

nach|bezahlen vt [haben] **20** payer ultérieurement

nach|bilden vt [haben] **18** reproduire

nach|blättern vt [haben] **19** feuilleter

nach|blicken vi [haben] **17** suivre des yeux

nach|datieren vt [haben] **22** antidater

nach|denken vi [haben] **49** réfléchir

nach|drucken vt [haben] **17** réimprimer

nach|dunkeln vi [haben/sein] **19** foncer

nach|eifern vi [haben] **19** suivre l'exemple de

nach|empfinden vt [haben] **39** comprendre les sentiments de

nach|erzählen vt [haben] **20** raconter

nach|fahren vi [sein] **48** suivre (en véhicule)

nach|feiern vt [haben] **19** fêter ultérieurement

nach|folgen vi [sein] **17** succéder à – suivre

nach|fordern vt [haben] **19** demander en sus

nach|forschen vi [haben] **17** faire des recherches

nach|fragen vi [haben] **17** se renseigner – demander (avec insistance)

nach|fühlen vt [haben] **17** compatir à

nach|füllen vt [haben] **17** remplir de nouveau – rajouter

nach|geben vi [haben] **29** céder

nach|gehen vi [sein] **9** retarder (montre) – suivre

nach|gießen vt [haben] **37** reverser

nach|grübeln vi [haben] **19** ruminer (fig)

nach|gucken vi [haben] **17** regarder

nach|haken vi [haben] **17** revenir à la charge

nach|hängen vi [haben] **43** donner libre cours à

nach|helfen vi [haben] **23** pousser – aider

nach|hinken vi [sein] **17** suivre en boitant – être en arrière de

nach|holen vt [haben] **17** rattraper

nach|jagen vi [sein] **17** pourchasser

nach|kaufen vt [haben] **17** acheter par la suite

nach|kommen vi [sein] **30** venir plus tard – répondre à

nach|lassen vt [haben] **41** faire une réduction de ; vi se calmer

nach|laufen vi [sein] **46** suivre – courir après

nach|lesen vt [haben] **29** se documenter

nach|liefern vt [haben] **19** livrer ultérieurement

nach|lösen vt [haben] **17** acheter son billet dans le train

nach|machen vt [haben] **17** imiter – refaire

nach|messen vt [haben] **28** remesurer

nach|plappern vt [haben] **19** répéter comme un perroquet

nach|prüfen vt [haben] **17** vérifier – faire subir un nouveau contrôle à

nach|rechnen vt/vi [haben] **18** recalculer

nach|reichen vt [haben] **17** remettre ultérieurement

nach|rücken vi [sein] **17** prendre la relève – avancer

nach|rüsten vt [haben] **18** étendre ; vi réarmer

nach|sagen vt [haben] **17** dire de – répéter

nach|schauen vt/vi [haben] **17** vérifier

nach|schenken vt [haben] **17** reverser ; vi resservir

nach|schicken vt [haben] **17** réexpédier

nach|schlagen[1] vt [haben] **48** compulser

nach|schlagen[2] vi [haben/sein] **48** vérifier – tenir de

nach|sehen [haben] **29** vt vérifier ; vi regarder

nach|senden vt [haben] **50/18** réexpédier

nach|sitzen vi [haben] **5** être en retenue

nach|spionieren vi [haben] **22** espionner

nach|sprechen vt/vi [haben] **24** répéter

nach|stehen vi [haben] **6** jm an nichts nachstehen : ne le céder en rien à qqn

nach|stellen vt [haben] **17** régler ; vi chercher à piéger

nach|tragen vt [haben] **48** en vouloir à – ajouter

nach|trauern vi [haben] **19** regretter

nach|vollziehen vt [haben] **38** comprendre

nach|wachsen vi [sein] **47** repousser

nach|weisen vt [haben] **36** prouver – détecter

nach|zahlen vt [haben] **17** payer ultérieurement ; vi payer le complément

nach|zählen vt [haben] **17** recompter

nach|ziehen¹ vt [haben] **38** resserrer – traîner

nach|ziehen² vi [haben/sein] **38** suivre

nadeln vi [haben] **19** perdre ses aiguilles

nageln vt [haben] **19** clouer

nagen vt/vi [haben] **17** creuser

nahe|bringen vt [haben] **49** faire comprendre à

nahe|gehen vi [sein] **9** affecter

nahe|kommen vi [sein] **30** se rapprocher
■ **sich nahekommen** vp (D) [sein] **30** se rapprocher

nahe|legen vt [haben] **17** laisser supposer – suggérer

nahe|liegen vi [haben] **7** tomber sous le sens

nahen vi [sein] **17** approcher

nahe|stehen vi [haben] **6** être lié à

nähen vt/vi [haben] **17** coudre

näher bringen vt [haben] **49** rapprocher – mieux faire comprendre

näher kommen vi [sein] **30** se rapprocher

nähern (sich) vp [haben] **19** s'approcher – approcher

nähren vt [haben] **17** nourrir – alimenter
■ **sich nähren** vp [haben] **17** se nourrir

naschen vt/vi [haben] **17** grignoter

näseln vi [haben] **19** nasiller

nässen vt/vi [haben] **17** suinter – mouiller (le lit)

navigieren vt/vi [haben] **22** naviguer

necken vt [haben] **17** taquiner
■ **sich necken** vp [haben] **17** se taquiner

nehmen vt [haben] **27** prendre
■ **sich nehmen** vp [haben] **27** se prendre

neigen vt/vi [haben] **17** pencher
■ **sich neigen** vp [haben] **17** se pencher – ployer

nennen vt [haben] **50** appeler – nommer
■ **sich nennen** vp [haben] **50** s'appeler – se nommer

neppen vt [haben] **17** estamper

nerven vt [haben] **17** énerver

neu|dimensionieren vt [haben] **22** redimensionner

neutralisieren vt [haben] **22** neutraliser

nicken vi [haben] **17** hocher la tête (de haut en bas) – somnoler

nieder|drücken vt [haben] **17** presser – affliger

nieder|knien vi [sein] **17** s'agenouiller
■ **sich niederknien** vp [haben] **17** se mettre à genoux

nieder|lassen (sich) vp [haben] **41** s'asseoir – s'établir

nieder|legen vt [haben] **17** démissionner de – consigner
■ **sich niederlegen** vp [haben] **17** s'allonger

nieder|machen vt [haben] **17** massacrer

nieder|reißen vt [haben] **35** démolir

nieder|schlagen vt [haben] **48** assommer – baisser
■ **sich niederschlagen** vp [haben] **48** se répercuter sur – se fixer

nieder|schmettern vt [haben] **19** terrasser – bouleverser

nieder|strecken vt [haben] **17** étendre
■ **sich niederstrecken** vp [haben] **17** s'étendre

nieder|werfen vt [haben] **23** réprimer – terrasser
■ **sich niederwerfen** vp [haben] **23** se jeter à terre

nieseln vi (imp) [haben] **19** bruiner

niesen vi [haben] **17** éternuer

nippen vi [haben] **17** boire une petite gorgée – tremper ses lèvres dans

nisten vi [haben] **18** nicher

nominieren vt [haben] **22** désigner – sélectionner

nörgeln vi [haben] **19** râler

normalisieren vt [haben] **22** normaliser
■ **sich normalisieren** vp [haben] **22** revenir à la normale

normen vt [haben] **17** normaliser

normieren vt [haben] **22** normaliser

notieren¹ vt [haben] **22** noter

notieren² vi [haben] **22** coter – être coté

nötigen vt [haben] **17** contraindre

not|schlachten vt [haben] **18** faire abattre

nummerieren vt [haben] **22** numéroter

nuscheln vi [haben] **19** bafouiller

nutzen¹ vt [haben] **17** exploiter – saisir (une occasion)

nutzen² vi [haben] **17** servir à

O

obliegen vi [haben] **7** incomber

offenbaren vt [haben] **20** révéler
■ **sich offenbaren** vp [haben] **20** s'ouvrir à – apparaître à

offen bleiben vi [sein] **36** rester ouvert (ouverte) – rester en suspens

offen halten vt [haben] **41** laisser ouvert (ouverte)
■ **sich offen halten** vp [haben] **41** demeurer réceptif à

offen lassen vt [haben] **41** laisser ouvert (ouverte) – laisser en suspens

offen stehen vi [haben] **6** être ouvert (ouverte) – rester impayé (impayée)

öffnen vt [haben] **17** ouvrir
■ **sich öffnen** vp [haben] **18** s'ouvrir

ohrfeigen vt [haben] **17** gifler

ölen vt [haben] **17** huiler

onanieren vi [haben] **22** se masturber

operieren vt/vi [haben] **22** opérer

opfern vt [haben] **19** sacrifier
■ **sich opfern** vp [haben] **19** se sacrifier

ordern vt [haben] **19** commander

ordnen vt [haben] **18** classer – ranger
■ **sich ordnen** vp [haben] **18** se ranger

organisieren vt [haben] **22** organiser
■ **sich organisieren** vp [haben] **22** s'organiser

orientieren vt [haben] **22** orienter – informer
■ **sich orientieren** vp [haben] **22** s'orienter

orten vt [haben] **18** repérer

outen (sich) vp [haben] **18** révéler son homosexualité – faire son coming-out

oxidieren¹ vt [haben] **22** oxyder

oxidieren² vi [haben/sein] **22** s'oxyder

P

paaren vt [haben] **17** accoupler
■ **sich paaren** vp [haben] **17** s'accoupler

pachten [haben] **18** prendre à bail

packen vt [haben] **17** faire (sa valise) ; vi faire ses bagages
■ **sich packen** vp [haben] **17** se tirer

paddeln vi [haben/sein] **19** pagayer – faire du canoë

paffen vt [haben] **17** fumer ; vi fam cloper

paktieren vi [haben] **22** pactiser

palavern vi [haben] **19** palabrer

panieren vt [haben] **22** paner

panschen vt/vi [haben] **17** couper

panzern vt [haben] **19** blinder
■ **sich panzern** vp [haben] **19** se blinder

päppeln vt [haben] **19** chouchouter

pappen vt/vi [haben] **17** coller

parfümieren vt [haben] **22** parfumer
■ **sich parfümieren** vp [haben] **22** se parfumer

parieren[1] vt [haben] **22** contrer – parer

parieren[2] vi [haben] **22** obéir

parken[1] vt [haben] **17** garer

parken[2] vi [haben] **17** se garer

parodieren vt [haben] **22** parodier

passen vi [haben] **17** aller – convenir à

passieren[1] vt [haben] **22** passer – traverser

passieren[2] vi [sein] **22** arriver – se passer

pasteurisieren vt [haben] **22** pasteuriser

patentieren vt [haben] **22** breveter

patrouillieren vi [haben/sein] **22** patrouiller

patschen vi [haben] **17** taper – patauger

patzen vi [haben] **17** faire une bavure

pauken[1] vt [haben] **17** potasser

pauken[2] vi [haben] **17** bûcher

peilen vt [haben] **17** sonder

peinigen vt [haben] **17** tourmenter

peitschen vt [haben] **17** fouetter

pellen vt [haben] **17** peler
■ **sich pellen** vp [haben] **17** peler

pendeln vi [haben/sein] **19** faire la navette – se balancer

pennen fam vi [haben] **17** pioncer – roupiller

pensionieren vt [haben] **22** mettre à la retraite

perfektionieren vt [haben] **22** perfectionner

perlen vi [haben/sein] **17** pétiller – perler

personalisieren vt [haben] **22** personnaliser

petzen vi [haben] **17** cafter

pfänden vt [haben] **18** saisir (biens)

pfeffern vt [haben] **19** poivrer

pfeifen vt/vi [haben] **35** siffler

pflanzen vt [haben] **17** planter

pflastern vt [haben] **19** paver

pflegen vt [haben] **17** soigner

pflücken vt [haben] **17** cueillir

pflügen vt/vi [haben] **17** labourer

pfuschen vi [haben] **17** truander – bâcler

phantasieren vi [haben] **22** délirer – rêver

philosophieren vi [haben] **22** philosopher

phosphoreszieren vi [haben] **22** être fluorescent (fluorescente)

picken vt/vi [haben] **17** picorer

pieken vt [haben] **17** picoter

piepen vi [haben] **17** pépier – couiner

piercen vt [haben] **17** se faire faire un piercing à

piesacken fam vt [haben] **17** martyriser

pilgern vi [sein] **19** faire un pèlerinage

pinkeln fam vi [haben] **19** pisser

pinseln vt/vi [haben] **19** peindre

pissen tfam vi [haben] **17** pisser

plädieren vi [haben] **22** plaider

plagen vt [haben] **17** tenailler – tourmenter
■ **sich plagen** vp [haben] **17** peiner – se tracasser

plakatieren[1] vt [haben] **22** placarder

plakatieren[2] vi [haben] **22** poser des affiches

planen vt [haben] **17** projeter

planieren vt [haben] **22** aplanir

planschen vi [haben] **17** barboter

plappern vi [haben] **19** papoter – babiller

plärren vi [haben] **17** brailler

plätschern vi [haben/sein] **19** ruisseler – clapoter

plätten vt [haben] **18** repasser

platzen vi [sein] **17** éclater – étouffer de

platzieren vt [haben] **22** placer
■ **sich platzieren** vp [haben] **22** se placer

plaudern vi [haben] **19** bavarder

plombieren vt [haben] **22** plomber

plumpsen vi [sein] **17** tomber lourdement

plündern vt/vi [haben] **19** piller

pöbeln vi [haben] **19** faire de la provoc

pochen vi [haben] **17** frapper – battre

pökeln vt [haben] **19** saler

pokern vi [haben] **19** jouer au poker

polemisieren vi [haben] **22** polémiquer

polieren vt [haben] **22** polir

politisieren[1] vt [haben] **22** politiser

politisieren[2] vi [haben] **22** parler politique
■ **sich politisieren** vp [haben] **22** se politiser

polstern vt [haben] **19** rembourrer – renforcer

poltern vi [haben/sein] **19** faire du bruit (en entrant, tombant, etc.) – casser de la vaisselle

popeln vi [haben] **19** se fourrer les doigts (dans le nez)

porträtieren vt [haben] **22** faire le portrait de

posieren vi [haben] **22** poser

powern fam vi [haben] **19** mettre la gomme

prädestinieren vt [haben] **22** prédestiner

prägen vt [haben] **17** marquer – donner son empreinte à

prahlen vi [haben] **17** se vanter

praktizieren vt/vi [haben] **22** pratiquer

prallen vi [haben/sein] **17** heurter – taper

prämieren vt [haben] **22** primer

prangen vi [haben] **17** accrocher le regard – resplendir

präsentieren vt [haben] **22** présenter

prasseln vi [haben/sein] **19** tomber fort ou avec fracas – crépiter

präzisieren vt [haben] **22** préciser

predigen vt/vi [haben] **17** prêcher

preisen vt [haben] **36** louer – faire les louanges de

preis|geben vt [haben] **29** révéler – abandonner

prellen vt [haben] **17** escroquer – faire rebondir

preschen vi [sein] **17** foncer

pressen[1] vt [haben] **17** presser – appuyer

pressen[2] vi [haben] **17** pousser

prickeln vi [haben] **19** picoter – pétiller

pritschen vt [haben] **17** passer (au volley)

privatisieren vt [haben] **22** privatiser

proben vt/vi [haben] **17** répéter

probieren vt [haben] **22** goûter – essayer

problematisieren vt [haben] **22** disséquer

produzieren vt [haben] **22** produire – fabriquer
■ **sich produzieren** vp [haben] **22** se faire remarquer
profilieren (sich) vp [haben] **22** s'affirmer
profitieren vi [haben] **22** profiter de
programmieren vt [haben] **22** programmer
projizieren vt [haben] **22** projeter
promovieren vi [haben] **22** passer son doctorat
propagieren vt [haben] **22** propager
prophezeien vt [haben] **20** présager – prédire
protestieren vi [haben] **22** protester
protokollieren vt [haben] **22** prendre acte de ; vi dresser un procès-verbal
protzen vi [haben] **17** crâner
provozieren vt/vi [haben] **22** provoquer
prozessieren vi [haben] **22** intenter un procès
prüfen¹ vt [haben] **17** faire passer un examen à – contrôler
prüfen² vi [haben] **17** examiner
■ **sich prüfen** vp [haben] **17** s'interroger
prügeln vt [haben] **19** battre
■ **sich prügeln** vp [haben] **19** se battre
prunken vi [haben] **17** étaler
prusten vi [haben] **18** s'ébrouer – s'esclaffer
pudern vt [haben] **19** poudrer
■ **sich pudern** vp [haben] **19** se poudrer
pulsieren vi [haben] **22** circuler
pumpen vt/vi [haben] **17** pomper
punktieren vt [haben] **22** ponctionner – pointer
purzeln vi [sein] **19** dégringoler
pusten vt [haben] **18** enlever en soufflant ; vi souffler
putschen vi [haben] **17** faire un putsch
putzen vt [haben] **17** nettoyer ; vi faire le ménage
■ **sich putzen** vp [haben] **17** se nettoyer

quaken vi [haben] **17** coasser – jacasser
quäken vi [haben] **17** brailler

quälen vt [haben] **17** torturer – tourmenter
■ **sich quälen** vp [haben] **17** souffrir – se donner du mal
qualifizieren vt [haben] **22** qualifier
■ **sich qualifizieren** vp [haben] **22** se qualifier
qualmen vt/vi [haben] **17** fumer
quasseln vi [haben] **19** jacasser
quatschen¹ vt [haben] **17** raconter
quatschen² vi [haben] **17** bavarder – jacasser
quellen vi [sein] **31** jaillir
quengeln vi [haben] **19** pleurnicher
quer|stellen (sich) vp [haben] **17** mettre son véto
quetschen vt [haben] **17** écraser – coincer
■ **sich quetschen** vp [haben] **17** se serrer
quieken vi [haben] **17** crier
quietschen vi [haben] **17** grincer – crier
quittieren¹ vt [haben] **22** quittancer – répondre
quittieren² vt [haben] **22** signer

rächen vt [haben] **17** venger
■ **sich rächen** vp [haben] **17** se venger
rackern vi [haben] **19** turbiner
radebrechen vi [haben] **17** baragouiner (une langue)
radeln vi [sein] **19** faire du vélo
radieren¹ vt [haben] **22** effacer – graver
radieren² vt [haben] **22** gommer – faire de la gravure
radikalisieren vt [haben] **22** radicaliser
■ **sich radikalisieren** vp [haben] **22** se radicaliser
raffen vt [haben] **17** s'emparer de – froncer
ragen vi [haben] **17** dépasser
rahmen vt [haben] **17** encadrer
rammeln vi [haben] **19** s'accoupler – tfam baiser
rammen vt [haben] **17** heurter – enfoncer
randalieren vi [haben] **22** provoquer des désordres
rangieren vi [haben] **22** être placé (placée) – ranger

ran|halten (sich) vp [haben] **41** s'accrocher
ranken vi [sein] **17** grimper
■ **sich ranken** vp [haben] **17** grimper
ran|lassen fam vt [haben] **41** laisser s'approcher – laisser faire ses preuves
ran|müssen vi [haben] **13** devoir mettre la main à la pâte
rappeln vi [haben] **19** s'entrechoquer
■ **sich rappeln** vp [haben] **19** se remettre (d'aplomb)
rappen vi [haben] **17** faire du rap
rascheln vi [haben] **19** frémir – faire un léger bruit
rasen vi [haben/sein] **17** foncer – être déchaîné (déchaînée)
rasieren vt [haben] **22** raser
■ **sich rasieren** vp [haben] **22** se raser
raspeln vt [haben] **19** râper
rasseln vi [haben/sein] **19** cliqueter – pétarader
rasten vi [haben] **18** s'arrêter
raten vt/vi [haben] **42** deviner
ratifizieren vt [haben] **22** ratifier
rationalisieren vt [haben] **22** rationaliser
rationieren vt [haben] **22** rationner
rätseln vi [haben] **19** chercher la solution de
rattern vi [haben/sein] **19** brimbaler – crépiter
rauben vt [haben] **17** dérober
rauchen vt/vi [haben] **17** fumer
räuchern vt [haben] **19** fumer (viande, poisson)
raufen vi [haben] **17** se bagarrer
■ **sich raufen** vp [haben] **17** se bagarrer
rauf|gehen vi [sein] **9** monter
rauf|kommen vi [sein] **30** monter
räumen vt [haben] **17** évacuer – déblayer
raunen vi [haben] **17** murmurer
rauschen vi [haben/sein] **17** bruisser – filer
raus|fliegen vi [sein] **38** être viré (virée)
raus|halten vt [haben] **41** mettre dehors
■ **sich raushalten** vp [haben] **41** ne pas se mêler de
raus|kommen vi [sein] **30** sortir
raus|kriegen vt [haben] **17** découvrir – trouver

räuspern (sich) *vp* [haben] **19** se racler la gorge

raus|rücken¹ *vt* [haben] **17** allonger – lâcher

raus|rücken² *vi* [sein] **17** parler, cracher (le morceau)

raus|schmeißen *vt* [haben] **35** jeter dehors

reagieren *vi* [haben] **22** réagir

reaktivieren *vt* [haben] **22** réactiver

realisieren *vt* [haben] **22** réaliser

rebellieren *vi* [haben] **22** se rebeller

recherchieren *vt* [haben] **22** faire des recherches sur ; *vi* faire des recherches

rechnen *vt/vi* [haben] **18** calculer
■ sich rechnen *vp* [haben] **18** être rentable

rechtfertigen *vt* [haben] **17** justifier
■ sich rechtfertigen *vp* [haben] **17** se justifier

recken *vt* [haben] **17** tendre
■ sich recken *vp* [haben] **17** s'étirer

recyceln *vt* [haben] **19** recycler

recyclen *vt* [haben] **18** recycler

reden¹ *vi* [haben] **18** parler

reden² *vt* [haben] **18** dire

reduzieren *vt* [haben] **22** réduire
■ sich reduzieren *vp* [haben] **22** diminuer – baisser

referieren *vi* [haben] **22** faire un exposé

reflektieren *vt* [haben] **22** refléter ; *vi* réfléchir à

reformieren *vt* [haben] **22** modifier – réformer

regeln *vt* [haben] **19** régler
■ sich regeln *vp* [haben] **19** se régler

regen *vt* [haben] **17** remuer
■ sich regen *vp* [haben] **17** bouger – naître

regenerieren *vt* [haben] **22** régénérer
■ sich regenerieren *vp* [haben] **22** se régénérer

regieren¹ *vt* [haben] **22** régner – être au pouvoir

regieren² *vt* [haben] **22** gouverner

registrieren *vt* [haben] **22** remarquer – enregistrer

reglementieren *vt* [haben] **22** réglementer

regnen *vi (imp)* [haben] **18** pleuvoir

regulieren *vt* [haben] **22** régulariser – régler

rehabilitieren *vt* [haben] **22** réhabiliter
■ sich rehabilitieren *vp* [haben] **22** se réhabiliter

reiben *vt* [haben] **36** râper ; *vi* frotter
■ sich reiben *vp* [haben] **36** se frotter *(les yeux)* – se frotter à

reichen¹ *vi* [haben] **17** suffire – s'étendre jusqu'à

reichen² *vt* [haben] **17** passer – tendre

reifen *vi* [sein] **17** mûrir

reihen *vt* [haben] **17** faufiler – enfiler
■ sich reihen *vp* [haben] **17** se succéder

reimen *vt* [haben] **17** rimer ; *vi* faire des rimes
■ sich reimen *vp* [haben] **17** rimer

rein|fallen *vi* [sein] **41** tomber dans

rein|gehen *vi* [sein] **9** rentrer – entrer

rein|hängen (sich) *vp* [haben] **17** s'engager dans

reinigen *vt* [haben] **17** nettoyer
■ sich reinigen *vp* [haben] **17** se nettoyer

rein|kommen *vi* [sein] **30** rentrer

rein|legen *vt* [haben] **17** mettre dans – rouler

rein|reden *vi* [haben] **18** couper la parole – intervenir

rein|steigern (sich) *vp* [haben] **19** se prendre la tête

rein|wollen *vt* [haben] **14** vouloir entrer

reisen *vi* [sein] **17** voyager

reißen¹ *vt* [haben] **35** déchirer – arracher

reißen² *vi* [haben/sein] **35** se casser – tirer sur
■ sich reißen *vp* [haben] **35** s'arracher – se décarcasser

reiten¹ *vt* [haben/sein] **35** monter – concourir (à cheval)

reiten² *vi* [sein] **35** monter (à cheval) – parcourir à cheval

reizen *vt* [haben] **17** attirer – exciter

rekapitulieren *vt* [haben] **22** récapituler

rekeln (sich) *ref* [haben] **19** s'étirer

reklamieren *vt* [haben] **22** faire une réclamation à propos de ; *vi* contester

rekonstruieren *vt* [haben] **22** reconstruire – reconstituer

rekrutieren *vt* [haben] **22** recruter
■ sich rekrutieren *vp* [haben] **22** se recruter

relativieren *vt* [haben] **22** relativiser
■ sich relativieren *vp* [haben] **22** être tempéré (tempérée)

relaxen *vi* [haben] **20** décompresser

relegieren *vt* [haben] **22** renvoyer

rempeln *vt* [haben] **19** bousculer

rennen *vi* [sein] **50** courir

renovieren *vt* [haben] **22** rénover

rentieren (sich) *vp* [haben] **22** être rentable – en valoir la peine

reparieren *vt* [haben] **22** réparer

repräsentieren *vt* [haben] **22** représenter ; *vi* avoir un rôle de représentation

reprivatisieren *vt* [haben] **22** dénationaliser

reproduzieren *vt* [haben] **22** reproduire
■ sich reproduzieren *vp* [haben] **22** se reproduire

reservieren *vt* [haben] **22** réserver

residieren *vi* [haben] **22** résider

resignieren *vi* [haben] **22** se résigner

respektieren *vt* [haben] **22** respecter

restaurieren *vt* [haben] **22** restaurer

resultieren *vi* [haben] **22** résulter de

retten *vt* [haben] **18** sauver
■ sich retten *vp* [haben] **18** se réfugier

retuschieren *vt* [haben] **22** retoucher

reuen *vt (imp)* [haben] **17** regretter

revanchieren (sich) *vp* [haben] **22** rendre la pareille – prendre sa revanche

revidieren *vt* [haben] **22** réviser – vérifier

revoltieren *vi* [haben] **22** se révolter

revolutionieren *vt* [haben] **22** révolutionner

rezitieren *vt* [haben] **22** réciter

richten *vt* [haben] **18** diriger ; *vi* juger
■ sich richten *vp* [haben] **18** se conformer à – dépendre de

richtig liegen *vi* [haben] **7** être dans le ton de

richtig stellen *vt* [haben] **17** rectifier

riechen *vt/vi* [haben] **37** sentir

rieseln *vi* [sein] **19** ruisseler – tomber

ringeln *vt* [haben] **19** enrouler
■ sich ringeln *vp* [haben] **19** s'enrouler

ringen *vt* [haben] **39** lutter ; *vi* se débattre

rinnen vi [sein] **40** ruisseler

riskieren vt [haben] **22** risquer

ritzen vt [haben] **17** graver – érafler
- **sich ritzen** vp [haben] **17** s'érafler

rivalisieren vi [haben] **22** rivaliser

robben vi [sein] **17** ramper

röcheln vi [haben] **19** râler

rocken vi [haben] **17** jouer du rock – danser le rock

rodeln vi [haben/sein] **19** faire de la luge

roden vt [haben] **18** défricher

röhren vi [haben] **17** bramer

rollen vi [haben] **17** rouler
- **sich rollen** vp [haben] **17** se rouler – s'enrouler

röntgen vt [haben] **17** faire une radio de

rosten vi [haben/sein] **18** rouiller

rösten vt/vi [haben] **18** griller

röten vt [haben] **18** colorer en rouge
- **sich röten** vp [haben] **18** rougir

rotieren vi [haben/sein] **22** tourner (autour de son axe) – carburer

rot|sehen vi [haben] **29** voir rouge

rubbeln vt [haben] **19** frotter – gratter
- **sich rubbeln** vp [haben] **19** se frotter

rüber|kommen vi [sein] **30** passer (en visite) – passer (en franchissant une frontière)

ruckeln vi [haben/sein] **19** remuer – avancer cahin-caha

rücken[1] vt [haben] **17** pousser – déplacer

rücken[2] vi [sein] **17** se pousser

rückerstatten vt [haben] **18** rembourser

rückversichern vt [haben] **19** réassurer
- **sich rückversichern** vp [haben] **19** demander confirmation

rudern[1] vt [haben] **19** amener à la rame

rudern[2] vi [haben/sein] **19** ramer

rufen[1] vt [haben] **44** appeler – crier

rufen[2] vi [haben] **44** appeler

rügen vt [haben] **17** réprimander

ruhen vi [haben] **17** reposer – être arrêté (arrêtée)

ruhig stellen vt [haben] **17** immobiliser

rühmen vt [haben] **17** louer
- **sich rühmen** vp [haben] **17** se vanter de

rühren[1] vi [haben] **17** tourner – bouger

rühren[2] vt [haben] **17** toucher
- **sich rühren** vp [haben] **17** bouger – donner signe de vie

ruinieren vt [haben] **22** ruiner – abîmer
- **sich ruinieren** vp [haben] **22** se ruiner

rülpsen vi [haben] **17** roter

rum|fliegen vi [sein] **38** voyager (en avion)

rum|gammeln fam vi [haben] **19** glander

rum|hängen vi [haben] **43** glandouiller

rum|kriegen vt [haben] **17** baratiner

rumoren vi [haben] **20** gargouiller – faire du bruit

rumpeln vi [haben/sein] **19** gronder – cahoter

rümpfen vt [haben] **17** faire la grimace

rum|treiben vi [sein] **36** flotter
- **sich rumtreiben** vp [haben] **36** traîner

runderneuern vt [haben] **19** rechaper

rund|gehen vi (imp) [sein] **9** carburer, avoir de l'ambiance

runter|fallen vi [sein] **41** tomber

runter|fliegen vi [sein] **38** descendre (en volant) – être viré (virée)

runter|gehen vi [sein] **9** descendre

runter|hauen[1] vi [haben] **51** mettre (une baffe)

runter|hauen[2] vt [haben] **51** bâcler

runter|laden vt [haben] **48** télécharger

runzeln vt [haben] **19** froncer

rupfen vt [haben] **17** arracher – plumer

rußen vi [haben] **17** fumer

rüsten vi [haben] **18** s'armer
- **sich rüsten** vp [haben] **18** s'armer – s'équiper

rutschen vi [sein] **17** glisser – se pousser

rütteln vt/vi [haben] **19** secouer

S

sabbern vi [haben] **19** faire des taches – baver

sabotieren vt [haben] **22** saboter

sächseln vi [haben] **19** parler saxon

sacken vi [sein] **17** s'affaisser – s'enfoncer

säen vt [haben] **17** semer

sagen vt [haben] **17** dire

sägen vt/vi [haben] **17** scier

salben vt [haben] **17** oindre – sacrer

salutieren vi [haben] **22** saluer

salzen vt [haben] **51** saler

sammeln vt [haben] **19** rassembler – accumuler
- **sich sammeln** vp [haben] **19** se concentrer – se réunir

sanieren vt [haben] **22** réhabiliter – assainir
- **sich sanieren** vp [haben] **22** se redresser (financièrement)

sanktionieren vt [haben] **22** sanctionner

satteln vt [haben] **19** seller

sättigen[1] vt [haben] **17** saturer – rassasier

sättigen[2] vi [haben] **17** rassasier

sauber machen vt [haben] **17** nettoyer

säubern vt [haben] **19** nettoyer – épurer

säuern vt [haben] **19** vinaigrer

saufen[1] vt [haben] **32** boire – fam pinter

saufen[2] vi [haben] **32** s'abreuver – tfam picoler

saugen[1] vt [haben] **17/55** aspirer – passer l'aspirateur sur ou dans

saugen[2] vi [haben] **17 55** téter – passer l'aspirateur

säugen vt [haben] **17** allaiter

säumen vt [haben] **17** ourler – border

säuseln vt [haben] **19** susurrer ; vi murmurer

sausen vi [haben] **17** foncer – siffler

sausen lassen vt [haben] **41** laisser courir

scannen vt [haben] **17** scanner

schaben vt [haben] **17** râper ; vi racler

schachern vi [haben] **19** marchander

schachteln vt [haben] **19** imbriquer

schaden vi [haben] **18** nuire à

schädigen vt [haben] **17** porter atteinte à

schaffen[1] vt [haben] **47** créer

schaffen[2] vt [haben] **17** arriver à – réussir

schaffen[3] vi [haben] **17** faire – travailler

schäkern vi [haben] **19** flirter

schälen vt [haben] **17** éplucher – peler
- **sich schälen** vp [haben] **17** peler

schallen vi [haben] **17/56** retentir

schalten[1] vi [haben] **18** changer de vitesse – passer sur

schalten[2] vt [haben] **18** connecter – mettre sur

schämen (sich) vp [haben] **17** avoir honte

schänden vt [haben] **18** violer

scharen *vt* [haben] **17** rassembler

■ **sich scharen** *vp* [haben] **17** se rallier – se grouper

scharf machen *vt* [haben] **17** amorcer – exciter

schärfen *vt* [haben] **17** aiguiser – amorcer

scharren *vt/vi* [haben] **17** gratter

schassen *vt* [haben] **17** chasser

schätzen *vt* [haben] **17** estimer

schaudern *vt* [haben] **19** frissonner

schauen *vi* [haben] **17** regarder

schaufeln *vt* [haben] **19** ingurgiter

schaukeln¹ *vi* [haben] **19** balancer – se balancer

schaukeln² *vt* [haben] **19** bercer

schäumen *vi* [haben] **17** mousser – écumer

schauspielern *vi* [haben] **19** jouer la comédie

scheffeln *vt* [haben] **19** amasser

scheiden¹ *vt* [haben] **36** dissoudre

scheiden² *vi* [sein] **36** partir

scheinen *vi* [haben] **36** briller – paraître

scheißen *tfam vi* [haben] **35** chier

scheitern *vi* [sein] **19** échouer

schellen *vi* [haben] **17** sonner

schelten *vt* [haben] **23** gronder

schematisieren *vt* [haben] **22** schématiser

schenken *vt* [haben] **17** offrir

scheppern *vi* [haben] **19** cliqueter

scheren *vt* [haben] **33** tondre – tailler

scheren (sich) *vp* [haben] **17** s'occuper de

scherzen *vi* [haben] **17** plaisanter

scheuchen *vt* [haben] **17** chasser – faire fuir *(en effarouchant)*

scheuen *vt* [haben] **17** craindre ; *vi* faire un écart

■ **sich scheuen** *vp* [haben] **17** hésiter à – appréhender

scheuern *vt* [haben] **19** frotter ; *vi* gratter

schichten *vt* [haben] **18** empiler

schicken *vt* [haben] **17** envoyer

■ **sich schicken** *vp* [haben] **17** être convenable

schieben *vt* [haben] **38** pousser

■ **sich schieben** *vp* [haben] **38** se frayer un chemin

schieflgehen *vi* [sein] **9** rater

schiefllachen (sich) *vp* [haben] **17** se tordre de rire

schiefliegen *vi* [haben] **7** se tromper

schielen *vi* [haben] **17** loucher – lorgner

schienen *vt* [haben] **17** faire une attelle à

schießen¹ *vt* [haben] **37** abattre – détruire par des tirs

schießen² *vi* [haben/sein] **37** tirer – monter en graine

schikanieren *vt* [haben] **22** chercher chicane à

schildern *vt* [haben] **19** dépeindre

schillern *vi* [haben] **19** chatoyer

schimmeln *vi* [haben/sein] **19** moisir

schimmern *vi* [haben] **19** luire

schimpfen *vi* [haben] **17** gronder – pester contre

schinden *vt* [haben] **52** éreinter – grapiller

■ **sich schinden** *vp* [haben] **52** s'échiner

schippen *vt* [haben] **17** pelleter

schippern *vi* [sein] **19** naviguer

schlachten *vt* [haben] **18** tuer *(un animal pour le manger)*

schlackern *vi* [haben] **19** pendouiller

schlafen *vi* [haben] **42** dormir

schlafwandeln *vi* [haben/sein] **19** être somnambule

schlagen¹ *vt* [haben] **48** frapper – battre

schlagen² *vi* [haben] **48** taper – frapper

■ **sich schlagen** *vp* [haben] **48** se battre

schlängeln (sich) *vp* [haben] **19** se faufiler – serpenter

schlapplmachen *vi* [haben] **17** déclarer forfait

schlauchen *vt/vi* [haben] **17** crever

schlecht machen *vt* [haben] **17** descendre

schlecken *vt* [haben] **17** lécher ; *vi* grignoter

schleichen *vi* [sein] **35** se glisser

■ **sich schleichen** *vp* [haben] **35** se glisser – se faufiler

schleifen¹ *vt* [haben] **35** traîner

schleifen² *vi* [haben/sein] **17** traîner

schleifen³ *vt* [haben] **17** polir – aiguiser

schlemmen *vt* [haben] **17** savourer ; *vi* faire bombance

schlendern *vi* [sein] **19** flâner

schlenkern *vi* [haben] **19** balancer

schleppen *vt* [haben] **17** traîner – remorquer

■ **sich schleppen** *vp* [haben] **17** se traîner – traîner

schleudern¹ *vt* [haben] **19** lancer – essorer

schleudern² *vi* [sein] **19** déraper

schleusen *vt* [haben] **17** introduire

schlichten *vt* [haben] **18** arranger

schließen *vt/vi* [haben] **37** fermer

■ **sich schließen** *vp* [haben] **37** se fermer

schlingen¹ *vt* [haben] **39** nouer – engloutir

schlingen² *vt* [haben] **39** manger trop vite

■ **sich schlingen** *vp* [haben] **39** s'enrouler autour de

schlingern *vi* [haben] **19** être ballotté (ballottée) – rouler

schlittern *vi* [haben] **19** déraper – faire des glissades

schlitzen *vt* [haben] **17** faire une fente

schlottern *vi* [haben] **19** trembler – flotter *(vêtements)*

schluchzen *vi* [haben] **17** sangloter

schlucken¹ *vt* [haben] **17** avaler – ravaler

schlucken² *vt* [haben] **17** déglutir

schludern *vi* [haben] **19** bâcler

schlummern *vi* [haben] **19** dormir

schlüpfen *vi* [sein] **17** se glisser – se faufiler

schlurfen *vi* [sein] **17** traîner les pieds

schlürfen *vt/vi* [haben] **17** boire bruyamment

schlussfolgern *vt* [haben] **19** déduire

schmachten *vi* [haben] **18** languir

schmälern *vt* [haben] **19** diminuer

schmarotzen *vi* [haben] **20** faire le pique-assiette – vivre en parasite

schmatzen *vi* [haben] **17** manger bruyamment

schmausen¹ *vi* [haben] **17** faire bonne chère

schmausen² *vt* [haben] **17** se délecter de

schmecken [haben] **17** *vt* percevoir le goût de ; *vi* avoir (bon/mauvais) goût

schmeicheln *vi* [haben] **19** flatter

schmeißen¹ *vt* [haben] **35** jeter – flanquer

schmeißen² *vi* [haben] **35** gaspiller

■ **sich schmeißen** *vp* [haben] **35** se jeter

schmelzen [haben] **31** *vt* fondre ; *vi* faire fondre

schmerzen *vt* [haben] **17** faire souffrir ; *vi* faire mal

schmettern *vt* [haben] **19** smasher – flanquer

schmieden *vt* [haben] **18** forger

schmiegen *vt* [haben] **17** blottir
  ■ **sich schmiegen** *vp* [haben] **17** se blottir

schmieren *vt* [haben] **17** graisser ; *vi* gribouiller

schminken *vt* [haben] **17** maquiller
  ■ **sich schminken** *vp* [haben] **17** se maquiller

schmirgeln *vt* [haben] **19** poncer à l'émeri

schmökern *vt/vi* [haben] **19** bouquiner

schmollen *vi* [haben] **17** bouder

schmoren *vt* [haben] **17** cuire à l'étuvée ; *vi* braiser

schmücken *vt* [haben] **17** décorer
  ■ **sich schmücken** *vp* [haben] **17** se parer

schmuggeln *vt* [haben] **19** introduire *ou* sortir en contrebande ; *vi* faire de la contrebande

schmunzeln *vi* [haben] **19** sourire de

schmusen *vi* [haben] **17** câliner – faire un câlin à

schmutzen *vi* [haben] **17** *(vêtement)* se salir

schnallen *vt* [haben] **17** attacher – *fam* piger

schnalzen *vi* [haben] **17** faire claquer

schnappen[1] *vt* [haben] **17** attraper – pincer

schnappen[2] *vi* [haben/sein] **17** chercher à happer – se détendre

schnarchen *vi* [haben] **17** ronfler

schnarren *vi* [haben] **17** produire un bruit de crécelle

schnattern *vi* [haben] **19** jacasser – cancanner

schnauben *vi* [haben] **17** renâcler

schnaufen *vi* [haben] **17** haleter

schnäuzen (sich) *vp* [haben] **17** se moucher

schneiden *vt/vi* [haben] **35** couper
  ■ **sich schneiden** *vp* [haben] **35** se couper

schneidern[1] *vi* [haben] **19** faire de la couture

schneidern[2] *vt* [haben] **19** confectionner

schneien *vi (imp)* [haben] **17** neiger

schnellen *vi* [sein] **17** bondir – s'envoler

schniefen *vi* [haben] **17** renifler

schnipseln *vt* [haben] **19** tailler – couper en petits morceaux

schnipsen *vt* [haben] **17** faire partir d'une pichenette

schnitzen *vt* [haben] **17** sculpter sur bois ; *vi* sculpter

schnorcheln *vi* [haben] **19** nager sous l'eau (avec un tuba)

schnorren *vt* [haben] **17** taxer

schnüffeln *vt* [haben] **19** sniffer ; *vi* flairer

schnupfen *vt* [haben] **17** priser

schnuppern *vt* [haben] **19** essayer ; *vi* renifler

schnüren *vt* [haben] **17** lacer ; *vi* serrer

schnurren *vi* [haben] **17** ronronner – ronfler

schocken *vt* [haben] **17** choquer

schockieren *vt* [haben] **22** choquer

schonen *vt* [haben] **17** ménager
  ■ **sich schonen** *vp* [haben] **17** se ménager

schön|färben *vt* [haben] **17** embellir

schön machen *vt* [haben] **17** pomponner
  ■ **sich schön machen** *vp* [haben] **17** se faire beau (belle)

schön|tun *vi* [haben] **4** minauder

schöpfen *vt* [haben] **17** puiser dans – reprendre *(courage)*

schraffieren *vt* [haben] **22** hachurer

schrappen[1] *vt* [haben] **17** racler

schrappen[2] *vi* [sein] **17** frotter

schrauben *vt* [haben] **17** visser

schreddern *vt* [haben] **19** détruire en broyant

schreiben *vt/vi* [haben] **36** écrire
  ■ **sich schreiben** *vp* [haben] **36** s'écrire

schreien *vi* [haben] **36** crier

schreiten *vi* [sein] **35** marcher

schrillen *vi* [haben] **17** retentir

schröpfen *vt* [haben] **17** plumer

schrubben *vt* [haben] **17** frotter
  ■ **sich schrubben** *vp* [haben] **17** se décrasser

schrumpfen *vi* [sein] **17** rapetisser – fondre

schubsen *vt* [haben] **17** pousser

schuften *vi* [haben] **18** trimer

schulden *vt* [haben] **18** devoir *(qqch à qqn)*

schulen *vt* [haben] **17** former
  ■ **sich schulen** *vp* [haben] **17** se former

schultern *vt* [haben] **19** hisser sur l'épaule

schummeln *vi* [haben] **19** tricher

schunkeln *vi* [haben/sein] **19** chalouper – tanguer

schuppen *vt* [haben] **17** écailler
  ■ **sich schuppen** *vp* [haben] **17** se desquamer

schüren *vt* [haben] **17** attiser

schürfen *vi* [haben] **17** frotter – prospecter

schütteln *vt* [haben] **19** secouer
  ■ **sich schütteln** *vp* [haben] **19** s'ébrouer

schütten *vt/vi (imp)* [haben] **18** verser

schützen *vt* [haben] **17** protéger
  ■ **sich schützen** *vp* [haben] **17** se protéger

schwächen *vt* [haben] **17** affaiblir

schwafeln *vt* [haben] **19** raconter ; *vi* baratiner

schwanen *vt* [haben] **17** avoir un pressentiment

schwängern *vt* [haben] **19** mettre enceinte

schwanken *vi* [haben/sein] **17** osciller – se balancer

schwänzen *vi* [haben] **17** sécher *(l'école)* ; *vi* sécher

schwappen[1] *vt* [haben] **17** renverser

schwappen[2] *vi* [haben/sein] **17** déborder – clapoter

schwären *vi* [haben] **17** suppurer

schwärmen *vi* [haben/sein] **17** voltiger – voleter

schwärzen *vt* [haben] **17** noircir

schwarz|fahren *vi* [sein] **48** voyager sans billet

schwarz|malen *vt* [haben] **17** peindre en noir

schwarz sehen *vi* [haben] **29** voir tout en noir

schwatzen [haben] **17** *vt* raconter ; *vi* bavarder

schweben *vi* [haben] **17** planer – être en suspens

schwefeln *vt* [haben] **19** soufrer

schweifen *vi* [sein] **17** vagabonder

schweigen *vi* [haben] **36** se taire

schweißen *vt/vi* [haben] **17** souder

schwelen *vi* [haben] **17** couver

schwelgen *vi* [haben] **17** se griser de

schwellen *vi* [sein] **31** enfler – être en crue

schwemmen *vt* [haben] **17** emporter

schwenken *vt* [haben] **17** tourner – agiter

schwer fallen *vi* [sein] **41** coûter à

schwer machen *vt* [haben] **17** rendre difficile

schwer nehmen *vt* [haben] **27** prendre trop au sérieux

schwer tun (sich) *vp* [haben] **4** avoir du mal avec

schwimmen *vt/vi* [haben/sein] **40** nager

schwindeln[1] *vi* [haben] **19** avoir le vertige – avoir la tête qui tourne

schwindeln[2] *vi* [haben] **19** mentir

schwinden *vi* [sein] **39** diminuer – s'effacer

schwingen[1] *vt* [haben] **39** brandir

schwingen[2] *vi* [haben/sein] **39** vibrer – se balancer

    ■ **sich schwingen** *vp* [haben] **39** sauter sur

schwirren *vi* [sein] **17** bourdonner – siffler

schwitzen *vi* [haben] **17** transpirer – suinter

schwören *vt/vi* [haben] **33/53** jurer

scrollen *vi* [haben] **17** défiler, faire défiler

segeln *vi* [haben/sein] **19** naviguer – faire de la voile

segnen *vt* [haben] **18** bénir

sehen *vt/vi* [haben] **29** voir

    ■ **sich sehen** *vp* [haben] **29** se voir

sehnen (sich) *vp* [haben] **17** avoir la nostalgie de

sein *vi/aux* [sein] **2** être

sein lassen *vt* [haben] **41** arrêter (de faire)

senden[1] *vt* [haben] **50/18** diffuser – envoyer

senden[2] *vi* [haben] **50 18** émettre

senken *vt* [haben] **17** baisser – faire baisser

    ■ **sich senken** *vp* [haben] **17** baisser – se baisser

sensibilisieren *vt* [haben] **22** sensibiliser

servieren *vt/vi* [haben] **22** servir

setzen[1] *vt* [haben] **17** asseoir – mettre

setzen[2] *vi* [haben/sein] **17** miser sur – traverser

    ■ **sich setzen** *vp* [haben] **17** s'asseoir

seufzen *vi* [haben] **17** soupirer

sezieren *vt/vi* [haben] **22** disséquer

shoppen *vi* [haben] **17** faire du shopping

sicher|gehen *vi* [sein] **9** s'assurer que

sichern *vt* [haben] **19** protéger – garantir

    ■ **sich sichern** *vp* [haben] **19** se prémunir

sicher|stellen *vt* [haben] **17** garantir

sichten *vt* [haben] **18** examiner – apercevoir

sickern *vi* [sein] **19** s'infiltrer

sieben *vt* [haben] **17** tamiser ; *vi* trier sur le volet

sieden *vt/vi* [haben] **18** bouillir

siegen *vi* [haben] **17** gagner – triompher

siezen *vt* [haben] **17** vouvoyer

    ■ **sich siezen** *vp* [haben] **17** se vouvoyer

signalisieren *vt* [haben] **22** signifier – signaler

signieren *vt* [haben] **22** signer

simsen *vi* [haben] **17** envoyer un SMS

simulieren *vt* [haben] **22** simuler ; *vi* feindre

singen *vt/vi* [haben] **39** chanter

sinken *vi* [sein] **39** s'enfoncer – sombrer

sinnen *vi* [haben] **40** méditer

sinnieren *vi* [haben] **22** songer

sirren *vi* [haben/sein] **17** sussurer

sitzen *vi* [haben] **5** être assis (assise)

sitzen|bleiben *vi* [sein] **36** redoubler

sitzen|lassen *vt* [haben] **41** faire faux bond à

skalpieren *vt* [haben] **22** scalper

skaten *vi* [sein] **18** faire du roller

skizzieren *vt* [haben] **22** esquisser – ébaucher

snowboarden *vi* [haben] **18** faire du snowboard

solidarisieren (sich) *vp* [haben] **22** être solidaire avec

sollen *vi/mod* [haben] **15** devoir

sondieren *vt* [haben] **22** sonder

sonnen (sich) *vp* [haben] **17** prendre un bain de soleil

sorgen *vt* [haben] **17** veiller à – s'occuper de

    ■ **sich sorgen** *vp* [haben] **17** s'inquiéter

sortieren *vt* [haben] **22** trier

spachteln *vt* [haben] **19** reboucher ; *vi* dévorer

spähen *vi* [haben] **17** épier

spalten *vt* [haben] **18** fendre – décomposer

    ■ **sich spalten** *vp* [haben] **18** se casser – se diviser

spannen *vt* [haben] **17** tendre ; *vi* épier

    ■ **sich spannen** *vp* [haben] **17** s'étendre

sparen *vt* [haben] **17** économiser ; *vi* faire des économies

spaßen *vi* [haben] **17** plaisanter

spazieren *vi* [sein] **22** se promener

spazieren gehen *vi* [sein] **9** (aller) se promener

speichern *vt* [haben] **19** stocker – enregistrer

speien *vt/vi* [haben] **36** cracher

speisen *vt/vi* [haben] **17** manger

spekulieren *vi* [haben] **22** spéculer

spenden *vt/vi* [haben] **18** donner *(pour une bonne cause)*

spendieren *vt* [haben] **22** offrir

sperren *vt* [haben] **17** enfermer – interdire *(à la circulation)*

    ■ **sich sperren** *vp* [haben] **17** s'opposer à

spezialisieren (sich) *vp* [haben] **22** se spécialiser

spezifizieren *vt* [haben] **22** spécifier

spicken[1] *vt* [haben] **17** larder – truffer de

spicken[2] *vi* [haben] **17** copier

spiegeln *vi* [haben] **19** briller

    ■ **sich spiegeln** *vp* [haben] **19** se refléter

spielen *vt/vi* [haben] **17** jouer

spießen *vt* [haben] **17** embrocher

spinnen *vt* [haben] **40** filer *(un textile)* ; *vi* avoir une araignée au plafond

spionieren *vi* [haben] **22** espionner

spitzen vt [haben] **17** tailler – aiguiser

spitz|kriegen vt [haben] **17** piger

splittern vi [haben/sein] **19** briser – éclater

sponsern vt [haben] **19** sponsoriser

spötteln vi [haben] **19** se moquer

spotten vi [haben] **18** se moquer

sprechen vt/vi [haben] **24** parler

spreizen vt [haben] **17** écarter
■ **sich spreizen** vp [haben] **17** se faire prier

sprengen vt [haben] **17** faire sauter – arroser

sprießen vi [sein] **37** pousser

springen[1] vt [haben] **39** faire (un salto, une figure)

springen[2] vi [sein] **39** sauter

sprinten vi [haben/sein] **18** faire un sprint – aller à toute vitesse

spritzen[1] vt [haben] **17** arroser – peindre au pistolet

spritzen[2] vi [haben/sein] **17** gicler – éclabousser

sprudeln vi [haben/sein] **19** jaillir – mousser

sprühen[1] vt [haben] **17** vaporiser – inscrire à la bombe

sprühen[2] vi [haben/sein] **17** briller – éclabousser

spucken vt/vi [haben] **17** cracher

spuken vi [haben] **17** hanter

spülen vt [haben] **17** laver ; vi faire la vaisselle

spuren vi [haben] **17** obéir

spüren vt [haben] **17** sentir – ressentir

spurten vi [haben/sein] **18** sprinter – piquer un sprint

sputen (sich) vp [haben] **18** se dépêcher

stabilisieren vt [haben] **22** stabiliser
■ **sich stabilisieren** vp [haben] **22** se stabiliser

staffeln vt [haben] **19** échelonner

stagnieren vi [haben] **22** stagner

staksen vi [sein] **17** marcher (avec raideur)

stammeln vt/vi [haben] **19** balbutier

stammen vi [haben] **17** venir – être originaire de

stampfen[1] vt [haben] **17** fouler – écraser

stampfen[2] vi [haben/sein] **17** piétiner – marcher à pas lourds

stand|halten vi [haben] **41** résister

stänkern vi [haben] **19** râler

stanzen vt [haben] **17** estamper – poinçonner

stapeln vt [haben] **19** empiler – entasser
■ **sich stapeln** vp [haben] **19** s'accumuler

stapfen vi [sein] **17** marcher pesamment

stärken vt [haben] **17** fortifier – amidonner
■ **sich stärken** vp [haben] **17** se restaurer – reprendre des forces

starren vi [haben] **17** fixer (du regard)

starten[1] vt [haben] **18** lancer – démarrer

starten[2] vi [sein] **18** prendre le départ – décoller

stationieren vt [haben] **22** faire stationner – poster

statt|finden vi [haben] **39** avoir lieu

statt|geben vi [haben] **29** accéder à

stauben vi [haben] **17** faire de la poussière

staub|saugen vt [haben] **17** passer l'aspirateur sur ; vi passer l'aspirateur

stauen vt [haben] **17** arrêter – contenir
■ **sich stauen** vp [haben] **17** stagner – s'accumuler

staunen vi [haben] **17** s'étonner

stechen vt/vi [haben] **24** piquer
■ **sich stechen** vp [haben] **24** se piquer

stecken vt [haben] **17** mettre ; vi être

stecken bleiben vi [sein] **36** rester bloqué (bloquée) – avoir un trou de mémoire

stecken lassen vt [haben] **41** laisser

stehen vi [haben] **6** être – être debout
■ **sich stehen** vp [haben] **6** s'entendre avec

stehen bleiben vi [sein] **36** s'arrêter

stehen lassen vt [haben] **41** laisser – laisser en plan

stehlen vt [haben] **25** voler
■ **sich stehlen** vp [haben] **25** sortir discrètement

steigen vi [sein] **36** monter

steigern vt [haben] **19** augmenter
■ **sich steigern** vp [haben] **19** s'améliorer – s'intensifier

stellen vt [haben] **17** mettre – poser
■ **sich stellen** vp [haben] **17** se placer – se mettre

stemmen vt [haben] **17** appuyer – lever
■ **sich stemmen** vp [haben] **17** s'appuyer contre – s'opposer à

stempeln[1] vt [haben] **19** apposer un cachet sur – oblitérer

stempeln[2] vi [haben] **19** cataloguer – pointer

stenografieren vt/vi [haben] **22** prendre en sténo(graphie) – sténographier

steppen vt [haben] **17** piquer ; vi faire des claquettes

sterben vi [sein] **23** mourir

sterilisieren vt [haben] **22** stériliser

steuern vt [haben] **19** piloter – organiser

stibitzen vt [haben] **20** piquer – chiper

sticheln vt [haben] **19** taquiner ; vi envoyer des piques

sticken vt/vi [haben] **17** broder

stiefeln vi [sein] **19** marcher à pas de géant

stieren vi [haben] **17** regarder fixement

stiften vt [haben] **18** offrir – faire don de

stiften gehen vi [sein] **9** filer (à l'anglaise)

stilisieren vt [haben] **22** styliser

stillen vt/vi [haben] **17** allaiter

still|halten vi [haben] **41** se laisser faire

still halten vi [haben] **41** ne pas bouger – se tenir tranquille

still|legen vt [haben] **17** fermer

still|liegen vi [haben] **7** être fermé (fermée) – être arrêté (arrêtée)

still|sitzen vi [haben] **5** tenir en place

still sitzen vi [haben] **5** rester tranquille

still|stehen vi [haben] **6** rester tranquille – s'arrêter

stimmen vt [haben] **17** accorder ; vi être exact (exacte)

stimulieren vt [haben] **22** stimuler

stinken vi [haben] **39** puer – sentir mauvais

stöbern vi [haben] **19** fouiller

stochern vi [haben] **19** piquer dans

stocken vi [haben] **17** s'arrêter – se ralentir

stöhnen vi [haben] **17** gémir

stolpern vi [sein] **19** trébucher

stolzieren vi [sein] **22** se pavaner

stopfen vt [haben] **17** raccommoder ; vi bourrer

stoppen vt [haben] **17** arrêter ; vi s'arrêter

stören vt/vi [haben] **17** déranger
  ■ **sich stören** vp [haben] **17** ne pas apprécier

stornieren vt [haben] **22** annuler

stoßen[1] vt [haben] **42** pousser

stoßen[2] vi [haben/sein] **42** heurter – donner un coup de
  ■ **sich stoßen** vp [haben] **42** se cogner

stottern vt/vi [haben] **19** bégayer

strafen vt [haben] **17** punir

straffen vt [haben] **17** tendre – raffermir
  ■ **sich straffen** vp [haben] **17** se tendre – se raffermir

strafversetzen vt [haben] **3** muter pour des raisons disciplinaires

strahlen vi [haben] **17** rayonner – briller

stramm|stehen vi [haben/sein] **6** être au garde-à-vous

strampeln vi [haben/sein] **19** gigoter – pédaler

stranden vi [sein] **18** s'échouer – échouer

strangulieren vt [haben] **22** étrangler
  ■ **sich strangulieren** vp [haben] **22** s'étrangler

strapazieren vt [haben] **22** éprouver – user
  ■ **sich strapazieren** vp [haben] **22** s'épuiser

sträuben vt [haben] **17** hérisser
  ■ **sich sträuben** vp [haben] **17** se hérisser

straucheln vi [sein] **19** trébucher

streben vi [haben/sein] **17** aspirer à – se presser

strecken vt [haben] **17** étendre – tendre
  ■ **sich strecken** vp [haben] **17** s'étirer – s'étendre

streicheln vt/vi [haben] **19** caresser

streichen[1] vt [haben] **35** peindre – rayer

streichen[2] vi [haben/sein] **35** peindre – passer (la main sur)

streifen[1] vt [haben] **17** frôler – effleurer

streifen[2] vi [sein] **17** se promener

streiken vi [haben] **17** faire grève

streiten vi [haben] **35** se quereller – se disputer
  ■ **sich streiten** vp [haben] **35** se quereller – se disputer

stressen vt [haben] **17** stresser
  ■ **sich stressen** vp [haben] **17** se stresser

streuen[1] vt [haben] **17** répandre

streuen[2] vi [haben] **17** saler – sabler

streunen vi [haben/sein] **17** vagabonder – errer

stricheln vt [haben] **19** hachurer

stricken vt/vi [haben] **17** tricoter

striegeln vt [haben] **19** brosser

strolchen vi [sein] **17** vagabonder

strömen vi [sein] **17** affluer – couler

stromern vi [sein] **19** vagabonder

strotzen vi [haben] **17** déborder de

strukturieren vt [haben] **22** structurer

stückeln vi [haben] **19** assembler plusieurs morceaux (en couture)

studieren vt [haben] **22** étudier ; vi faire des études

stülpen vt [haben] **17** mettre (sur)

stunden vt [haben] **18** accorder un délai de paiement

stupsen vt [haben] **17** donner une bourrade

stürmen[1] vt [haben] **17** prendre d'assaut – assaillir

stürmen[2] vi [haben/sein] **17** se précipiter – attaquer

stürzen[1] vt [haben] **17** renverser

stürzen[2] vi [sein] **17** tomber – se précipiter
  ■ **sich stürzen** vp [haben] **17** se jeter – se précipiter

stutzen vt [haben] **17** couper ; vi rester interdit (interdite)

stützen vt [haben] **17** soutenir – appuyer
  ■ **sich stützen** vp [haben] **17** s'appuyer

stylen vt [haben] **17** dessiner
  ■ **sich stylen** vp [haben] **17** se donner un style

subtrahieren vt/vi [haben] **22** soustraire

subventionieren vt [haben] **22** subventionner

suchen vt/vi [haben] **17** chercher

suggerieren vt [haben] **22** suggérer

suhlen (sich) vp [haben] **17** se vautrer – se complaire

sühnen vt/vi [haben] **17** expier

summen[1] vt [haben] **17** fredonner

summen[2] vi [haben/sein] **17** fredonner – bourdonner

summieren vt [haben] **22** additionner
  ■ **sich summieren** vp [haben] **22** s'accumuler

sündigen vi [haben] **17** pécher – fauter

surfen vi **17** [sein] surfer – [haben] faire de la planche à voile

surren vi [haben] **17** (flèche) siffler – bourdonner

suspendieren vt [haben] **22** suspendre

süßen vt [haben] **17** sucrer

symbolisieren vt [haben] **22** symboliser

sympathisieren vi [haben] **22** sympathiser

synchronisieren vt [haben] **22** doubler (film)

systematisieren vt [haben] **22** systématiser

T

tadeln vt [haben] **19** blâmer

tafeln vi [haben] **19** festoyer

täfeln vt [haben] **19** lambrisser

tagen vi [haben] **17** siéger – délibérer

taktieren vi [haben] **22** agir en stratège

tangieren vt [haben] **22** toucher

tanken vt [haben] **17** faire le plein de ; vi prendre de l'essence

tänzeln vi [haben/sein] **19** piaffer

tanzen vt/vi [haben] **17** danser

tapern vi [sein] **19** marcher d'un pas chancelant

tapezieren vt/vi [haben] **22** tapisser

tappen vi [sein] **17** avancer à tâtons

tarnen vt [haben] **17** camoufler
  ■ **sich tarnen** vp [haben] **17** se camoufler

tasten vt [haben] **18** tâter ; vi tâtonner
  ■ **sich tasten** vp [haben] **18** se déplacer à tâtons

tätigen vt [haben] **17** effectuer – réaliser

tätowieren vt/vi [haben] **22** (se) tatouer

tätscheln vt [haben] **19** cajoler – peloter

tauchen[1] vt [haben] **17** tremper – plonger

tauchen[2] vi [haben/sein] **17** plonger (sous l'eau) – faire de la plongée

tauen[1] vt [haben] **17** faire fondre

tauen[2] vi [haben/sein] **17** fondre

taufen vt [haben] **17** baptiser

taugen vi [haben] **17** être bon à – convenir à

taumeln vi [haben/sein] **19** tituber – chanceler

tauschen vt [haben] **17** échanger ; vi changer

täuschen vt/vi [haben] **17** tromper – être trompeur
  ▪ **sich täuschen** vp [haben] **17** se tromper – faire erreur

taxieren vt [haben] **22** estimer

teeren vt [haben] **17** goudronner

teilen vt/vi [haben] **17** partager
  ▪ **sich teilen** vp [haben] **17** se diviser

teil|haben vi [haben] **1** participer à

teil|nehmen vi [haben] **27** participer à

telefonieren vi [haben] **22** téléphoner

telegrafieren vt [haben] **22** télégraphier

tendieren vi [haben] **22** avoir tendance à

terrorisieren vt [haben] **22** terroriser

testen vt [haben] **18** tester

theoretisieren vi [haben] **22** théoriser

thronen vi [haben] **17** trôner

ticken vi [haben] **17** faire tic-tac

tigern vi [sein] **19** trotter

tilgen vt [haben] **17** rembourser

timen vt [haben] **17** minuter

tingeln vi [sein] **19** se produire dans différents petits théâtres

tippeln vi [sein] **19** trottiner

tippen¹ vi [haben] **17** deviner – taper à la machine

tippen² vt [haben] **17** taper (à la machine)

tischlern vt [haben] **19** menuiser – fabriquer

titulieren vt [haben] **22** traiter de

toasten vt [haben] **18** faire griller

toben vi [haben/sein] **17** être déchaîné (déchaînée) – faire rage

tolerieren vt [haben] **22** tolérer

tollen vi [sein] **17** s'amuser comme un petit fou (une petite folle)

tönen vt [haben] **17** colorer ; vi clamer

töpfern vt [haben] **19** façonner (des poteries) ; vi faire de la poterie

torkeln vi [haben/sein] **19** tituber

torpedieren vt [haben] **22** torpiller

tosen vi [haben/sein] **17** gronder – déferler

töten vt/vi [haben] **18** tuer
  ▪ **sich töten** vp [haben] **18** se tuer

tot|lachen (sich) vp [haben] **17** se tordre de rire

tot|laufen (sich) vp [haben] **46** se tasser – s'enliser

tot|schießen vt [haben] **37** descendre (avec une arme à feu)

tot|schlagen vt [haben] **48** tuer (en frappant)

tot|schweigen vt [haben] **36** étouffer

tot|stellen (sich) vp [haben] **17** faire le mort

toupieren vt [haben] **22** crêper

traben vi [sein] **17** trotter

trachten vi [haben] **18** aspirer à

tragen vt/vi [haben] **48** porter
  ▪ **sich tragen** vp [haben] **48** se porter

trainieren [haben] **22** vt entrainer ; vi s'entraîner

traktieren vt [haben] **22** harceler – tracasser

trällern vt/vi [haben] **19** fredonner

trampeln¹ vt [haben] **19** piétiner

trampeln² vi [haben/sein] **19** marcher (d'un pas lourd) – taper des pieds

trampen vi [haben/sein] **17** faire de l'auto-stop

tränen vi [haben] **17** larmoyer – pleurer

tränken vt [haben] **17** abreuver

transchieren vt [haben] **22** découper

transferieren vt [haben] **22** transférer

transplantieren vt [haben] **22** transplanter

transportieren vt [haben] **22** transporter

trappeln vi [haben/sein] **19** trottiner – piétiner

tratschen vi [haben] **17** faire des commérages – cancaner

trauen [haben] **17** vt marier ; vi faire confiance
  ▪ **sich trauen** vp [haben] **17** oser

trauern vi [haben] **19** être en deuil

träufeln vt [haben] **19** verser – instiller

traumatisieren vt [haben] **22** traumatiser

träumen vt [haben] **17** rêver de ; vi rêver

treffen¹ vt [haben] **24** rencontrer – toucher

treffen² vi [haben/sein] **24** atteindre son but – rencontrer
  ▪ **sich treffen** vp [haben] **24** se rencontrer

treiben¹ vt [haben] **36** mener – pousser à

treiben² vi [haben/sein] **36** flotter – pousser

trennen vt [haben] **17** séparer
  ▪ **sich trennen** vp [haben] **17** se séparer

treten¹ vt [haben] **29** donner un coup de pied à – appuyer sur

treten² vi [haben/sein] **29** donner un coup de pied ou des coups de pieds – marcher

triefen vi [haben/sein] **17/37** couler

trillern vt [haben] **19** chanter ; vi pépier

trimmen vt [haben] **17** entraîner – dresser
  ▪ **sich trimmen** vp [haben] **17** se maintenir en forme

trinken vt/vi [haben] **39** boire

trippeln vi [sein] **19** trottiner

triumphieren vi [haben] **22** triompher

trocken|legen vt [haben] **17** assécher – changer

trocknen vt [haben] **18** sécher

trödeln vi [haben/sein] **19** traîner

trollen (sich) vp [haben] **17** déguerpir

trommeln vt [haben] **19** tambouriner ; vi battre le tambour

trompeten vt [haben] **18** jouer (à la trompette) ; vi jouer de la trompette

tröpfeln¹ vt [haben] **19** verser goutte à goutte

tröpfeln² vi [haben/sein] **19** tomber goutte à goutte

tropfen¹ vt [haben] **17** verser goutte à goutte

tropfen² vi [haben/sein] **17** goutter

trösten vt [haben] **18** réconforter – consoler
  ▪ **sich trösten** vp [haben] **18** se consoler

trotten vi [sein] **18** trotter

trotzen vi [haben] **17** braver

trüben vt [haben] **17** troubler – affecter
  ▪ **sich trüben** vp [haben] **17** s'assombrir – se troubler

trudeln vi [sein] **19** vriller – rouler doucement

trügen *vt* [haben] **34** tromper ; *vi* induire en erreur

tüfteln *vi* [haben] **19** bidouiller

tummeln (sich) *vp* [haben] **19** s'ébattre

tun *vt/vi* [haben] **4** faire
- sich tun *vp* [haben] **4** se passer

tünchen *vt* [haben] **17** badigeonner – blanchir à la chaux

tunken *vt* [haben] **17** tremper

tupfen *vt* [haben] **17** éponger

türmen¹ *vt* [haben] **17** empiler

türmen² *vi* [sein] **17** décamper
- sich türmen *vp* [haben] **17** s'empiler

turnen¹ *vt* [haben] **17** faire de la gymnastique

turnen² *vi* [haben/sein] **17** faire *(du sport)* – grimper

turteln *vi* [haben] **19** roucouler

tuscheln *vt/vi* [haben] **19** chuchoter

tuschen *vt* [haben] **17** maquiller

tuten *vi* [haben] **18** klaxonner

tyrannisieren *vt* [haben] **22** tyranniser

U

übel nehmen *vt* [haben] **27** tenir rigueur de

üben *vt* [haben] **17** s'exercer à ; *vi* s'exercer
- sich üben *vp* [haben] **17** s'exercer

überanstrengen *vt* [haben] **20** trop solliciter
- sich überanstrengen *vp* [haben] **20** se surmener

überantworten *vt* [haben] **18** confier

überarbeiten (sich) *vp* [haben] **18** se surmener

überbacken *vt* [haben] **51/47** gratiner

über|beanspruchen *vt* [haben] **20** surcharger – surmener

über|belichten *vt* [haben] **18** surexposer

über|betonen *vt* [haben] **20** souligner exagérément

über|bewerten *vt* [haben] **18** surestimer

über|bezahlen *vt* [haben] **20** surpayer

überbieten *vt* [haben] **38** surenchérir
- sich überbieten *vp* [haben] **38** se surpasser

überblicken *vt* [haben] **20** évaluer – embrasser du regard

überbringen *vt* [haben] **49** transmettre

überbrücken *vt* [haben] **20** franchir – concilier

überdachen *vt* [haben] **20** couvrir d'un toit

überdauern *vt* [haben] **19** survivre à

überdecken *vt* [haben] **20** dissimuler – recouvrir

überdehnen *vt* [haben] **20** distendre

überdenken *vt* [haben] **49** méditer sur

überdrehen *vt* [haben] **20** fausser – trop pousser

überdüngen *vt* [haben] **20** donner trop d'engrais à

übereilen *vt* [haben] **20** précipiter

übereinander legen *vt* [haben] **17** mettre l'un (l'une) sur l'autre

übereinander schlagen *vt* [haben] **48** croiser

überein|kommen *vi* [sein] **30** se mettre d'accord

überein|stimmen *vi* [haben] **17** concorder

überessen (sich) *vp* [haben] **28** se gaver

überfahren *vt* [haben] **48** écraser – renverser

über|fahren *vi* [sein] **48** traverser

überfallen *vt* [haben] **41** attaquer – agresser

überfliegen *vt* [haben] **38** survoler

über|fließen *vi* [sein] **37** déborder

überflügeln *vt* [haben] **19** distancer largement

überfluten *vt* [haben] **18** inonder – submerger

überfordern *vt* [haben] **19** exiger trop de

überführen *vt* [haben] **20** transférer

überfüttern *vt* [haben] **19** suralimenter

übergeben *vt* [haben] **29** remettre – transmettre
- sich übergeben *vp* [haben] **29** vomir

übergehen *vt* [haben] **9** ignorer – oublier

über|gehen *vi* [sein] **9** passer à – se transformer en

übergießen *vt* [haben] **37** arroser

über|greifen *vi* [haben] **35** gagner

über|haben *vt* [haben] **1** en avoir assez de

überhand|nehmen *vi* [haben] **27** augmenter de façon excessive

überhäufen *vt* [haben] **20** couvrir de – accabler de

überhitzen *vt* [haben] **20** surchauffer

überholen *vt/vi* [haben] **20** doubler

überhören *vt* [haben] **20** ne pas entendre – faire la sourde oreille à

überkleben *vt* [haben] **20** recouvrir

über|kochen *vi* [sein] **17** déborder

überkommen *vt* [haben] **30** saisir

überkreuzen *vt* [haben] **20** croiser – traverser
- sich überkreuzen *vp* [haben] **20** se couper – se croiser

über|kriegen *vt* [haben] **17** commencer à en avoir marre de

überladen *vt* [haben] **48** surcharger

überlagern *vt* [haben] **19** superposer
- sich überlagern *vp* [haben] **19** se superposer – se confondre

überlappen (sich) *vp* [haben] **20** se chevaucher

überlassen *vt* [haben] **41** laisser – confier
- sich überlassen *vp* [haben] **41** se laisser aller à

überlaufen *vt* [haben] **46** faire froid dans le dos à – dépasser *(en courant)*

über|laufen *vi* [sein] **46** déborder – passer dans le camp adverse

überleben *vt* [haben] **20** survivre à ; *vi* survivre
- sich überleben *vp* [haben] **20** se démoder

überlegen *vt* [haben] **20** réfléchir à ; *vi* réfléchir

über|leiten *vi* [haben] **18** passer à

überlesen *vt* [haben] **29** ne pas voir – sauter

überliefern *vt* [haben] **19** transmettre

übermalen *vt* [haben] **20** recouvrir *(de peinture)*

übermitteln *vt* [haben] **19** transmettre

übernachten *vi* [haben] **18** passer la nuit

übernehmen *vt* [haben] **27** prendre en charge – prendre la direction de
- sich übernehmen *vp* [haben] **27** se surmener – présumer de ses forces

über|ordnen *vt* [haben] **18** donner la priorité à

überprüfen *vt* [haben] **20** contrôler

über|quellen *vi* [sein] **31** déborder

überqueren *vt* [haben] **20** traverser

überragen vt [haben] **20** dépasser

überraschen vt [haben] **20** surprendre

über|reagieren vi [haben] **22** s'emporter – réagir violemment

überreden vt [haben] **18** convaincre

überreichen vt [haben] **20** remettre

überrennen vt [haben] **50** se lancer à l'assaut de – bousculer

überrollen vt [haben] **20** renverser – prendre de court

überrumpeln vt [haben] **19** prendre par surprise – prendre au dépourvu

überrunden vt [haben] **18** distancer

überschatten vt [haben] **18** assombrir

überschätzen vt [haben] **20** surestimer

■ **sich überschätzen** vp [haben] **20** se surestimer

überschauen vt [haben] **20** mesurer – dominer

über|schäumen vi [sein] **17** déborder – écumer

überschlafen vt [haben] **42** prendre une nuit pour réfléchir à

überschlagen vt [haben] **48** évaluer approximativement

■ **sich überschlagen** vp [haben] **48** faire un tonneau – se précipiter

über|schlagen[1] vt [haben] **48** croiser

über|schlagen[2] vi [sein] **48** se muer en

über|schnappen vi [sein] **17** perdre la tête

überschneiden (sich) vp [haben] **35** se couper – coïncider

überschreiben vt [haben] **36** intituler

überschreiten vt [haben] **35** franchir – outrepasser

überschütten vt [haben] **18** répandre – couvrir de

überschwemmen vt [haben] **20** inonder

übersehen vt [haben] **29** ne pas voir – avoir une vue d'ensemble

übersetzen vt [haben] **20** traduire

über|setzen[1] vt [haben] **17** faire traverser (en bateau)

über|setzen[2] vi [sein] **17** traverser – franchir

übersiedeln vi [sein] **19** partir s'installer

überspannen vt [haben] **20** tendre trop – enjamber

überspielen vt [haben] **20** surmonter – repiquer

überspringen vt [haben] **39** sauter

über|springen vi [sein] **39** jaillir

über|sprudeln vi [sein] **19** déborder

überstehen vt [haben] **6** surmonter

über|stehen vi [haben/sein] **6** dépasser

übersteigen vt [haben] **36** dépasser

überstimmen vt [haben] **20** mettre en minorité – l'emporter sur

überstreichen vt [haben] **35** repeindre

über|streifen vt [haben] **17** enfiler

überströmen vt [haben] **20** inonder

über|strömen vi [sein] **17** déborder

überstürzen vt [haben] **20** précipiter

■ **sich überstürzen** vp [haben] **20** se précipiter

übertönen vt [haben] **20** recouvrir

übertragen vt [haben] **48** transposer – retransmettre

■ **sich übertragen** vp [haben] **48** se transmettre

übertreffen vt [haben] **24** dépasser

übertreiben vt/vi [haben] **36** exagérer

übertreten vt [haben] **29** transgresser

über|treten vi [haben/sein] **29** passer à – se convertir à

übervorteilen vt [haben] **20** léser

überwachen vt [haben] **20** surveiller

überwältigen vt [haben] **20** maîtriser – envahir

über|wechseln vi [sein] **19** passer

überweisen vt [haben] **36** virer (somme d'argent)

überwerfen (sich) ref [haben] **23** se brouiller

überwiegen vt [haben] **38** l'emporter sur ; vi prédominer

überwinden vt [haben] **39** surmonter – vaincre

■ **sich überwinden** vp [haben] **39** se résoudre

überwintern vi [haben] **19** hiverner – hiberner

überwuchern vt [haben] **19** envahir

überzeugen vt [haben] **20** convaincre

■ **sich überzeugen** vp [haben] **20** se convaincre

über|ziehen vt [haben] **38** mettre

überziehen[1] vi [haben] **38** être à découvert – être plus long (longue) que prévu

überziehen[2] vt [haben] **38** mettre à découvert – exagérer

übrig bleiben vi [sein] **36** rester

übrig lassen vt [haben] **41** laisser

um|adressieren vt [haben] **22** changer l'adresse de

um|ändern vt [haben] **19** modifier – transformer

um|arbeiten vt [haben] **18** transformer

umarmen vt [haben] **20** serrer dans ses bras

■ **sich umarmen** vp [haben] **20** s'étreindre

umbauen vt [haben] **20** entourer de constructions

um|bauen vt [haben] **17** transformer ; vi faire des travaux

um|benennen vt [haben] **50** changer le nom de – renommer

um|bestellen vt [haben] **20** modifier la commande de

um|bilden vt [haben] **18** remanier

um|binden vt [haben] **39** mettre (autour)

um|bringen vt [haben] **49** tuer

■ **sich umbringen** vp [haben] **49** se tuer

um|buchen vt [haben] **17** modifier la réservation de ; vi modifier la réservation

um|denken vi [haben] **49** changer sa façon de penser

um|disponieren vi [haben] **22** changer les dispositions

um|drehen[1] vt [haben] **17** tourner

um|drehen[2] vi [haben/sein] **17** faire demi-tour

■ **sich umdrehen** vp [haben] **17** se retourner – se tourner

um|fahren vt [haben] **48** renverser

umfahren vt [haben] **48** contourner – entourer

um|fallen vi [sein] **41** tomber

umfassen vt [haben] **20** comprendre – enserrer

■ **sich umfassen** vp [haben] **20** s'étreindre

um|formen vt [haben] **17** transformer

um|füllen vt [haben] **17** transvaser

um|funktionieren vt [haben] **22** transformer

umgeben vt [haben] **29** entourer
■ **sich umgeben** vp [haben] **29** s'entourer de

umgehen vt [haben] **9** éviter – contourner

umgehen vi [sein] **9** se répandre – circuler

um|gestalten vt [haben] **18** remodeler

um|graben vt [haben] **48** bêcher

um|gucken (sich) vp [haben] **17** regarder autour de soi – regarder derrière soi

um|hängen vt [haben] **17** mettre sur les épaules

umhängen vt [haben] **20** entourer

um|hauen vt [haben] **51** abattre – mettre K.-O.

umher|irren vi [sein] **17** errer

umhin|können vi [haben] **10** empêcher de

um|hören (sich) vp [haben] **17** se renseigner (autour de soi)

umhüllen vt [haben] **20** envelopper

umkämpfen vt [haben] **20** disputer

um|kehren[1] vt [haben] **17** retourner

um|kehren[2] vi [sein] **17** rentrer – faire demi-tour
■ **sich umkehren** vp [haben] **17** se retourner

um|kippen vi [sein] **17** tomber (en basculant) – tomber dans les pommes

umklammern vt [haben] **19** enserrer

um|klappen vt [haben] **17** rabattre

umkleiden vt [haben] **18** revêtir

um|kleiden (sich) ref [haben] **18** se changer

um|knicken[1] vt [haben] **17** rompre

um|knicken[2] vi [sein] **17** se tordre le pied – se rompre

um|kommen vi [sein] **30** périr – mourir

umkreisen vt [haben] **20** tourner autour de

um|krempeln vt [haben] **19** retrousser – réorganiser complètement

um|legen vt [haben] **17** descendre – transférer

um|leiten vt [haben] **18** dévier

um|quartieren vt [haben] **22** reloger

umrahmen vt [haben] **20** encadrer – accompagner

umranden vt [haben] **18** entourer

um|rechnen vt [haben] **18** convertir

umreißen vt [haben] **35** tracer les grandes lignes de

um|reißen vt [haben] **35** renverser

um|rennen vt [haben] **50** renverser

umringen vt [haben] **20** entourer

um|rühren vt [haben] **17** remuer

um|rüsten vt [haben] **18** réarmer ; vi se réarmer

um|satteln vi [haben] **19** changer de métier – se recycler

um|schalten[1] vt [haben] **18** mettre sur une autre position – changer de (chaîne de télé)

um|schalten[2] vi [haben] **18** se régler sur – passer sur (chaîne de télé)

um|schlagen[1] vt [haben] **48** tourner – transborder

um|schlagen[2] vi [sein] **48** changer (brutalement) – se renverser

umschließen vt [haben] **37** enlacer – inclure

umschlingen vt [haben] **39** enlacer
■ **sich umschlingen** vp [haben] **39** s'enlacer

um|schmeißen vt [haben] **35** renverser – mettre K.-O.

umschreiben vt [haben] **36** décrire

um|schreiben vt [haben] **36** réécrire

um|schulen vt [haben] **17** reconvertir ; vi se recycler

um|schwenken vi [haben] **17** faire volteface – faire demi-tour

umsegeln vt [haben] **19** contourner à la voile

um|sehen (sich) vp [haben] **29** regarder autour de soi – se retourner (pour voir)

um sein vi [sein] **2** être fini (finie)

um|setzen vt [haben] **17** mettre en pratique – faire un chiffre d'affaires de
■ **sich umsetzen** vp [haben] **17** s'asseoir ailleurs – se transformer

um|siedeln[1] vt [haben] **19** transférer

um|siedeln[2] vi [sein] **19** aller s'installer

um|spannen vt [haben] **17** transformer

umspannen vt [haben] **20** s'étendre sur – enserrer

umspringen vt [haben] **39** sauter autour de

um|springen vi [sein] **39** traiter – passer à

um|steigen vi [sein] **36** prendre une correspondance – changer

um|stellen vt [haben] **17** modifier
■ **sich umstellen** vp [haben] **17** s'adapter

umstellen vt [haben] **20** cerner

um|stimmen vt [haben] **17** faire changer d'avis

um|stoßen vt [haben] **42** renverser

um|strukturieren vt [haben] **22** restructurer

um|stürzen[1] vt [haben] **17** renverser

um|stürzen[2] vi [sein] **17** tomber

um|taufen vt [haben] **17** rebaptiser

um|tauschen vt [haben] **17** échanger – changer

um|tun (sich) vp [haben] **4** se renseigner

um|wandeln vt [haben] **19** transformer
■ **sich umwandeln** vp [haben] **19** se transformer

um|wechseln vt [haben] **19** changer

um|werfen vt [haben] **23** renverser – assommer

um|wickeln vt [haben] **19** se mettre

umwickeln vt [haben] **19** envelopper

um|ziehen[1] vt [haben] **38** changer

um|ziehen[2] vi [sein] **38** déménager
■ **sich umziehen** vp [haben] **38** se changer

umzingeln vt [haben] **19** encercler

unken vi [haben] **17** jouer les Cassandre

unter|bewerten vt [haben] **18** sous-évaluer

unterbieten vt [haben] **38** battre

unterbinden vt [haben] **39** empêcher

unterbrechen vt [haben] **24** interrompre

unter|bringen vt [haben] **49** faire rentrer – loger

unter|buttern vt [haben] **19** écraser

unterdrücken vt [haben] **20** opprimer – réprimer

unterfordern vt [haben] **19** ne pas exploiter les capacités de

unter|gehen vi [sein] **9** se coucher (soleil) – sombrer

untergliedern vt [haben] **19** subdiviser

unter|graben vt [haben] **48** enterrer

untergraben vt [haben] **48** ruiner

unter|haken *vt* [haben] **17** prendre le bras de

■ sich unterhaken *vp* [haben] **17** se pendre au bras de

unterhalten *vt* [haben] **41** divertir – entretenir

■ sich unterhalten *vp* [haben] **41** s'entretenir – se divertir

unter|halten *vt* [haben] **41** tenir en dessous

unter|jubeln *vt* [haben] **19** refiler

unter|kommen *vi* [sein] **30** se caser – se loger

unter|kriegen *vt* [haben] **17** intimider

unterlassen *vt* [haben] **41** s'abstenir de

unterlaufen *vt* [sein] **46** arriver, se produire

unter|legen *vt* [haben] **17** mettre en dessous

unterlegen *vt* [haben] **20** garnir de

unterliegen *vi* [haben/sein] **7** être soumis (soumise) à – ne pas avoir le dessus

untermalen *vt* [haben] **20** accompagner

untermauern *vt* [haben] **19** étayer

unter|mengen *vt* [haben] **17** incorporer – mélanger

unternehmen *vt* [haben] **27** entreprendre

unter|ordnen *vt* [haben] **18** subordonner

■ sich unterordnen *vp* [haben] **18** se soumettre

unterrichten *vt/vi* [haben] **18** enseigner

unter|rühren *vt* [haben] **17** incorporer

untersagen *vt* [haben] **20** défendre – interdire

unterschätzen *vt* [haben] **20** sous-estimer

unterscheiden *vt/vi* [haben] **36** distinguer

■ sich unterscheiden *vp* [haben] **36** se distinguer

unter|schieben *vt* [haben] **38** refiler – mettre sous

unter|schlagen *vt* [haben] **48** croiser

unterschlagen *vt* [haben] **48** détourner – dissimuler

unter|schlüpfen *vi* [sein] **17** s'abriter

unterschreiben *vt/vi* [haben] **36** signer

unterschreiten *vt* [haben] **35** être inférieur (inférieure) à

unterstehen *vi* [haben] **6** dépendre de – être subordonné à

■ sich unterstehen *vp* [haben] **6** avoir l'audace de

unterstellen *vt* [haben] **20** placer sous l'autorité de – présumer

unter|stellen *vt* [haben] **17** mettre à l'abri

■ sich unterstellen *vp* [haben] **17** se mettre à l'abri

unterstreichen *vt* [haben] **35** souligner

unterstützen *vt* [haben] **20** soutenir

untersuchen *vt* [haben] **20** examiner – analyser

unter|tauchen[1] *vt* [haben] **17** faire couler

unter|tauchen[2] *vi* [sein] **17** plonger – disparaître

unterteilen *vt* [haben] **20** (sub)diviser

untertreiben *vt* [haben] **36** minimiser ; *vi* dire avec retenue

untertunneln *vt* [haben] **19** creuser un tunnel sous

unter|vermieten *vt* [haben] **18** sous-louer

unterwandern *vt* [haben] **19** infiltrer – noyauter

unterweisen *vt* [haben] **36** former

unterwerfen *vt* [haben] **23** soumettre

■ sich unterwerfen *vp* [haben] **23** se soumettre

unterzeichnen *vt* [haben] **18** signer

unter|ziehen *vt* [haben] **38** mettre en dessous – incorporer

unterziehen *vt* [haben] **38** soumettre

■ sich unterziehen *vp* [haben] **38** subir

updaten *vt* [haben] **18** mettre à jour

urinieren *vi* [haben] **22** uriner

urteilen *vt* [haben] **17** juger

V

variieren *vt/vi* [haben] **22** varier

vegetieren *vi* [haben] **22** végéter

verabreden *vt* [haben] **18** convenir de – fixer

■ sich verabreden *vp* [haben] **18** prendre rendez-vous

verabreichen *vt* [haben] **20** administrer

verabscheuen *vt* [haben] **20** détester

verabschieden *vt* [haben] **18** révoquer – voter

■ sich verabschieden *vp* [haben] **18** prendre congé de

verachten *vt* [haben] **18** mépriser

veralbern *vt* [haben] **19** se moquer de

verallgemeinern *vt/vi* [haben] **19** généraliser

verändern *vt* [haben] **19** changer – modifier

■ sich verändern *vp* [haben] **19** changer

verankern *vt* [haben] **19** ancrer

veranlassen *vt* [haben] **20** pousser à – faire faire

veranschaulichen *vt* [haben] **20** illustrer

veranschlagen *vt* [haben] **20** évaluer

veranstalten *vt* [haben] **18** organiser

verantworten *vt* [haben] **18** assumer la responsabilité de

■ sich verantworten *vp* [haben] **18** se justifier

verarbeiten *vt* [haben] **18** travailler – digérer

verärgern *vt* [haben] **19** irriter

verarschen *tfam vt* [haben] **20** entuber

verarzten *vt* [haben] **18** soigner

verausgaben *vt* [haben] **20** dépenser

■ sich verausgaben *vp* [haben] **20** se dépenser

veräußern *vt* [haben] **19** aliéner

verbannen *vt* [haben] **20** exiler

verbarrikadieren *vt* [haben] **22** barricader

■ sich verbarrikadieren *vp* [haben] **22** se barricader

verbauen *vt* [haben] **20** mal construire – boucher

verbeißen (sich) *vp* [haben] **35** s'acharner

verbergen *vt* [haben] **23** dissimuler

■ sich verbergen *vp* [haben] **23** se dissimuler – se cacher

verbessern *vt* [haben] **19** améliorer – corriger

■ sich verbessern *vp* [haben] **19** s'améliorer – se corriger

verbeugen (sich) *vp* [haben] **20** s'incliner

verbiegen *vt* [haben] **38** tordre

■ sich verbiegen *vp* [haben] **38** se tordre

verbieten vt [haben] **38** interdire
= **sich verbieten** vp [haben] **38** être exclu (exclue)
verbinden¹ vt [haben] **39** panser – bander (les yeux)
verbinden² vi [haben] **39** établir une communication
= **sich verbinden** vp [haben] **39** se combiner – se mêler
verbitten vt [haben] **8** interdire
verblassen vi [sein] **20** passer – s'estomper
verbleiben vi [sein] **36** convenir – rester
verblöden¹ vt [haben] **18** abrutir
verblöden² vi [sein] **18** s'abrutir
verblüffen vt/vi [haben] **20** épater
verbluten vi [sein] **18** perdre tout son sang
verbohren (sich) vp [haben] **20** s'entêter
verbrauchen vt [haben] **20** consommer
verbrechen vt [haben] **24** commettre
verbreiten vt [haben] **18** répandre – propager
= **sich verbreiten** vp [haben] **18** se répandre – se propager
verbreitern vt [haben] **19** élargir
= **sich verbreitern** vp [haben] **19** s'élargir
verbrennen vt [haben] **50** brûler
= **sich verbrennen** vp [haben] **50** se brûler
verbringen vt [haben] **49** passer
verbrüdern (sich) vp [haben] **19** fraterniser
verbrühen vt [haben] **20** ébouillanter
= **sich verbrühen** vp [haben] **20** s'ébouillanter
verbuchen vt [haben] **20** comptabiliser
verbummeln vt [haben] **19** perdre – oublier
verbünden (sich) vp [haben] **18** s'allier
verbürgen vt [haben] **20** garantir
= **sich verbürgen** vp [haben] **20** cautionner – se porter garant de
verbüßen vt [haben] **20** purger
verdächtigen vt [haben] **20** soupçonner
verdampfen vi [sein] **20** s'évaporer
verdanken vt [haben] **20** devoir – être redevable de
verdauen vt [haben] **20** digérer

verdecken vt [haben] **20** cacher
verdenken vt [haben] **49** tenir rigueur à
verderben¹ vt [haben] **23** gâcher
verderben² vi [sein] **23** se gâter
verdeutlichen vt [haben] **20** expliquer
verdichten (sich) vp [haben] **18** s'épaissir
verdienen vt [haben] **20** gagner – mériter
verdonnern vt [haben] **19** condamner
verdoppeln vt [haben] **19** doubler
= **sich verdoppeln** vp [haben] **19** doubler
verdrängen vt [haben] **20** repousser – refouler
verdrehen vt [haben] **20** tordre – déformer
verdreifachen vt [haben] **20** tripler
= **sich verdreifachen** vp [haben] **20** tripler
verdrücken vt [haben] **20** engloutir
= **sich verdrücken** vp [haben] **20** s'éclipser
verduften vi [sein] **18** se casser – se tirer
verdunkeln vt [haben] **19** assombrir
= **sich verdunkeln** vp [haben] **19** s'assombrir
verdünnen vt [haben] **20** diluer
verdunsten vi [sein] **18** s'évaporer
verdursten vi [sein] **18** mourir de soif
verebben vi [sein] **20** diminuer – baisser
veredeln vt [haben] **19** greffer – rehausser
verehren vt [haben] **20** vénérer – révérer
vereidigen vt [haben] **20** assermenter
vereinbaren vt [haben] **20** convenir de
vereinen vt [haben] **20** unir
= **sich vereinen** vp [haben] **20** s'unir
vereinfachen vt [haben] **20** simplifier
vereinheitlichen vt [haben] **20** uniformiser
vereinigen vt [haben] **20** unir
= **sich vereinigen** vp [haben] **20** s'unir
vereinnahmen vt [haben] **20** s'approprier – accaparer
vereiteln vt [haben] **19** contrecarrer – déjouer
verenden vi [sein] **18** mourir
vererben vt [haben] **20** léguer
verewigen vt [haben] **20** immortaliser
= **sich verewigen** vp [haben] **20** s'éterniser

verfahren vi [sein] **48** procéder
= **sich verfahren** vp [haben] **48** se tromper de route
verfallen vi [sein] **41** se délabrer – ne plus être valable
verfälschen vt [haben] **20** fausser
verfangen vi [haben] **43** prendre
verfärben vt [haben] **20** déteindre sur
= **sich verfärben** vp [haben] **20** déteindre – prendre des couleurs
verfassen vt [haben] **20** rédiger – écrire
verfaulen vi [sein] **20** pourrir
verfechten vt [haben] **31** défendre vigoureusement
verfehlen vt [haben] **20** manquer – rater
verfeinern vt [haben] **19** affiner
verfertigen vt [haben] **20** fabriquer
verfeuern vt [haben] **19** brûler – épuiser
verfilmen vt [haben] **20** adapter au cinéma
verfinstern vt [haben] **19** éclipser
= **sich verfinstern** vp [haben] **19** s'obscurcir
verflachen vt [haben] **20** s'affadir – devenir plat
verfliegen vi [sein] **38** se dissiper – passer (vite)
= **sich verfliegen** vp [haben] **38** s'égarer (en avion)
verfluchen vt [haben] **20** maudire – exécrer
verflüchtigen (sich) vp [haben] **20** se dissiper – disparaître
verfolgen vt [haben] **20** poursuivre – traquer
verformen vt [haben] **20** déformer
= **sich verformen** vp [haben] **20** se déformer
verfrachten vt [haben] **18** charger
verfressen vt [haben] **28** dévorer, bouffer
verfügen¹ vt [haben] **20** ordonner – décréter
verfügen² vi [haben] **20** disposer de
verführen vt [haben] **20** séduire
vergällen vt [haben] **20** gâcher – dénaturer
vergasen vt [haben] **20** gazer
vergeben¹ vi [haben] **29** pardonner à

vergeben² vt [haben] **29** pardonner à – donner

vergegenwärtigen (sich) vp *(D)* [haben] **20** se remémorer

vergehen vi [sein] **9** passer
■ **sich vergehen** vp [haben] **9** faire violence à – abuser de

vergessen vt [haben] **28** oublier
■ **sich vergessen** vp [haben] **28** s'oublier

vergeuden vt [haben] **18** gaspiller

vergewaltigen vt [haben] **20** violer

vergewissern (sich) vp [haben] **19** s'assurer

vergießen vt [haben] **37** renverser – verser

vergiften vt [haben] **18** empoisonner
■ **sich vergiften** vp [haben] **18** s'empoisonner

verglasen vt [haben] **20** vitrer

vergleichen vt [haben] **35** comparer

vergnügen (sich) vp [haben] **20** s'amuser

vergraben vt [haben] **48** enterrer – enfouir
■ **sich vergraben** vp [haben] **48** se terrer

vergraulen vt [haben] **20** rebuter

vergreifen (sich) vp [haben] **35** s'attaquer à – abuser de

vergrößern vt/vi [haben] **19** agrandir
■ **sich vergrößern** vp [haben] **19** s'agrandir

vergüten vt [haben] **18** payer – rembourser

verhaften vt [haben] **18** arrêter

verhallen vi [sein] **20** se perdre

verhalten (sich) vp [haben] **41** se comporter

verhandeln vt [haben] **19** débattre de ; vi délibérer – négocier

verhängen vt [haben] **20** couvrir – ordonner

verharmlosen vt [haben] **20** minimiser

verharren vi [haben] **20** rester – demeurer

verhärten¹ vt [haben] **18** endurcir – durcir

verhärten² vi [sein] **18** s'endurcir – durcir
■ **sich verhärten** vp [haben] **18** se durcir – s'endurcir

verhauen vt [haben] **51** tabasser
■ **sich verhauen** vp [haben] **51** se planter

verheddern (sich) vp [haben] **19** s'enchevêtrer – s'empêtrer

verheilen vi [sein] **20** guérir – cicatriser

verheimlichen vt [haben] **20** dissimuler

verheiraten vt [haben] **18** marier
■ **sich verheiraten** vp [haben] **18** se marier

verheizen vt [haben] **20** brûler *(pour se chauffer)* – bousiller

verhelfen vi [haben] **23** aider

verhindern vt [haben] **19** empêcher

verhöhnen vt [haben] **20** railler

verhören vt [haben] **20** interroger
■ **sich verhören** vp [haben] **20** mal comprendre

verhüllen vt [haben] **20** voiler

verhungern vi [sein] **19** mourir de faim

verhunzen vt [haben] **20** gâcher

verhüten vt [haben] **18** empêcher ; vi se protéger

verinnerlichen vt [haben] **20** intérioriser

verirren (sich) vp [haben] **20** s'égarer

verjagen vt [haben] **20** chasser

verjähren vi [sein] **20** se prescrire

verjazzen vt [haben] **20** mettre sur un rythme de jazz

verjubeln vt [haben] **19** claquer

verjüngen vt [haben] **20** rajeunir
■ **sich verjüngen** vp [haben] **20** se rétrécir

verkabeln vt [haben] **19** câbler

verkaufen vt [haben] **20** vendre
■ **sich verkaufen** vp [haben] **20** se vendre

verkehren¹ vi [haben] **20** fréquenter – circuler

verkehren² vt [haben] **20** transformer
■ **sich verkehren** vp [haben] **20** se convertir

verkeilen (sich) vp [haben] **20** s'encastrer

verkennen vt [haben] **50** méconnaître

verklagen vt [haben] **20** poursuivre (en justice)

verklappen vt [haben] **20** déverser

verklausulieren vt [haben] **22** embrouiller

verkleben¹ vt [haben] **20** coller – boucher

verkleben² vi [sein] **20** coller

verkleiden vt [haben] **18** couvrir – déguiser
■ **sich verkleiden** vp [haben] **18** se déguiser

verkleinern vt [haben] **19** réduire
■ **sich verkleinern** vp [haben] **19** se réduire

verklingen vi [sein] **39** s'évanouir

verknallen (sich) vp [haben] **20** s'amouracher de

verkneifen vt [haben] **35** retenir, dissimuler

verknoten vt [haben] **18** nouer – attacher
■ **sich verknoten** vp [haben] **18** s'emmêler

verknüpfen vt [haben] **20** nouer

verkochen vi [sein] **20** s'évaporer

verkohlen¹ vt [haben] **20** faire marcher

verkohlen² vi [sein] **20** carboniser

verkommen vi [sein] **30** se délabrer – se gâter

verkorken vt [haben] **20** boucher

verkörpern vt [haben] **19** incarner

verköstigen vt [haben] **20** nourrir

verkrachen (sich) vp [haben] **20** se brouiller

verkraften vt [haben] **18** supporter

verkrampfen (sich) vp [haben] **20** se crisper

verkratzen vt [haben] **20** rayer

verkriechen (sich) vp [haben] **37** se terrer

verkümmern vi [sein] **19** dépérir – s'étioler

verkünden vt [haben] **18** annoncer – prononcer

verkuppeln vt [haben] **19** présenter à *(pour mariage)*

verkürzen vt [haben] **20** raccourcir – réduire

verladen vt [haben] **48** charger

verlagern vt [haben] **19** déplacer
■ **sich verlagern** vp [haben] **19** se déplacer

verlangen vt [haben] **20** exiger ; vi réclamer

verlängern vt [haben] **19** rallonger – prolonger
  ■ **sich verlängern** vp [haben] **19** s'allonger – se prolonger

verlangsamen vt [haben] **20** ralentir
  ■ **sich verlangsamen** vp [haben] **20** se ralentir

verlassen vt [haben] **41** quitter
  ■ **sich verlassen** vp [haben] **41** compter sur

verlaufen vi [sein] **46** passer – se dérouler
  ■ **sich verlaufen** vp [haben] **46** se perdre – se disperser

verlauten vt [haben] **18** communiquer

verleben vt [haben] **20** passer

verlegen vt [haben] **20** égarer – repousser
  ■ **sich verlegen** vp [haben] **20** recourir à

verleiden vt [haben] **18** gâcher

verleihen vt [haben] **36** prêter – louer

verleiten vt [haben] **18** entraîner

verlernen vt [haben] **20** désapprendre – oublier

verlesen vt [haben] **29** lire – trier
  ■ **sich verlesen** vp [haben] **29** se tromper en lisant

verletzen vt [haben] **20** blesser – violer
  ■ **sich verletzen** vp [haben] **20** se blesser

verleugnen vt [haben] **18** renier

verleumden vt [haben] **18** calomnier

verlieben (sich) vp [haben] **20** tomber amoureux

verlieren vt/vi [haben] **38** perdre
  ■ **sich verlieren** vp [haben] **38** se perdre – s'atténuer

verloben (sich) vp [haben] **20** se fiancer

verloren gehen vi [sein] **9** se perdre

verlöschen vi [sein] **20** s'éteindre

verlosen vt [haben] **20** mettre en loterie

vermachen vt [haben] **20** léguer

vermarkten vt [haben] **18** commercialiser – mettre sur le marché

vermasseln vt [haben] **19** gâcher

vermehren vt [haben] **20** accroître
  ■ **sich vermehren** vp [haben] **20** s'accroître – se reproduire

vermeiden vt [haben] **36** éviter

vermerken vt [haben] **20** noter – remarquer

vermessen vt [haben] **28** mesurer
  ■ **sich vermessen** vp [haben] **28** se tromper dans ses ou les mesures

vermiesen vt [haben] **20** ficher en l'air

vermieten vt [haben] **18** louer (par propriétaire)

vermischen vt [haben] **20** mélanger
  ■ **sich vermischen** vp [haben] **20** se mêler

vermissen vt [haben] **20** manquer

vermitteln vt [haben] **19** arranger ; vi servir de médiateur

vermummen (sich) vp [haben] **20** s'emmitoufler – se masquer

vermuten vt [haben] **18** supposer

vernachlässigen vt [haben] **20** négliger

vernehmen vt [haben] **27** interroger – entendre

verneinen vt [haben] **20** répondre par la négative – refuser

vernetzen vt [haben] **20** mettre en réseau

vernichten vt [haben] **18** détruire – exterminer

veröffentlichen vt [haben] **20** publier

verordnen vt [haben] **18** prescrire

verpachten vt [haben] **18** donner à ferme

verpacken vt [haben] **20** emballer

verpassen vt [haben] **20** manquer

verpatzen vt [haben] **20** rater

verpesten vt [haben] **18** empester

verpfänden vt [haben] **18** engager – mettre en gage

verpflanzen vt [haben] **20** transplanter

verpflegen vt [haben] **20** nourrir – s'occuper de

verpflichten vt [haben] **18** engager – obliger à
  ■ **sich verpflichten** vp [haben] **18** s'engager (à)

verpfuschen vt [haben] **20** bousiller – gâcher

verplanen vt [haben] **20** mal concevoir – fixer

verplempern vt [haben] **19** gaspiller

verprellen vt [haben] **20** mécontenter

verprügeln vt [haben] **19** rouer de coups – battre

verpuffen vi [sein] **20** fuser – s'en aller en fumée

verputzen vt [haben] **20** crépir

verraten vt [haben] **42** dévoiler
  ■ **sich verraten** vp [haben] **42** se trahir

verrechnen vt [haben] **18** imputer – passer en compte
  ■ **sich verrechnen** vp [haben] **18** se tromper

verrecken tfam vi [sein] **20** crever

verreisen vi [sein] **20** partir (en voyage)

verreißen vt [haben] **35** descendre (en flammes)

verrenken vt [haben] **20** luxer

verrichten vt [haben] **18** accomplir

verriegeln vt [haben] **19** verrouiller

verringern vt [haben] **19** réduire
  ■ **sich verringern** vp [haben] **19** se réduire

verrosten vi [sein] **18** rouiller

verrücken vt [haben] **20** déplacer

verrutschen vi [sein] **20** glisser

versacken vi [sein] **20** s'enfoncer – faire la fête et boire (jusque tard dans la soirée)

versagen vi [haben] **20** échouer – tomber en panne

versalzen vt [haben] **51** trop saler – gâcher

versammeln vt [haben] **19** rassembler
  ■ **sich versammeln** vp [haben] **19** se rassembler

versäumen vt [haben] **20** rater

verschaffen vt [haben] **20** procurer

verschandeln vt [haben] **19** défigurer

verschanzen (sich) vp [haben] **20** se retrancher

verschärfen vt [haben] **20** renforcer – aggraver
  ■ **sich verschärfen** vp [haben] **20** s'accentuer – s'aggraver

verschätzen (sich) vp [haben] **20** se tromper (dans ses estimations)

verschenken vt [haben] **20** faire cadeau de

verscherzen vt [haben] **20** perdre (par sa propre faute)

verscheuchen vt [haben] **20** chasser

verschicken vt [haben] **20** expédier

verschieben vt [haben] **38** différer – déplacer
- **sich verschieben** vp [haben] **38** être reporté (reportée) – se déplacer

verschimmeln vi [sein] **19** moisir

verschlafen vt [haben] **42** passer à dormir ; vi ne pas se réveiller
- **sich verschlafen** vp [haben] **42** ne pas se réveiller

verschlagen vt [haben] **48** couper

verschlechtern vt [haben] **19** détériorer
- **sich verschlechtern** vp [haben] **19** empirer

verschleißen[1] vt [haben] **20/35** user

verschleißen[2] vi [sein] **20/35** s'user

verschleppen vt [haben] **20** déporter – propager

verschleudern vt [haben] **19** brader – dilapider

verschließen vt [haben] **37** fermer à clé
- **sich verschließen** vp [haben] **37** se replier sur soi

verschlimmern vt [haben] **19** aggraver
- **sich verschlimmern** vp [haben] **19** s'aggraver

verschlingen vt [haben] **39** dévorer

verschlucken vt [haben] **20** avaler – ravaler
- **sich verschlucken** vp [haben] **20** avaler de travers

verschlüsseln vt [haben] **19** chiffrer – coder

verschmähen vt [haben] **20** faire fi de

verschmelzen vi [sein] **31** s'amalgamer – se fondre

verschmutzen[1] vt [haben] **20** polluer – salir

verschmutzen[2] vi [sein] **20** polluer

verschnaufen vi [haben] **20** reprendre haleine

verschnüren vt [haben] **20** ficeler

verschonen vt [haben] **20** ménager

verschönern vt [haben] **19** agrémenter – embellir

verschränken vt [haben] **20** croiser

verschreiben vt [haben] **36** prescrire
- **sich verschreiben** vp [haben] **36** se tromper (en écrivant)

verschrotten vt [haben] **18** mettre à la casse

verschulden vt [haben] **18** causer
- **sich verschulden** vp [haben] **18** s'endetter

verschütten vt [haben] **18** renverser – ensevelir

verschweigen vt [haben] **36** passer sous silence – taire

verschwenden vt [haben] **18** gaspiller

verschwinden vi [sein] **39** disparaître

verschwören (sich) vp [haben] **33/53** conspirer

versehen vt [haben] **29** doter – accomplir
- **sich versehen** vp [haben] **29** se tromper

versenden vt [haben] **50/18** expédier

versengen vt [haben] **20** brûler

versenken vt [haben] **20** couler – descendre

versetzen vt [haben] **20** déplacer – faire passer dans la classe supérieure

verseuchen vt [haben] **20** contaminer

versichern vt [haben] **19** affirmer – assurer
- **sich versichern** vp [haben] **19** s'assurer

versickern vi [sein] **19** s'infiltrer

versiegeln vt [haben] **19** cacheter – sceller

versinken vi [sein] **39** s'enliser – sombrer

versohlen vt [haben] **20** rosser

versöhnen vt [haben] **20** réconcilier
- **sich versöhnen** vp [haben] **20** se réconcilier

versorgen vt [haben] **20** entretenir – subvenir aux besoins de

verspäten (sich) vp [haben] **18** être en retard

versperren vt [haben] **20** bloquer

verspielen[1] vt [haben] **20** perdre (au jeu) – laisser passer

verspielen[2] vi [haben] **20** perdre, être grillé

verspotten vt [haben] **18** se moquer de

versprechen vt [haben] **24** promettre
- **sich versprechen** vp [haben] **24** faire un lapsus

verspüren vt [haben] **20** éprouver

verstaatlichen vt [haben] **20** nationaliser

verständigen vt [haben] **20** avertir
- **sich verständigen** vp [haben] **20** se faire comprendre

verstärken vt [haben] **20** consolider – renforcer
- **sich verstärken** vp [haben] **20** s'intensifier

verstauchen vt [haben] **20** fouler

verstauen vt [haben] **20** caser

verstecken vt [haben] **20** cacher
- **sich verstecken** vp [haben] **20** se cacher

verstehen vt/vi **6** comprendre
- **sich verstehen** vp [haben] **6** s'entendre

versteifen vt [haben] **20** renforcer
- **sich versteifen** vp [haben] **20** se raidir

versteigern vt [haben] **19** vendre aux enchères

verstellen vt [haben] **20** dérégler
- **sich verstellen** vp [haben] **20** se dérégler – dissimuler

versteuern vt [haben] **19** payer l'impôt sur

verstopfen[1] vt [haben] **20** boucher

verstopfen[2] vi [sein] **20** se boucher

verstoßen vt [haben] **42** rejeter ; vi répudier

verstreichen[1] vt [haben] **35** étaler

verstreichen[2] vi [sein] **35** s'écouler

verstreuen vt [haben] **20** répandre éparpiller

verstricken vt [haben] **20** empêtrer
- **sich verstricken** vp [haben] **20** s'empêtrer

verströmen vt [haben] **20** exhaler

verstümmeln vt [haben] **19** estropier

verstummen vi [sein] **20** se taire

versuchen vt [haben] **20** essayer – tenter
- **sich versuchen** vp [haben] **20** s'essayer à

versüßen vt [haben] **20** adoucir

vertagen vt [haben] **20** reporter

vertauschen vt [haben] **20** échanger

verteidigen vt [haben] **20** défendre
- **sich verteidigen** vp [haben] **20** se défendre

verteilen vt [haben] **20** distribuer – répartir
■ **sich verteilen** vp [haben] **20** se répartir

verteuern vt [haben] **19** rendre plus cher (chère)
■ **sich verteuern** vp [haben] **19** augmenter

verteufeln vt [haben] **19** maudire

vertiefen vt [haben] **20** approfondir
■ **sich vertiefen** vp [haben] **20** se creuser – se renforcer

vertilgen vt [haben] **20** avaler – éliminer

vertonen vt [haben] **20** mettre en musique

vertragen vt [haben] **48** supporter
■ **sich vertragen** vp [haben] **48** s'entendre

vertrauen vi [haben] **20** avoir confiance en – se fier à

vertreiben vt [haben] **36** chasser

vertreten vt [haben] **29** remplacer – représenter
■ **sich vertreten** vp [haben] **29** se fouler

vertrocknen vi [sein] **18** se dessécher – se tarir

vertrödeln vt [haben] **19** gâcher – perdre (son temps)

vertrösten vt [haben] **18** faire patienter

vertun vt [haben] **4** gaspiller – manquer
■ **sich vertun** vp [haben] **4** se tromper

vertuschen vt [haben] **20** étouffer – cacher

verübeln vt [haben] **19** en vouloir à

verüben vt [haben] **20** commettre

verulken vt [haben] **20** se moquer de

verunglimpfen vt [haben] **20** diffamer

verunglücken vi [sein] **20** avoir un accident

verunreinigen vt [haben] **20** polluer

verunsichern vt [haben] **19** troubler

verunstalten vt [haben] **18** enlaidir

veruntreuen vt [haben] **20** détourner

verursachen vt [haben] **20** provoquer – causer

verurteilen vt [haben] **20** condamner

vervielfachen vt [haben] **20** multiplier
■ **sich vervielfachen** vp [haben] **20** se multiplier

vervielfältigen vt [haben] **20** polycopier – photocopier

vervollkommnen vt [haben] **18** perfectionner – parfaire
■ **sich vervollkommnen** vp [haben] **18** se perfectionner

vervollständigen vt [haben] **20** compléter
■ **sich vervollständigen** vp [haben] **20** s'enrichir

verwachsen vi [sein] **47** cicatriser
■ **sich verwachsen** vp [haben] **47** disparaître avec le temps

verwählen (sich) vp [haben] **20** faire un faux numéro

verwahren vt [haben] **20** conserver (en lieu sûr)
■ **sich verwahren** vp [haben] **20** protester

verwahrlosen vi [sein] **20** être négligé (négligée) – être à l'abandon

verwalten vt [haben] **18** administrer – gérer

verwandeln vt [haben] **19** métamorphoser
■ **sich verwandeln** vp [haben] **19** se transformer

verwarnen vt [haben] **20** donner un avertissement à

verwässern vt [haben] **19** délayer

verwechseln vt [haben] **19** confondre

verwehen vt [haben] **20** éparpiller – effacer

verwehren vt [haben] **20** interdire

verweichlichen vt [haben] **20** amollir

verweigern[1] vt [haben] **19** refuser

verweigern[2] vi [haben] **19** être objecteur de conscience
■ **sich verweigern** vp [haben] **19** se refuser à

verweisen vt [haben] **36** renvoyer ; vi renvoyer à

verwelken vi [sein] **20** se faner

verwenden vt [haben] **50/18** utiliser
■ **sich verwenden** vp [haben] **50/18** intervenir

verwerfen vt [haben] **23** rejeter

verwerten vt [haben] **18** utiliser

verwickeln vt [haben] **19** impliquer
■ **sich verwickeln** vp [haben] **19** s'emmêler

verwildern vi [sein] **19** retourner à l'état sauvage – être à l'abandon

verwinden vt [haben] **39** surmonter

verwirklichen vt [haben] **20** réaliser – concrétiser
■ **sich verwirklichen** vp [haben] **20** se réaliser

verwirren vt [haben] **20** emmêler – déconcerter
■ **sich verwirren** vp [haben] **20** s'emmêler – se brouiller

verwischen vt [haben] **20** estomper – effacer
■ **sich verwischen** vp [haben] **20** s'estomper

verwittern vi [sein] **19** s'effriter

verwöhnen vt [haben] **20** gâter

verwunden vt [haben] **18** blesser

verwundern vt [haben] **19** étonner
■ **sich verwundern** vp [haben] **19** s'étonner

verwünschen vt [haben] **20** maudire – ensorceler

verwüsten vt [haben] **18** dévaster

verzählen (sich) vp [haben] **20** se tromper dans ses calculs

verzapfen vt [haben] **20** raconter (des âneries)

verzaubern vt [haben] **19** ensorceler

verzehren vt [haben] **20** consommer

verzeichnen vt [haben] **18** enregistrer

verzeihen vt [haben] **36** pardonner

verzerren vt [haben] **20** distordre – déformer
■ **sich verzerren** vp [haben] **20** se distordre

verzetteln (sich) vp [haben] **19** s'éparpiller

verzichten vi [haben] **18** renoncer à

verziehen[1] vt [haben] **38** déformer, grimacer

verziehen[2] vi [sein] **38** déménager
■ **sich verziehen** vp [haben] **38** se crisper – travailler

verzieren vt [haben] **22** orner

verzinsen vt [haben] **20** payer des intérêts
■ **sich verzinsen** vp [haben] **20** rapporter des intérêts

verzögern vt [haben] **19** retarder – ralentir

■ **sich verzögern** vp [haben] **19** être retardé (retardée)

verzollen vt [haben] **20** déclarer à la douane

verzweifeln vi [sein] **19** désespérer

vibrieren vi [haben] **22** vibrer

vierteln vt [haben] **19** partager en quatre

vögeln fam vt/vi [haben] **19** baiser

vollbringen vt [haben] **49** réaliser

vollenden vt [haben] **18** achever

vollführen vt [haben] **20** accomplir

voll laufen vi [sein] **46** se remplir

voll machen vt [haben] **17** remplir – compléter

voll packen vt [haben] **17** bourrer

voll stopfen vt [haben] **17** bourrer

■ **sich voll stopfen** vp [haben] **17** se gaver de

vollstrecken vt [haben] **20** exécuter

voll tanken vt [haben] **17** faire le plein de ; vi faire le plein

vollziehen vt [haben] **38** exécuter

■ **sich vollziehen** vp [haben] **38** s'accomplir

voran|bringen vt [haben] **49** faire avancer

voran|gehen vi [sein] **9** avancer – marcher en tête

voran|kommen vi [sein] **30** avancer

voran|treiben vt [haben] **36** activer

vor|arbeiten vi [haben] **18** prendre de l'avance (dans son travail)

■ **sich vorarbeiten** vp [haben] **18** progresser

voraus|berechnen vt [haben] **18** évaluer (à l'avance)

voraus|bezahlen vt [haben] **20** payer d'avance

voraus|gehen vi [sein] **9** partir (avant qqn)

voraus|haben vt [haben] **1** bénéficier de l'avantage de

voraus|sagen vt [haben] **17** prédire

voraus|schicken vt [haben] **17** commencer par – expédier

voraus|sehen vt [haben] **29** prévoir

voraus|setzen vt [haben] **17** exiger – supposer

voraus|zahlen vt [haben] **17** payer d'avance – verser un acompte

vor|bauen vi [haben] **17** prévenir

vor|behalten vt [haben] **41** réserver

vorbei|fahren vi [sein] **48** passer (en véhicule)

vorbei|gehen vi [sein] **9** passer

vorbei|kommen vi [sein] **30** passer

vorbei|lassen vt [haben] **41** laisser passer

vorbei|reden vi [haben] **18** tourner autour du pot

vor|bereiten vt [haben] **18** préparer

■ **sich vorbereiten** vp [haben] **18** se préparer

vor|bestellen vt [haben] **20** réserver

vor|beugen [haben] **17** vt pencher (en avant) ; vi prévenir

■ **sich vorbeugen** vp [haben] **17** se pencher en avant

vor|bringen vt [haben] **49** exprimer – apporter

vor|datieren vt [haben] **22** postdater

vor|drängen (sich) vp [haben] **17** jouer des coudes

vor|dringen vi [sein] **39** avancer

vor|enthalten vt [haben] **41** spolier – priver de

vor|fahren[1] vt [haben] **48** faire avancer (véhicule)

vor|fahren[2] vi [sein] **48** avancer – partir (avant qqn)

vor|fallen vi [sein] **41** se passer

vor|finden vt [haben] **39** découvrir – trouver

vor|fühlen vi [haben] **17** tâter le terrain

vor|führen vt [haben] **17** présenter – projeter

vor|gehen vi [sein] **9** partir (avant qqn) – s'avancer

vor|greifen vi [haben] **35** anticiper

vor|haben vt [haben] **1** avoir l'intention de

vor|halten[1] vi [haben] **41** tenir – durer

vor|halten[2] vt [haben] **41** présenter à – reprocher à

vorher|bestimmen vt [haben] **20** prédestiner

vor|herrschen vi [haben] **17** dominer – prédominer

vorher|sehen vt [haben] **29** prévoir

vor|knöpfen vt [haben] **17** prendre à partie

vor|kommen vi [sein] **30** se rencontrer – avancer

vor|laden vt [haben] **48** citer

vor|lassen vt [haben] **41** laisser passer devant

vor|legen vt [haben] **17** présenter

vor|lesen vt [haben] **29** lire (à)

vorlieb nehmen vi [haben] **27** se contenter de

vor|liegen vi [haben] **7** être disponible

vor|machen vt [haben] **17** montrer

vor|merken vt [haben] **17** noter – retenir

vor|nehmen vt [haben] **27** procéder à

vor|preschen vi [sein] **17** se ruer en avant

vor|programmieren vt [haben] **22** préprogrammer

vor|rücken[1] vt [haben] **17** avancer

vor|rücken[2] vi [sein] **17** avancer – progresser

vor|sagen vt/vi [haben] **17** souffler

vor|schieben vt [haben] **38** pousser – prétexter

vor|schießen vt [haben] **37** avancer (de l'argent)

vor|schlagen vt [haben] **48** proposer

vor|schreiben vt [haben] **36** prévoir

vor|schützen vt [haben] **17** prétexter

vor|schweben vi (imp) [haben] **17** imaginer

vor|sehen vt [haben] **29** prévoir

■ **sich vorsehen** vp [haben] **29** se prémunir

vor|setzen vt [haben] **17** servir à

vor|singen vt [haben] **39** chanter ; vi passer une audition

vor|sorgen vt [haben] **17** prévoir

vor|spielen[1] vt [haben] **17** jouer (à qqn)

vor|spielen[2] vi [haben] **17** jouer (pour qqn)

vor|sprechen vt [haben] **24** prononcer ; vi passer une audition

vor|springen vi [sein] **39** saillir – s'élancer

vor|stehen vi [haben] **6** saillir

vor|stellen vt [haben] **17** présenter – avancer

■ **sich vorstellen** vp [haben] **17** se présenter

vor|stoßen vi [sein] **42** s'avancer

vor|strecken *vt* [haben] **17** tendre

vor|täuschen *vt* [haben] **17** feindre

vor|tragen *vt* [haben] **48** interpréter – exposer

vor|treten *vi* [sein] **29** s'avancer

vorüber|gehen *vi* [sein] **9** passer – cesser

vor|verlegen *vt* [haben] **20** avancer

vorwärts gehen *vi* [sein] **9** avancer

vorwärts kommen *vi* [sein] **30** progresser

vorweg|nehmen *vt* [haben] **27** anticiper

vor|weisen *vt* [haben] **36** présenter – produire

vor|werfen *vt* [haben] **23** reprocher

vor|zeigen *vt* [haben] **17** présenter – produire

vor|ziehen *vt* [haben] **38** préférer – fermer

W

wachen *vi* [haben] **17** veiller

wach|rufen *vt* [haben] **44** éveiller

wach|rütteln *vt* [haben] **19** secouer

wachsen¹ *vt* [haben] **17** cirer – farter

wachsen² *vi* [sein] **47** grandir – pousser

wackeln *vi* [haben/sein] **19** branler – tituber

wagen *vt* [haben] **17** risquer
  ■ sich wagen *vp* [haben] **17** se risquer

wählen *vt/vi* [haben] **17** choisir

wahren *vt* [haben] **17** préserver

wahrhaben *vt* [haben] **1** admettre

wahr|nehmen *vt* [haben] **27** percevoir – profiter de

wahr|sagen *vt* [haben] **17** prédire ; *vi* prédire l'avenir

walten *vi* [haben] **18** régner

walzen *vt* [haben] **17** passer au rouleau

wälzen *vt* [haben] **17** rouler – potasser
  ■ sich wälzen *vp* [haben] **17** se vautrer

wandeln¹ *vt* [haben] **19** modifier

wandeln² *vi* [sein] **19** se promener
  ■ sich wandeln *vp* [haben] **19** se modifier

wandern *vi* [sein] **19** faire de la randonnée

wanken *vi* [haben/sein] **17** chanceler – tituber

wärmen *vt/vi* [haben] **17** chauffer
  ■ sich wärmen *vp* [haben] **17** se réchauffer

warm|halten *vp* [haben] **41** conserver, rester en contact

warm laufen *vi* [haben/sein] **46** chauffer
  ■ sich warm laufen *vp* [haben] **46** s'échauffer

warnen *vt* [haben] **17** avertir

warten *vi* [haben] **18** attendre

waschen *vt* [haben] **47** laver
  ■ sich waschen *vp* [haben] **47** se laver

wässern *vt* [haben] **19** arroser – faire tremper

waten *vi* [sein] **18** patauger

watscheln *vi* [sein] **19** se dandiner

weben *vt* [haben] **17/33** tisser
  ■ sich weben *vp* [haben] **17/33** circuler sur

wechseln *vt* [haben] **19** changer

wecken *vt* [haben] **17** réveiller – éveiller

wedeln *vi* [haben/sein] **19** frétiller (de la queue) – agiter

weg|bekommen *vt* [haben] **30** faire partir – piger

weg|bleiben *vi* [sein] **36** ne pas venir – être coupé (coupée)

weg|bringen *vt* [haben] **49** emmener – enlever

weg|denken *vt* [haben] **49** faire abstraction de

weg|fahren¹ *vt* [haben] **48** emmener *(en véhicule)*

weg|fahren² *vi* [sein] **48** partir *(en véhicule)*

weg|fallen *vi* [sein] **41** être supprimé (supprimée)

weg|führen *vt* [haben] **17** emmener ; *vi* s'éloigner

weg|geben *vt* [haben] **29** donner

weg|gehen *vi* [sein] **9** partir – disparaître

weg|haben *vt* [haben] **1** avoir enlevé – être calé (calée)

weg|jagen *vt* [haben] **17** chasser

weg|kommen *vi* [sein] **30** pouvoir s'en aller – disparaître

weg|können *vi* [haben] **10** pouvoir partir – pouvoir être jeté (jetée)

weg|kriegen *vt* [haben] **17** arriver à faire partir – attraper

weg|lassen *vt* [haben] **41** laisser partir – laisser tomber

weg|laufen *vi* [sein] **46** se sauver

weg|legen *vt* [haben] **17** mettre de côté

weg|machen *vt* [haben] **17** faire partir

weg|müssen *vi* [haben] **13** devoir partir

weg|nehmen *vt* [haben] **27** enlever

weg|rationalisieren *vt* [haben] **22** rationaliser *(par suppression)*

weg|räumen *vt* [haben] **17** débarrasser

weg|schaffen *vt* [haben] **17** se débarrasser de

weg|schicken *vt* [haben] **17** envoyer – renvoyer

weg|schnappen *vt* [haben] **17** chiper

weg|sehen *vi* [haben] **29** détourner le regard

weg|stecken *vt* [haben] **17** ranger – encaisser

weg|stoßen *vt* [haben] **42** repousser

weg|tun *vt* [haben] **4** enlever – jeter

weg|werfen *vt* [haben] **23** jeter

weg|wischen *vt* [haben] **17** essuyer

weg|wollen *vi* [haben] **14** vouloir s'en aller *ou* partir

weg|ziehen¹ *vt* [haben] **38** tirer

weg|ziehen² *vi* [sein] **38** quitter *(en déménageant)*

wehen¹ *vt* [haben] **17** emporter

wehen² *vi* [haben/sein] **17** souffler – flotter

wehren (sich) *vp* [haben] **17** se défendre

weh|tun *vi/ref (D)* [haben] **4** faire mal

weichen¹ *vt* [haben] **17** faire tremper

weichen² *vi* [sein] **35** reculer

weiden *vi* [haben] **18** paître
  ■ sich weiden *vp* [haben] **18** se délecter de

weigern (sich) *vp* [haben] **19** refuser

weihen *vt* [haben] **17** consacrer

weinen *vt/vi* [haben] **17** pleurer

weisen *vt/vi* [haben] **36** indiquer

weis|machen *vt* [haben] **17** faire croire à

weißen *vt* [haben] **17** blanchir

weiten *vt* [haben] **18** élargir
  ■ sich weiten *vp* [haben] **18** s'élargir

weiter|arbeiten *vi* [haben] **18** continuer à travailler

weiter|bringen vt [haben] **49** (faire) avancer

weiter|empfehlen vt [haben] **25** recommander

weiter|entwickeln vt [haben] **19** mettre au point
■ **sich weiterentwickeln** vp [haben] **19** se développer – avancer

weiter|erzählen vt [haben] **20** continuer (à raconter) – rapporter

weiter|fahren vi [sein] **48** poursuivre sa route – repartir

weiter|führen vt/vi [haben] **17** continuer

weiter|geben vt [haben] **29** transmettre

weiter|gehen vi [sein] **9** continuer

weiter|helfen vi [haben] **23** aider

weiter|kommen vi [sein] **30** aller plus loin – avancer

weiter|können vi [haben] **10** continuer

weiter|laufen vi [sein] **46** (continuer à) marcher ou courir – se poursuivre

weiter|leben vi [haben] **17** continuer à vivre

weiter|leiten vt [haben] **18** transmettre

weiter|machen vi [haben] **17** continuer

weiter|sagen vt [haben] **17** répéter

weiter|sehen vi [haben] **29** voir

weiter|wissen vi [haben] **16** savoir quoi faire

welken vi [sein] **17** se faner

wellen vt [haben] **17** onduler
■ **sich wellen** vp [haben] **17** onduler – friser

wenden vt/vi [haben] **50/18** tourner
■ **sich wenden** vp [haben] **50/18** s'adresser à

werben vt [haben] **23** recruter ; vi faire de la publicité

werden[1] aux [sein] **3** auxiliaire du futur et du passif

werden[2] vi [sein] **3** devenir

werfen vt/vi [haben] **23** lancer
■ **sich werfen** vp [haben] **23** se jeter

werkeln vi [haben] **19** bricoler

werten vt [haben] **18** évaluer – porter un jugement sur

wetteifern vi [haben] **19** être en compétition avec

wetten vt/vi [haben] **18** parier

wettern vi [haben] **19** pester contre

wett|machen vt [haben] **17** compenser

wetzen[1] vt [haben] **17** aiguiser

wetzen[2] vi [sein] **17** courir

wichsen vt [haben] **17** cirer

wickeln vt [haben] **19** enrouler – langer

wider|hallen vi [haben] **17** résonner

widerlegen vt [haben] **20** réfuter

widerrufen vt [haben] **44** rétracter – annuler

widersetzen (sich) vp [haben] **20** s'opposer à

wider|spiegeln vt [haben] **19** refléter
■ **sich widerspiegeln** vp [haben] **19** se refléter

widersprechen vi [haben] **24** contredire

widerstehen vi [haben] **6** résister à

widerstreben vi [haben] **20** répugner

widmen vt [haben] **18** dédier à – consacrer à
■ **sich widmen** vp [haben] **18** se consacrer à

wieder aufbauen vt [haben] **17** reconstruire

wieder aufbereiten vt [haben] **18** retraiter

wieder aufnehmen vt [haben] **27** reprendre

wieder|bekommen vt [haben] **30** récupérer

wieder|beleben vt [haben] **20** réanimer

wieder|bringen vt [haben] **49** rapporter

wieder einfallen vi [sein] **41** revenir à

wieder einführen vt [haben] **17** réintroduire – réimporter

wieder entdecken vt [haben] **20** redécouvrir

wieder erkennen vt [haben] **50** reconnaitre

wieder finden vt [haben] **39** retrouver

wieder|geben vt [haben] **29** rendre – reproduire

wieder gutmachen vt [haben] **17** réparer

wieder|haben vt [haben] **1** récupérer

wiederher|stellen vt [haben] **17** rétablir – restaurer

wiederholen vt [haben] **20** répéter – réviser
■ **sich wiederholen** vp [haben] **20** se répéter – se reproduire

wieder|holen vt [haben] **17** aller chercher

wieder|käuen vt/vi [haben] **17** ruminer

wieder|kehren vi [sein] **17** revenir – se répéter

wieder|kommen vi [sein] **30** revenir – se reproduire

wieder|sehen vt [haben] **29** revoir

wieder treffen vt [haben] **24** rencontrer à nouveau

wieder tun vt [haben] **4** refaire

wiederverwenden vt [haben] **18** réutiliser

wieder verwerten vt [haben] **18** recycler

wieder wählen vt [haben] **17** réélire

wiegen vt [haben] **17/38** peser – bercer
■ **sich wiegen** vp [haben] **17/38** se balancer

wiehern vi [haben] **19** hennir

wildern vi [haben] **19** braconner – chasser

wimmeln vi [haben] **19** fourmiller – grouiller

wimmern vi [haben] **19** geindre – pleurer

winden (sich) vp [haben] **39** se tortiller – serpenter

winken vi [haben] **17** faire un signe de la main

winseln vi [haben] **19** pleurer – pleurnicher

wippen vi [haben] **17** se balancer

wirbeln[1] vt [haben] **19** faire tourbillonner

wirbeln[2] vi [sein] **19** tourbillonner

wirken vi [haben] **17** avoir l'air – faire de l'effet

wirtschaften vt [haben] **18** conduire ; vi gérer

wischen vt/vi [haben] **17** essuyer

wispern vt/vi [haben] **19** chuchoter

wissen[1] vt [haben] **16** savoir – connaitre

wissen[2] vi [haben] **16** savoir, être au courant

wittern vt [haben] **19** flairer

witzeln vi [haben] **19** plaisanter

wogen vi [haben] **17** moutonner

wohl tun vi [haben] **4** faire du bien

wohnen vi [haben] **17** habiter

wölben (sich) vp [haben] **17** bomber

wollen vt/vi/mod [haben] **14** vouloir

wuchern vi [haben/sein] **19** proliférer – pratiquer l'usure

wuchten vt [haben] **18** hisser

wühlen vt [haben] **17** creuser ; vi fouiller
  ▪ **sich wühlen** vp [haben] **17** s'enfouir
wundern vt [haben] **19** étonner
  ▪ **sich wundern** vp [haben] **19** s'étonner
wünschen vt/vi [haben] **17** désirer
würdigen vt [haben] **17** honorer
würfeln vt [haben] **19** jouer *(aux dés)* ; vi jeter le(s) dé(s)
würgen vt/vi [haben] **17** étrangler
wurmen vt [haben] **17** ronger – miner
wursteln vi [haben] **19** bricoler
wurzeln vi [haben] **19** être enraciné
würzen vt [haben] **17** assaisonner
wüten vi [haben] **18** faire rage – sévir

Z

zahlen vt/vi [haben] **17** payer
zählen vt/vi [haben] **17** compter
zähmen vt [haben] **17** apprivoiser – maitriser
zahnen vi [haben] **17** faire ses dents
zanken (sich) vp [haben] **17** se disputer
zapfen vt [haben] **17** tirer (au tonneau)
zappeln vi [haben] **19** gigoter – frétiller
zappen vi [haben] **17** zapper
zaubern vt/vi [haben] **19** faire de la magie
zaudern vi [haben] **19** hésiter
zäumen vt [haben] **17** brider
zechen vi [haben] **17** picoler
zehren vi [haben] **17** tirer sur – vivre sur
zeichnen vt/vi [haben] **18** dessiner
zeigen[1] vt [haben] **17** montrer
zeigen[2] vi [haben] **17** indiquer – montrer
  ▪ **sich zeigen** vp [haben] **17** se montrer
zelten vi [haben] **18** camper – faire du camping
zementieren vt [haben] **22** cimenter
zensieren vt/vi [haben] **22** noter
zentralisieren vt [haben] **22** centraliser
zentrieren vt [haben] **22** centrer
zentrifugieren vt [haben] **22** centrifuger
zerbeißen vt [haben] **35** croquer – manger
zerbomben vt [haben] **20** bombarder
zerbrechen[1] vt [haben] **24** briser – casser
zerbrechen[2] vi [sein] **24** se briser

zerbröckeln[1] vt [haben] **19** émietter
zerbröckeln[2] vi [sein] **19** s'effriter
zerdrücken vt [haben] **20** écraser
zerfallen vi [sein] **41** se décomposer – tomber en ruine
zerfetzen vt [haben] **20** déchirer
zerfleddern vt [haben] **19** abimer
zerfleischen vt [haben] **20** déchiqueter
zerfließen vi [sein] **37** couler
zerfressen vt [haben] **28** ronger – corroder
zergehen vi [sein] **9** fondre
zerhacken vt [haben] **20** mettre en pièces
zerhauen vt [haben] **51/46** mettre en pièces
zerkauen vt [haben] **20** mâcher
zerkleinern vt [haben] **19** réduire en morceaux
zerknallen vi [sein] **20** crever
zerknittern vt [haben] **19** froisser
zerknüllen vt [haben] **20** froisser
zerkratzen vt [haben] **20** rayer – griffer
zerkrümeln[1] vt [haben] **19** émietter
zerkrümeln[2] vi [sein] **19** s'émietter
zerlassen vt [haben] **41** faire fondre
zerlegen vt [haben] **20** démonter – découper
zermalmen vt [haben] **20** broyer
zermürben vt [haben] **20** user
zerpflücken vt [haben] **20** effeuiller – éplucher
zerplatzen vi [sein] **20** éclater
zerquetschen vt [haben] **20** écraser
zerreden vt [haben] **18** faire le tour de – épuiser
zerreiben vt [haben] **36** pulvériser
zerreißen[1] vt [haben] **35** déchirer
zerreißen[2] vi [sein] **35** casser – se déchirer
zerren vt/vi [haben] **17** trainer
zerrinnen vi [sein] **40** fondre – s'évanouir
zersägen vt [haben] **20** scier
zerschellen vi [sein] **20** se fracasser
zerschlagen vt [haben] **48** briser
  ▪ **sich zerschlagen** vp [haben] **48** s'effondrer
zerschmelzen vi [sein] **31** fondre

zerschmettern vt [haben] **19** fracasser – mettre en pièces
zerschneiden vt [haben] **35** découper – couper
zersetzen vt [haben] **20** décomposer
  ▪ **sich zersetzen** vp [haben] **20** se décomposer
zerspalten vt [haben] **18** couper – diviser
zersplittern vi [sein] **19** éclater
zersprengen vt [haben] **20** faire sauter
zerspringen vi [sein] **39** se briser
zerstampfen vt [haben] **20** écraser – piler
zerstäuben vt [haben] **20** vaporiser
zerstechen vt [haben] **24** crever – dévorer
zerstören vt [haben] **20** détruire
zerstreuen vt [haben] **20** éparpiller – dissiper
  ▪ **sich zerstreuen** vp [haben] **20** se dissoudre – se distraire
zerstückeln vt [haben] **19** dépecer – découper
zerteilen vt [haben] **20** dépecer – découper
  ▪ **sich zerteilen** vp [haben] **20** se disperser
zertrampeln vt [haben] **19** piétiner
zertreten vt [haben] **29** écraser *(avec les pieds)*
zertrümmern vt [haben] **19** réduire en morceaux
zetern vi [haben] **19** râler
zeugen[1] vt/vi [haben] **17** engendrer
zeugen[2] vi [haben] **17** témoigner
ziehen[1] vt [haben] **38** tirer
ziehen[2] vi [haben/sein] **38** tirer – déménager
  ▪ **sich ziehen** vp [haben] **38** trainer en longueur – s'étendre
zielen vi [haben] **17** viser
zieren (sich) vp [haben] **17** faire des manières
zimmern vt [haben] **19** construire *(en bois)* ; vi travailler le bois
zippen vt [haben] **17** zipper
zirkulieren vi [haben/sein] **22** circuler
zirpen vi [haben] **17** chanter
zischen[1] vt [haben] **17** siffler – s'envoyer
zischen[2] vi [haben/sein] **17** siffler – filer

ziselieren vt [haben] 22 ciseler

zitieren vt/vi [haben] 22 citer

zittern vi [haben] 19 trembler

zivilisieren vt [haben] 22 civiliser

zögern vi [haben] 19 hésiter

zollen vt [haben] 17 témoigner à

zu|bauen vt [haben] 17 boucher

zu|beißen vi [haben] 35 mordre

zu|bekommen vt [haben] 30 arriver à fermer

zu|bereiten vt [haben] 18 préparer

zu|betonieren vt [haben] 22 bétonner

zu|bewegen vt [haben] 20 diriger vers
  ■ **sich zubewegen** vp [haben] 20 se diriger

zu|billigen vt [haben] 17 accorder

zu|binden vt [haben] 39 fermer *(en attachant)*

zu|bleiben vi [sein] 36 rester fermé (fermée)

zu|blinzeln vi [haben] 19 faire un clin d'œil à

zu|bringen vt [haben] 49 passer – pouvoir fermer

zu|buttern vt [haben] 19 injecter

züchten vt [haben] 18 élever – cultiver

zuckeln vi [sein] 19 cahoter

zucken vi [haben/sein] 17 tressaillir – jaillir

zücken vt [haben] 17 tirer – sortir

zuckern vt [haben] 19 sucrer

zu|decken vt [haben] 17 recouvrir

zu|drehen vt [haben] 17 fermer *(en tournant)*
  ■ **sich zudrehen** vp [haben] 17 se tourner vers

zu|drücken vt [haben] 17 fermer *(en appuyant)*

zueinander halten vi [haben] 41 être solidaire

zu|erkennen vt [haben] 50 attribuer

zu|fahren vi [sein] 48 accélérer

zu|fallen vi [sein] 41 se fermer – revenir

zu|fassen vi [haben] 17 rattraper – empoigner

zu|fliegen vi [sein] 38 venir *(facilement)* – claquer *(porte, fenêtre)*

zu|fließen vi [sein] 37 affluer

zu|flüstern vt [haben] 19 chuchoter à

zufrieden geben (sich) vp [haben] 29 se contenter

zufrieden lassen vt [haben] 41 laisser tranquille

zufrieden stellen vt [haben] 17 satisfaire

zu|frieren vi [sein] 38 geler

zu|fügen vt [haben] 17 causer

zu|führen vt/vi [haben] 17 amener – conduire à

zu|geben vt [haben] 29 ajouter – avouer

zu|gehen vi [sein] 9 accélérer – (se) fermer

zügeln vt [haben] 19 tenir en bride – contenir
  ■ **sich zügeln** vp [haben] 19 se contenir

zu|gestehen vt [haben] 6 concéder

zu|gießen vt [haben] 37 ajouter

zu|greifen vi [haben] 35 se précipiter *(pour faire qqch)* – se servir

zu|haben vi [haben] 1 être fermé (fermée)

zu|halten vt/vi [haben] 41 tenir fermé (fermée)

zu|heilen vi [sein] 17 cicatriser

zu|hören vi [haben] 17 écouter

zu|kehren vt [haben] 17 tourner (le dos à)

zu|klappen[1] vt [haben] 17 fermer

zu|klappen[2] vi [sein] 17 se fermer

zu|kleben vt [haben] 17 cacheter – tapisser

zu|knallen vt/vi [haben/sein] 17 claquer

zu|kneifen vt [haben] 35 fermer

zu|knöpfen vt [haben] 17 boutonner

zu|kommen vi [sein] 30 parvenir

zu|kriegen vt [haben] 17 arriver à fermer

zu|lächeln vi [haben] 19 sourire à

zu|lassen vt [haben] 41 permettre – autoriser

zu|laufen vi [sein] 46 se terminer

zu|legen vt [haben] 17 ajouter ; vi accélérer

zu|machen vt/vi [haben] 17 fermer

zu|mauern vt [haben] 19 murer

zu|muten vt [haben] 18 exiger

zu|nageln vt [haben] 19 clouer *(pour fermer)*

zu|nähen vt [haben] 17 coudre – recoudre *(pour fermer)*

zünden vt [haben] 18 allumer ; vi s'allumer

zu|nehmen [haben] 27 vt ajouter ; vi augmenter – grossir

zu|neigen vt/vi [haben] 17 pencher vers
  ■ **sich zuneigen** vp [haben] 17 se pencher

zu|nicken vi [haben] 17 faire un signe de tête à

zu|ordnen vt [haben] 18 ranger parmi

zu|packen vi [haben] 17 attraper – mettre la main à la pâte

zu|parken vt [haben] 17 boucher

zupfen vt [haben] 17 arracher ; vi pincer

zu|prosten vi [haben] 18 boire à la santé de

zu|raten vi [haben] 42 encourager

zu|rechnen vt [haben] 18 compter parmi

zurecht|biegen vt [haben] 38 redresser – arranger

zurecht|finden (sich) vp [haben] 39 se retrouver – trouver son chemin

zurecht|kommen vi [sein] 30 se débrouiller

zurecht|legen vt [haben] 17 préparer

zurecht|machen vt [haben] 17 préparer
  ■ **sich zurechtmachen** vp [haben] 17 se pomponner

zurecht|rücken vt [haben] 17 arranger – rajuster

zurecht|weisen vt [haben] 36 réprimander

zu|reden vi [haben] 18 essayer de convaincre

zu|reichen vt [haben] 17 passer

zu|richten vt [haben] 18 dévaster – préparer

zurück|behalten vt [haben] 41 garder

zurück|bekommen vt [haben] 30 récupérer

zurück|bilden (sich) vp [haben] 18 se résorber

zurück|bleiben vi [sein] 36 rester (en arrière) – ne pas s'approcher

zurück|blicken vi [haben] 17 regarder en arrière

zurück|bringen vt [haben] 49 rapporter – ramener

zurück|datieren vt [haben] 22 postdater

zurück|erhalten vt [haben] 41 récupérer

zurück|erobern vt [haben] 19 reconquérir – regagner

zurück|erstatten vt [haben] **18** rembourser

zurück|erwarten vt [haben] **18** attendre le retour de

zurück|fahren[1] vt [haben] **48** ramener *(en véhicule)*

zurück|fahren[2] vi [sein] **48** rentrer *(en véhicule)* – reculer *(en véhicule)*

zurück|fallen vi [sein] **41** retomber – reculer

zurück|finden vi [haben] **39** retrouver son chemin

zurück|fliegen[1] vt [haben] **38** ramener *(en avion)*

zurück|fliegen[2] vi [sein] **38** rentrer *(en avion)*

zurück|fordern vt [haben] **19** réclamer

zurück|führen vt [haben] **17** ramener ; vi retourner en arrière

zurück|geben vt [haben] **29** rendre

zurück|gehen vi [sein] **9** rentrer *(à pied)* – se résorber

zurück|greifen vi [haben] **35** avoir recours à

zurück|halten vt [haben] **41** retenir – garder *(pour soi)*

▪ **sich zurückhalten** vp [haben] **41** se retenir

zurück|holen vt [haben] **17** ramener

zurück|kämmen vt [haben] **17** coiffer en arrière

zurück|kehren vi [sein] **17** rentrer

zurück|kommen vi [sein] **30** revenir

zurück|können vi [haben] **10** pouvoir rentrer

zurück|lassen vt [haben] **41** laisser *(derrière soi)* – laisser rentrer

zurück|legen vt [haben] **17** remettre (à sa place) – mettre en arrière

▪ **sich zurücklegen** vp [haben] **17** se pencher en arrière – s'allonger

zurück|lehnen vt [haben] **17** renverser

▪ **sich zurücklehnen** vp [haben] **17** se renverser

zurück|liegen vi [haben] **7** remonter à – être mené (menée)

zurück|müssen vi [haben] **13** devoir rentrer

zurück|nehmen vt [haben] **27** reprendre

zurück|rufen vt/vi [haben] **44** rappeler

zurück|schicken vt [haben] **17** renvoyer

zurück|schieben vt [haben] **38** repousser – pousser

zurück|schlagen[1] vt [haben] **48** rabattre – renvoyer *(en frappant)*

zurück|schlagen[2] vi [haben/sein] **48** riposter *(par un coup)* – revenir

zurück|schrecken vi [sein] **28** reculer *(de peur)*

zurück|setzen[1] vt [haben] **17** reculer – remettre

zurück|setzen[2] vi [haben/sein] **17** reculer

▪ **sich zurücksetzen** vp [haben] **17** se rasseoir – s'asseoir plus loin

zurück|stecken vt [haben] **17** remettre ; vi en rabattre

zurück|stellen vt [haben] **17** remettre *(en place)* – reculer

zurück|stoßen vt [haben] **42** repousser

zurück|strahlen vt [haben] **17** refléter ; vi se refléter

zurück|treten vi [sein] **29** reculer – annuler

zurück|verfolgen vt [haben] **20** reconstituer – retrouver

zurück|verlangen vt [haben] **20** réclamer

zurück|versetzen vt [haben] **20** réaffecter – renvoyer

▪ **sich zurückversetzen** vp [haben] **20** se replonger dans

zurück|weichen vi [sein] **35** reculer

zurück|weisen vt [haben] **36** refuser – rejeter

zurück|werfen vt [haben] **23** renvoyer – retarder

zurück|wollen vt [haben] **14** vouloir ravoir ; vi vouloir retourner

zurück|zahlen vt [haben] **17** rembourser

zurück|ziehen[1] vt [haben] **38** tirer – reculer

zurück|ziehen[2] vi [sein] **38** retourner

▪ **sich zurückziehen** vp [haben] **38** se retirer – se replier

zu|rufen vt [haben] **44** crier

zu|sagen vt [haben] **17** promettre ; vi confirmer sa venue

zusammen|arbeiten vi [haben] **18** collaborer

zusammen|beißen vt [haben] **35** serrer *(les dents)*

zusammen|bekommen vt [haben] **30** réunir – assembler

zusammen|binden vt [haben] **39** lier

zusammen|bleiben vi [sein] **36** rester ensemble

zusammen|brauen vt [haben] **17** concocter

▪ **sich zusammenbrauen** vp [haben] **17** se préparer

zusammen|brechen vi [sein] **24** s'écrouler – être coupé (coupée)

zusammen|bringen vt [haben] **49** rassembler – se rappeler

zusammen|drängen vt [haben] **17** presser

▪ **sich zusammendrängen** vp [haben] **17** se presser

zusammen|fahren vi [sein] **48** entrer en collision – sursauter

zusammen|fallen vi [sein] **41** s'écrouler – se creuser

zusammen|falten vt [haben] **18** plier

zusammen|fassen vt [haben] **17** résumer

zusammen|finden (sich) vp [haben] **39** se retrouver

zusammen|flicken vt [haben] **17** rafistoler

zusammen|fügen vt [haben] **17** assembler

▪ **sich zusammenfügen** vp [haben] **17** s'assembler

zusammen|führen vt [haben] **17** réunir

zusammen|gehen vi [sein] **9** faire cause commune – s'accorder

zusammen|gehören vi [haben] **20** être ensemble – aller ensemble

zusammen|halten vt [haben] **41** maintenir ; vi être solidaire

zusammen|hängen vi [haben] **43** être attaché (attachée)

zusammen|klappen[1] vt [haben] **17** plier – refermer

zusammen|klappen[2] vi [sein] **17** craquer

zusammen|knüllen vt [haben] **17** froisser – chiffonner

zusammen|kommen vi [sein] **30** se réunir – se produire en même temps

zusammen|laufen vi [sein] **46** s'attrouper – converger

zusammen|leben vi [haben] **17** vivre ensemble

zusammen|legen vt [haben] **17** réunir ; vi se cotiser

zusammen|nehmen *vt* [haben] **27** rassembler

  ■ sich zusammennehmen *vp* [haben] **27** se dominer

zusammen|packen *vt* [haben] **17** emballer ; *vi* se préparer *(avant de partir)*

zusammen|passen *vi* [haben] **17** aller ensemble

zusammen|prallen *vi* [sein] **17** se heurter

zusammen|pressen *vt* [haben] **17** serrer – presser

zusammen|rechnen *vt* [haben] **18** faire le total de

zusammen|reimen *vt* [haben] **17** arriver à comprendre, élucider

zusammen|reißen (sich) *vp* [haben] **35** se dominer

zusammen|rotten (sich) *vp* [haben] **18** s'attrouper

zusammen|rücken¹ *vt* [haben] **17** rapprocher

zusammen|rücken² *vi* [sein] **17** se serrer

zusammen|sacken *vi* [sein] **17** s'affaisser

zusammen|schlagen¹ *vt* [haben] **48** claquer – tabasser

zusammen|schlagen² *vi* [sein] **48** se refermer sur

zusammen|schließen *vt* [haben] **37** attacher ensemble

  ■ sich zusammenschließen *vp* [haben] **37** s'associer

zusammen sein *vi* [sein] **2** être ensemble

zusammen|setzen *vt* [haben] **17** assembler

  ■ sich zusammensetzen *vp* [haben] **17** se composer de

zusammen|stellen *vt* [haben] **17** composer – grouper

zusammen|stoßen *vi* [sein] **42** entrer en collision

zusammen|suchen *vt* [haben] **17** recueillir

zusammen|tragen *vt* [haben] **48** réunir

zusammen|treffen *vi* [sein] **24** se rencontrer – se produire simultanément

zusammen|treten¹ *vt* [haben] **29** piétiner

zusammen|treten² *vi* [sein] **29** se réunir

zusammen|tun (sich) *vp* [haben] **4** s'associer

zusammen|wachsen *vi* [sein] **47** se souder

zusammen|zählen *vt* [haben] **17** additionner

zusammen|ziehen¹ *vt* [haben] **38** resserrer – rassembler

zusammen|ziehen² *vi* [sein] **38** se mettre en ménage

  ■ sich zusammenziehen *vp* [haben] **38** se contracter

zusammen|zucken *vi* [sein] **17** tressaillir

zu|schauen *vi* [haben] **17** regarder faire

zu|schicken *vt* [haben] **17** envoyer

zu|schieben *vt* [haben] **38** fermer *(en poussant)*

zu|schießen¹ *vt* [haben] **37** lancer

zu|schießen² *vi* [sein] **37** fondre sur

zu|schlagen¹ *vt* [haben] **48** claquer – fermer

zu|schlagen² *vi* [haben/sein] **48** claquer – frapper

zu|schließen *vt/vi* [haben] **37** fermer à clé

zu|schnappen *vi* [haben/sein] **17** mordre – se refermer

zu|schneiden *vt* [haben] **35** couper

zu|schnüren *vt* [haben] **17** ficeler – lacer

zu|schrauben *vt* [haben] **17** fermer *(en vissant)*

zu|schreiben *vt* [haben] **36** attribuer à

zu|sehen *vi* [haben] **29** regarder

zu sein *vi* [sein] **2** être fermé (fermée)

zu|setzen *vt/vi* [haben] **17** ajouter – éprouver *(qqn)*

zu|sichern *vt* [haben] **19** assurer à

zu|spielen *vt* [haben] **17** faire passer à

zu|spitzen (sich) *vp* [haben] **17** s'aggraver

zu|stecken *vt* [haben] **17** glisser à

zu|stehen *vi* [haben] revenir à

zu|steigen *vi* [sein] **36** monter

zu|stellen *vt* [haben] **17** barrer

zu|steuern¹ *vt* [haben] **19** diriger

zu|steuern² *vi* [sein] **19** mettre le cap sur

zu|stimmen *vi* [haben] **17** être d'accord

zu|stoßen¹ *vt* [haben] **42** fermer *(en poussant)*

zu|stoßen² *vi* [haben/sein] **42** frapper – arriver à

zu|teilen *vt* [haben] **17** attribuer à

zu|tragen *vt* [haben] **48** rapporter à – apporter à

  ■ sich zutragen *vp* [haben] **48** se passer

zu|trauen *vt* [haben] **17** croire capable de

zu|treffen *vi* [haben] **24** être exact (exacte)

zu|trinken *vi* [haben] **39** boire à la santé de

zuvor|kommen *vi* [sein] **30** devancer – prévenir

zu|wachsen *vi* [sein] **47** être recouvert (recouverte) *(de verdure)*

zu|weisen *vt* [haben] **36** attribuer

zu|wenden *vt* [haben] **50/18** tourner vers

  ■ sich zuwenden *vp* [haben] **50/18** se consacrer

zu|werfen *vt* [haben] **23** lancer

zuwider|handeln *vi* [haben] **19** déroger

zu|winken *vi* [haben] **17** faire un signe de la main

zu|zahlen *vt* [haben] **17** payer en sus

zu|ziehen¹ *vt* [haben] **38** fermer *(en tirant)* – faire appel à

zu|ziehen² *vi* [sein] **38** s'installer

zwängen *vt* [haben] **17** faire entrer en forçant

  ■ sich zwängen *vp* [haben] **17** entrer de force dans

zweckentfremden *vt* [haben] **18** affecter à autre chose

zweifeln *vi* [haben] **19** douter de

zwicken *vt* [haben] **17** pincer ; *vi* serrer

zwingen *vt* [haben] **39** obliger

  ■ sich zwingen *vp* [haben] **39** se forcer à

zwinkern *vi* [haben] **19** cligner (des yeux)

zwitschern *vt/vi* [haben] **19** gazouiller

Imprimé en Espagne par Macrolibros
Dépôt légal : Mai 2013 - 317084/01
N° de projet : 11031485-août 2015